U0142109

新白話六法系列 018

個人資料保護法

2018最新版

林鴻文·編著

THE LAW

書泉出版社 印行

出版緣起

　　談到法律，會給您什麼樣的聯想？是厚厚一本《六法全書》，或是莊嚴肅穆的法庭？是《洛城法網》式的腦力激盪，或是《法外情》般的感人熱淚？是權利義務的準繩，或是善惡是非的分界？是公平正義、弱勢者的保障，或是知法玩法、強權者的工具？其實，法律儘管只是文字、條文的組合，卻是有法律學說思想作為基礎架構。法律的制定是人為的，法律的執行也是人為的，或許有人會因而認為法律是一種工具，但是卻忽略了：法律事實上是人心與現實的反映。

　　翻閱任何一本標題為《法學緒論》的著作，對於法律的概念，共同的法學原理原則及其應用，現行法律體系的概述，以及法學發展、法學思想的介紹……等等，一定會說明清楚。然而在我國，有多少人唸過《法學概論》？有識之士感歎：我國國民缺乏法治精神、守法觀念。問題就出在：法治教育的貧乏。試看九年國民義務教育的教材，在「生活與倫理」、「公民與道德」之中，又有多少是教導未來的主人翁們對於「法律」的了解與認識？除了大學法律系的培育以外，各級中學、專科與大學教育中，又有多少法律的課程？回想起自己的求學過程，或許您也會驚覺：關於法律的知識，似乎是從報章雜誌上得知的占大多數。另一方面，即使是與您生活上切身相關的「民法」、「刑法」等等，其中的權利是否也常因您所謂的「不懂法律」而睡著了？

　　當您想多充實法律方面的知識時，可能會有些失望的。因為《六法全書》太厚重，而一般法律教科書又太艱深，大多數案例式法律常識介紹，又顯得割裂不夠完整……

　　有鑑於此，本公司特別邀請法律專業人士編寫「白話六法」叢書，

針對常用的法律，作一完整的介紹。對於撰文我們要求：使用淺顯的白話文體解說條文，用字遣詞不能艱深難懂，除非必要，儘量避免使用法律專有名詞。對於內容我們強調：除了對法條作字面上的解釋外，還要進一步分析、解釋、闡述，對於法律專有名詞務必加以說明；不同法規或特別法的相關規定，必須特別標明；似是而非的概念或容易混淆的觀念，一定舉例闡明。縱使您沒有受過法律專業教育，也一定看得懂。

　　希望這一套叢書，對普及法律知識以及使社會大眾深入了解法律條文的意義與內容等方面者有貢獻。

|二版序|

「個人資料保護法」於民國 101 年施行迄今已有 6 年，其間個資法除在 104 年做出重大修正外，在實務上亦產生不少重大判決（如最高行政法院對健保資料庫相關使用案之行政判決）及解釋。為使個人資料所有人及資料使用人，能瞭解並遵循最新修正之個資法要求，因而修訂編著本書。

本次改版搭配最新修正發布之個資法、相關判決及解釋，並且簡介國際傳輸、被遺忘權在歐盟的運作。此外新增介紹幾個重要個人資料保護之標準制度如日本個人資料管理制度（JISQ15001）、英國個人資料保護管理制度（BS 10012）、臺灣標準（CNS 29100）、臺灣個人資料保護與管理制度規範（TPIPAS），提供讀者建立個人資料保護制度之參考。

最後，本次改版，需特別感謝謝佳芸校正並提供寶貴意見，然所有文責，當由作者自負，本書相關內容之編排，雖已力求完備，惟疏漏誤繕在所難免，敬請讀者賢達不吝指正，俾使本書更臻周妥。

林鴻文 謹誌
民國 107 年 1 月 1 日

|自序|

「法律絕非一成不變,相反地,正如天空和海面因風浪而起變化一樣,法律也因情況和時運而變化。」《法哲學原理,黑格爾》

隨著民主社會發展,隱私權儼然成為不可或缺的基本權利。在科技、網路資訊傳遞蓬勃發展的現代,人與人之間的交流更為頻繁,民眾對自身之隱私也越發地重視。進而,保護個人資料的相關法律修正與適用,也成為各行各業「應該」且也「必須」關切的話題。

從民國101年10月1日「個人資料保護法」施行至今還未滿三個月,也許,大多數的人一如往常般,每天接觸著為數不少的個人資料,卻從來不知道「個人資料保護法」的存在,等到資訊安全有了漏洞,或是企業內部管理有了疏失,甚至招來麻煩的訴訟程序後才發覺,原來這是一部如緊身衣般貼近你我生活的法律。

作者希望能帶給翻開本書的你,多瞭解「個人資料保護法」帶給我們生活的改變,提早在觸犯法律的紅線前,給自己與周遭的人多一點警惕。保護他人權利的同時,也捍衛自己的權利。

最後,本書得以出版,需感謝施冠君、林培杰、蔣秀珣、謝佳芸等,因為他們的用心與支持,才有這本書的誕生。

本書相關內容之編排,雖已力求完備,惟疏漏誤繕在所難免,敬請讀者賢達不吝指正,俾使本書更臻周妥。

林鴻文 謹誌

民國101年12月17日

凡例

1. 本書係將民國 101 年 10 月 1 日正式施行之個人資料保護法有關之重要司法判決、行政函釋修正理由、相關條文、名詞解釋、條文等資料編纂成冊,藉以提供政府、學術專家、實務工作者以及各醫療機構院所處理個人資料保護法案件及後續研究之參考。又本書非屬個人資料保護法專論,故不以單一概念、理論或案例之深入探討為目標,合先敘明。

2. 本書於個人資料保護法逐條釋義部分,係依民國 101 年 10 月 1 日最新施行之個人資料保護法條文次序排列,於各條號後皆敘明該條條文要旨。各條文後則細分「修正理由」、「名詞解釋」、「條文釋義」、「實務見解」、「相關條文」等項目編印。若該條文的上述項目,無相關資料編列者,仍保留該項目,以求編排體例一致。

3. 本書「相關條文」部分,係選擇與該條內容有關之法規註記其條次,並於法規之前冠上關鍵詞,俾利參考。

4. 本書「修正理由」部分,係摘錄個人資料保護法修正草案相關說明,俾增進瞭解修法意旨。

5. 本書「名詞解釋」部分,係以個人資料保護法各該條文出現之相關名詞,挑選其中具解釋價值者,作成相關名詞釋義。

6. 本書「條文釋義」部分,特詳細研析個人資料保護法各該條文主要意涵及所涉重要法律概念。

7. 本書「實務見解」部分,排序編訂方式如下:

　(1)編排順序係以「判決」為先,行政函釋次之,並以年代較近者為優先。

　(2)「判決」之編列,為方便迅速查考並節省篇幅,故僅摘錄判決要旨內容,並就其內容以粗黑體方式強調其重點,且於每則判

決冠以判決法院、年度、字號，用資參證。

(3)「行政函釋」之編列，為方便迅速查考並節省篇幅，故僅摘錄函釋要旨內容。每則函釋冠以主管機關、年度、字號，用資引證，並就函釋內容以粗黑體方式強調其重點。

8. 本書所編列之「判決」、「行政函釋」，蒐集至民國 101 年 11 月為止。

9. 本書除個人資料保護法各該條文保留國字數字外，其餘皆以阿拉伯數字表示。

10. 本書所提修正理由，除另有指明外，皆為民國 99 年 5 月 26 日修正公布之個人資料保護法修正理由。

11. 本書所提「個人資料保護法之特定目的及個人資料之類別」，係指法務部、內政部、財政部等二十七個部會於民國 101 年 10 月 1 日共同令頒修正（並於同日生效）之「個人資料保護法之特定目的及個人資料之類別」。

12. 本書引用法規之簡稱如次：

(1) 個人資料保護法，簡稱為「個資法」；

(2) 個人資料保護法施行細則，簡稱為「個資法施行細則」

(3) 電腦處理個人資料保護法，簡稱為「舊個資法」；

(4) 政府資訊公開法，簡稱為「政資法」；

(5) 消費者保護法，簡稱為「消保法」；

(6) 民事訴訟法，簡稱為「民訴法」。

13. 「相關條文」之條項款次標明方式舉例如下：

(1) 個資法 2 ①：個資法第 2 條第 1 款；

(2) 個資法施行細則 6 Ⅰ：個資法施行細則第 6 條第 1 項；

(3) 刑法 10 Ⅱ②：刑法第 10 條第 2 項第 2 款。

|沿革|

1. 民國 84 年 8 月 11 日總統令制定公布全文 45 條。
2. 民國 99 年 5 月 26 日總統令修正公布名稱及全文 56 條；施行日期，由行政院定之，但現行條文第 19 ～ 22、43 條之刪除，自公布日施行（原名稱：電腦處理個人資料保護法）。

   民國 101 年 9 月 21 日行政院令發布除第 6、54 條條文外，其餘條文定自 101 年 10 月 1 日施行。
3. 民國 104 年 12 月 30 日總統令修正公布第 6 ～ 8、11、15、16、19、20、41、45、53、54 條條文；施行日期，由行政院定之。

   民國 105 年 2 月 25 日行政院令發布定自民國 105 年 3 月 15 日施行。

目　錄
Contents

出版緣起　i

二版序　iii

自　序　v

凡　例　vii

沿　革　ix

緒　論　　　　　　　　　　　　　　　　**1**

本　論　　　　　　　　　　　　　　　　**5**

第一章　總　則　　　　　　　　　　　　　6

第二章　公務機關對個人資料之蒐集、處理及利用　207

第三章　非公務機關對個人資料之蒐集、處理及利用　263

第四章　損害賠償及團體訴訟　　　　　　341

第五章　罰　則　　　　　　　　　　　　375

第六章　附　則　　　　　　　　　　　　393

附錄 413

附錄一　法務部對個人資料保護法部分條文修正說明　414

附錄二　個人資料保護法施行細則部分條文修正草案
　　　　總說明　424

附錄三　個人資料保護法之特定目的及個人資料之類
　　　　別　429

緒　論

壹、導言

「個人資料保護法」（以下簡稱個資法），於民國104年12月30日總統華總一義字第10400152861號令修正公布第6、7、8、11、15、16、19、20、41、45、53、54條文。並以行政院院台法字第1050154280號令定在民國105年3月15日施行。該次一共修正十二條條文，占全部條文20%以上，變動不少，為使個人資料所有人及資料使用人，能了解並遵循最新修正之個資法要求，因而修訂編著本書。

本書以個資法為骨架，搭配最新修正發布之個資法施行細則、民國101年10月1日令頒修正之個資法之特定目的及個人資料之類別，並輔以相關司法判決與最新行政函令，提供讀者適用個資法之參考。

貳、個資法立法沿革

一、電腦處理個人資料保護法

緣電腦科技進步迅速，使用電腦能大量、快速處理各類資料，且運用日趨普及，因而對國民經濟之提升有重大貢獻。由於個人資料舉凡出生、健康、病歷、學業、工作、財產、信用、消費等，經電腦處理之後，可輕易彙整而得知其全貌，如有濫用或不當利用之情事，將對人民隱私等權益造成重大危害，因而影響社會安定及國民經濟成長，並使政府推展自動化工作增加困擾。

歐美民主先進國家，鑑於濫用電腦處理個人資料而侵害當事人權益之情形日漸普遍、嚴重，已對個人隱私等基本人權造成危害；又因個人資料經由電腦處理，可在國際間迅速流通，具有相當程度之國際性，國際經濟文化交流亦需互相交換資料，遂認有加以規範之必要。於是經濟合作暨發展組織（OECD）於1980年9月通過管理保護個人隱私及跨國界流通個人資料之指導綱領，歐洲理事會（Council of Europe）亦於1981年完成保護個人資料自動化處理公約，並提出八項原則，以供各國

遵守[1]。

　　我國為配合資訊國際化、現代化目標，及在經濟發展、產業升級之過程中，已體認對個人資料保護之重要性，為興利防弊，咸認有制定法律以保護電腦處理個人資料之必要[2]，因而於民國 84 年三讀通過電腦處理個人資料保護法（下稱舊個資法）。

二、個資法

　　鑑於電腦科技日新月異，利用電腦蒐集、處理、利用個人資料之情形日漸普遍，再加上各類型商務行銷廣泛大量蒐集個人資料，對個人隱私權之保護，造成莫大威脅；而舊個資法適用主體有行業別之限制，僅適用於徵信業等八類行業，一般行業及個人均不受規範，保護之客體又只限於經電腦處理之個人資料，不包括非經電腦處理之個人資料，對於保護個人資料隱私權益規範不足。為使舊個資法規範內容，得以因應急速變遷之社會環境，爰整理國內學界及實務界之修法意見，並參酌各國個人資料保護之立法例，擬具舊個資法修正草案，並將名稱修正為「個人資料保護法」[3]。

1　此八項原則即：
　　一、限制蒐集之原則：蒐集個人資料應合法、公平，並得資料當事人之同意或告知當事人。
　　二、資料內容正確之原則：個人資料於特定目的之利用範圍內，應力求正確、完整及最新。
　　三、目的明確化之原則：個人資料於蒐集時目的即應明確化，其後之利用亦應與蒐集目的相符，於目的變更後亦應明確化。
　　四、限制利用之原則：個人資料之利用，除法律另有規定或當事人同意者外，不得為特定目的以外之利用。
　　五、安全保護之原則：對於個人資料應採取合理之安全保護措施，以避免被竊用、竄改、毀損等情事之發生。
　　六、公開之原則：對於個人資料之處理，應採一般事項公開之政策，例如資料管理人姓名及連絡處、資料之種類、特定目的等事項，均宜公開。
　　七、個人參加之原則：資料之本人有權對他人持有自己之資料，行使一定程度之控制。
　　八、責任之原則：資料管理人應負遵守前述原則之責任。
2　參電腦處理個人資料保護法草案總說明。
3　參電腦處理個人資料保護法草案修正總說明。

新白話六法
個人資料保護法

本　論

|第一章|

總　則

> **第1條** （立法目的）
> 為規範個人資料之蒐集、處理及利用，以避免人格權受侵害，並促進個人資料之合理利用，特制定本法。

🔍 修正理由

　　鑑於**本法保護客體不再限於經電腦處理之個人資料，且本法規範行為除個人資料之處理外，將擴及至包括蒐集及利用行為**，爰將本條修正為「為規範個人資料之蒐集、處理及利用」，以資明確。

🔍 名詞解釋

1. **個人**：指現生存之自然人。（個資法施行細則2）
2. **人格權**：係以人的尊嚴價值及精神利益為其保護內容，與其人本身具有不可分的密切關係，具有排他性，得對任何人主張，屬於一身專屬權，於本法係指個人資料自主權。
3. **合理利用**：在一定條件下，得為特種資料及一般個人資料之蒐集、處理或利用。換言之，當私益與公益有所衝突時，於合乎憲法比例原則之考量下，立法者認為不必獲得當事人同意，即可本於法律明文規定；或公務機關基於執行法定職務之必要，蒐集或利用當事人之個人資料。因為如果所有情形都須要獲得當事人同意方可使用個資，可能影響國家公共任務或公權力之行使，有害於公益（例如行

政執行機關蒐集公法債務人之財產資料，係本於法定職掌之作為，如需先獲得債務人本人同意，勢必無法達成債權保全之目的）。因此，個人的資訊自決權，在此一範圍內即應受到限制。

🔍 條文釋義

1. 依本條規範內容可知，個資法的立法目的係在避免侵害資料主體的人格權下，建立適當個人資料的管理規範以促進個人資料的合理流通利用，因此若個人資訊之內容不足以造成個人人格權之侵害，或者該資訊根本無法辨識、特定究係何特定人之資料，自不在個資法保護範圍內。而個資法所稱蒐集、處理及利用則是揭示個人資料使用行為態樣。

2. 對於個人資料保護，通常論述多以隱私權保護作為出發點。而將隱私做為一種權利而以「隱私權」為一獨立概念，以 1890 年由 Samuel Warren 與 Louis Brandeis 在哈佛法學評論（Harvard Law Review）刊載之《The Right to Privacy》[1] 為最早專論。在《The Right to Privacy》一文中，先從社會的發展產生了新權利之需求開始論述，表示個人的權利從最初的身體方便擴及到了名譽，最後不可避免的擴張至情感跟精神方面。再者，由於攝影技術的進步與報紙的興盛，造成了對私人以及家庭生活的侵害。報紙上的報導逾越了正常社會禮儀所需的界線，將閒話流言轉化成販賣牟利的商品，以滿足大眾粗俗的品味，這為該文主張應有隱私權保障的原因[2]。

---

[1] 參 Samuel Warren, Louis Brandeis, *The Right to Privacy, Harvard Law Review* 193 (Dec. 15, 1890), pp. 193-220。

[2] 文獻上有討論到當時之社會背景，簡之，工業化帶來人潮往都市聚集之效應，使都市人口大幅提高。但是在無法與家人相處、上下班時間固定的情況下，個人與其所期待關係連結之欠缺，使得觀察、窺探都市其他人的生活動態成為一種宣洩的出口。更詳細的論述，參詹文凱，隱私權之研究，國立臺灣大學法律學研究所博士論文，1998 年 7 月，頁 10-16。

3. 在傳統的法制下，對於個人隱私權雖已設有一定的保障，例如：憲法上的祕密通訊自由、居住自由；民法的人格權……等。然而，或由於傳統法制下個別權利的特殊構成要件，例如：祕密通訊需有通訊行為，居住自由需包含空間因素等；或因為個人資料保護本身的特殊性：權利範圍廣（包含所有與特定個人或得特定個人有關之資訊），及侵害行為的多樣性（包括蒐集、使用、比對、儲存），往往使得傳統法制的保護機制出現保護漏洞。因此關於個人資料的保護，實有單獨加以承認及另行設計之必要[3]。又個資法之規範，以保障「人格權」為核心，應包括消極面的資訊隱私不受侵犯及積極面的個人資訊自我決定權，即尊重人格自我型塑的權利[4]。再者，「並促進個人資料之合理利用」，此處明確揭櫫「資訊隱私權」的保護非屬絕對不受侵害，其應同時注意「資訊之合理流通利用」，因此這樣的規範內容亦屬「利益衡量」（balance of interests）原則的具體呈現。因而，個資法的基本結構，應該由保護當事人「資訊自主決定權利」的規定，及要求資訊蒐集利用者負擔「資訊隱私保護義務」的規定兩大部分組成[5]。

4. 資訊隱私權，在美國法上稱為 The Right of Information Privacy，其係指個人具有其資料的控制與處理的權利（the control and handling of personal data），有學者認為資訊隱私權乃指「非侷限於不讓他人取得我們的個人資訊，而是應該擴張到我們自己控制個人資訊的使用與流向」[6]，亦有認為[7]資訊隱私權為「在沒有通知當事人並獲得其

---

[3] 法治斌主持，政府行政作為與隱私權之探討，國家檔案局籌備處委託研究報告，2000年7月，頁12。

[4] 李震山，「電腦處理個人資料保護法」之回顧與前瞻，中正法學集刊，第14期，頁40。

[5] 劉靜怡，不算進步的立法：「個人資料保護法」初步評析，月旦法學雜誌，第183期，2010年8月，頁151。

[6] 參閱劉靜怡，資訊科技與隱私權焦慮─誰有權塑造我的網路形象，當代雜誌，第124期，1997年，頁80。

[7] 參閱王郁琦，網路上的隱私權問題，資訊法務透析，1999年10月，頁39。

書面同意之前，資料持有者不可以將當事人為特定目的所提供的資料用在另一個目的上。」綜上可知，「資訊隱私權的中心思想乃在於：個人不僅是個人資料產出的最初來源，也是其正確性、完整性的最後查核者，以及該個人資料的使用範圍的參與決定者。」[8] 所謂「資訊自決權」依照德國聯邦憲法法院在人口普查案判決的見解，「在現代資料處理（Datenverarbeitung）之條件下，應保護每個人之個人資料（persönliche Daten），免遭無限制之蒐集、儲存、運用、傳遞，此係屬基本法第 2 條第 1 項（一般人格權）及基本法第 1 條第 1 項（人性尊嚴）保護範圍。該基本人權保障每個人，原則上有權自行決定其個人資料之交付與使用。」[9]

5. 在釋字第 603 號解釋中對「資訊隱私權」有相當詳細的說明：「維護人性尊嚴與尊重人格自由發展，乃自由民主憲政秩序之核心價值。隱私權雖非憲法明文列舉之權利，惟基於人性尊嚴與個人主體性之維護及人格發展之完整，並為保障個人生活私密領域免於他人侵擾及個人資料之自主控制，隱私權乃為不可或缺之基本權利，而受憲法第 22 條所保障（本院釋字第 585 號解釋參照）。其中就個人自主控制個人資料之資訊隱私權而言，乃保障人民決定是否揭露其個人資料、及在何種範圍內、於何時、以何種方式、向何人揭露之決定權，並保障人民對其個人資料之使用有知悉與控制權及資料記載錯誤之更正權。惟憲法對資訊隱私權之保障並非絕對，國家得於符合憲法第 23 條規定意旨之範圍內，以法律明確規定對之予以適當

8　參閱簡榮宗，網路上資訊隱私權保護問題之研究，東吳大學法律學系研究所碩士論文，2000 年，頁 66。

9　德國聯邦憲法法院 1983 年 12 月 15 日所作成「人口普查法判決」（BVerfGE 65, 1）。該判決之中譯，詳見蕭文生，關於「一九八三年人口普查法」之判決，收錄於西德聯邦憲法法院裁判選輯（一），司法週刊雜誌社印行，1990 年，頁 288 以下。

之限制。」晚近的釋字第 689 號解釋亦不脫離上開論述脈絡 [10]。上開解釋也確認「資訊隱私權」或「個人資訊自決權」為憲法上之權利，因此就資訊隱私權的核心領域及搭配其他憲法原則檢驗，若法律中有關資訊蒐集、處理之規定，侵害資訊隱私權，仍有可能違憲無效 [11]。

　　舊個資法在適用上常遭受批評者，在於其適用範圍侷限於徵信業、醫院、學校、電信業、金融業、證券業、保險業及大眾傳播業等俗稱的「八大行業」，而不及於一般事業及個人；且保護之客體，只限於經電腦處理之個人資料。個資法則刪除舊法中對非公務機關行業別之限制，且將適用之主體擴大至自然人、法人、公務與非公務機關等；並擴大保護客體至紙本處理的個人資料；增加病歷、醫療、基因、性生活、健康檢查及犯罪前科等六類「特種個資」，嚴

---

[10] 參釋字第 689 號解釋理由書（節錄）：「系爭規定（按，社會秩序維護法第 89 條第 2 款）所保護者，為人民免於身心傷害之身體權、行動自由、生活私密領域不受侵擾之自由、個人資料之自主權。其中生活私密領域不受侵擾之自由及個人資料之自主權，屬憲法所保障之權利，迭經本院解釋在案（本院釋字第 585 號、第 603 號解釋參照）；免於身心傷害之身體權亦與上開闡釋之一般行為自由相同，雖非憲法明文列舉之自由權利，惟基於人性尊嚴理念，維護個人主體性及人格自由發展，亦屬憲法第 22 條所保障之基本權利。對個人前述自由權利之保護，並不因其身處公共場域，而失其必要性。在公共場域中，人人皆有受憲法保障之行動自由。惟在參與社會生活時，個人之行動自由，難免受他人行動自由之干擾，於合理範圍內，須相互容忍，乃屬當然。如行使行動自由，逾越合理範圍侵擾他人行動自由時，自得依法予以限制。在身體權或行動自由受到侵害之情形，該侵害行為固應受限制，即他人之私密領域及個人資料自主，在公共場域亦有可能受到干擾，而超出可容忍之範圍，該干擾行為亦有加以限制之必要。蓋個人之私人生活及社會活動，隨時受他人持續注視、監看、監聽或公開揭露，其言行舉止及人際互動即難自由從事，致影響其人格之自由發展。**尤以現今資訊科技高度發展及相關設備之方便取得，個人之私人活動受注視、監看、監聽或公開揭露等侵擾之可能大為增加，個人之私人活動及隱私受保護之需要，亦隨之提升。是個人縱於公共場域中，亦應享有依社會通念得不受他人持續注視、監看、監聽、接近等侵擾之私人活動領域及個人資料自主，而受法律所保護。**惟在公共場域中個人所得主張不受此等侵擾之自由，以得合理期待於他人者為限，亦即不僅其不受侵擾之期待已表現於外，且該期待須依社會通念認為合理者。系爭規定符合憲法課予國家對上開自由權利應予保護之要求。」

[11] 法治斌主持，政府行政作為與隱私權之探討，國家檔案局籌備處委託研究報告，2000 年 7 月，頁 54，註 68-1。

格規範其蒐集處理與利用等等。又個資法賦予企業更重的個人資料安全維護責任，並賦予目的事業主管機關更大的介入查核權限。

6. 公務機關及非公務機關對個人資料之利用，依個資法第 16 條但書及同法第 20 條但書規定，尚得為「特定目的外」之利用，如有符合前開規定但書所定各款情形之一時，亦允許該個人資料蒐集機關得為特定目的外之利用，以符合個資法第 1 條規定「個人資料之合理利用」宗旨。如學校基於教育目的，為獎勵學生而於該校之榮譽榜公布其姓名，並符合本法目的外之利用，即屬本法個人資料之合理利用。

7. 個資法立法目的之一為個人人格權之隱私權保護，故惟有生存之自然人方有隱私權受侵害之恐懼情緒，及個人對其個人資料之自主決定。至於已死亡之人，已無恐懼其隱私權受侵害之可能，且其個人資料已成為歷史，故非在個資法保護之列。但如該當資料，性質上同時也屬於其家屬或家族之資料時（如有關死者財產資料，同時亦為其繼承人之資料），則應將此類資料視為其家屬等個資予以保護。又本法所稱個人，不論其為本國人或外國人，均屬本法之保護對象，因此外國人的資訊自決權，應與我國國民受到同等的保護。

8. 對於不同公務機關間資料之流通問題最高行政法院 106 年度判字第 54 號判決認為：有關不同公務機關間，已蒐集個人資料之流通，在實證需求上實難避免，而且此等流通可以減輕重複蒐集之行政成本支出，從「促進個人資料之合理利用」觀點言之（新個資法第 1 條參照），實無禁止之必要 [12]。

---

12 參最高行政法院 106 年度判字第 54 號判決。

實務見解

◎臺灣高等法院 105 年度金上訴字第 5 號刑事判決

按根據某項或多項個人資料之內容,無法或難以識別係特定個人之資訊時,由於欠缺直接識別性,究係何人之個人資料?無法或難以與該特定之個人建立直接識別性時,自個人資料保護法立法理由之解釋而言,即非個人資料保護法所保障之對象。換言之,**個人資料保護法揭示之立法目的,既在於保障個人之資訊,避免受到公務機關或非公務機關之侵害,其前提必須在具備直接識別性之情形下,始有保護之必要。倘資訊之本身根本無從或難以識別究係何人,縱使依客觀方式進行推測,亦無法確定究係何一特定之個人時,則對於該資訊之蒐集、處理或利用,並未侵害特定個人之資訊,自不在個人資料保護法規範之範圍內。反之,若就資訊之本身進行觀察,已足以辨識、特定具體個人之資訊,亦即,資訊之內容與特定個人間已具備「直接識別性」時,此時既涉及個人資料之保障,自有個人資料保護法之適用。**惟就個人資料保護法第1 條之文義解釋及其立法解釋而言,並非完全排除公務機關或非公務機關對於個人資料之蒐集、處理或利用,質言之,若公務機關或非公務機關基於公共利益之目的,本於使用最小侵害之方式下,仍得在法律所宣示之「合理使用」範圍內,蒐集、處理或利用個人之資訊。

◎法務部 104 年 1 月 19 日法律字第 10403500300 號函

學校要求學生於制服繡上姓名、學號,尚未涉及學校蒐集、處理及利用個人資料,故無個資法之適用。

◎法務部 102 年 10 月 2 日法律字第 10203510940 號函

電信事業依「通訊保障及監察法」及施行細則規定「架設專線」,應屬協助通訊監察所需工具裝設,尚未涉及個人資料蒐集、處理及利用,故無個人資料保護法適用。

◎ 法務部 101 年 9 月 5 日法律字第 10103106510 號函

(一) 土地登記規則第 24 條之 1 條規定：「申請提供土地登記及地價資料，其資料分類、內容及申請人資格如下：一、第一類：顯示登記名義人全部登記資料；應由登記名義人、代理人或其他依法令得申請者提出申請。二、第二類：隱匿登記名義人之統一編號、出生日期及其他依法令規定需隱匿之資料；任何人均得申請。」

(二) 查新修正之個人資料保護法已於 99 年 5 月 26 日經總統公布在案，代表我國政府重視民眾個人資料之隱私權，以強化憲法所保障人性尊嚴之精神。

(三) 內政部規劃各類不動產登記謄本申請事宜，雖係依上開土地登記規則之特別規定為之，惟為妥善保護民眾個人資料之隱私權，建請內政部重新審酌上開土地登記規則第 24 條之 1 規定內容，參酌個資法規定意旨，於權衡「避免人格權（指個人資料隱私權）受侵害」與「促進個人資料之合理利用（維護交易安全）」之情形下，考量公開或提供第二類登記謄本之方式所涉個人資料之內容與範圍，是否僅限於隱匿登記名義人之統一編號、出生日期及其他依法令規定需隱匿之資料，並妥為處理。

◎ 法務部 101 年 7 月 30 日法律字第 10103106010 號函

(一) 個人資料者，乃涉及當事人之隱私權益，故個資法立法目的之一乃在個人人格權中隱私權之保護。

(二) 準此，依個資法第 16 條第 5 款或第 20 條第 1 項第 5 款規定，用於統計或學術研究之個人資料，經提供者處理後或蒐集者依其揭露方式無從再識別特定當事人，則該筆經提供者處理後之資料或蒐集者揭露之資料已非個資法第 2 條第 1 款所定「得以直接或間接方式識別該個人之資料」，即無個資法之適用。

◎ 法務部 100 年 9 月 26 日法律字第 1000017452 號函

(一) 按民法第 1148 條規定：「繼承人自繼承開始時，除本法另有規定

外，承受被繼承人財產上之一切權利、義務。但權利、義務專屬
於被繼承人本身者，不在此限。」次按現行電腦處理個人資料保
護法（簡稱個資法）第4條所定當事人個人資料之權利，係屬人格
權（司法院釋字第603號解釋參照），為一身專屬之權利，尚不得
為繼承之標的（郭振恭、黃宗樂、陳棋炎著，民法繼承新論，修訂
版，頁111參照）。惟繼承人因繼承事件而有查詢被繼承人之銀行
帳戶資料者，乃繼承人基於承受被繼承人財產上一切權利、義務之
地位，而須行使之相關權利及履行義務，此似即財政部83年10月
5日台融局（一）字第83162620號函之意旨。

（二）至於被繼承人之往來明細中涉有第三人（即受款人）之姓名及帳號
等資料，如該第三人為生存之自然人，則該等資料即屬個資法第3
條第1款所稱「個人資料」，其蒐集、處理或利用則應符合個資法
之規定；如繼承人向銀行請求查詢，就銀行而言，即屬特定目的外
之利用，應符合個資法第23條但書各款規定之一，始得為之。

🔍 相關條文

　　（個人）個資法施行細則2。（個人資料）個資法2①。（蒐集）
個資法2③。（直接蒐集告知）個資法8。（間接蒐集告知）個資法
9。（請求權限制）個資法10。（處理）個資法2④。（利用）個資法
2⑤。（公務特定目的外使用）個資法16。（非公務特定目的外使用）
個資法20。（人格權）民法18、227-1。

第2條　（用詞定義）

本法用詞，定義如下：

一、個人資料：指自然人之姓名、出生年月日、國民身分證統一編號、護照號碼、特徵、指紋、婚姻、家庭、教育、職業、病歷、醫療、基因、性生活、健康檢查、犯罪前科、聯絡方式、財務情況、社會活動及其他得以直接或間接方式識別該個人之資料。

二、個人資料檔案：指依系統建立而得以自動化機器或其他非自動化方式檢索、整理之個人資料之集合。

三、蒐集：指以任何方式取得個人資料。

四、處理：指為建立或利用個人資料檔案所為資料之記錄、輸入、儲存、編輯、更正、複製、檢索、刪除、輸出、連結或內部傳送。

五、利用：指將蒐集之個人資料為處理以外之使用。

六、國際傳輸：指將個人資料作跨國（境）之處理或利用。

七、公務機關：指依法行使公權力之中央或地方機關或行政法人。

八、非公務機關：指前款以外之自然人、法人或其他團體。

九、當事人：指個人資料之本人。

修正理由

1. 本法所保障之法益為人格權，惟個人資料種類繁多，第1款關於「個人資料之定義」，除原條文例示之日常生活中經常被蒐集、處理及利用之個人資料外，另增加護照號碼、醫療、基因、性生活、健康檢查、犯罪前科、聯絡方式等個人資料，以補充說明個人資料之性質。此外，因社會態樣複雜，有些資料雖未直接指名道姓，但一經揭露仍足以識別為某一特定人，對個人隱私仍會造成侵害，爰參考

1995 年歐盟資料保護指令（95/46/EC）第 2 條、日本個人資訊保護法第 2 條，將「其他足資識別該個人之資料」修正為「其他得以直接或間接方式識別該個人之資料」以期周全。

2. 為配合本法將非經電腦處理之個人資料納入規範之修正意旨，爰修正第 2 款關於「個人資料檔案」之定義。

3. 由於蒐集個人資料之行為態樣繁多，有直接向當事人蒐集者；有間接從第三人取得者，為落實保護個人資料隱私權益，爰參考德國聯邦個人資料保護法第 3 條規定，修正第 4 款「蒐集」之定義。

4. 配合本法保護客體放寬之修正意旨，爰將原條文第 3 款「電腦處理」中「電腦」二字刪除，並將款次移列至第 4 款。另原條文「電腦處理」之定義包括資料之傳遞，易遭誤解為傳遞給外部之第三人，而與「利用」行為發生混淆。爰將「傳遞」修正為「內部傳送」，以資明確。

5. 原條文第 5 款對於「利用」之定義，係將保有之個人資料檔案，為內部使用或提供當事人以外之第三人。惟直接對當事人本人使用其個人資料（如對當事人從事行銷行為），是否屬本法所稱之利用行為，滋生疑義。準此，爰參考德國聯邦個人資料保護法第 1 條規定，並將文字予以精簡，修正「利用」之定義。

6. 原條文第 9 條、第 24 條規定之「國際傳遞」，究屬機關內部之「資料傳送」？抑或為「提供當事人以外第三人之利用」？易滋生疑義。爰將各該條規定之「國際傳遞」一語修正為「國際傳輸」，並增訂第 6 款「國際傳輸」定義規定。不論是機關內部之資料傳送（屬資料處理），例如：總公司將資料傳送給分公司、公務機關將資料傳送給國外辦事處等；或將資料提供當事人以外第三人（屬資料利用），例如：母公司將資料提供給子公司或他公司、公務機關將資料傳送給他公務機關，只要該資料作跨國（境）之傳輸，不論是屬處理或利用行為，皆屬本法所稱之「國際傳輸」。

7. 由於執行公務爾後將不限中央或地方機關，行政法人之組織型態亦

將成為其中之一，爰將原條文第 6 款公務機關之定義，納入行政法人，以期周全，並改列款次為第 7 款。

8. 為配合本法放寬規範主體之修正意旨，爰修正原條文第 7 款非公務機關之定義，並改列款次為第 8 款。

9. 本條係定義規定，而「特定目的」及「資料類別」之指定，並非屬定義事項，爰將原條文第 9 款之「特定目的」及原條文第 10 條第 2 項之「資料類別」予以合併規定，並移列至第六章附則第 52 條規定。

🔍 名詞解釋

1. **得以間接方式識別：** 指保有該資料之公務或非公務機關，僅以該資料不能直接識別，須與其他資料對照、組合、連結等，始能識別該特定之個人。（個資法施行細則 3）

2. **病歷個人資料：** 指醫療法第 67 條第 2 項所列之各款資料。包括：（1）醫師依醫師法執行業務所製作之病歷。（2）各項檢查、檢驗報告資料。（3）其他各類醫事人員執行業務所製作之紀錄。（個資法施行細則 4 Ⅰ）

3. **醫療個人資料：** 指病歷及其他由醫師或其他之醫事人員，以治療、矯正、預防人體疾病、傷害、殘缺為目的，或其他醫學上之正當理由，所為之診察及治療；或基於以上之診察結果，所為處方、用藥、施術或處置所產生之個人資料。（個資法施行細則 4 Ⅱ）

4. **基因個人資料：** 指由人體一段去氧核醣核酸構成，為人體控制特定功能之遺傳單位訊息。（個資法施行細則 4 Ⅲ）

5. **性生活個人資料：** 指性取向或性慣行之個人資料。（個資法施行細則 4 Ⅳ）

6. **健康檢查個人資料：** 指非針對特定疾病進行診斷或治療之目的，而以醫療行為施以檢查所產生之資料。（個資法施行細則 4 Ⅴ）

7. **犯罪前科個人資料：** 指經緩起訴、職權不起訴或法院判決有罪確定、執行之紀錄。（個資法施行細則 4 Ⅵ）

8. **個人資料檔案**：包括備份檔案亦屬之 [13]。（個資法施行細則 5）

9. **刪除**：指使已儲存之個人資料自個人資料檔案中消失 [14]。（個資法施行細則 6 Ⅰ）

10. **內部傳送**：指公務機關或非公務機關本身內部之資料傳送（個資法施行細則 6 Ⅱ）。例如：公務機關內部各單位間之資料傳送（不包括上級機關傳送個人資料予下級機關），或者法人或團體或自然人之內部資料傳送。

11. **行政法人**：指國家及地方自治團體以外，由中央目的事業主管機關，為執行特定公共事務，依法律設立之公法人。而所稱「特定公共事務」須符合下列規定方屬之：（1）具有專業需求或須強化成本效益及經營效能者。（2）不適合由政府機關推動，亦不宜交由民間辦理者。（3）所涉公權力行使程度較低者。

12. **機關、獨立機關、機構、單位（中央行政機關組織基準法 3）**：

（1）機關：指就法定事務，有決定並表示國家意思於外部，而依組織法律或命令設立，行使公權力之組織。

（2）獨立機關：指依據法律獨立行使職權，自主運作，除法律另有規定外，不受其他機關指揮監督之合議制機關。

（3）機構：機關依組織法規將其部分權限及職掌劃出，以達成其設

---

[13] 法務部較早提出之個資法施行細則草案第 5 條個人資料檔案，包括備份檔案及軌跡資料。因「軌跡資料」，係指個人資料在蒐集、處理、利用過程中，所產生非屬於原蒐集個資本體之衍生資訊（log files），包括（但不限於）資料存取人之代號、存取時間、使用設備代號、網路位址（IP）、經過之網路路徑……等，可用於比對、查證資料存取之適當性，故軌跡資料列在個人資料檔案之內，然公布施行版本則把軌跡資料一詞刪除。

[14] 法務部原認為，若個人資料自個人資料檔案中全部消失，將不利於電腦系統追查過往作業紀錄，為考量資訊安全與數位鑑識等證明作業之需要，乃增列由系統留存之必要軌跡資料，不在刪除之範圍內。因而較早提出之個資法施行細則草案第 6 條第 2 項規範：「前項規定，如為事後查核、比對或證明之需要而留存軌跡資料者，得不予刪除。」然因軌跡資料已不在在個人資料檔案內，故公布施行版本則無軌跡資料者，得不予刪除之規定。

　　立目的之組織。

（4）單位：基於組織之業務分工，於機關內部設立之組織。

🔍 條文釋義

1. 資料（data）依教育部國語辭典 [15] 解釋是指可供參考或研究的材料。如：「第一手資料」、「原始資料」；生產、生活中必需的東西。如：「生產資料」、「生活資料」；在社會科學中，指研究者對社會現象中某些事實所作的紀錄；計算機中一切數值、記號和事實的概稱。通常指未加以處理者 [16]。資訊（information）依教育部國語辭典 [17] 解釋是指：電腦上指對使用者有用之資料和訊息的總稱。以別於未經處理過的資料。因此「資訊」是經整理、分析後所處理過的「資料」。而個人資料保護法所保護之「資料」亦應包括未經處理過的資料及經處理過的資料（資訊），如此方能更周全個人在其資料控管之主體性。

2. 資訊與資料之區分實益，以資料保護為例，其旨並非在當事人隱私權受侵害後之保護或救濟，而是在保護當事人之資料免受侵害，意即在當事人隱私權有受侵害之虞或之前，政府機關即有保護之義務與責任，因此資料保護法制的保護標的以「資料」實較「資訊」對當事人隱私權之保障更能周全。以資訊公開為例，因政府蒐證、處理個人或相關資料，通常均有其特定之目的，此等資料均經過相當

---

15 參 http://dict.revised.moe.edu.tw/cgi-bin/newDict/dict.sh?cond=%B8%EA%AE%C6&pieceLen=50&fld=1&cat=&ukey=-1993014746&serial=1&recNo=14&op=f&imgFont=1，最後瀏覽日期：2015/12/9。

16 大法官解釋第 603 號城仲模大法官協同意見書曾舉例指出：「指紋本為中性之資料，單純知悉個人之指紋並無法透露任何訊息，蒐集指紋對於隱私權的影響如何，端視指紋在個案中的用途而定。」換言之似乎城仲模大法官認為資料應屬中性無訊息性。

17 參 http://dict.revised.moe.edu.tw/cgi-bin/newDict/dict.sh?cond=%B8%EA%B0T&pieceLen=50&fld=1&cat=&ukey=-1993014746&serial=2&recNo=23&op=f&imgFont=1，最後瀏覽日期：2015/12/9。

之處理過程，始得利用，所以將應公開之標的稱為「資訊」，正符合前途之論證。由此可知，資料或資訊兩者之運用與其規範之目的本自聯結，實有區分之必要[18]。亦有論者認為個人資料係指足資識別個人，且具有個人私密性資料。超出此範圍而為個人所擁有者，可稱為個人資訊。因此，狹義的個人資訊與個人資料無殊[19]。司法實務上認為資料必須先有「處理」，才能形成「資料檔案」。而「資料庫」則屬大規模之「資料檔案」，至於資料之運用，從實證觀點言之，如果資料不是以檔案之形式存在，幾乎沒有可用性。因此資料之處理必須早於資料之利用[20]。

3. 舊個資法之適用主體有行業別之限制，僅適用於徵信業等八類行業，及其他經法務部會同中央目的事業主管機關指定之事業、團體或個人[21]，一般行業及個人均不受規範，對於保護個人資料隱私權益規範不足。本次修正，將適用主體普遍化，刪除非公務機關行業別之限制，使任何自然人、法人或其他團體，除為單純個人或家庭活動之目的而蒐集、處理或利用個人資料外，皆須適用個資法。

4. 依本條第 1 款個人資料定義可知，任何可以直接或間接識別出個人的資料，都屬於個人資料。再者，個資法將個人資料區分為「一般個人資料」（包括：姓名、出生年月日、國民身分證統一編號、護照號碼、特徵、指紋、婚姻、家庭、教育、職業、財務情況、聯絡

---

[18] 許文義，個人資料保護法，三民，2001 年 1 月初版，頁 21。

[19] 李震山，「電腦處理《個人資料保護法》」之回顧與前瞻，中正法學集刊，第 14 期，頁 39。

[20] 參最高行政法院 106 年度判字第 54 號判決。

[21] 舊個資法第 3 條第 7 款第 3 目之非公務機關：期貨業、臺北市產物、人壽保險商業同業公會、中華民國產物保險商業同業公會、中華民國人壽保險商業同業公會、財團法人臺灣更生保護會、財團法人犯罪被害人保護協會、不動產仲介經紀業、利用電腦網路開放個人資料登錄之就業服務業、登記資本額為新臺幣一千萬元（含）以上之股份有限公司之組織型態，且有採會員制為行銷方式之百貨公司業及零售式量販業、除語文類科外之文理類補習班、無店面零售業（以網際網路及型錄方式零售商品之公司行號）、錄影節目帶出租業、「無店面零售業」中之「電視購物頻道供應者」、運動場館業、觀光旅館業。

方式、社會活動、其他可以直接或間接識別該個人之資料），及「特種個人資料」（包括「病歷」、「醫療」、「基因」、「性生活」、「健康檢查」及「犯罪前科」）。因為特種個人資料具有較高之隱私性，是故需有較高的保護標準，個資法對於特種個人資料的蒐集、處理與利用，亦另訂有獨立規定規範之。

5. 判斷某一特定資料是否屬於個人資料，其判斷基準主要係檢視是否得經由該資料，進而直接或間接識別其所屬之個人。依個資法施行細則第 3 條之規定，所謂得以間接方式識別該個人之資料，係指須與其他資料對照、組合、連結等，始能識別該特定個人的資料。又法務部於較早提出之個資法施行細則草案第 3 條係規定「得以間接方式識別該個人之資料，指僅以該資料不能識別，須與其他資料對照、組合、連結等，始能識別該特定個人者。但查詢困難、需耗費過鉅或耗時過久始能特定者，不在此限。」惟法務部嗣後重新考量認為，「查詢困難、需耗費過鉅或耗時過久」等相關文字，需從蒐集者本身個別加以判斷，原無一致性之標準，為了避免滋生疑義，應依個資法相關規定加以判斷。至於各公務或非公務機關，如在適用本條規定要件上有明確之必要者，各公務機關或目的事業主管機關得斟酌訂定裁量基準，藉此提供所屬機關或所管行業遵循。本於以上考量，所以法務部最後報行政院審查之個資法施行細則版本，將「查詢困難、需耗費過鉅或耗時過久」等文字移除。在司法實務上對於如何確定「資訊」與「特定個人」之間，具有足以連結之相關性？而認定是否為特定個人資訊，提出「直接識別性」與「識別之重要性」兩個標準。所謂「直接識別性」指個人資料之種類有不必結合複數以上之個人資料即可特定個人之資料者，例如：姓名、國民身分證統一編號、護照號碼、指紋。而所謂「識別之重要性」指須藉由比對、連結、勾稽等方式，方足以直接識別特定之個人，

對於此種足以直接識別特定個人之內涵，稱為「識別之重要性」[22]。

6. 舊個資法原規定「刪除」，需至已儲存之個人資料自個人資料檔案中消失而不復存在而言。然修法後鑑於刪除行為之認定，應視刪除當時科技水準及技術，參酌適用主體之組織型態，使用一般社會通念之標準，如一般人得以利用一般商業軟硬體作為刪除即已足。而大企業自須利用較專業刪除作業流程，雙方標準自有不同。因此個資法現行「刪除」不需達「不復存在」之標準。

實務見解

◎最高行政法院106年度判字第250號判決

人民申請閱覽、抄錄或複製政府資訊，除應視其是否為檔案，分別適用檔案法或政府資訊公開法規定外，倘該政府資訊包含個人資料保護法第2條第1款之個人資料者，則尚應適用個資法規定。

◎臺灣高等法院105年度金上訴字第5號刑事判決

惟如何界定「特定個人之資訊」？如何始得確定「資訊」與「特定個人」之間，具有足以連結之相關性？其標準應建立在「直接識別性」與「識別之重要性」二個基礎之上：

1. **直接識別性**：個人資料之種類有不必結合複數以上之個人資料即可特定個人之資料者，例如：姓名、國民身分證統一編號、護照號碼、指紋，即具有直接識別性，其所代表之單一意義，原則上具有直接識別個人之特徵且具有重要性，學理上即有主張，「**個人資料**」之要件為：（1）**生存自然人之資料**；（2）**具有特定個人識別性**，依此，個人資料保護法第2條第1項所規範之例示性事項，除姓名、國民身分證統一編號、護照號碼、指紋等資料具有直接特定個人識別性外，其餘例示性規範資料除非與前者結合外，並非當然得

---

22 臺灣高等法院105年度金上訴字第5號刑事判決。

識別出特定個人。換言之，其他部分，原則上必須結合複數以上之資料群，始具有直接識別性，因此，**若對於資料群之比對，僅提出單一形態或縱使結合複數形態之個人資料，亦不足以表現或特定個人之資料，自無侵害之問題。**例如：單以曾有竊盜之前科、有心臟病之病史等資料，並不足以認定究為何特定之個人，既不足以認定究為何特定之個人，自無侵害特定個人隱私權等權利之問題；又例如：某人慣於使用何種品牌之手機，應屬於中立的社會評價，並不會有「社會標籤」的爭議產生，甚至很難想像一旦讓第三人知悉使用手機品牌會產生精神上的痛苦。但如果個人使用之商品聯結一些個人的特徵，便成立所謂之間接識別，是否合理？正是因為個人資料保護之重點在於資料與個人間的相連與識別性，而非單純資料本身；從而，與個人脫鉤之資料，並不會造成資訊隱私或自決權的損害，也稱不上個人資料，任何自然人的資料如果和特定個人沒有最低的「可識別性」連結性，該部分資料的累積應該稱之為統計數字。

2. **識別重要性：按識別之重要性，乃是針對「可間接識別特定個人」資料之判斷標準。申言之，在上開資料群之範圍外，仍須參酌各該資料在資料群中，對於識別特定個人之「關鍵」或「重要性」之多寡，以確立各該間接資料是否對於「特定」個人有其「關鍵」或「重要性」之價值，若經判斷之結果，其特定個人欠缺「關鍵」或「重要性」之價值時，即屬於無用之個人資料，此種無用之個人資料，自非適格之保護對象。**因此，若屬於單一之個人資料，無法識別究為何人時，並無個人資料保護法之適用。倘客觀上結合複數之個人資料，亦無法識別究為何人、究竟是否為特定之個人，亦無法確定時，則此亦非屬於個人資料保護法所規範之對象。**若藉由比對、連結、勾稽等方式，足以直接識別特定之個人時，此份資料方具有個人資料保護之價值和意義。對於此種足以直接識別特定個人之內涵，稱為「識別之重要性」。**故決定個人資料是否足以直接識別特定個人之方法，必須藉由「識別之重要性」程度之多寡，以擔保對

於各該事實群進行比對、連結後，具有產生出直接識別之效果。

3. 由上揭說明可知，就個人資料之意義，必須作目的性之限縮，解釋上，除了國民身分證統一編號、護照號碼、指紋具有直接識別性外，必須建立在藉由複數資料群之比對，始得特定個人、進而造成個人隱私權等權利受到侵害之虞時，始為個資法所規範個人資料保護之範疇。作此解釋，較符合個人資料保護法之立法目的。對於法條所指「可間接識別特定個人」之資料，自應理解為係：藉由複數之個人資料進行連結後，已足以特定個人之「直接識別性」而言。易言之，藉由複數之個人資料進行勾稽後，確足以直接認定係某特定個人時，此種藉由「間接連結」之方式，達到足以「直接識別」之結果，亦屬於個人資料保護之範疇。經由此種解釋方法，一方面吻合法條本身之意義，另一方面，亦契合個人資料保護法之立法目的，自無疑義。

◎臺灣高等法院臺南分院 105 年度上易字第 393 號刑事判決

聯絡電話，自為個人資料保護法第 2 條第 1 款所稱之「聯絡方式」之個人資料，要屬個人資料保護法所規範之保護客體。

◎臺灣高等法院 104 年度上易字第 352 號刑事判決

車輛在公共道路上之行跡，伴隨駕駛或乘員即時發生之活動行止，除明示放棄隱私期待之情形（例如：公共汽車或計程車於車身上標示駕駛人之姓名、保全從業人員駕駛公司裝設衛星追蹤器之車輛執行業務），通常可認其期待隱沒於道路上之往來車輛，不欲公開其個人行蹤。而經由衛星追蹤器即時紀錄車輛之動態行止及狀態，可以連結至駕駛或乘員之行蹤，仍與個人即時之隱私活動密切相關，並不當然排除在刑法第 315 條之 1 所保護對象之外。車輛各次行跡本身縱為公開性質、甚至對於訊息擁有者一開始並無價值，但利用衛星追蹤器連續多日、全天候不間斷追蹤他人車輛行駛路徑及停止地點，將可鉅細靡遺長期掌握他人行蹤。而經由此種「拖網式監控」大量蒐集、比對定位資料，個別

活動之積累集合將產生內在關聯，而使私人行蹤以「點→線→面」之近乎天羅地網方式被迫揭露其不為人知之私人生活圖像。質言之，經由長期大量比對、整合車輛行跡，該車輛駕駛之慣用路線、行車速度、停車地點、滯留時間等活動將可一覽無遺，並可藉此探知車輛使用人之日常作息、生活細節及行為模式（例如：在上班時間或深夜駕車外出、於固定時間前往特定地點、滯留特定地點之時間久暫，甚至可涵蓋駕駛習慣、交際活動、飲食消費、宗教信仰、政黨傾向等個人資料）。**此一經由科技設備對他人進行長期且密集之資訊監視與紀錄，他人身體在形式上雖為獨處狀態，但心理上保有隱私之獨處狀態已遭破壞殆盡，自屬侵害他人欲保有隱私權之非公開活動**。而此亦為美國法院近年來針對類似案件所採取之「馬賽克理論」（mosaic theory）（或譯為「鑲嵌理論」），即如馬賽克拼圖一般，乍看之下微不足道、瑣碎的圖案，但拼聚在一起後就會呈現一個寬廣、全面的圖像。個人對於零碎的資訊或許主觀上並沒有隱私權遭受侵害之感受，但大量的資訊累積仍會對個人隱私權產生嚴重危害。是以車輛使用人對於車輛行跡不被長時間且密集延續的蒐集、記錄，應認仍具有合理之隱私期待。被告未經周○○之同意，以衛星追蹤器記錄、蒐集周○○機車之行跡，除該當妨害祕密罪即刑法第315條之1罪名外，**經由機車位置行跡得以直接或間接識別周○○之社會活動，復無個資法第19條第1項各款所列正當情形之一，亦該當同法第41條第1項之處罰要件**。被告以同一行為侵害周○○之隱私權，同時符合上開二罪所規定之犯罪構成要件，而觸犯數罪名，因該數罪名所保護者為同一法益，本質屬單純一罪，應依法規競合擇一適用法定刑較重、犯罪方法限於使用工具、設備之刑法第315條之1第2款之無故以電磁紀錄竊錄他人非公開活動罪。

◎法務部106年10月6日法律字第10603513390號函

民眾（下稱申請人）因發生交通事故遭受嚴重傷害，經向法院聲請假扣押對造之財產獲准後，為聲請強制執行以保全債權，而需明瞭對造

之財產狀況，遂向警察機關申請提供對造之國民身分證統一編號，俾向稅捐機關查詢其財產及所得資料。茲考量法院既已裁定准許申請人於供擔保後得假扣押對造財產，申請人已取得民事強制執行名義，且其債權應有日後不能強制執行或甚難執行之虞，是如對造之國民身分證統一編號，確為申請人向稅捐機關調閱其財產、所得資料程序所必要（如無法僅以對造當事人之姓名、住址查詢），並有助於確定查調財產及實施假扣押對象之正確性（如避免誤查或誤執行同姓名者），則警察機關提供申請人關於對造之國民身分證統一編號，可認屬個資法第 16 條本文規定之執行法定職務必要範圍且為特定目的內之利用，應得為之。

◎法務部 106 年 5 月 10 日法律字第 10603503050 號函

個人資料保護法（以下簡稱個資法）第 2 條第 3 款規定：「本法用詞，定義如下：……三、蒐集：指以任何方式取得個人資料。」上開規定所稱蒐集，包括直接向當事人蒐集或間接從第三人取得者，均屬之，故來函所述非公務機關自其他非公務機關取得個人資料情形，自屬個資法所稱「蒐集」個人資料。

◎法務部 106 年 1 月 26 日法律字第 10603501350 號函

金融機構如係利用臺灣集中保管結算所股份有限公司（下稱集保公司）洗錢防制查詢系統所建置之洗錢防制名單資料庫，而委請集保公司就提供之客戶資料進行比對，集保公司就此客戶個人資料之利用行為，於個資法適用範圍內，即視同金融機構之行為。依本法第 20 條第 1 項規定，金融機構基於契約關係（代號 069）所蒐集之客戶資料，原則上僅得於履行契約事務之必要範圍（例如：存款、授信、匯兌、保險及投資管理等）內為利用；如具有法定事由之一者（例如：第 2 款「為增進公共利益所必要」），得為特定目的外之利用。查洗錢防制法規定，金融機構對於達一定金額以上之通貨交易及疑似犯同法第 11 條之罪之交易，應確認客戶身分及留存交易憑證，並應向法務部調查局申報。而上開「客戶審查義務」之踐履方式，本質上須透過資訊協助建置，並透過

定期更新資訊以達洗錢防制目的。又如由各金融機構各自建置查詢系統，不僅對於規模較小之金融機構造成沉重負擔，亦不符經濟效益。是**本件金融機構利用集保公司統一建置之資訊系統，將保有之客戶資料與洗錢防制名單進行比對，乃在發揮洗錢防制名單資料庫之最大效應，俾得以落實洗錢防制之要求，應可認符合本法第 20 條第 1 項但書第 2 款「增進公共利益所必要」，而得為原契約目的必要範圍外之利用，集保公司於此受託範圍內之行為，自亦符合上開規定。**惟金融機構就集保公司利用其客戶資料之行為，仍應為適當之監督，以確保委託處理個人資料之安全管理。

◎ 法務部 105 年 4 月 8 日法律字第 10503504590 號函

我國個人資料保護法（下稱個資法）對於非公務機關個人資料保護之監管，係採分散式管理，由非公務機關（包括自然人、法人或其他團體）之中央目的事業主管機關執行。由於各行業均有其目的事業主管機關，而個人資料之蒐集、處理或利用，與該事業之經營關係密切，應屬該事業之附屬業務，自宜由原各該主管機關一併監督管理與其業務相關之個人資料保護事項，較為妥適。又個資法所稱之非公務機關，未區別自然人、法人或其他團體而有不同規範，故其個資法上目的事業主管機關，認定標準並無不同。**個人於網路販售手工飾品，核其銷售模式，應屬行政院公告「個人資料保護法非公務機關之中央目的事業主管機關」列表代碼：487 其他無店面零售業（以網際網路及型錄方式零售商品之公司行號），而以經濟部為個資法上中央目的事業主管機關，不因其未為商業登記，而有不同認定標準。**

◎ 法務部 105 年 1 月 13 日法律決字第 10503500370 號函

車輛原廠維修廠將前任車主之車輛維修紀錄提供予現任車主時，如已運用各種技術將之去識別化，而依其呈現方式已無從直接或間接識別特定生存之自然人者（例如：略去車主身分辨識及聯絡方式等欄位，以及有關肇事時、地、原因等可能辨識自然人之詳情；僅留與車輛物件描

述與維修更換情況如入廠日期、里程數、工作敘述、更換零件項目），即非屬個人資料，對外揭露自無適用本法之問題；若車輛原廠維修廠提供之車輛維修紀錄，仍可直接或間接識別特定生存之自然人者，則就該等個人資料之利用，除符合本法第20條第1項但書各款事由之一（例如：為增進公共利益、為防止他人權益之重大危害、經當事人書面同意等），自應於蒐集之特定目的必要範圍內，始得為之。

◎ 法務部 104 年 12 月 31 日法律決字第 10403516870 號函

　　計程車業者於車內安裝之計費表內建強制車內錄影、錄音並具雲端控管功能，其所錄存之影音資料若涉及可直接或間接識別特定個人之資料（個資法第2條第1款、同法施行細則第3條規定參照），自有個資法之適用；反之，倘雖錄存影像，惟無從直接或間接（例如：連結以記名式悠遊卡或信用卡付款）特定個人，則與個資法無涉。是故，本件如有個資法之適用，則計程車業者藉由該設備及雲端服務蒐集、處理或利用該等個人資料，自應符合上開個資法規定。換言之，**如基於民營交通運輸之特定目的，而於履行旅客運送契約必要範圍內，尚無須強制蒐集車內旅客影像或聲音等數位資料，計程車業者宜選擇其他無車內強制錄影、錄音功能之計費表**。若已裝設者，或可依個資法第19條第1項第5款規定，以取得「當事人書面同意」之方式符合得蒐集及處理個人資料之合法要件，依同法第7條第1項規定，該「書面同意」係指當事人經蒐集者告知本法所定應告知事項後，所為允許之書面意思表示，又該書面意思表示之方式，依電子簽章法之規定，得以電子文件為之（個資法施行細則第14條規定參照），至於個資法第8條第1項規定之應告知事項，得以言詞、書面、電話、簡訊、電子郵件、傳真、電子文件或其他足以使當事人知悉或可得知悉之方式為之（個資法施行細則第16條規定參照）。又裝設內建強制車內錄影、錄音功能之計費表，有關該錄影鏡頭拍攝之角度亦應予注意，避免有觸犯刑法第315條之1妨害祕密罪之虞。

◎法務部 104 年 10 月 23 日法律字第 10403513240 號函

(一) 按本法第 4 條規定：「受公務機關或非公務機關委託蒐集、處理或利用個人資料者，於本法適用範圍內，視同委託機關。」是以，交通部臺灣區國道高速公路局（下稱貴局）委託○○電收公司蒐集、處理或利用國道高速公路電子收費系統之行車紀錄資料，於本法適用範圍內，○○公司之行為視同貴局之行為，並以貴局為權責機關，○○公司利用國道高速公路電子收費系統蒐集之行車紀錄資料，乃係依據委託關係所取得，○○公司僅為資料管理者，該資料之蒐集者為貴局，故有關資料之利用權限乃貴局，○○公司於委託關係消滅後，仍應將個人資料庫交還予貴局，並將以儲存方式持有之個人資料刪除（本法施行細則第 8 條第 2 項第 6 款規定參照）。準此，貴局基於委託關係，請求○○公司提供代為蒐集之行車紀錄資料，不生牴觸本法之問題。此外，○○公司依委託關係蒐集、處理及利用行車紀錄資料，既視同貴局之行為，該公司如有違反本法規定之情形，應由貴局依本法第 28 條及第 31 條規定負國家賠償責任，尚與本法第 29 條非公務機關應負損害賠償之情形無涉（本部 103 年 11 月 18 日法律字第 10303511950 號書函參照）。

(二) 另按本法第 2 條第 1 款規定：「本法用詞，定義如下：一、個人資料：指自然人之姓名、……財務情況、社會活動及其他得以直接或間接方式識別該個人之資料。」所謂得以間接方式識別，指保有該資料者僅以該資料不能直接識別，須與其他資料對照、組合、連結等，始能識別該特定之個人（本法施行細則第 3 條規定參照）。查 **RFID 之 eTAG 標籤，本身雖無內存任何個人資料，惟貼有上開唯一性標籤的車輛通過 RFID 讀取設備而取得之位置及時間資訊，若可經由申辦 ETC 客戶資料庫之比對，進而連結至生存自然人之可能者，該標籤及所取得之資訊，仍屬個人資料而有本法之適用**。然縱有本法之適用，貴局依本法第 15 條及第 16 條規定，仍得為個人資料之合法蒐集、處理及利用。如運用去識別化技術，而依其呈現

方式無從直接或間接識別該特定個人者，即非屬個人資料，自無本
法之適用，併此敘明。

◎ **法務部 104 年 5 月 14 日法律字第 10403505690 號函**

本件警察機關基於「行政裁罰、行政調查」（代號：039）之特定目
的，於執行道路交通管理處罰條例規定之法定職務時，因須調查受舉發
人之違規事實，爰蒐集違規行為、違規現場之照片，其內雖含有其他非
受舉發人（乘客）之影像，若影像清晰且與其他資料對照、組合、連結
後具間接識別可能者，固仍屬個資法所稱個人資料，惟為維持該採證照
片之真實性、完整性，其蒐集認屬與執行法定職務有關之必要範圍內，
仍符合個資法第 15 條規定。至於該等個人資料之利用，即舉發單併同
前揭採證照片送達被通知人，係為證明違規事實及違規當時之客觀情
狀，應與警察機關蒐集之特定目的相符，且屬執行上開法定職務必要範
圍內，符合個資法第 16 條規定。

◎ **法務部 104 年 4 月 29 日法律字第 10403505250 號函**

(一) 依民法第 1148 條第 1 項規定：「繼承人自繼承開始時，除本法另
有規定外，承受被繼承人財產上之一切權利、義務。但權利、義務
專屬於被繼承人本身者，不在此限。」繼承人基於承受被繼承人財
產上一切權利、義務之地位，亦成為被繼承人之銀行帳戶法律關係
之契約當事人，享有個資法所揭示當事人權利（此係因繼承人成為
銀行帳戶契約當事人而產生之固有人格權）。又被繼承人之帳戶往
來明細，雖無各該繼承人之名義，惟經由法律關係之承受，該帳戶
縱使尚未更名，其於法律上已為全體繼承人公同共有（民法第 1151
條、第 831 條規定參照），繼承人已成為該帳戶之契約當事人，各
該繼承人出示相關繼承文件供銀行比對連結即可間接識別繼承人即
生存自然人之個人資料範圍（個資法第 2 條第 1 款及同法施行細則
第 3 條規定參照），是以，各該繼承人亦具有個資法第 3 條規定之
當事人權利。銀行基於與被繼承人間存款帳戶（不論是甲種或乙種

活期存款契約）之委任或消費寄託契約，負有報告委任事務進行狀
況之義務（民法第 540 條規定參照），故繼承人請求銀行提供該帳
戶之往來明細資料（例如：轉帳或匯款資訊），銀行對其報告即屬
履行契約之報告義務，而不論該帳戶往來明細資料是否涉及第三人
之個人資料。

(二) 另上開繼承人繼承該帳戶契約之權利雖為債權之準共有，惟各該繼
承人請求銀行提供該帳戶之往來明細資料，係為清算遺產之相關債
權、債務，應屬保存行為（民法第 831 條準用第 820 條第 5 項規
定），無須共同行使，任一繼承人出具合法繼承文件，皆可單獨請
求銀行提供被繼承人之帳戶往來明細資料，併此敘明。

◎金融監督管理委員會 104 年 3 月 26 日金管法字第 10400543491 號函

當事人之聲音或影像，如經蒐集建檔且足資直接或間接識別特定人
者，屬個人資料保護法（下稱個資法）第 2 條第 1 款所定個人資料；同
條第 9 款規定，所謂當事人，係指個人資料之本人。又倘某一個別資料
涉及多數個人之家庭、職業或社會活動等雙重或多重關係，則該多數關
係人均屬個資法上之當事人，該資料亦由各當事人共享（法務部 91 年
10 月 28 日法律字第 0910037677 號函參照）。**金融業者依法令規定或取
得當事人書面同意所蒐集、留存之錄音錄影資料，客戶既為該等資料之
當事人，自得請求業者製作及提供複製本；除有個資法第 10 條但書所
定情形外，不得拒絕之。**

◎法務部 104 年 1 月 30 日法律字第 10403500490 號函

(一) 衛生福利部各醫院組織準則第 3 條明定，該部所屬各醫院負有掌理
民眾衛生醫療保健有關事項；衛生福利部各醫院辦事細則（第 5 條
以下）規定，各醫院相關類科分別掌理其有關之衛生教育。又「榮
民總醫院組織通則」第 1 條及「榮民總醫院各分院組織準則」第 1
條均規定，各榮民醫院有辦理社會醫療服務業務。再按臺北市立
聯合醫院組織規程第 3 條第 19 款規定，傳染病防治部接受衛生局

委任辦理傳染疾病防治配合性業務；新北市立聯合醫院組織規程第 2 條規定，該院辦理醫療保健業務；高雄市立聯合醫院組織規程第 2 條明定該院掌理感染症防治及協助推行公共衛生事項。觀諸上開規定，公立醫院屬於政府機關為醫療業務所設立之醫療組織，其實際所從事者並非限於單純之醫療業務，尚有配合政府政策推動執行，從事公共衛生行政（本部 90 年 12 月 19 日法律字第 045620 號函）、並辦理醫療保健等有關之「給付行政」業務，以增進公共及社會成員利益，以達成國家任務之行為。

(二) 再按政府資訊公開法（以下簡稱政資法）第 4 條第 1 項規定：「本法所稱政府機關，指中央、地方各級機關及其設立之實（試）驗、研究、文教、醫療及特種基金管理等機構。」故公立醫院為政資法所稱之政府機關。又政資法第 3 條規定：「本法所稱政府資訊，指政府機關於職權範圍內作成或取得而存在於文書、圖畫、照片、磁碟、磁帶、光碟片、微縮片、積體電路晶片等媒介物及其他得以讀、看、聽或以技術、輔助方法理解之任何紀錄內之訊息。」準此，公立醫院所持有之資訊（不論是否涉及個人資料），均屬於政府資訊，對於政府資訊之提供與否、更正或補充所為之決定屬於行政處分，處分相對人或利害關係人對之如有不服得依法提起行政救濟（政資法第 20 條參照）。**如公務員於執行上開職務，因故意或過失不法侵害人民自由或權利者，人民得依國家賠償法請求國家賠償。公立醫院如列為個資法所定之「非公務機關」，則上開損害賠償係適用民法侵權行為規定，將使同一行為割裂適用不同之損害賠償機制，顯有不妥，故公立醫院在個資法上之屬性應與政資法相同；且依說明三所述，公立醫院亦行使部分之公權力行為，故屬個資法上之「公務機關」。**

◎ **法務部 103 年 9 月 25 日法律決字第 10303510940 號函**

民間之公證人係由司法院依公證法遴任，並指定於一定區域內從事

公、認證事務之人，就其所執行者為公共事務而言，顯係依法令從事於公務之人員（最廣義公務員），但其不受國家俸給，自行收取法定之報酬，與公務人員人事法律上所指之公務員（即廣義或狹義之公務員）不同。依上開公證法規定，民間公證人為相關公、認證事務固屬依法行使公權力，惟參照公證法第68條規定，民間公證人因故意或過失違反職務上之義務，致他人之權利受損害時，原則上應由其先行負擔損害賠償責任，國家賠償責任則居於補充地位，倘認民間公證人係屬個資法之公務機關或應類推適用公務機關相關規定，若其違反個資法侵害當事人之權利，而應負損害賠償責任時，係適用個資法第28條規定之無過失損害賠償責任，則與上開公證法第68條規定將有所扞格，另民間公證人似亦難與法院組織編制內之法院公證人相同，適用個資法第17條有關公務機關應公開事項之規定。是以，**民間公證人雖係由法律在特定範圍內授與行使公權力，惟為避免法律適用關係複雜化，並使其適用個資法具有一致性，民間公證人應屬個資法所稱之非公務機關，並應適用非公務機關之相關規定。**

◎ 法務部 103 年 6 月 19 日法律字第 10303507040 號函

「有關醫療、基因、性生活、健康檢查及犯罪前科之個人資料，不得蒐集、處理或利用。」個資法第6條第1項本文定有明文，其立法目的為：「個人資料中有部分資料性質較為特殊或具敏感性，如任意蒐集、處理或利用，恐會造成社會不安或對當事人造成難以彌補之傷害。」故有特別加強保護之必要。準此，不具特殊性或敏感性之個人資料，例如個資法第2條第1款之「聯絡方式」（例如地址、電話），即使與上開特種資料一起記載於病歷內，該等資料仍屬一般個人資料。查本件來函說明一所附貴部社會及家庭署103年4月23日會議紀錄附件一「逕為出生登記案件戶政機關通報作業流程（草案）」及附件二「未納入健保之六歲以下兒童查訪流程（草案）」，皆有各直轄市、縣（市）政府社會局（處）於執行兒童及少年福利與權益保障法職掌時，函送下

落不明兒童名單請各地方政府衛生局（所）及貴部中央健康保險署比對預防接種與就醫紀錄乙節，依上開會議紀錄「案由一」之決議一及「案由二」決議內容，比對之結果並非瞭解預防接種或醫療詳細內容，僅需蒐集兒童與母親之「就醫診療院所名稱與地址」，依前述說明二及三所述亦屬一般個人資料，以便查訪兒童行蹤，故地方政府基於社會行政（代號 027）之特定目的，依兒童及少年福利與權益保障法（簡稱兒少法）第 54 條規定之法定職掌，得對該兒童及主要照顧者（母親）個人資料蒐集、處理之；各地方政府衛生局（所）及貴部中央健康保險署保有兒童與母親之「就醫診療院所名稱與地址」之資料，依前開說明四所述，並衡酌兒少法第 70 條規定，提供給社會福利主管機關，符合個資法第 16 條但書第 1 款至第 4 款特定目的外利用之事由。

◎ 法務部 103 年 6 月 18 日法律決字第 10300575920 號函

健保署為辦理「機構別各該院所之醫療品質資訊公開」除該資訊公開會併同公布特定生存自然人之資料而有適用個資法（即全民健康保險醫療品質資訊公開辦法第 9 條之意旨），否則倘該資訊公開範圍僅屬醫療機構之業務統計資料，尚無個資法之適用。

◎ 法務部 102 年 10 月 31 日法律字第 10203511120 號函

按「有關醫療、基因、性生活、健康檢查及犯罪前科之個人資料，不得蒐集、處理或利用。」個資法第 6 條第 1 項本文定有明文，其立法目的為：「個人資料中有部分資料性質較為特殊或具敏感性，如任意蒐集、處理或利用，恐會造成社會不安或對當事人造成難以彌補之傷害。」故有特別加強保護之必要。**準此，不具特殊性或敏感性之個人資料，例如個資法第 2 條第 1 款之「聯絡方式」（例如地址、電話），或醫師法第 12 條第 1 項規定之「住址等基本資料」，即使與上開特種資料一起記載於病歷內，該等資料仍屬一般個人資料。**執行機關於辦理行政執行案件之法定職務必要範圍內，向醫療機構查調義務人通訊地址，應符合個資法第 15 條第 1 款之規定。對於受調查之醫療機構（包括公立

及私立醫療機構）而言，提供上開個人資料予執行機關，亦可認符合個資法第 16 條但書第 2 款及第 20 條第 1 項但書第 2 款之規定，尚非屬醫療法第 72 條所定「無故洩漏」之情形（本部 101 年 5 月 7 日法律字第 10100040190 號函參照）。惟於蒐集、處理或利用個人資料時，自應尊重義務人之權益，依誠實及信用方法為之，不得逾越特定目的之必要範圍，並應與蒐集之目的具有正當合理之關聯（個資法第 5 條規定參照）。

◎ 法務部 102 年 7 月 5 日法律字第 10203507360 號函

按本法第 16 條規定：「公務機關對個人資料之利用，除第 6 條第 1 項所規定資料外，應於執行法定職務必要範圍內為之，並與蒐集之特定目的相符。……」查「納稅服務及國稅各項課稅資料之運用」等事項，係屬各地區國稅局之法定職掌之一（財政部各地區國稅局組織通則第 2 條規定參照）。是以，各地區國稅局倘基於稅務行政（代號：120）之特定目的，於「納稅服務及國稅各項課稅資料運用」之法定職務必要範圍內，將納稅義務人配偶及受扶養親屬之所得及扣除額等課稅資料提供予納稅義務人本人，即符合本法第 16 條本文特定目的內利用個人資料之規定，無須另外取得當事人書面同意。

◎ 法務部 102 年 5 月 30 日法律字第 10200561130 號函

社團法人於「團體對會員或其他成員名冊之內部管理」（代號 052）及「契約、類似契約或其他法律關係事務」（代號 069）之特定目的內，於符合「與當事人有契約關係」（章程係共同（合同）行為，與契約同屬所謂「多方契約」），而得蒐集該等會員之個人資料，並得依個資法第 20 條規定，於蒐集之特定目的的「必要範圍內」利用（本部 102 年 5 月 13 日法律字第 10200514600 號書函參照）。**本件應先視社團章程有無規定社團得利用會員個人資料編印為會員名錄分送會員，如非於原先蒐集之特定目的必要範圍內者，社團法人上開利用行為，仍應符合本法第 20 條第 1 項但書各款情形之一**（例如：經當事人書面同意）。準此，貴會編印會員名錄發給會員參考，請貴會參照上開說明意旨，本於

權責審認之。

◎**法務部 102 年 5 月 13 日法律決字第 10203503330 號函**

（一）按個人資料保護法（下稱本法）第 19 條規定：「非公務機關對個人資料之蒐集或處理，除第 6 條第 1 項所規定資料外，應有特定目的，並符合下列情形之一者：……二、與當事人有契約或類似契約之關係。……五、經當事人書面同意。……」第 20 條規定：「非公務機關對個人資料之利用，除第 6 條第 1 項所規定資料外，應於蒐集之特定目的必要範圍內為之。但有下列情形之一者，得為特定目的外之利用：一、……。六、經當事人書面同意。」非公務機關對於個人資料之蒐集、處理或利用應符合上開規定，始得為之。本件關於西班牙服飾商 M ○○擬委請在臺加盟商代為蒐集客戶資料，並將資料傳送至西班牙公司，涉及非公務機關（加盟商）對個人資料之蒐集與國際傳輸（將個人資料作跨國（境）之處理或利用，本法第 2 條第 6 款規定參照），應符合上開有關規定，例如加盟商與客戶間有契約或類似契約之關係，或經客戶書面同意。

（二）另本法第 21 條規定：「非公務機關為國際傳輸個人資料，而有下列情形之一者，中央目的事業主管機關得限制之：一、……。三、接受國對於個人資料之保護未有完善之法規，致有損當事人權益之虞。四、以迂迴方法向第三國（地區）傳輸個人資料規避本法。」係法律賦予中央目的事業主管機關，遇有該條所定各款情事之一時，對於人民自由權利限制之依據及裁量權。至於具體個案中央目的事業主管機關是否限制，仍應由主管機關本於權責審認。又倘中央目的事業主管機關認非公務機關有違反本法規定之情事者，尚可依本法第 25 條規定禁止蒐集、處理或利用個人資料，或命令刪除個人資料檔案等處置，附為敘明。

◎**法務部 102 年 3 月 27 日法律字第 10203502790 號函**

（一）問題一（在網路上（例如「臉書」）公布親友照片或影片）、問題

六（將第三人之電話提供予友人）：1.按本法第51條第1項第1款規定：「有下列情形之一者，不適用本法規定：一、自然人為單純個人或家庭活動之目的，而蒐集、處理或利用個人資料。……」**自然人為單純個人活動目的，而將其親友個人資料（例如：照片、影片或電話），於網路上分享予其他友人等利用行為，尚無本法之適用。**2.惟上開行為若有侵害民眾人格權或隱私權者，受害人仍得根據民法第18條、第184條及第195條等規定，請求法院除去侵害或防止侵害及損害賠償，併予敘明。

(二) 問題二（將行車記錄器畫面放到網路上）：1.按本法第2條第1款規定：「本法用詞，定義如下：一、個人資料：指自然人之姓名、出生年月日、國民身分證統一編號、護照號碼、……及其他得以直接或間接方式識別該個人之資料。」同法第51條第1項第2款規定：「有下列情形之一者，不適用本法規定：……二、於公開場所或公開活動中所蒐集、處理或利用之未與其他個人資料結合之影音資料。」公務或非公務機關以行車記錄器所錄存畫面，如僅涉及不特定自然人影像，且未與其他個人資料結合者，尚無本法之適用（本部99年4月13日法律字第0999009760號函、100年6月9日法律字第1000014276號函、102年1月28日法律字第10203500150號函參照）。2.**另公務或非公務機關以行車記錄器所錄存畫面，倘經與其他個人資料結合而成為能識別特定個人之個人資料，其將上開個人資料於網路上公布之利用行為，應於蒐集之特定目的範圍內，並符合本法第16條、第20條第1項規定要件，而為特定目的內利用。否則應符合本法第16條但書、第20條第1項但書所定法定要件之一（例如：法律明文規定、增進公共利益、為防止他人權益之重大危害、經當事人書面同意，或為免除當事人之生命、身體、自由或財產上之危險），始得為特定目的外之利用。**

(三) 問題三（大樓或宿舍公布監視錄影器錄下之侵入者影像）：1.自然人為個人或家庭活動目的，錄存監視錄影畫面：自然人單純為個人

或家庭活動目的而蒐集、處理或利用個人資料行為（例如：為保障其自身或居家權益，而公布大樓或宿舍監視錄影器中涉及個人資料畫面之行為），依本法第 51 條第 1 項第 1 款第規定，並不適用本法。2. 公務機關或非公務機關（非屬前述（三）、1、之情形）錄存監視錄影畫面：公務機關或非公務機關蒐集大樓或宿舍監視錄影器中涉及個人資料之畫面，非屬前述為個人或家庭活動目的之情形時，應有特定目的（例如：場所進出安全管理），並符合本法第 15 條、第 19 條所定要件（例如：執行法定職務必要範圍內、法律明文規定、與公共利益有關）。另其如將上開個人資料予以公布，則應於蒐集之特定目的範圍內為之。否則應符合本法第 16 條但書、第 20 條但書所列各款情形之一（例如：法律明文規定、增進公共利益、當事人書面同意、為防止他人權益之重大危害，或為免除當事人之生命、身體、自由或財產上之危險），始得為特定目的外之利用。

(四) 問題四（公司在榮譽榜上公布得獎員工之姓名）：按本法第 20 條規定：「非公務機關對個人資料之利用，除第 6 條第 1 項所規定資料外，應於蒐集之特定目的必要範圍內為之。」準此，公司有特定目的（例如：人事管理），並於其必要範圍內所為獎勵員工行為（例如：張貼榮譽榜揭示員工姓名），符合本法上開規定。

(五) 問題五（登報道歉刊登被害人姓名或其他個人資料）：1. 個別法律已有規定：本法屬普通法性質，個別法律如有特別規定，例如：性侵害犯罪防治法第 13 條第 1 項規定：「宣傳品、出版品、廣播、電視、網際網路內容或其他媒體，不得報導或記載被害人之姓名或其他足資辨別被害人身分之資訊。但經有行為能力之被害人同意或犯罪偵查機關依法認為有必要者，不在此限。」刑事訴訟法第 451 條之 1 第 2 項第 1 款規定：「檢察官為前項之求刑或請求前，得徵詢被害人之意見，並斟酌情形，經被害人同意，命被告為左列各款事項：一、向被害人道歉。」該特別規定應優先適用之。2. 個別法

律並未規定：按本法第 20 條規定：「非公務機關對個人資料之利用，除第 6 條第 1 項所規定資料外，應於蒐集之特定目的必要範圍內為之。……」因此，**非公務機關有特定目的（例如：其他法律關係事務、其他自然人基於正當性目的所進行個人資料之蒐集處理及利用），並與當事人間成立和解契約或經當事人書面同意時，其利用他方個人資料所為登報道歉行為，符合本法第 20 條規定。惟其仍應注意本法第 5 條規定，尊重當事人之權益，依誠實及信用方法為之，不得逾越特定目的之必要範圍，並應與蒐集之目的具有正當合理之關聯。**

(六) 問題七（擔任保險業務員者，利用手機上通訊錄邀親友購買保險）：1. 甲說（不適用本法，應適用民法）：（1）自然人利用其所取得親友之聯絡資料，作為邀請親友購買保險使用，係屬其個人活動目的，尚無本法之適用（本法第 51 條第 1 項第 1 款規定參照）。（2）惟上開行為若有侵害民眾人格權或隱私權者，受害人仍得根據民法第 18 條、第 184 條及第 195 條等規定，請求法院除去侵害或防止侵害及損害賠償，併予敘明。2. 乙說（應適用本法）：按自然人擔任非公務機關之保險業務員，而邀其親友購買保險，已非單純個人活動目的，而係立於非公務機關或非公務機關履行輔助人地位，故應有特定目的（例如：人身保險、財產保險），並符合本法第 19 條各款情形之一（例如：與當事人有契約或類似契約之關係、經當事人書面同意），始能依本法第 20 條第 1 項規定，於蒐集之特定目的範圍內利用個人資料。3. 為期審慎，本問題本部將另召開學者專家諮詢小組會議後，再行回覆。

(七) 問題八（村里設置聯絡電話簿）：1. 村里長蒐集村里民聯絡電話部分：按本法第 15 條規定：「公務機關對個人資料之蒐集或處理，除第 6 條第 1 項所規定資料外，應有特定目的，並符合下列情形之一者：一、執行法定職務必要範圍內。……」準此，村里長有特定目的（例如：民政、社會行政、政令宣導、政府福利金或救濟金給

付行政、選舉、罷免及公民投票行政），而於執行其法定職務（地方制度法第 59 條規定參照）之必要範圍內，所為蒐集村里民個人資料行為（例如：蒐集村里民之姓名及聯絡電話），並設置村里聯絡電話簿，符合本法上開規定。2. 村里長利用村里民聯絡電話部分：（1）按本法第 16 條規定：「公務機關對個人資料之利用，除第 6 條第 1 項所規定資料外，應於執行法定職務必要範圍內為之，並與蒐集之特定目的相符。」因此，村里長為執行其法定職務所必要，原則應於特定目的範圍內利用村里民聯絡資料（例如：辦理一般民政或社會行政業務），尚不得逕將村里民聯絡資料予以公開或提供予他人。（2）另村里長如於特定目的外利用村里民聯絡資料時，則應符合本法第 16 條但書所列各款情形之一（例如：為增進公共利益、為防止他人權益之重大危害、經當事人書面同意，或為為免除當事人之生命、身體、自由或財產上之危險），始得為特定目的外之利用。惟其仍應注意本法第 5 條規定，尊重當事人之權益，依誠實及信用方法為之，不得逾越特定目的之必要範圍，並應與蒐集之目的具有正當合理之關聯。

◎ **法務部 102 年 3 月 26 日法律字第 10203501860 號函**

(一) 關於寺廟蒐集信徒資料，申報信徒名冊部分：1. 按個人資料保護法（以下簡稱本法）第 19 條第 1 項規定：「非公務機關對個人資料之蒐集或處理，除第 6 條第 1 項所規定資料外，應有特定目的，並符合下列情形之一者：一、法律明文規定。二、與當事人有契約或類似契約之關係。……」又按未經辦理法人登記之寺廟，司法實務見解多認為非法人團體（最高行政法院 86 年度判字第 1232 號判決、臺灣高等法院 86 年度抗字第 3591 號民事裁定、最高法院 43 年台上字第 143 號判例參照）。復依「辦理寺廟登記須知」第 16 點第 7 款規定，「信徒資格之取得、喪失、開除與權利及義務」，為寺廟之組織或管理章程內應載明事項之一。本件依來函所述，**寺**

廟為依「辦理寺廟登記須知」規定申報信徒名冊，蒐集所屬信徒個人資料之情形，應係基於「團體對會員或其他成員名冊之內部管理」（代號052）之特定目的，且符合本法第19條第1項第2款「與當事人有契約或類似契約關係」（通說認為非法人團體與會員間內部關係應類推適用社團法人之規定，而社團法人與新社員間係契約關係，參考王澤鑑，民法總則，第143頁，及鄭玉波，民法總則，第129～130、177頁），而得蒐集該等信徒資料，並得依本法第20條規定，於蒐集之特定目的「必要範圍內」為利用。2. 另按本法第8條規定：「公務機關或非公務機關依第15條或第19條規定向當事人蒐集個人資料時，應明確告知當事人下列事項：一、公務機關或非公務機關名稱。二、蒐集之目的。……六、當事人得自由選擇提供個人資料時，不提供將對其權益之影響。（第1項）有下列情形之一者，得免為前項之告知：一、依法律規定得免告知。二、個人資料之蒐集係公務機關執行法定職務或非公務機關履行法定義務所必要。……五、當事人明知應告知之內容。（第2項）」上開本法第8條第2項第2款所稱「法定義務」，係指非公務機關依法律或法律具體明確授權之法規命令所定之義務（個人資料保護法施行細則第11條）。本件寺廟造報信徒名冊之法令依據為「辦理寺廟登記須知」，屬行政規則性質，與上揭本法第8條第2項第2款所定「履行法定義務」之情形不相當。故寺廟除有其他符合本法第8條第2項免為告知（如第5款當事人明知應告知之內容等）情事外，仍應於蒐集時向當事人告知本法第8條第1項規定之相關事項。

(二) 關於主管機關蒐集信徒資料、公告信徒名冊部分：1. 按本法第15條第1款規定：「公務機關對個人資料之蒐集或處理，除第6條第1項所規定資料外，應有特定目的，並符合下列情形之一者：一、執行法定職務必要範圍內。……」本法第16條本文規定：「公務機關對個人資料之利用，除第6條第1項所規定資料外，應於執行

41

法定職務必要範圍內為之,並與蒐集之特定目的相符。」又按「直轄市宗教輔導」及「縣(市)宗教輔導」,為直轄市及縣(市)自治事項,地方制度法第18條第3款第4目及第19條第3款第4目分別定有明文。準此,本件主管機關蒐集信徒資料及公告信徒名冊,應係基於「民政」(023代號)之特定目的,且係本法第15條第1款及第16條所稱「執行法定職務」,惟仍應符合於執行該等職務「必要範圍內」之要件,始得為之。依貴部來函所述,因僅敘明擬認定主管機關蒐集、處理信徒資料及公告信徒名冊,係「執行法定職務」,而未敘明何以必須蒐集、處理及利用信徒資料之原因,及是否係於執行該等職務必要範圍內,本部尚難遽以認定是否符合本法第15條第1款及第8條第2項第2款規定,仍宜由主管機關參酌上開說明,本於權責審認之。2. 另依來函所述,為解決部分寺廟因信徒失聯者眾,致信徒大會出席人數屢屢未達法定人數而流會之困境,貴部於98年3月17日以台內民字第0980049981號函知各直轄市政府民政局及各縣市政府略以:「得由寺廟造具失聯信徒名冊,……報主管機關備查後,由主管機關將失聯信徒名冊,公告於寺廟公告欄或門首顯眼之適當地點、寺廟所在地村(里)辦公處公告欄、鄉(鎮、市、區)公所公告欄,限期三十日請失聯信徒與寺廟聯絡,期限屆滿未聯絡者,由寺廟造具名冊報主管機關備查,當年度後續召開之信徒大會,上開名冊內之信徒,得不計入該次會議出席人數」乙節,因該等失聯信徒是否計入信徒大會出席人數,涉及人民權利義務重要事項,遽以上揭函規範是否妥適?尚有疑義,從而關於主管機關蒐集、處理及公告失聯信徒名冊部分,是否符合本法第15條第1款及第16條所稱「執行法定職務必要範圍內」之要件,似有待斟酌。

(三) 關於公開寺廟負責人姓名等資料疑義部分:按個人資料係指自然人之姓名、出生年月日、國民身分證統一編號等得以直接或間接方式識別該個人之資料(本法第2條第1款參照)。寺廟性質上為非法

人團體，並非自然人，已見前述，來函所述有關主管機關得否於網路或以其他方式公開寺廟名稱、地址、電話、登記證字號乙節，該等資料既非自然人之資料，即非屬個人資料，故主管機關公開該等資料，尚無本法之適用。至主管機關擬於網路或以其他方式公開寺廟負責人之姓名乙節，該等姓名係屬個人資料，倘主管機關原蒐集該等資料之特定目的並非為提供公眾查詢使用，現對外公開上開資料即屬於特定目的外之利用，應有個資法第 16 條但書所列情形之一，始得為之。

◎法務部 102 年 1 月 28 日法律字第 10203500150 號函

於公開場所或公開活動中所蒐集、處理或利用之未與其他個人資料結合之影音資料。」警察機關所建置未具車牌辨識功能之監錄系統，如確僅錄存不特定自然人影像，且不足以識別個人資料，尚無本法之適用。

◎經濟部 102 年 1 月 7 日經商字第 10100727370 號函

公司法第 210 條第 1 項、第 2 項及第 218 條第 1 項既已明定公司董事會應將股東名冊及相關簿冊備置於本公司或股務代理機關，供利害關係人查閱或抄錄，則有關提供個人資料之部分，自應優先適用上開公司法之規定，尚無牴觸本法之問題。

◎法務部 102 年 1 月 7 日法律字第 10100263360 號函

衛生局請民政機關提供之資料係現生存之自然人個人資料者，則屬個資法所規範之蒐集個人資料，按個資法第 15 條：「公務機關對個人資料之蒐集或處理，除第 6 條第 1 項所規定資料外，應有特定目的，並符合下列情形之一者：一、執行法定職務必要範圍內。二、經當事人書面同意。三、對當事人權益無侵害。」依精神衛生法第 7 條第 1 項規定：「直轄市、縣（市）主管機關應由社區心理衛生中心，辦理心理衛生宣導……自殺……防治及其他心理衛生等事項。」衛生局掌理緊急醫療救護、精神衛生及其他有關事項，則衛生局為進行自殺防治工作及死因統

計之完整性與正確性，蒐集個人資料者，係執行法定職務必要範圍公共衛生之特定目的（代號012）。民政機關提供個人資料，係屬個人資料之利用，按個資法第16條：「公務機關對個人資料之利用，除第6條第1項所規定資料外，應於執行法定職務必要範圍內為之，並與蒐集之特定目的相符。但有下列情形之一者，得為特定目的外之利用……」應由民政機關審酌提供個人資料供衛生局進行自殺防治工作及死因統計調查，是否符合本條及個資法第5條規定。

◎**法務部 101 年 11 月 22 日法律字第 10103104550 號**

以錄音裝置蒐集個人資料者，必先係為建立得以自動化機器或其他非自動化方式檢索、整理之個人聲音資料集合，而後取得足資直接或間接識別該個人之影音資料時，方屬個資法之蒐集行為；換言之，取得之個人資料須足資識別該個人者，始適用個資法。準此，錄存不特定自然人聲音而未識別該個人前，並非個資法所稱「蒐集個人資料」行為，尚無個資法之適用。錄音設置僅是個人資料蒐集前之手段或媒介物，其性質如同使用網站、電信設施而蒐集個人資料，故在尚未蒐集個人資料前，得否設置或使用相關手段或媒介物，並非個資法規範之對象；若錄存不特定自然人聲音及其他個人資料，而得識別為特定自然人者，則屬該個人之個人資料，始符合個資法所定「蒐集個人資料」行為（本部98年7月20日法律字第0980022221號函參照）。**本件貴公司客服人員與客戶間於客服專線有關核對用戶基本資料等通話內容，進行全程錄音存檔乙節，如其聲音資料未經識別為特定自然人前，尚無個資法之適用問題。若電話錄音內容得直接或間接識別特定個人者，涉屬「足資識別該個人之資料」，其蒐集、處理或利用，除法律另有規定外，即受個人資料保護法之規範**（本部 100 年 6 月 2 日法律字第 1000013303 號函參照）。

◎**法務部 101 年 11 月 1 日法律字第 10103109040 號函**

(一) 有關各級公私立學校於「個人資料保護法」（以下簡稱本法），宜

屬公務機關或非公務機關疑義一案。

(二) 按本法所定之公務機關，係指依法行使公權力之中央或地方機關或行政法人（本法第2條第7款參照）。準此，**公立學校如係各級政府依法令設置實施教育之機構，而具有機關之地位，應屬本法之公務機關。至於非由各級政府設置之私立學校，則屬本法之非公務機關**（本部100年12月28日法律字第100025794號函意旨參照）。

◎ **法務部101年8月7日法律字第10103012730號函**

(一) 投信事業提供之持股明細及投資組合是否屬於新法所規範之個人資料，須視該等資料是否為得以直接或間接方式識別特定個人之資料。如僅以該等資料無法識別，須與其他資料對照、組合、連結始可識別該特定個人時，亦屬新法所規範之個人資料而有新法之適用。

(二) 個資法第2條第1款規定以及同法施行細則第2條規定：「本法所稱個人，指現生存之自然人。」故須為自然人之資料方屬新法保護之範疇，若非自然人之資料，則不受個資法之規範。是以本件**投信事業所提供之持股明細及投資組合，若該等資料僅為法人等組織之持股明細及投資組合，而未涉自然人之資料，即無個資法之適用。**

◎ **法務部101年7月30日法律字第10103106010號函**

按個人資料者，乃涉及當事人之隱私權益，故個資法立法目的之一乃在個人人格權中隱私權之保護。準此，**依個資法第16條第5款或第20條第1項第5款規定，用於統計或學術研究之個人資料，經提供者處理後或蒐集者依其揭露方式無從再識別特定當事人，則該筆經提供者處理後之資料或蒐集者揭露之資料已非本法第2條第1款所定「得以直接或間接方式識別該個人之資料」，即無本法之適用。**

◎ **法務部101年2月2日法律字第10102102580號函**

新修正個資法公告施行後，擴大各行業均有適用。是故，免稅商店設置管理辦法規定免稅商店銷售貨物時，應於售貨單載明購貨人之「護

照號碼或旅行證件號碼」，此項「護照號碼或旅行證件號碼」即屬新修正個資法第 2 條第 1 款規定之「得以直接方式識別該個人之資料」。

◎ 法務部 94 年 5 月 6 日法律決字第 0940017397 號函

按電腦處理個人資料保護法第 3 條第 1 款規定：「本法用詞定義如左：一、個人資料：指自然人之姓名、出生年月日、身分證統一編號、特徵、指紋、婚姻、家庭、教育、職業、健康、病歷、財務情況、社會活動及其他足資識別該個人之資料。」而有關公務機關將蒐集他人電子郵遞住址（E-mail）資料提供他人查詢服務，如其並未與自然人之姓名等相結合，尚不足以識別該個人者，則該資料即非上開規定所稱之個人資料，並無電腦處理個人資料保護法規定之適用。至該電子郵遞住址（E-mail）如與自然人其他資料結合，而足資識別個人資料者，該利用是否符合該法第 8 條但書各款所列情形之一，係屬事實認定問題，應由保有資料之機關本於職權自行認定之。又如採肯定見解，則請一併注意本法第 6 條等規定，自屬當然，併予指明。責衡酌之。

◎ 法務部 92 年 7 月 4 日法律字第 0920026192 號函

按電腦處理個人資料保護法第 3 條第 1 款規定：「本法用詞定義如左：一、個人資料：指自然人之姓名、出生年月日、身分證統一編號、特徵、指紋、婚姻、家庭、教育、職業、健康、病歷、財務情況、社會活動及其他足資識別該個人之資料。」有關蒐集他人房屋外觀資料提供查詢服務，如其並未與自然人之姓名等相結合，尚不足以識別該個人者，則該資料即非上開規定所稱之個人資料，並無電腦處理個人資料保護法規定之適用。

🔍 相關條文

（自然人）民法 6 ～ 24。（姓名、指紋）個資法之特定目的及個人資料之類別 C001。（國民身分證統一編號、護照號碼）個資法之特定目的及個人資料之類別 C003。（出生年月日、特徵）個資法之特定目的及

個人資料之類別 C011 ～ C014。（婚姻、家庭）個資法之特定目的及個人資料之類別 C021 ～ C024。（教育、職業）個資法之特定目的及個人資料之類別 C051 ～ C058。（得以間接方式識別）個資法施行細則 3。（病歷個資）個資法施行細則 4 Ⅰ，醫師法 12，醫療法 67 Ⅱ，醫療法施行細則 49、52，全民健康保險醫療辦法 13，醫療機構電子病歷製作及管理辦法，人工生殖法 14，人體器官移植條例 11，全民健康保險法 80，安寧緩和醫療條例 9，聯合診所管理辦法 5。（醫療個資）個資法施行細則 4 Ⅱ，個資法之特定目的及個人資料之類別 C111。（基因個資）個資法施行細則 4 Ⅲ，去氧核醣核酸採樣條例 3 ③，人體生物資料庫管理條例 7 ⑧，人體研究法 6 ④，人體試驗管理辦法 7 ⑤。（性生活個資）個資法施行細則 4 Ⅳ，個資法之特定目的及個人資料之類別 C112。（健康檢查個資）個資法施行細則 4 Ⅴ，個資法之特定目的及個人資料之類別 C111。（犯罪前科個資）個資法施行細則 4 Ⅵ。（財務情況個資）個資法之特定目的及個人資料之類別 C081 ～ C103。（社會活動個資）個資法之特定目的及個人資料之類別 C031 ～ C041。（刪除）個資法施行細則 6 Ⅰ。（內部傳送）個資法施行細則 5、6 Ⅱ。（行政法人）行政法人法 2 Ⅰ，中央行政機關組織基準法 37，農田水利會組織通則 1 Ⅱ。（機關）中央行政機關組織基準法 3 ①。

第 3 條　（個資請求權）

當事人就其個人資料依本法規定行使之下列權利，不得預先拋棄或以特約限制之：

一、查詢或請求閱覽。

二、請求製給複製本。

三、請求補充或更正。

四、請求停止蒐集、處理或利用。

五、請求刪除。

修正理由

1. 當事人查詢其個人資料與請求閱覽得分別為之,是以將第 1 款之「及」字,修正為「或」字。

2. 配合第 2 條第 4 款「處理」之定義規定,爰將第 4 款「電腦處理」中「電腦」二字予以刪除,並將「蒐集」亦列為得請求停止之事項,另「及利用」修正為「或利用」,以資明確。

名詞解釋

　　請求權:指權利人得請求義務人為一定行為或不作為之權利。至於權利人是否有請求權,端視其有無請求權基礎,即足以支援某項特定請求權之法律規範而言。請求權在法律體系中居於樞紐之地位,因任何權利,不論其為相對權或絕對權,凡欲發揮其功能,或回復不受侵害之圓滿狀態,均需借助請求權之行使。請求權人行使其權利時,其相對人原則上即有為一定行為或不行為之義務,除非義務人具有抗辯權,方能拒絕其請求 [23]。

條文釋義

1. 本條係規範「個人資料主體的權利」,即「個人資料之本人」關於其個人資料於各種「處理利用」流程的「資訊隱私權」(information privacy)或「資訊自決權」(informationelles selbstbestimmungsrecht)。大法官釋字第 603 號解釋提到,隱私權雖然不是憲法明文列舉的權利,但是為了保障個人生活的私密領域不受他人侵擾,並且維護個人資料的自主控制,隱私權可以被視為一種不可或缺的基本權利,而受到憲法第 22 條的保障。

2. 隱私權當中包含了個人可以自主控制自己資料的資訊隱私權,而「資

---

[23] 王澤鑑,民法總則,2008 年 10 月修訂版,頁 561。

訊隱私權」可以保障人民可以自由決定是否願意揭露自己的個人資料、以及在何種範圍內、在什麼時候、用什麼方式、向何人揭露的決定權，並保障人民對本人資料的使用有知情與控制的權利，並且享有個人資料若發生記載錯誤時的請求更正權利。

3. 前面所提到的相關權利，因為涉及當事人的人格權益，為了充分保護起見，法務部因此參考了德國、英國、日本等相關外國的個資法條文規定，在本條明定不可以預先拋棄或以特約限制當事人的個人資料請求權。

4. 又本條規範係當事人就其個人資料行使權利，因此不論係依個資法第 8 條直接蒐集之個人資料，或是依個資法第 9 條間接蒐集之個人資料，當事人均可就其個人資料行使其權利。

5. 依本條規範刪除權除非個資持有者有合法保留個資的法定理由，否則個資當事人有權要求個資持有者永久刪除，有關個資當事人的個人資料，有權被網際網路所遺忘，不被搜尋。換言之，只要個資當事人想終止或避免自己的個人資料在網際網路或其他領域被傳播、使用或洩露時，個資當事人就有權利要求資料蒐集者、資料使用者及資料保有者徹底刪除其資料，但這項權利並非絕對毫不受限之權利，行使被遺忘權或刪除權不能踐踏侵犯言論自由以及損害到公共的利益等。此外，個資當事人除有權要求個資持有者刪除持有者直接控制的資料資訊外，還有權要求個資持有者刪除經協力廠商複製、轉載後的所有個人資料。在司法實踐上，高等行政法院曾一度認為個人對自身資訊公開之「事前同意權」，與其後來要除去已公開資訊之「事後排除權」為一體之兩面，因此事前被動公開，事後即不得排除已公開之資訊。然該見解遭最高行政法院所否定，最高行政法院認為從新個資法將「蒐集及處理」、與「利用」分開規範之架構觀之，即可知悉，新個資法要求執法者「在資料蒐集、處理及利用之每一階段」，均應重新評估「是否有對個人資訊隱私權提供足夠之保障」。因而個資當事人是否有「事後排除權」與是否「事

前同意權」應分別對待。

6. 從個資刪除權亦可衍生出被遺忘權，在 2014 年 5 月，歐洲法院（Court of Justice of the European Union）做出一則舉世矚目之關於被遺忘權的判決引起各方高度關注。該案一邊當事人是谷歌公司（Google Inc.）和 Google 西班牙公司（Google Spain），而另一邊當事人是西班牙資料保護局（Agencia Española de Protección de Datos, AEPD）和西班牙律師 Mario Costeja Gonzalez（以下簡稱岡薩雷斯）本案約略如下：一位西班牙律師岡薩雷斯發現，如果在 Google 搜尋引擎輸入他的名字，將出現兩個連結指向《先鋒報》（La Vanguardia）的兩個網頁。這兩個網頁分別包含了 1998 年 1 月 19 日和 3 月 9 日的報導，上開報導記載有關岡薩雷斯因債務危機而拍賣房產的消息。然岡薩雷斯認為其還清相關債務，且該資訊已經過去多年，已經不再重要（of no relevance），希望 Google 刪除這些具有負面不利已誤導之資訊連結，而不再為任何一般公眾通過 Google 搜尋到。因此，岡薩雷斯於 2010 年，再次要求西班牙 Google 公司應移除對該則網頁新聞的連結。而美國 Google 總公司認為，美國公司才是真正負責提供連結的主體，但其並不受歐盟管轄。因此，岡薩雷斯改向西班牙資料保護局（AEPD）提出要求，岡薩雷斯先生向 AEPD 提出兩項請求：（1）請求 AEPD 要求先鋒報移除或修改有關其上開登載之二個網頁，以使其個人資料不再出現，或使用搜尋引擎所提供的特定工具以保護該資料。（2）請求 AEPD 要求西班牙 Google（Google Spain）和登記於美國的 Google 總公司（Google Inc.）移除或屏蔽（conceal）其個人資料，以使系爭資料不再於搜尋結果中或《先鋒報》的連結中出現。AEPD 針對上開兩項請求，分別駁回請求（1）但准許請求（2）。Google Spain 和 Google Inc. 對此表示不服，上訴到西班牙高等法院，該法院暫停審理，提出數問題，移送至歐洲法院。因而歐洲法院經過一連串的嚴格審查後於 2014 年 5 月間作出相關判決，判決 Google 本案敗訴。歐洲法院先認

為 Google 營運者以自動化、持續性並且有系統的方式在網路上探索其上所公開的資訊，除了「蒐集」外，並在其分類程式的架構中「檢索」、「記錄」、「組織」，並「存放」在伺服器上，且在部分條件下，對其服務的使用者以搜尋結果清單的形式「揭露」或「使得近用」。法院認為，上述操作本身就是一種資料處理行為。Google 的搜尋服務，讓使用者可輸入個人姓名關鍵字後，搜尋到所有與此人關聯之相關個人資訊，構成對此人的一種檔案（profile），此外，Google Spain 是 Google Inc. 在西班牙為個資保護指令第 4 條第 1 項 a 款所謂之據點。因此受《個人資料處理及自由流通保護指令》所規範，而 Google 公司和 Google 西班牙公司是屬《指令》規定的資料控制者。又歐洲法院認為，相關用戶在網際網路中理應享有被遺忘權，若使用者發現網際網路上的超連結指向一些與自己有關，但屬過時失效、無關緊要或損害個人隱私的資訊時，可以要求有關網絡運營商等資料控制者把超連結刪除。該案標誌著被遺忘權在歐洲有了第一個司法案例。從該案判決觀察，歐洲法院賦予個資當事人得主動控制其過去的歷史資料之權利。然而類似案件在臺灣高等法院於 104 年度上字第 389 號民事判決中，並未獲得支持[24]。

7. 個資法第 3 條所列舉各種權利間，彼此間並無替代或補充關係。因此，除非當事人請求閱覽個資有妨害該蒐集機關之重大利益者，否則應依當事人之請求閱覽而提供閱覽，亦不得以製給複製本代替[25]。

🔍 實務見解

◎ 法務部 106 年 11 月 10 日法律字第 10603512680 號函

　　按個人資料保護法（下稱個資法）第 11 條第 3 項規定：「個人資料

---

[24] 判決理由略為：主張刪除權者，未能舉證被主張者（Google International LLC）為系爭搜尋引擎服務之主要經營者或管理者，自難認被主張者對系爭搜尋引擎有管理及維護之權能。並未對被遺忘權在我國權益之有無或其範圍而為論述，實為可惜。

[25] 法務部民國 102 年 3 月 12 日法律字第 10100271950 號函。

蒐集之特定目的消失或期限屆滿時，應主動或依當事人之請求，刪除、停止處理或利用該個人資料。但因執行職務或業務所必須或經當事人書面同意者，不在此限。」準此，倘業者基於當事人同意合法蒐集、處理之個人資料（個資法第 19 條第 1 項第 5 款參照），而當事人事後撤回其同意，則自其撤回時起，如蒐集個人資料之特定目的或要件已不存在，除有上開個資法第 11 條第 3 項但書規定之情形（個資法施行細則第 21 條規定參照）外，業者應主動或依當事人之請求，刪除、停止處理或利用該等個人資料。

◎ 法務部 102 年 7 月 4 日法律字第 10200118830 號函

按醫療法第 71 條規定：「醫療機構應依其診治之病人要求，提供病歷「複製本」，必要時提供中文病歷摘要，不得無故拖延或拒絕；其所需費用，由病人負擔。」僅係就病人得申請病歷複製本及費用負擔為規定，與得否限制病人申請「閱覽」病歷無涉。換言之，**請求閱覽與請求製給複製本係二種不同之權利。又醫療法因未有病人申請閱覽病歷之相關規定，則當事人自得依本法第 3 條規定向醫療機構請求閱覽其本人之病歷資料，醫療機構即應適用本法第 10 條有關提供閱覽之規定，尚難遽以製給複製本而拒絕其閱覽。**

◎ 法務部 101 年 8 月 7 日法律字第 10103104090 號函

(一) 個資法第 3 條規定當事人查詢或請求閱覽、請求製給複製本、請求補充或更正、請求停止蒐集、處理或利用及請求刪除之權利不得預先拋棄或以特約限制；同法第 10 條規定公務機關或非公務機關應依當事人之請求，就其蒐集之個人資料，答覆查詢、提供閱覽或製給複製本，但在有妨害國家安全、外交及軍事機密、整體經濟利益或其他國家重大利益，或妨害公務機關執行法定職務，或妨害該蒐集機關或第三人之重大利益時，不在此限。同法第 11 條規定公務機關或非公務機關應維護個人資料之正確，更正或補充個人資料，另應主動或依當事人之請求刪除、停止處理或利用個人資料。上開

規定係保障個人資料當事人對其個人資料之使用有知悉與控制權及資料記載錯誤之更正權。惟憲法對於資訊隱私權之保障並非絕對，國家得於符合憲法第 23 條規定意旨之範圍內，以法律明確規定對之予以適當之限制（參司法院釋字第 603 號解釋）。

(二) 至於**因辦理工商及服務業普查過程中所蒐集之個人獨資商店、公司或行號之聯絡方式及財務資料，如其中包含任何屬於本法第 2 條第 1 款自然人之個人資料**（如自然人之姓名等），**仍屬本法所規範之個人資料，而應適用本法之規定。反之，如統計調查所蒐集者，非屬足資識別特定人之資料，或嗣經統計處理而已成「去識別化之資料」，因均非屬本法所定之個人資料，則相關人士並無依本法第 3 條、第 10 條及第 11 條規定請求或行使權利之餘地。**

(三) 末以當事人依本法第 3 條、第 10 條及第 11 條所得行使之權利，除有第 10 條或第 11 條所定之除外情形，自得依本法規定行使之。行政院主計總處如欲就當事人上開權利，因應統計事務之特性，予以適度限制，鑑於本法為普通法，可參酌司法院釋字第 603 號，於憲法第 23 條規定意旨範圍內，並符合比例原則之情況下，於統計法內就統計調查過程中屬於本法所定個人資料範圍內之事項另為特別規範，以資適用。

◎ 法務部 91 年 10 月 28 日法律字第 0910037677 號函

按電腦處理個人資料保護法（以下簡稱本法）所稱個人資料，係指自然人之姓名、出生年月日、身分證統一編號、特徵、指紋、婚姻、家庭、教育、職業、健康、病歷、財務情況、社會活動及其他足資識別該個人之資料；所稱當事人，係指個人資料之本人，本法第 3 條第 1 款及第 8 款分別定有明文。準此，**倘某一個別資料係涉及多數個人之間關於家庭、職業或社會活動等雙重或多重關係時，該多數關係人均為當事人。**本件疑義所涉及之行動電話用戶向電信業者請求提供之受信通信紀錄，依貴局來函所附通聯紀錄範例觀之，其上記載有發話號碼、受話號

碼、通話種類、通話區域、通話日期、時間等項目，係屬有關發信人與受信人之社會活動之資料，應為發信人與受信人所共享之個人資料，屬於上開本法規定所稱個人資料之範圍，該發信人與受信人均屬本法所稱之當事人，自有本法之適用，合先敘明。

相關條文

（請求權限制）個資法 10。（費用收取）個資法 14。（更正刪除權）個資法 11。（直接蒐集告知）個資法 8。（請求處理期限）13。（非公務蒐集處理）19 II。

第 4 條 （權責委託）

受公務機關或非公務機關委託蒐集、處理或利用個人資料者，於本法適用範圍內，視同委託機關。

修正理由

受公務機關或非公務機關委託之事項，並不只限於處理資料，蒐集或利用資料均有可能，爰將「委託處理」修正為「委託蒐集、處理或利用」。另為期簡潔明確，將原條文之「資料」修正為「個人資料」；「團體或個人」，修正為「者」；「委託機關之人」，修正為「委託機關」。

名詞解釋

1. **視同：**是指本來並無此事，但法律將其等同有此事存在，而賦予其法律上相同的效力，說的較為口語化就是「化無為有」。相關規定例如民訴法第 387 條：「當事人於辯論期日到場不為辯論者，視同不到場。」地方制度法第 53 條第 2 項：「直轄市議員、縣（市）議員、鄉（鎮、市）民代表當選人有前項不得任職情事者，應於就職前辭去原職，不辭去原職者，於就職時視同辭去原職……。」

2. **委託（公權力委託）：**

（1）行政程序法第 15 條第 2 項規定：「行政機關因業務上之需要，得依法規將其權限之一部分，委託不相隸屬之行政機關執行之。」學理上稱為「權限委託」，係指委託機關將委託事項之權限移轉予受託機關，而受託機關就委託事項，以自己名義、自己責任對外行使公權力。惟不影響法律所定主管機關之地位。此觀諸訴願法第 7 條規定：「無隸屬關係之機關辦理受託事件所為之行政處分，視為委託機關之行政處分，其訴願之管轄，比照第 4 條之規定，向原委託機關或其直接上級機關提起訴願。」委託事項之主管權限仍屬委託機關，故應向委託機關或其上級機關提起訴願自明。

（2）又行政程序法第 16 條第 1 項規定：「行政機關得依法規將其權限之一部分，委託民間團體或個人辦理。」本條規範內容，一般亦通稱為「權限委託」。其適用範圍，限於所委託的事項，是屬於有法規依據才能對外行使公權力的事項；或是雖然不需要有法規依據也可以對外行使公權力，但事實上已有法規依據的事項。再者，權限委託涉及公權力行使的權限移轉，如果不涉及公權力行使的權限移轉，則不屬於權限委託的範疇。

3. **私法委託：** 通常係指民法第 528 條的委任契約。若當事人訂立委任契約後，在委任關係存續中，受任人應有依據委任契約處理事務之權限，其處理事務亦無期限之限制。再者，委任契約訂立後，其委任關係之消滅，除因委任之事務已處理完畢、委任事務之履行不能、解除條件之成就、終期之屆至等事由而消滅外，尚得因當事人之任意終止、死亡、破產或喪失行為能力等事由而消滅（民法 549 Ⅰ、550）。另外，判斷是否屬於民法委任契約的關鍵點在於，如果受託處理一定之事務，可以在委任人所授予的權限範圍內，自行裁量決定處理相關事務的方法，以完成委任的目的，那麼這種關係便屬於委任契約。

條文釋義

1. 為使公務機關或非公務機關委託蒐集、處理或利用個人資料時與當事人之關係明確，爰於本條規定委託機關應就受託者之行為，依個資法規定負責[26]。受委託蒐集、處理或利用個人資料之法人、團體或自然人，依委託機關應適用之規定為之。又當事人行使本法之相關權利，究應向委託人或受託人為之，宜視個案狀況處理，未必以委託機關為唯一對象。

2. 本條制定時係參考國家賠償法第4條第1項：「受委託行使公權力之團體，其執行職務之人於行使公權力時，視同委託機關之公務員。受委託行使公權力之個人，於執行職務行使公權力時亦同。」之立法例。委託他人蒐集、處理或利用個人資料時，委託機關應對受託者為適當之監督。

3. 監督至少應包含下列事項：（1）預定蒐集、處理或利用個人資料之範圍、類別、特定目的及其期間。（2）受託者就施行細則第12條第2項[27]採取之措施。（3）有複委託者，其約定之受託者。（4）受託者或其受僱人違反本法、其他個人資料保護法律或其法規命令時，應向委託機關通知之事項及採行之補救措施。（5）委託機關如對受託者有保留指示者，其保留指示之事項。（6）委託關係終止或解除時，個人資料載體之返還，及受託者履行委託契約以儲存方式

---

[26] 公務機關委託民間團體進行民意調查或訪談案例，是否適用本條，仍需視有無伴隨處理個人資料而定，例如其訪談時如有請受訪者留下姓名、住址、電話，自有本條規定之適用。

[27] 施行細則第12條第2項：前項措施，得包括下列事項，並以與所欲達成之個人資料保護目的間，具有適當比例為原則：1.配置管理之人員及相當資源。2.界定個人資料之範圍。3.個人資料之風險評估及管理機制。4.事故之預防、通報及應變機制。5.個人資料蒐集、處理及利用之內部管理程序。6.資料安全管理及人員管理。7.認知宣導及教育訓練。8.設備安全管理。9.資料安全稽核機制。10.使用紀錄、軌跡資料及證據保存。11.個人資料安全維護之整體持續改善。

而持有之個人資料之刪除（個資法施行細則 8 Ⅱ）。

4. 委託機關應定期確認受託者執行之狀況，並將確認結果記錄之，做為將來舉證之便。而該記錄保存之期限，各目的事業主管機關可依所管行業或團體之性質審酌，於相關主管法規中加以訂定，或由該行業或團體以自律規範為之，或由蒐集者依其內部資源加以決定。

5. 受託者僅得於委託機關指示之範圍內，蒐集、處理或利用個人資料。受託者認委託機關之指示有違反本法、其他個人資料保護法律或其法規命令者，應立即通知委託機關（個資法施行細則 8 Ⅲ、Ⅳ）。

🔍 實務見解

◎法務部 106 年 9 月 5 日法律字第 10603510940 號函

(一) 有關科技部受委託協助處理或利用資料之行為，是否涉及個人資料之蒐集乙節，按個人資料保護法（下稱個資法）第 4 條規定：「受公務機關或非公務機關委託蒐集、處理或利用個人資料者，於本法適用範圍內，視同委託機關。」是以，科技部如受委託而為個人資料之蒐集、處理或利用者，仍以委託機關為權責歸屬機關，而科技部僅係委託機關手足之延伸，故委託機關若將已蒐集之個人資料交由科技部協助進行資料處理後，提供學術界進行後續研究與分析，此時貴部係屬協助委託機關處理或利用該個人資料，非個資法第 9 條第 1 項規定所稱「蒐集非由當事人提供之個人資料」。惟科技部仍應於委託機關監督範圍內處理或利用相關個人資料（個資法施行細則第 8 條第 2 項規定）。

(二) 有關資料主管機關委託科技部，並由科技部委託財團法人國家實驗研究院國家高速網路與計算中心（下稱國網中心）處理非開放資料，是否涉及公權力委託乙節：（1）按行政程序法第 15 條第 2 項規定：「行政機關因業務上之需要，得依法規將其權限之一部分，委託不相隸屬之行政機關執行之。」係指行政機關依法律或法律具

體或概括授權之法規命令，將涉及對外行使公權力之權限移轉不相隸屬之其他機關辦理，並以受委託機關之名義為之者而言，如不涉及公權力行使之權限移轉，則非屬上開規定之委託。（2）本件依來函所示，無論係由資料主管機關（委託機關）「逐案授權」或「通案授權」科技部協助進行資料處理、利用，關於是否提供特定資料欄位、對何人提供、提供之範圍、資料保存於國網中心之期程等，悉由各資料主管機關決定。申言之，如為「逐案授權」模式，資料申請者需先行取得資料主管機關同意後，始得由國網中心依據資料主管機關同意提供資料之授權內容進行後續資料處理並提供資料申請者進行利用；如為「通案授權」模式，貴部收受資料申請者之申請後，亦僅得於資料主管機關事前填具之「資料委託表」授權範圍內處理、利用未涉及個人資料之資料或檔案。且經洽詢科技部，據告科技部僅依主管機關之授權為提供，不做其他之判斷及准駁，準此，因科技部與資料主管機關間之委託內容尚未涉及對外行使公權力行為之權限移轉，科技部並無以自己名義獨立行使公權力行為，僅係委託機關手足之延伸，科技部與各資料主管機關間之委託關係並非屬行政程序法第 15 條第 2 項所定之委託。

(三) 有關國網中心基於與科技部之補助關係而處理非開放資料涉及個資者，是否屬個資法所定之委託關係乙節，按個資法第 4 條規定，受公務機關委託蒐集、處理或利用個人資料者，於本法適用範圍內，視同委託機關。又個資法上所定之委託，不論是否涉及公權力之行使，故科技部如將蒐集、處理或利用個人資料之事務交由國網中心協助辦理，仍屬個資法第 4 條所定之委託。復因科技部係先受資料主管機關委託協助進行資料之處理，故科技部如再將資料處理之事務委託國網中心辦理即屬委託，而依個資法施行細則第 8 條第 2 項第 3 款規定；仍屬原委託機關（資料主管機關）應監督之事項，併予敘明。

(四) 有關資料主管機關於具體應用議題形成前，即先行委託科技部處理、利用個人資料，是否符合個資法規定乙節，按資料主管機關委託貴部處理及利用個人資料，依個資法第 4 條規定，科技部於受委託之範圍內視同委託機關，依委託機關應適用之規定為之。是以，不問資料主管機關係何時委託科技部處理、利用個人資料，於其他政府機關或學術研究機構（資料申請者），依程序申請利用資料進行分析研究時，如係「逐案授權」模式，仍須經資料主管機關審核是否符合個資法第 16 條但書第 5 款所定特定目的外利用之要件，經審認符合者，科技部始得將資料提供其他政府機關或學術研究機構。如係「通案授權」模式，亦應由科技部於資料主管機關委託範圍內為資料之提供。從而，資料主管機關係於具體應用議題形成前或形成後委託科技部處理、利用個人資料與科技部是否得提供資料係屬二事，資料主管機關於具體應用議題形成前，即先行委託科技部處理、利用個人資料，與個資法並無不符。

◎法務部 105 年 8 月 5 日法律字第 10503510410 號函

按個人資料保護法（下稱個資法）第 4 條規定：「受公務機關或非公務機關委託蒐集、處理或利用個人資料者，於本法適用範圍內，視同委託機關。」同法施行細則第 7 條規定：「受委託蒐集、處理或利用個人資料之法人、團體或自然人，依委託機關應適用之規定為之。」惟當事人行使個資法之相關權利，究應向委託人或受託人為之，允宜視個案狀況處理，未必以委託機關為唯一對象。

◎法務部 104 年 12 月 21 日法律字第 10403516330 號函

按個資法第 4 條規定：「受公務機關或非公務機關委託蒐集、處理或利用個人資料者，於本法適用範圍內，視同委託機關。」故於個資法適用範圍內，受委託機關於該委託機關蒐集之特定目的，以及受委託蒐集、處理或利用範圍內所為行為，均視同該委託機關之行為，而以委託機關為權責機關（本部 103 年 7 月 25 日法律字第 10303508620 號

函參照）。本件電信業者倘於個資法修正施行後，委託其他非公務機關蒐集、處理或利用個人資料（如催收欠費），而將消費者個人資料提供予受委託機關，則該機關於受電信業者委託處理、利用個人資料之範圍內，已視同該電信業者行為，適用該業者應遵行之規定（個資法施行細則第7條規定參照），倘未逾越原蒐集之特定目的必要範圍，自得為之，惟電信業者並應注意受委託機關應於監督範圍內蒐集、處理或利用相關個人資料（個資法施行細則第8條規定參照）。另如電信業者係於個資法修正施行前，委託其他非公務機關催收欠費，依舊法第5條規定，受委託機關視同委託機關之人，仍以該電信業者為權責歸屬機關（本部94年10月21日法律決字第0940039006號函參照），於個資法修正施行後仍得繼續為處理及特定目的內之利用。本件**資產管理公司接受電信業者委託辦理催繳費用等作業，該公司即視同委託機關（即電信業者），而適用個資法之規定，則資產管理公司向客戶寄送催繳通知書行為，即符合委託機關（電信業者）依個資法所適用之特定目的（例如客戶管理）。**

◎法務部103年9月22日法律字第10303510920號函

按個人資料保護法（下稱本法）第19條第1項規定：「非公務機關對個人資料之蒐集或處理，除第6條第1項所規定資料外，應有特定目的，並符合下列情形之一者：……二、與當事人有契約或類似契約之關係。……五、經當事人書面同意。……」第20條第1項規定：「非公務機關對個人資料之利用，……應於蒐集之特定目的必要範圍內為之。」第4條規定：「受公務機關或非公務機關委託蒐集、處理或利用個人資料者，於本法適用範圍內，視同委託機關。」次按本法施行細則第27條第1項規定：「本法第19條第1項第2款所定契約關係，包括本約，及非公務機關與當事人間為履行該契約，所涉及必要第三人之接觸、磋商或聯繫行為及給付或向其為給付之行為。」業者基於與消費者間之買賣契約關係，而於必要範圍內蒐集消費者之個人資料，自得於其特定目的

（例如：代號148「網路購物及其他電子商務服務」）範圍內，利用其個人資料。而宅配公司如係單純受業者委託辦理產品配送事宜，其於委託範圍內利用個人資料，視同業者之利用行為。

◎ 法務部 103 年 6 月 25 日法律決字第 10300570190 號函

(一) 按個人資料保護法（以下簡稱個資法）第 4 條規定：「受公務機關或非公務機關委託蒐集、處理或利用個人資料者，於本法適用範圍內，視同委託機關。」準此，非公務機關如受非公務機關（委託機關）委託蒐集、處理或利用個人資料，視同委託機關之行為，並以委託機關為權責歸屬機關。本件所詢國內從事電子商務之零售業者於履約及提供售後服務過程中，如委託境外協力廠商代為蒐集、處理及利用客戶個人資料，該受託境外協力廠商即視為委託機關（零售業者）。換言之，受託機關如於委託機關原合法蒐集之特定目的及要件下，已得蒐集、處理及特定目的內利用個人資料（個資法第 19 條第 1 項、第 20 條第 1 項本文規定參照），則無需再經當事人書面同意（本部 102 年 3 月 18 日法律決字第 10203501910 號函參照）。惟委託機關應對受託者為適當之監督，以確保委託處理個人資料之安全管理（本法施行細則第 8 條及立法理由參照）。

(二) 至來函所述國內從事電子商務之零售業者委請境外協力廠商代為蒐集、處理及利用客戶個人資料，並將資料備份儲存於協力廠商之資料維護中心乙節，非公務機關除有第 8 條第 2 項所列得免為告知情形之一者外，依個資法第 8 條第 1 項第 4 款規定：「公務機關或非公務機關依第 15 條或第 19 條規定向當事人蒐集個人資料時，應明確告知當事人下列事項：……四、個人資料利用之期間、地區、對象及方式。……」請注意具體個案是否已依上開規定踐行告知義務，併予敘明。

◎法務部 101 年 7 月 30 日法律字第 10100121040 號函

(一) 有關民眾反映個人資料遭行銷公司違法蒐集處理利用，案涉行銷公司是否屬電腦處理個人資料保護法之非公務機關乙案，如○○公司並未經營「零售式量販業」，其非屬電腦處理個人資料保護法所稱非公務機關。然雖不屬於上述非公務機關，惟接受公務機關或非公務機關委託處理資料，於電腦處理個人資料保護法適用範圍內，依電腦處理個人資料保護法第 5 條規定視同委託機關之人，應適用該法規定外，其他對於個人資料之蒐集、處理或利用，仍須遵守現有相關法律規定，若有侵害民眾人格權或隱私權者，受害人仍得根據民法第 18 條、第 184 條與第 195 條等規定，請求損害賠償。

(二) 99 年 5 月 26 日公布之個人資料保護法，已取消非公務機關行業別之限制，即任何自然人、法人或其他團體，原則上均有新法之適用。

◎法務部 100 年 4 月 26 日法律字第 0999051925 號函

電腦處理個人資料保護法第 5 條規定：「受公務機關或非公務機關委託處理資料之團體或個人，於本法適用範圍內，其處理資料之人，視同委託機關之人。」是以，團體或個人辦理公務機關所委託業務涉及處理個人資料，則該受託處理個人資料之團體或個人，視同委託機關之人，並以委託機關為權責歸屬機關（本部 94 年 10 月 21 日法律決字第 0940039006 號函參照），準此，悠遊卡股份有限公司如受臺北市政府教育局委託，於接獲數位學生證掛失通知後，得依其授權權限進入臺北市政府教育局之「校園出入管理系統」辦理掛失數位學生證並終止悠遊卡功能，係屬個人資料之蒐集、電腦處理及利用行為，則於臺北市政府教育局蒐集之特定目的，及受委託處理範圍內所為行為，視同臺北市政府教育局之行為（本部 98 年 12 月 28 日法律字第 0980047722 號函參照），並以臺北市政府教育局為權責歸屬機關。

◎ **法務部 98 年 12 月 28 日法律字第 0980047722 號函**

　　按電腦處理個人資料保護法（以下簡稱本法）第 5 條規定：「受公務機關或非公務機關委託處理資料之團體或個人，於本法適用範圍內，其處理資料之人，視同委託機關之人。」**團體或個人辦理公務機關所委託業務涉及處理個人資料，如伴隨委託行使公權力，依行政程序法第 2 條第 3 項規定，受託行使公權力之個人或團體，於委託範圍內，視為行政機關。是以，該團體或個人於行政委託範圍內，應直接適用本法有關公務機關之規範（如本法第 10 條公告），要無疑義；惟若委託辦理業務未涉及公權力移轉行使，則應適用本法第 5 條規定，以該受委託處理個人資料之團體或個人，視同委託機關之人，並以委託機關為權責歸屬機關，因此受委託者於受託範圍內，無依本法第 19 條及第 20 條規定登記並發給執照之必要**（本部 95 年 6 月 14 日法律字第 0950017800 號函及本部 87 年 7 月 21 日「執行電腦處理個人資料保護事項協調連繫會議第 7 次會議」結論參照），並應由委託機關依本法第 10 條公告。

🔍 相關條文

　　（公務機關）個資法 2 ⑦。（非公務機關）個資法 2 ⑧。（直接蒐集告知）個資法 8。（間接蒐集告知）個資法 9。（公務蒐集處理）個資法 15。（公務利用）個資法 16。（公務機關個資公開方式）個資法 17。（公務機關個資保全）個資法 18。（非公務蒐集處理）個資法 19。（非公務利用）個資法 20。（委託）個資法施行細則 7、8、12，行政程序法 2 Ⅲ、15 Ⅱ、16，政資法 4 Ⅱ，訴願法 7、10、95，行政訴訟法 25，刑法 10 Ⅱ②，民法 528，國家賠償法 4 Ⅰ。

> **第 5 條** （基本原則）
> 個人資料之蒐集、處理或利用，應尊重當事人之權益，依誠實及信用方法為之，不得逾越特定目的之必要範圍，並應與蒐集之目的具有正當合理之關聯。

修正理由

1. 將個人資料之處理行為，亦納入本條之適用範圍，以期周延。

2. 為避免資料蒐集者巧立名目或理由，任意的蒐集、處理或利用個人資料，爰明定個人資料之蒐集、處理或利用，應與蒐集之目的有正當合理之關聯，不得與其他目的作不當之聯結。

名詞解釋

1. **誠實及信用：** 民法第 148 條第 2 項規定：「行使權利，履行義務，應依誠實及信用方法。」此一規定所彰顯之「誠實信用原則」，乃基於法律社會成員共識，所導出之一般法律原則」，為各法律領域所共通適用。最高法院 86 年度台再字第 46 號民事判決認為：「所謂誠實信用原則，係在具體的權利義務關係，依正義公平之方法，確定並實現權利之內容，避免當事人間犧牲他方利益以圖利自己，自應以權利人及義務人雙方利益為衡量依據，並應考察權利義務之社會上作用，於具體事實妥善運用之方法。」再者，最高行政法院 52 年判字第 345 號判例亦闡釋：「公法與私法，雖各具特殊性質，但二者亦有其共通之原理，私法規定之表現一般法理者，應亦可適用於公法關。私法中誠信公平之原則，在公法上應有其類推適用。」行政程序法並將此「誠信原則」納入第一章「總則」第一節「法例」第 8 條明定：「行政行為，應以誠實信用之方法為之，並應保護人民正當合理之信賴。」

2. **正當合理之關聯：** 個人資料之蒐集、處理或利用，必須與蒐集目的間存在合理化之原因，亦即必須具備合目的性，且不得有不正當之聯結。

3. **特定目的：** 法務部於「電腦處理個人資料保護法之特定目的及個人資料之類別修正總說明」指出，公務機關及非公務機關為確保個人資料檔案之合法且正當蒐集、處理或利用，宜保存相關的證據文件

（個資法施行細則第 12 條第 2 項第 11 款規定意旨），包含蒐集、處理或利用之「特定目的」內涵，此係屬安全維護之適當措施的一部分；而且公務機關辦理個人資料檔案公開事項作業，還必須說明特定目的及個人資料之類別。所以法務部特別參考歐盟個人資料保護指令第 29 條工作小組於 2006 年有關成員國「申報登記要求事項手冊」（Vademecum on Notification Requirements）調查報告，有提供特定目的及個人資料類別清單文件之國家（例如：英國、比例時、西班牙等），係採例示兼概括並得自由敘述補充之立法例；同時參考各機關函覆法務部有關特定目的及個人資料類別之修正意見，適度修正項目與類別，最後修訂了包括人身保險、人事管理（包含甄選、離職及所屬員工基本資訊、現職、學經歷、考試分發、終身學習訓練進修、考績獎懲、銓審、薪資待遇、差勤、福利措施、褫奪公權、特殊查核或其他人事措施）……等總共 182 項特定目的。

🔍 條文釋義

1. 本條揭示個人資料之蒐集、處理或利用之基本原則，明定應尊重當事人之權益，依誠實及信用方法為之，不得逾越特定目的之必要範圍，並應與蒐集之目的具有正當合理之關聯。例如：法院或行政執行署於辦理拍賣事項，於拍賣公告內註明債務人（義務人）之姓名係為助投標人辨認拍賣物之現況，即屬特定目的之必要範圍，亦符合本法第 1 條合理使用之宗旨 [28]。

2. 聯合國於 1990 年 12 月通過「關於自動資料檔中個人資料之準則」，其要求各國立法所應確保實行最低標準之基本原則有：（1）合法性及尊重誠實信用原則。（2）正當性原則。（3）目的確定原則。（4）當事人得審閱原則。（5）不得歧視原則。（6）特殊權限。（7）安

---

[28] 參法務部個人資料保護專區個資法問與答（張貼日期：2012/11/13），http://pipa.moj.gov.tw/cp.asp?xItem=1244&ctNode=408&mp=1，最後瀏覽日期：2012/12/7。

全原則。（8）監督與懲罰。（9）資料跨國流通。（10）適用範圍。前開準則當中，即以誠信原則為首要基本準則。又「誠信原則」乃是一切權利的行使與義務的履行均應遵守的原則，此為現代各國立法例及學說所公認，不僅適用於私法，亦適用於公法，被稱之為帝王條款。在本條中，將此原則在此處的適用說明得十分清楚，即在從事個人資料之蒐集、利用等行為時，應注意到要尊重當事人的權益，遵循誠實及信用的方法為之[29]。

3. 為保護人民資料之隱私，歐美先進國家大多已發展出一套法制，以避免隱私權遭受不當侵害。其中有關資料保護法制，基本上共通之法理，絕大多數均以「經濟合作與開發組織」（簡稱 OECD）理事會於 1980 年 9 月通過「理事會有關個人資料之國際流通及隱私權保護準則之建議」，第二章國內實施之八大原則為依據。該八大原則為：（1）限制蒐集之原則。（2）資料內容正確之原則。（3）目的明確化之原則。（4）限制利用之原則。（5）安全保護之原則。（6）公開之原則。（7）個人參加之原則。（8）責任之原則[30]。其中「目的明確化之原則」意指，個人資料於蒐集時，其目的即應明確化，其後的利用亦應與蒐集目的相符合，個人資料的利用，除法律另有規定或當事人同意者外，不得為特定目的以外之利用[31]，是在個人資料保護上發展出來的核心原則，OECD 之準則及各國立法例，均包含此一規範性保護制度。又個資法修法亦依「亞太經濟合作論壇（APEC）隱私保護綱領」所揭示資訊隱私保護九大原則[32]，其中「蒐

---

[29] 王澤鑑，誠信原則僅適用於債之關係？，民法學說與判例研究（一），1988 年 9 月第 9 版，頁 330。

[30] 許文義，從比較法觀點論警察蒐集個人資料之原則與方法，警政學報，第 25 期，1994 年 7 月，頁 30-31。

[31] 許文義，個人資料保護法論，三民，2001 年 1 月，頁 182。

[32] 此九大原則即：

　一、預防損害：防止個人資料遭到濫用而造成當事人之損害。因此，對於個資蒐集、利用及傳輸時，受到威脅損害的可能性與嚴重性，應有適當的改善措施。

　二、告知：個資管理者對於所蒐集與持有的個資，應向當事人提供清楚且容易取得的隱私保護政策聲明。並確保當事人已知悉個資已被蒐集與利用目的。

集限制原則」即說明個資蒐集應限於與蒐集目的相關的範圍，依合法與正當方法為之，並在適當的情況下告知當事人或取得其同意。此目的明確之原則或蒐集限制原則，具體呈現於我國個資法許多規定上，例如：關於蒐集時的目的明確化，公務機關在第 8 條、非公務機關在第 19 條；關於利用時的目的限制，公務機關在第 15 條、非公務機關在第 20 條，而本條表明個人資料的蒐集或利用，不得逾越特定目的之必要範圍，也揭示了目的明確原則，確係支配個人資料保護法制的重要基本理念。

4. 「比例原則」規範於憲法第 23 條，也是行政法上的一般法律原則。其內在意涵包括三項衍生原則：（1）適當性原則；（2）必要性原則；（3）狹義比例原則。行政程序法第 7 條規定：「行政行為，應依下列原則為之：一、採取之方法應有助於目的之達成。二、有多種同樣能達成目的之方法時，應選擇對人民權益損害最少者。三、採取之方法所造成之損害不得與欲達成目的之利益顯失均衡。」前開三款規定，即分別為適當性原則、必要性原則、狹義比例原則內涵之說明。雖然在本條規定內容僅有「必要」二字，然而，此處應可視為本條亦寓含比例原則之規範意旨，因此於運用個資時，自應

三、蒐集限制：個資蒐集應限於與蒐集目的相關的範圍，依合法與正當方法為之，並在適當的情況下告知當事人或取得其同意。

四、個人資料之利用：個資利用限與蒐集目的一致或相關範圍，惟以下情況不在此限：1. 當事人同意；2. 法律明文規定；3. 應當事人要求所提供的服務或產品所必要者。

五、當事人自主：個資管理者應提供當事人可就其個資之蒐集、利用及揭露，進行選擇的機制。此機制可以電子、書面或其他方式為之。

六、個人資料之完整性：個資管理者有義務維持個人資料的正確性與完整性，並更新個人資料。

七、安全管理：個資管理者應妥善保護個人資料之安全，並應定期檢視與重新評估該保護措施。

八、查閱和更正：當事人有權查詢與更正其個人資料，除非有下列情形：1. 基於法律或安全理由；2. 為保護商業祕密而不應揭露；3. 他人之隱私會受到侵害。

九、責任：個資管理者應負責確保以上原則之實踐。於傳輸至第三方時，應取得當事人同意或盡力確保第三方會採取以上原則保護個人資料。

注意憲法第 23 條及行政程序法第 7 條之規定。

🔍 實務見解

◎ **106 年度高等行政法院法律座談會提案及研討結果提案十一（106 年 3 月 22 日）**

(一) 法律問題：訴訟當事人於訴訟繫屬中聲請交付法庭錄音光碟，法院應否就其主張或維護之法律上利益與持有法庭錄音光碟具有正當合理之關聯性予以審查？

(二) 甲說：當事人及依法得聲請閱覽卷宗之人，以因主張或維護法律上利益所需為理由，具狀聲請交付法庭錄音光碟，高等行政法院除有依法令得不予許可或限制聲請閱覽抄錄或攝影卷內文書之依據，及涉及國家機密或其他依法令應予保密事項外，不得為否准之裁定。當事人既已敘明其係為律師上訴撰狀之需，自係以因主張或維護其法律上利益所需為理由，聲請交付法庭錄音光碟，高等行政法院除有依法令得不予許可或限制聲請閱覽抄錄或攝影卷內文書之依據，及涉及國家機密或其他依法令應予保密事項外，不得為否准之裁定。（最高行政法院 105 年度裁字第 1377 號裁定參照）

(三) 乙說：一、法院對於參與法庭活動者實施錄音之主要目的在於輔助筆錄製作，顯係出於執行審判職務之目的需要。而法庭錄音光碟內容載有參與法庭活動者之聲紋、情感活動等內容，涉及人性尊嚴、一般人格權及資訊自決權等核心價值，為憲法保障人民基本權之範疇。足見法庭錄音光碟由於其內容涉及個人資料，不具私藏性、交易性及流通性，不能任意成為私人永久持有之標的，故蒐集、處理及利用，應兼顧法庭公開與保護個人資訊之衡平性，避免法庭錄音內容遭惡意使用，法院受理聲請事件仍應適用個人資料保護法第 5 條規定，實質審查聲請人持有法庭錄音光碟與其主張或維護之法律上利益是否具有正當合理之關聯性而為許可與否之決定（法院組織法第 90 條之 1 立法理由三及個人資料保護法第 5 條立法理由參

68

照）。二、是以，訴訟當事人聲請交付法庭錄音光碟依規定應敘明「因主張或維護其法律上利益」之理由，由法院就具體個案審酌該聲請有無因主張或維護法律上利益必須持有法庭錄音光碟之正當合理關聯性，而為許可與否之裁定。當事人如僅陳稱為訴訟需要，而未具體敘明法院審理有何程序違背或法院筆錄疏漏等等，必須藉由法庭錄音光碟之交付，始足以主張或維護其法律上利益之理由，即與法庭錄音錄影及其利用保存辦法第 8 條第 1 項規定之要件不符，應駁回其聲請（最高行政法院 105 年度裁字第 631 號、第 561 號、第 446 號、第 143 號裁定意旨參照）。

(四) 初步研討結果：多數採甲說。大會研討結果：採乙說。

◎ 法務部 106 年 8 月 7 日法律字第 10603510070 號函

(一) 就貴署（指內政部警政署）以通報系統取得車牌影像資料比對失贓車及涉案車輛並通報相關單位進行犯罪預防或偵查而言。

(二) 按個資法第 5 條規定：「個人資料之蒐集、處理或利用，應尊重當事人之權益，依誠實及信用方法為之，不得逾越特定目的之必要範圍，並應與蒐集之目的具有正當合理之關聯。」準此，公務機關蒐集、處理或利用個人資料，應符合比例原則之要求，於執行法定職務「必要範圍內」為之，且不得逾越特定目的之「必要範圍」；**至於判斷是否「逾越特定目的之必要範圍」，須以該資料所可能呈現內容與蒐集之特定目的間有無正當合理關聯性為斷，如無，則不得蒐集之；倘係「事前、全面」蒐集個人資料，在客觀上並非達成法定職務特定目的之「唯一或最小侵害方式」者，則屬於法不合。**查貴署（指內政部警政署）擬以通報系統取得車牌影像資料比對失贓車及涉案車輛並通報相關單位進行犯罪預防或偵查，依貴署函說明所述「……遇有比對結果符合者，即時通報相關單位進行必要之犯罪調查；比對結果不符者，其資料本署不予蒐集及利用。」「……資料比對過程係由電腦系統程式自動匯入及處理，系統僅通報比對

結果符合之失贓車及涉案相關車輛，如非屬上開車輛則不予提供，本署並未全面性取得行駛於高速公路之車輛資料。」則應可認為貴署為犯罪預防或刑事偵查目的而向高公局蒐集車牌影像資料，並提供比對吻合者予相關單位進行必要之犯罪調查，該特定目的與蒐集、處理、利用個人資料之行為間，應可認為具有必要性及相當性之合理關聯。惟貴署所蒐集之相關個人資料，應指定專人確實辦理安全維護事項，以防止個人資料被竊取、竄改、毀損、滅失或洩漏（個資法第 18 條及個資法施行細則第 12 條規定參照），請嚴予注意。

◎ **法務部 106 年 7 月 24 日法律字第 10603510040 號函**

(一) 有關貴部（指國防部）研議以發送行動電話簡訊輔助傳遞召集報到訊息案。

(二) 按個人資料保護法（下稱個資法）第 16 條規定：「公務機關對個人資料之利用，除第 6 條第 1 項所規定資料外，應於執行法定職務必要範圍內為之，並與蒐集之特定目的相符。」查貴部基於兵役行政之特定目的（代號 042），執行教育召集之法定職掌（兵役法第 37 條第 3 款、兵役法施行法第 27 條規定參照），為執行通知應受教育召集人員（下稱應受召集人員）教育召集訊息，得將合法蒐集之應受召集人員之身分證字號，委由各行動電話業者比對後（個資法第 4 條規定參照，另請一併注意個資法施行細則第 8 條規定，為適當之監督），協助發送簡訊通知應受召集人員，屬上開特定目的內利用。

(三) 次按個資法第 20 條第 1 項規定：「非公務機關對個人資料之利用，除第 6 條第 1 項所規定資料外，應於蒐集之特定目的必要範圍內為之。但有下列情形之一者，得為特定目的外之利用……。」各行動電話業者確認應受召集人員為其客戶後，利用該行動電話號碼對其發送教育召集之簡訊，係輔助快速傳遞教育召集報到訊息，提

醒應受召集人員教育召集相關事項，應可認符合個資法第 20 條第 1 項第 2 款「為增進公共利益所必要」（本部 95 年 1 月 5 日法律字第 0940046975 號函參照）。惟按個資法第 5 條規定：「個人資料之蒐集、處理或利用，應尊重當事人之權益，依誠實及信用方法為之，不得逾越特定目的之必要範圍，並應與蒐集之目的具有正當合理之關聯。」故本件委由各電信業者比對及發送簡訊之所採取之方式，應選擇對人民權益損害最少之方法，且造成之損害不得與欲達成目的之利益顯失均衡（例如依來函說明五，應考量是否不須將每年約 10 萬餘應受召集人員之身分證字號均全部送由每一電信業者比對），以符合比例原則。

◎ **法務部 106 年 7 月 14 日法律字第 10603509150 號函**

按個資法第 16 條本文規定：「公務機關對個人資料之利用，除第 6 條第 1 項所規定資料外，應於執行法定職務必要範圍內為之，並與蒐集之特定目的相符。」公立學校（公務機關）為辦理教師待遇條例第 6 條第 1 項所定教師薪給之支給，按月發給教師薪資並提供薪資明細供其核對，應屬在特定目的內利用個人資料。惟個資法第 5 條規定：「個人資料之蒐集、處理或利用，應尊重當事人之權益，依誠實及信用方法為之，不得逾越特定目的之必要範圍，並應與蒐集之目的具有正當合理之關聯。」故個人資料之利用應符合比例原則，且不得逾越特定目的之必要範圍。而行政行為採取之方法應有助於目的之達成，並應選擇對人民權益損害最少，且造成之損害不得與欲達成目的之利益顯失均衡（本部 102 年 7 月 5 日法律字第 10203507360 號、101 年 7 月 2 日法律字第 10100569620 號等函參照）。本件所詢學校以公告方式供教師核對薪資明細，是否為通知教師供其核對之唯一或最小侵害方式？是否符合比例原則？尚非無疑，仍請貴部本於教育主管機關立場予以審認。

◎金融監督管理委員會106年1月10日金管銀外字第10650000070號
函

　　鑑於目前各銀行為提升作業效率，且因應金融科技發展，生物特徵
相關之辨識技術已有導入客戶服務之實務做法，考量生物特徵為客戶隱
私之一部分，銀行業者在運用客戶生物識別資料時，內部作業及資料之
保存應有嚴謹之控管程序；取得及利用客戶生物特徵資料前，應先取得
客戶同意並留存客戶同意之紀錄，以避免爭議，俾符合個人資料保護法
之規定。

◎法務部105年9月2日法律字第10503512720號函

(一) 關於貴署（指內政部警政署）擬請移民署提供「航前旅客資訊系
　　　統」前揭部分欄位資料部分：按公務機關蒐集個人資料，應有特
　　　定目的，並於執行法定職務必要範圍內，始得為之；所謂法定職
　　　務，係指法律、法律授權之命令等法規中所定公務機關之職務（個
　　　資法第15條第1款及個資法施行細則第10條規定參照），是貴署
　　　如基於特定目的（例如：刑事偵查，代號：025），於執行協助偵
　　　查犯罪之法定職務（內政部警政署組織法第2條第1項第3款規定
　　　參照），並符合執行法定職務「必要範圍內」，依個資法第15條
　　　第1款規定，雖得蒐集前揭個人資料，惟仍應注意個資法第5條規
　　　定：「個人資料之蒐集、處理或利用，應尊重當事人之權益，依誠
　　　實及信用方法為之，不得逾越特定目的之必要範圍，並應與蒐集之
　　　目的具有正當合理之關聯。」即個人資料之蒐集，除應符合個資法
　　　第15條規定，並應符合個資法第5條比例原則之規定。是倘貴署
　　　係針對特定或可疑人士，或因具體個案之偵辦、追蹤需求，或先行
　　　篩選出特定事件類型、特定高風險模式、與查緝有正當合理關聯性
　　　範圍或欄位，並對前揭個人資料之取得及使用均嚴格控管，且僅經
　　　授權之執法人員，方可依其權限查詢使用，復定期稽核以確保依法
　　　使用，則可認為貴署為偵查犯罪等特定目的而蒐集前揭個人資料，

有其必要性與具相當之合理關聯。惟若貴署欲進行「全部、預先」之廣泛蒐集，在客觀上並非達成「刑事偵查」特定目的之「唯一或最小侵害方式」者，則仍不宜為之，建請貴署審慎再酌。

(二) 關於移民署將「航前旅客資訊系統」前揭部分欄位資料提供予貴署部分：按公務機關對個人資料之利用，應於執行法定職務必要範圍內為之，並與蒐集之特定目的相符，但為增進公共利益所必要，得為特定目的外之利用，個資法第 16 條本文及但書第 2 款定有明文。次按入出國及移民法第 48 條規定：「航空器、船舶或其他運輸工具入出機場、港口前，其機、船長或運輸業者，應於起飛（航）前向入出國及移民署通報預定入出國時間及機、船員、乘客之名冊或其他有關事項。乘客之名冊，必要時，應區分為入、出國及過境。」即機、船長或運輸業者有依該規定將機、船等入出國時間及機、船員、乘客名冊等向移民署通報之義務，以助整體國家安全（立法理由參照）。是移民署建置「航前旅客資訊系統」，係為強化國境安全管理，倘將該系統之國籍等部分欄位資料提供予貴署查緝毒品犯罪，應屬特定目的外利用，如能達到來函所稱防堵毒品流入，固可認為符合個資法第 16 條但書第 2 款增進公共利益所必要之規定，惟仍應注意前述個資法第 5 條規定所揭示之比例原則。

◎法務部 105 年 8 月 23 日法律字第 10503512280 號函

個資法第 5 條規定：「個人資料之蒐集、處理或利用，應尊重當事人之權益，依誠實及信用方法為之，不得逾越特定目的之必要範圍，並應與蒐集之目的具有正當合理之關聯。」查志願服務法第 9 條第 1 項規定：「為提升志願服務工作品質，保障受服務者之權益，志願服務運用單位應對志工辦理下列教育訓練：一、基礎訓練。二、特殊訓練。」故志願服務運用單位，無論係公務機關基於「社會行政」（代號 057）或非公務機關基於「社會服務或社會工作」（代號 058）之特定目的，係依志願服務法第 9 條明文規定，應辦理志工教育訓練，本得向受訓志

工,於必要範圍蒐集、處理個人資料,個資法並非規定一律須經當事人同意,方得蒐集;另蒐集機關於原合法蒐集特定目的及要件下,所蒐集之個人資料,本得於特定目的內利用(個資法第 16 條本文、第 20 條第 1 項本文規定參照),無須再經當事人同意,始得利用。公務機關或非公務機關於辦理志工教育訓練,發給結業證書載明學員個人資料時,依上開說明意旨,縱使無須再經當事人同意,惟「貴部祥和計畫—廣結志工拓展社會福利工作—志願服務教育訓練結業證明書樣式」是否須載明學員出生年月日及國民身分證統一編號(或護照號碼)等兩項個人資料,如考量係屬特定目的內利用上開兩項個人資料,具正當合理關聯之必要性者,尚無違反個資法。至於具體個案判斷是否須載明上開兩項個人資料,宜由貴部(衛生福利部)參酌上開個資法第 5 條及相關規定意旨審認之。

◎ **法務部 105 年 4 月 28 日法律字第 10503505850 號函**

公路法第 79 條第 5 項規定授權交通部訂定汽車運輸業管理規則,計程車客運業依該規則第 91 條第 1 項第 2 款規定,車輛應裝設計程車計費表,而廠商依該規則第 91 條第 2 項規定,製造經交通部指定之專業機構及經濟部審認合格之計程車計費表,供計程車客運業者購置裝設、按規定收費並列印乘車證明供乘客收執。依上開規定,縱使計程車駕駛人係直接向計費表製造商購買計費表,而與計費表製造商有買賣契約之關係,計費表製造商原則上僅能基於履行買賣契約事務之特定目的及要件之必要範圍內,蒐集購買該表之計程車駕駛人必要之個人資料(例如:代號 C001:辨別個人之聯絡資訊、代號 C002:辨識財務之信用卡號碼資訊等)。倘若計費表製造商於計費表內建 APP 程式之衍生功能,強制蒐集、處理或利用計程車駕駛人之行車軌跡、營業收入、錄影錄音等可直接或間接識別特定個人之資料,此一個人資料之蒐集行為,尚難認與計費表買賣契約間具有正當合理之關聯,已逾越買賣契約特定目的之必要範圍,故廠商如於該計費表產品預設強制蒐集計程車駕駛人

之行車軌跡、營業收入、錄影錄音等個人資料功能之程式軟體,則該計費表製造商對於該資料之蒐集、處理或利用顯然已違反計程車駕駛人之「隱私合理期待」,而與個資法第 5 條、第 19 條之規定有違。

◎法務部 104 年 8 月 20 日法律字第 10403510420 號函

國立大學醫學院附設醫院(下稱醫院)為公務機關,因執行職務為免除無自理能力之患者生命、身體之危險,防止其權益重大危害,請求戶政事務所(公務機關)提供該患者之親屬資料,以便通知聯繫處理相關事宜,醫院請求戶政事務所提供前揭資料,係屬個人資料之蒐集,符合個資法第 15 條規定。另受請求之戶政事務所如予提供,係對個人資料之利用,則醫院應先說明其蒐集之法定要件依據及必要性,俾供戶政事務所審酌判斷對外提供前揭個人資料,是否係基於執行法定職務必要範圍、是否符合個資法第 16 條但書規定各款情形之一,而得為特定目的外之利用等事項。本件來函所詢醫院為免除病人生命、身體之危險,向戶政事務所請求提供無自主能力之患者親屬戶籍資料,以通知當事人之親屬協處相關事宜,戶政事務所提供患者親屬戶籍資料乙節,應符合個資法第 16 條但書第 4 款「為防止他人權益之重大危害」情形而得為特定目的外利用,提供予醫院,但提供時應注意個資法第 5 條比例原則之規定。

◎法務部 104 年 7 月 3 日法律字第 10403508120 號函

(一) 依貴部(指內政部)於 104 年 5 月 11 日發布之新聞稿,晶片國民身分證之初步構思,是將國民身分證整合自然人憑證、健保卡,而晶片中所存放之資料原則上與卡片外觀印製之個人資料相同,作用如同現行國民身分證,作為身分基本識別使用;換言之,公務機關所保有之個人資料似仍保存於公務機關封閉系統資料庫內,並非直接將所有個人資料均儲存於晶片內。在安全維護義務方面,為避免晶片卡遭盜用之風險,倘當事人欲透過晶片卡讀取個人資料或以網際網路申辦業務,自宜另行採取適當措施確認當事人身分(例如:

輸入個人密碼或其他驗證機制）。

(二) 倘若未來於卡片外觀所印製之身分基本識別資訊之外，另擬於晶
片卡中存取其他更詳細之個人資料，宜分別視各公務機關執行法
定職務之必要範圍，區隔不同之讀取權限等級，其讀取權限不得
逾越特定目的之必要範圍，並與執行法定職務具有正當合理之關
聯，始符合比例原則（個資法第 5 條規定參照）。若欲儲存較為敏
感之生物辨識資料（例如：指紋資料），參酌司法院釋字第 603 號
解釋意旨，應以法律明定其蒐集之目的，其蒐集應與重大公益目的
之達成，具有密切之必要性與關聯性，並應明文禁止法定目的外之
使用。此外，倘晶片卡擬結合悠遊卡等電子票證之功能，並由公務
機關將當事人之個人資料提供予悠遊卡公司，對公務機關而言，因
已屬特定目的外之利用，自應依個資法第 16 條但書規定為之（例
如：經當事人書面同意），並應配合運用最新國際資訊安全技術，
以符合個資法第 18 條有關個人資料檔案安全維護規定之要求，併
此敘明。

◎ 法務部 103 年 8 月 4 日法律字第 10303508960 號函

按個人資料保護法（以下簡稱本法）第 19 條規定：「非公務機關
對個人資料之蒐集或處理，除第 6 條第 1 項所規定資料外，應有特定目
的，並符合下列情形之一者：……。二、與當事人有契約或類似契約之
關係。四、……。五、經當事人書面同意。……」第 20 條第 1 項本文規
定：「非公務機關對個人資料之利用，除第 6 條第 1 項所規定資料外，
應於蒐集之特定目的之必要範圍內為之。」故非公務機關對於個人資料之
蒐集、處理或利用，應依上開規定為之，並應尊重當事人之權益，依誠
實及信用方法為之，不得逾越特定目的之必要範圍，並應與蒐集之目的
具有正當合理之關聯（本條第 5 條參照）。本件賣場經營業者如係基於
「消費者、客戶管理與服務」之特定目的（代號 090），蒐集、處理消
費者（會員）之個人資料，並於原蒐集之特定目的必要範圍內利用者，

並無違反本法之虞。至於申請賣場會員卡時，業者要求消費者提供身分證字號始得享有紅利點數等優惠，是否逾越特定目的之必要範圍，此涉及事實認定及主管機關之監督管理，如有疑義可洽詢中央目的事業主管機關經濟部。

◎法務部 102 年 11 月 19 日法律字第 10203512780 號函

　　企業間依企業併購法或金融機構合併法進行併購，如轉讓之資產包含被併購公司與第三人間之契約及相關權利義務，則如企業併購前該被併購公司蒐集、處理及利用該第三人（即契約相對人）之個人資料，已符合個資法第 19 條第 1 項第 2 款「與當事人有契約或類似契約之關係」之要件，嗣因被併購公司上開契約之權利義務事項業由併購公司承受，併購公司即得於原蒐集之特定目的內為處理、利用個人資料，存續之併購公司取得消滅之被併購公司合法保有之個人資料，非屬「由第三人提供個人資料」之情形。

◎法務部 102 年 11 月 4 日法律字第 10203512220 號函

(一) 有關貴會（指臺北律師公會）所詢「每年印行會員名錄」、「以會務系統建置會員資料並由會員自行選擇是否公布於網站上」及「將會員名錄提供予需要之其他機關、團體或個人」等三項行為所涉個人資料保護法（下稱個資法）適用疑義，分敘如下。

(二) 查社團法人基於「團體對會員或其他成員名冊之內部管理」（代號 052）及「契約、類似契約或其他法律關係事務」（代號 069）之特定目的，且於符合「與當事人有契約關係」時，得蒐集該等會員之個人資料，並得依個資法第 20 條第 1 項本文規定，於蒐集之「特定目的必要範圍內」利用。又社團法人章程屬「多方契約」，如已於章程內明文規範會員個人資料利用相關事宜，則得依章程規定處理，而符合個資法上開規定。倘對於個人資料之利用於章程未有規定，宜先請貴會審酌貴會章程第 4 條之貴會任務（例如：第 6 款「關於會員共同利益之維護增進事項」），是否包含上開三項行

為；倘已包括，則將會員個人資料編輯印行為會員名錄，係屬特定
目的內之利用，無需再經當事人書面同意，惟利用過程仍應注意個
資法第 5 條比例原則之規定。反之，倘貴會審認上開三項行為尚非
貴會章程任務，而屬特定目的外之利用者，則須符合個資法第 20
條第 1 項但書各款情形之一（例如：經當事人書面同意），始得為
特定目的外之利用。準此，貴會所詢上開三項行為，請參酌上開說
明本於權責審認之。又若貴會採行取得當事人書面同意之方式，個
資法並無規定須逐年重新徵詢同意，惟如貴會有此特約亦不違反個
資法之規定，併予敘明。

(三) 次查貴會所建置之電子會務管理系統就會員之個人資料之蒐集、處
理及利用，若貴會審認係屬特定目的外之利用（個資法第 19、第
20 條參照）而採當事人書面同意之方式，會員於該系統上自行選
擇公開其個人資料之行為，須符合個資法施行細則第 14 條規定：
「本法第 7 條所定書面意思表示之方式，依電子簽章法之規定，得
以電子文件為之。」方符合個資法「當事人書面同意」之要件。至
於電子簽章法於本件如何適用，建議洽詢該法主管機關經濟部。

(四) 末查個資法第 7 條第 2 項規定，第 20 條第 1 項第 6 款所稱書面同
意，指當事人經蒐集者明確告知特定目的外之其他利用目的、範圍
及同意與否對其權益之影響後，單獨所為之書面意思表示。又依個
資法施行細則第 16 條規定，依本法第 8 條、第 9 條及第 54 條所定
告知之方式，得以言詞、書面、電話、簡訊、電子郵件、傳真、電
子文件或其他足以使當事人知悉或可得知悉之方式為之。是以，貴
會如於會員申請入會時，即以書面同意書取得會員資料以作為印製
會員名錄，並將該名錄提供予有需要之機關及團體乙情，似屬貴會
認定上開會員名錄印製及對外提供行為，屬特定目的外利用，而採
經當事人書面同意方式者，則該同意仍應符合上開個資法規定，始
為有效，並非即可免除個資法之規範，併予敘明。

◎ 法務部 102 年 10 月 17 日法律決字第 10200655250 號函

　　個資法並非硬性規定一律皆須簽署同意書，若屬人事僱傭契約等關係之蒐集、處理（個資法第 19 條第 1 項第 2 款參照），則無須再得當事人書面同意，即得為之；若無涉上開契約關係之其他個人及家庭資料蒐集、處理，如無其他款項法律要件之適用（個資法第 19 條第 1 項參照），則有可能須得當事人書面同意（個資法第 19 條第 1 項第 5 款參照），惟應注意個資法第 19 條第 5 款所稱書面同意，指當事人經蒐集者告知本法所定應告知事項後，所為允許之書面意思表示（個資法第 7 條第 1 項參照）此外，若係以書面同意書作為特定目的外利用之事由（個資法第 20 條第 1 項第 6 款參照），應注意個資法第 20 條第 1 項第 6 款所稱書面同意，指當事人經蒐集者明確告知特定目的外之其他利用目的、範圍及同意與否對其權益之影響後，單獨所為之書面意思表示（個資法第 7 條第 2 項參照）。至於公司請員工於告知書上簽署，係為取得其知悉告知內容之紀錄，與其是否同意個人資料之蒐集或處理無涉，且公司將告知書與同意書列於同一書面，未明顯區隔，易造成員工混淆，而為概括同意。為避免員工混淆，公司執行個資法第 8 條之告知說明，與同法第 19 條之取得當事人書面同意，宜於不同書面為之。如公司基於一定之特定目的，取得員工書面同意時，應提供客戶選擇是否同意之欄位及簽名處。若陳情人認為該告知事項暨書面同意書有違反個資法之規定，得請其洽該公司之中央目的事業主管機關反應，以維護陳情人之權益。另查依個資法第 5 條之規定，取得該書面同意書不得逾越特定目的之必要範圍，並應與蒐集之目的具有正當合理之關聯；若有脅迫勞工簽屬同意書或其他侵害勞工權益之情事時，請主管機關權責酌處之。

◎ 法務部 102 年 2 月 4 日法律字第 10100243410 號函

(一) 關於貴府（澎湖縣政府）蒐集所屬人員個人資料，應否需經當事人書面同意乙節。

(二) 按個資法第 15 條規定：「公務機關對個人資料之蒐集或處理，除

第6條第1項所規定資料外，應有特定目的，並符合下列情形之一者：一、執行法定職務必要範圍內。二、經當事人書面同意。三、……」第16條規定：「公務機關對個人資料之利用，除第6條第1項所規定資料外，應於執行法定職務必要範圍內為之，並與蒐集之特定目的相符。……」準此，各政府機關之人事單位，基於人事管理（特定目的代號002）或公務聯繫業務推動（特定目的代號175等）之目的，並於執行法定職務之必要範圍內為蒐集、處理及利用個人資料，無須再經當事人書面同意。

(三) 至於蒐集、處理及利用之範圍，依個資法第5條規定：「個人資料之蒐集、處理或利用，應尊重當事人之權益，依誠實及信用方法為之，不得逾越特定目的之必要範圍，並應與蒐集之目的具有正當合理之關聯。」是以，蒐集之範圍將因對象之不同，於目的及必要性上將有所差別，例如：機關首長對於單位業務主管因有緊急業務聯繫，而須蒐集單位業務主管之住宅或行動電話，但對於一般同仁有無此需要，請貴府斟酌。至於利用（提供）之範圍，需與蒐集之目的相符，故貴府編印之通訊錄，是否分送來函說明一各機關、團體，宜視貴府分送之目的究否與蒐集之目的相符，且於法定職務之必要範圍內而定。

(四) 倘貴府蒐集機關內各單位及所屬機關同仁之個人資料，進而編印通訊錄，並為執行法定職務且於上開特定目的內為利用，依本法第15條第1款及第16條規定，自無須另取得當事人之同意；且依本法第8條第2項第2款規定，亦無須於蒐集個人資料時，告知當事人同條第1項所列各款事項。

◎ **法務部 101 年 11 月 8 日法律字第 10103109000 號函**

(一) 有關內政部函請行政院衛生署同意開放「精神照護管理系統」及「自殺防治通報系統」，俾與該部「家庭暴力高危機個案管理系統」進行即時資訊交換乙案。

(二) 個資法第 5 條規定：「個人資料之蒐集、處理或利用，應尊重當事人之權益，依誠實及信用方法為之，不得逾越特定目的之必要範圍，並應與蒐集之目的具有正當合理之關聯。」是個人資料之蒐集、處理及利用，除應符合本法所定蒐集、處理及利用之要件規定，並應符合同法第 5 條比例原則之規定（本部 101 年 5 月 17 日法律字第 10100060070 號函參照）。參諸來文說明二及卷附內政部函引用之「家庭暴力安全防護網成效評估計畫」成果顯示，**家庭暴力高危機個案加害人有 13.1% 疑似或確診為精神疾病、6.5% 有自殺情形。換言之，另有 8、9 成精神疾病患者或具有自殺傾向之人，與家庭暴力高危機個案無涉。準此，本件內政部雖為即時掌握家庭暴力高危機個案之風險因子及擬定適當之行動策略，仍不宜廣泛蒐集精神疾病患者及具有自殺傾向之人之相關個人資料，以免有違比例原則。**惟如蒐集之對象僅限於內政部已確認篩選之「高危險個案加害人」，且屬為防止被害人人身安全之必要手段，則認符合比例原則。

◎ 法務部 101 年 7 月 2 日法律字第 10100569620 號函

(一) 有關中華民國人壽保險商業同業公會所詢財政部所屬地區稅務局得否為查稅業務需要，依稅捐稽徵法第 30 條向該會調閱被保險人投保資料疑義乙案。

(二) 行政程序法第 7 條規定：「行政行為，應依下列原則為之：一、採取之方法應有助於目的之達成。二、有多種同樣能達成目的之方法時，應選擇對人民權益損害最少者。三、採取之方法所造成之損害不得與欲達成目的之利益顯失均衡。」電腦處理個人資料保護法第 6 條規定：「個人資料之蒐集或利用，應尊重當事人之權益，依誠實及信用方法為之，不得逾越特定目的之必要範圍。」

(三) 因此，**公務機關蒐集或處理個人資料應於法令職掌「必要範圍內」為之，且不得逾越特定目的之「必要範圍」。**而行政行為採取之方

法應有助於目的之達成（適當性），並應選擇對人民權益損害最少
（必要性或侵害最小性），且造成之損害不得與欲達成目的之利益
顯失均衡（衡量性或狹義比例原則），此為比例原則之要求。

(四) 準此，本件稅捐稽徵機關為執行其法定職務，依稅捐稽徵法第 30
條規定向該會調閱被保險人投保資料，該會雖依法負有配合辦理之
義務，對於所持有之資料，應配合提供，不得拒絕，尚不因所持有
之資料性質為國內、國外或其自身或第三人之資料而有差別。

(五) 惟稅捐機關仍應受上開比例原則之拘束，而應於調查具體課稅案件
之「必要範圍」內為限；亦即該調查權之行使係為作成正確之課稅
處分，其調查之範圍與程度，應為關於調查課稅事實所必須且於符
合比例原則前提下，審酌其合法性、必要性及適當性，否則即有濫
權、逾越權限之虞。

◎ 法務部 101 年 5 月 7 日法律字第 10100040190 號函

(一) 有關財政部國稅局要求醫療機構提供非僅限於特定對象個人資料文
件及電腦處理個人資料檔案供稅務帳證查核疑義乙案，按行政程序
法第 7 條規定：「行政行為，應依下列原則為之：一、採取之方法
應有助於目的之達成。二、有多種同樣能達成目的之方法時，應選
擇對人民權益損害最少者。三、採取之方法所造成之損害不得與欲
達成目的之利益顯失均衡。」電腦處理個人資料保護法第 6 條規
定：「個人資料之蒐集或利用，應尊重當事人之權益，依誠實及信
用方法為之，不得逾越特定目的之必要範圍。」

(二) 公務機關蒐集或處理個人資料應於法令職掌「必要範圍內」為之，
且不得逾越特定目的之「必要範圍」。而行政行為採取之方法應有
助於目的之達成（適當性），並應選擇對人民權益損害最少（必要
性或侵害最小性），且造成之損害不得與欲達成目的之利益顯失均
衡（衡量性或狹義比例原則），此為比例原則之要求。

(三) 準此，本件稅務機關依稅捐稽徵法第 30 條第 1 項規定，向醫療機

構請求提供病患資料，仍應受上開比例原則之拘束，而應於調查具體課稅案件之「必要範圍」內為限。是以，稅務機關倘係請求醫療機構廣泛性、非特定性提供全部之病患資料，有逾越必要範圍之虞。

◎法務部 96 年 1 月 26 日法律決字第 0960000700 號函

(一) 按行政程序法第 96 條第 1 項第 1 款規定：「行政處分以書面為之者，應記載下列事項：一、處分相對人之姓名、出生年月日、性別、身分證統一號碼、住居所或其他足資辨別之特徵；如係法人或其他設有管理人或代表人之團體，其名稱、事務所或營業所，及管理人或代表人之姓名、出生年月日、性別、身分證統一號碼、住居所。」觀之，書面行政處分記載處分相對人之姓名、住址等，以確定處分相對人究意為何，為法定記載事項。惟實務上行政機關製作行政處分書時，或有考量事實上執行困難、行政效能或保障當事人權益，僅記載足資識別處分相對人即可，應無違背該條項款之立法目的，並非不可將部分個人資料省略。另受處分相對人為法人或其他設有管理人或代表人之團體處分書記載方式，對於代表人、管理人部分亦同。

(二) 次按電腦處理個人資料保護法第 6 條規定：「個人資料之蒐集或利用，應尊重當事人之權益，依誠實及信用方法為之，不得逾越特定目的之必要範圍。」是以，**行政機關為行政處分時，該行政處分書如需副知其他法人、自然人或機關（構）者，依本條之規定為尊重當事人之權益，似得由主管機關審酌僅記載受處分相對人之姓名即可，勿庸載明其等出生年月日、性別、身分證統一號碼、住居所等資料，以免造成受處分相對人之困擾。**

相關條文

（當事人）個資法 2⑨。（誠實及信用方法）行政程序法 8，民法

148 Ⅱ。（正當合理關聯）行政程序法 7、94、137。

第6條 （特種資料）

有關病歷、醫療、基因、性生活、健康檢查及犯罪前科之個人資料，不得蒐集、處理或利用。但有下列情形之一者，不在此限：

一、法律明文規定。

二、公務機關執行法定職務或非公務機關履行法定義務必要範圍內，且事前或事後有適當安全維護措施。

三、當事人自行公開或其他已合法公開之個人資料。

四、公務機關或學術研究機構基於醫療、衛生或犯罪預防之目的，為統計或學術研究而有必要，且資料經過提供者處理後或經蒐集者依其揭露方式無從識別特定之當事人。

五、為協助公務機關執行法定職務或非公務機關履行法定義務必要範圍內，且事前或事後有適當安全維護措施。

六、經當事人書面同意。但逾越特定目的之必要範圍或其他法律另有限制不得僅依當事人書面同意蒐集、處理或利用，或其同意違反其意願者，不在此限。

依前項規定蒐集、處理或利用個人資料，準用第八條、第九條規定；其中前項第六款之書面同意，準用第七條第一項、第二項及第四項規定，並以書面為之。

🔍 **修正理由** [33]

1. 按「醫療」係原條文所列舉五種特種個人資料之一，惟第 2 條例示之個人資料包含「病歷」及「醫療」，病歷乃屬醫療個人資料內涵

---

[33] 以下 104 年修正理由均參法務部對個人資料保護法部分條文修正說明 https://www.moj.gov.tw/lp.asp?ctNode=28007&CtUnit=805&BaseDSD=7&mp=001。

之一，為免爭議，爰增列如第 1 項本文。

2. 第 1 項但書第 2 款配合同項但書第 5 款規定，酌作文字修正。

3. 公務機關或學術研究機構基於醫療、衛生或犯罪預防之目的，為統計或學術研究必要，常有蒐集、處理或利用本條所定特種個人資料之情形，如依其統計或研究計畫，當事人資料經過提供者匿名化處理，或由蒐集者依其公布揭露方式無從再識別特定當事人者，應無侵害個人隱私權益之虞，基於資料之合理利用，促進統計及學術研究發展，自得允許之，爰修正第 1 項但書第 4 款規定。又該款蒐集、處理或利用特種個人資料之程序，公務機關得以行政規則訂定之；學術研究機構得由其中央目的事業主管機關依第 27 條第 2 項規定，指定非公務機關訂定個人資料檔案安全維護計畫或業務終止後個人資料處理方法，故無另行授權訂定規範蒐集、處理、利用該等資料之範圍及程序等辦法之必要，爰刪除原條文第 2 項。

4. 公務機關於執行法定職務時常須請求其他機關協助提供個人資料（行政程序法第 19 條第 2 項第 4 款參照），而他機關提供個人資料行為係個人資料之利用行為，然往往並非該提供機關之法定職務，故無法依本條第 1 項但書第 2 款規定提供之，為使他機關提供個人資料有所依據，俾協助請求機關執行法定職務；又協助公務機關執行法定職務或非公務機關履行法定義務應於必要範圍內為之，以符比例原則，乃理所當然，爰增列第 1 項第 5 款前段規定。公務機關或非公務機關蒐集、處理或利用個人資料本即應依第 18 條或第 27 條第 1 項規定於事前或事後有適當安全維護措施，惟為明確計，爰於本條但書第 5 款後段再為提示性規定。

5. 按司法院釋字第 603 號解釋揭示憲法保障「個人自主控制個人資料之資訊隱私權」，無論一般或特種個人資料，個人資料當事人同意權本屬憲法所保障之基本權。若完全摒除經當事人同意之情形，係嚴重限制憲法所保障之基本權，恐不符憲法第 23 條之比例原則，故增列為蒐集、處理或利用特種個人資料要件之一；且相對於一般個

人資料，特種個人資料之性質更具敏感性，故規定當事人對於其特種個人資料蒐集、處理及利用之同意，須以書面為之，以求慎重。惟超過當事人書面同意範圍之蒐集、處理及利用，或其他法律另有限制不得僅依當事人書面同意蒐集、處理或利用者，或違反其意願者，例如公務機關或非公務機關利用權勢、強暴、脅迫等違反其意願之方法取得當事人書面同意，不在此限，爰於第 1 項但書增列第 6 款。

6. 又依第 1 項但書規定而得蒐集、處理或利用特種個人資料時，雖第 8 條、第 9 條規定未區別一般個人資料與特種個人資料而僅明列第 15 條及第 19 條規定，惟為免誤解蒐集特種個人資料時無須向當事人告知，爰增訂第 2 項定明特種個人資料關於告知之規定，應準用第 8 條、第 9 條規定。另第 1 項但書第 6 款之書面同意，應準用第 7 條第 1 項、第 2 項及第 4 項規定，並以書面為之，以免爭議。

🔍 名詞解釋

1. **法律**：指法律或法律具體明確授權之法規命令。（個資法施行細則 9）

2. **法定職務**：指於：（1）法律、法律授權之命令；（2）自治條例；（3）法律或自治條例授權之自治規則；（4）法律或中央法規授權之委辦規則法規中，所定公務機關之職務。（個資法施行細則 10）

3. **法定義務**：指非公務機關依法律、或法律具體明確授權之法規命令所定之義務（個資法施行細則 11）。舉例而言，醫師法第 12 條規定：「醫師執行業務時，應製作病歷，並簽名或蓋章及加註執行年、月、日。前項病歷，除應於首頁載明病人姓名、出生年、月、日、性別及住址等基本資料外，其內容至少應載明下列事項：一、就診日期。二、主訴。三、檢查項目及結果。四、診斷或病名。五、治療、處置或用藥等情形。六、其他應記載事項。病歷由醫師執業之醫療機構依醫療法規定保存。」其中提及之「醫師執行業務時，『應』

製作病歷」，即屬醫師法對於醫師課予之製作病歷法定義務。再例如醫療法第67條規定：「醫療機構應建立清晰、詳實、完整之病歷。前項所稱病歷，應包括下列各款之資料：一、醫師依醫師法執行業務所製作之病歷。二、各項檢查、檢驗報告資料。三、其他各類醫事人員執行業務所製作之紀錄。醫院對於病歷，應製作各項索引及統計分析，以利研究及查考。」當中提及之「『應』建立清晰、詳實、完整之病歷」，即屬醫療法對於醫療機構課予之「建立清晰、詳實、完整病歷」法定義務。

4. **適當安全維護措施：**指公務機關或非公務機關，為防止個人資料被竊取、竄改、毀損、滅失或洩漏，採取技術上及組織上之措施。（個資法施行細則12）

5. **當事人自行公開之個人資料：**指當事人自行對不特定人或特定多數人，揭露其個人資料。（個資法施行細則13 Ⅰ）

6. **已合法公開之個人資料：**指依法律或法律具體明確授權之法規命令，所公示、公告或以其他合法方式公開之個人資料。（個資法施行細則13 Ⅱ）

7. **學術研究機構：**指國立研究院及公私立大學研究所以外之學術研究機構。（學術研究機構設立辦法2）

🔍 條文釋義

1. 由於個人資訊種類繁多，其價值亦似有不同。因此，學者從個人資訊中區分一般資訊以及敏感性資訊，試圖就價值較高之資訊給予更完善之保障對待[34]。換言之，對於私密敏感事項較高之資料為蒐

---

[34] 「所謂資訊的敏感度，就是該資訊如果脫離個人控制，可能對個人造成的損害有多大，也就是資訊的抽象危險性有多高的問題。在一個還沒有廢除死刑的國家，應該沒有絕對敏感資訊的問題，因為甚至連生命的存在都不具有絕對價值，依附在生命上面的事物，如何有絕對的敏感度可言？……指紋的敏感度應該還是在於它的『程序性質』，因為指紋可以辨識人別，辨識的精確度愈高，抽象危險性愈高。一旦確定個人屬性，屬於個人的資料庫等於門戶洞開，個人等於失去對於自己其他資訊的自主控制，指紋資訊的敏感度（也就是抽象危險性）在此。」參許玉秀大法官釋字第603號協同意見書。

集、處理、利用時，需採較高密度之審查標準，審視其合法性 [35]。

2. 敏感性資訊又可稱為特種資訊，是從個人資訊當中，以價值較高比較具有保障必要者劃分為敏感性資訊。然而何謂敏感性資訊，並無統一定義，如聯合國 1990 年發布「電腦個人資料檔案管理指南」（Guidelines for the Regulation of Computerized Personal Data Files）第 5 點「非歧視原則」中即揭示：除非有原則 6 規定的例外情況，不應編纂有可能引起非法或任意歧視的資料，包括有關種族或民族血統、膚色、性生活、政治見解、宗教、哲學和其他信仰以及參加協會或工會的資料。「APEC 隱私保護綱領」（APEC Privacy Framework）雖未直接定義何謂敏感性個資，然其於安全維護原則（Security Safeguards）中，規範個人資料管理者應妥善地保護個人資料之安全，又個人資料管理者所採取的保護措施應與濫用行為的發生機率和可能造成的傷害、個人資料的敏感度和內容成比例，並應定期檢視和重新評估該些保護措施。其中要求依個人資料的敏感度提供依比例保護措施，可視「APEC 隱私保護綱領」亦認定敏感個人資料之存在。德國聯邦個人資料保護法（Bundesdatenschutzgesetz, BDSG）第 3 條第 9 款規定為：個人的特種資料是指包含種族或是人種、政治觀點、信仰或哲學信念、商業工會成員資格、健康與性生活之相關資訊。英國 1998 年個人資料保護法（Data Protection Act 1998）的第 2 條規定敏感性之個人資料為個人資料中以下列訊息所組成者：（1）資料主體之種族或人種。（2）其政治意見。（3）其宗教信仰或類似本質之信念。（4）其是否為工會成員。（5）其生理或精神之健康或狀態。（6）其性生活。（7）關於其犯行或涉嫌犯行的所有指控。（8）關於其犯行或涉嫌犯行的所有指控所開展之

---

[35] 參大法官釋字第 603 號理由書：「……至該法律是否符合憲法第 23 條之規定，則應就國家蒐集、利用、揭露個人資訊所能獲得之公益與對資訊隱私之主體所構成之侵害，通盤衡酌考量。並就所蒐集個人資訊之性質是否涉及私密敏感事項、或雖非私密敏感但易與其他資料結合為詳細之個人檔案，於具體個案中，採取不同密度之審查。」

法院程序，或法院對此所為之判決。

3. 而臺灣關於敏感性個人資訊的規範，除個人資料保護法第 6 條第 1 項所明定之病歷、醫療、基因、性生活、健康檢查及犯罪前科外，大法官解釋第 603 號解釋理由書認為「指紋」亦為敏感性資訊，因「指紋係個人身體之生物特徵，因其具有人各不同、終身不變之特質，故一旦與個人身分連結，即屬具備高度人別辨識功能之一種個人資訊。由於指紋觸碰留痕之特質，故經由建檔指紋之比對，將使指紋居於開啟完整個人檔案鎖鑰之地位。因指紋具上述諸種特性，故國家藉由身分確認而蒐集個人指紋並建檔管理者，足使指紋形成得以監控個人之敏感性資訊。」然目前個資法尚未將指紋列入敏感性資訊範圍內。

4. 特種個人資料因具有高度隱密性，依個資法之規定，無論公務機關或非公務機關，原則上皆禁止蒐集特種個人資料，只有在符合本條但書所列各款情況外才可以蒐集。之所以加強保護特種資訊，一部分原因為這些資訊一旦揭露，極可能造成個資當事人負面影響。在 2008 年歐洲人權法院宣判的 I v. Finland 一案，申訴人 I 為一任職於芬蘭公立醫院之護士，於 1987 年檢測出 HIV 有陽性反應，但仍然於該醫院任職。但到了 1992 年，她發現她的病情似乎被醫院其他同仁知悉，因此請求當地主管機關調查曾經接觸過她病歷之人員，卻被醫院的檔案室回覆說，案發時所建置之資訊系統只能顯示查詢的最近五筆資訊，且不能顯示查詢者之名稱而僅有單位名稱，本案相關資訊也已經遭到消除，無法查出是否真有違法情事。申訴人 I 不服，之後提起民事侵權行為訴訟，希望可以追究相關人員非法接觸其資料之損害賠償責任，但國內各級法院都以其無法清楚證明其病歷的確遭到非法接觸而判其敗訴；窮盡國內救濟途徑之後，申訴人 I 依歐洲人權公約第 34 條向歐洲人權法院進行申訴。歐洲人權法院認為，歐洲人權公約第 8 條並不僅是消極的要求國家不得干預、侵害人民隱私，更應該積極的賦予國家一有效保護人民隱私不受他人侵

害之義務。本案中，醫療資訊作為個人資料之重要一部，本為隱私權所要保障之重要價值；申訴人 I 任職之醫院所建置之系統既然未能防止個人之醫療資訊未經授權之接觸，芬蘭之措舉自然與公約之要求有所違背。然而申訴人 I 勝訴，其 HIV 陽性紀錄被同樣工作地點的其他人知曉之後，她跟醫院的契約之後即未有更新，使其必須要去另尋他職。臺灣也有過類似案件。1994 年時，一位因車禍輸血而感染愛滋的學童被曝光之後，其所處班級的其他同學全部轉學。類似案件發生在臺北市，臺北市則是拒收 36。

5. 另外，如果其他法律有明文規定得蒐集特種個人資料時，或屬個人資料管理者，為履行法定義務所必要而蒐集等，亦得作為公務機關及非公務機關蒐集特種個人資料之合法事由。例如，勞工安全衛生法第 12 條第 1 項規定，雇主於僱用勞工時，應施行體格檢查，對在職勞工也應施行定期健康檢查，此即為典型的「法律明文規定」得蒐集特種個人資料的依據。而所謂法定職務最高行政法院認為從個資法第 16 條使用「應於執行法定職務必要範圍內」等法條用語，作為「個人資料利用」之限制等情觀之，個資法明顯有以組織法職掌規範，作為劃定權限之規範依據 37。

6. 本條所稱適當安全維護措施，與第 18 條所稱安全維護事項、第 27 條第 1 項所稱適當之安全措施，係指公務機關或非公務機關，為防止個人資料被竊取、竄改、毀損、滅失或洩漏，採取技術上及組織上之措施。所謂「措施」，「得」包括下列事項，並以與所欲達成之個人資料保護目的間，具有適當比例為原則：（1）配置管理之人員及相當資源。（2）界定個人資料之範圍。（3）個人資料之風險評估及管理機制。（4）事故之預防、通報及應變機制。（5）個人資料蒐集、處理及利用之內部管理程序。（6）資料安全管理及人員

---

36 http://news.ltn.com.tw/news/life/paper/57204，最後瀏覽日期：2015/12/9。
37 參最高行政法院 106 年度判字第 54 號判決。

管理。（7）認知宣導及教育訓練。（8）設備安全管理。（9）資料安全稽核機制。（10）使用紀錄、軌跡資料及證據保存。（11）個人資料安全維護之整體持續改善[38]。

🔍 實務見解

◎最高行政法院 106 年度判字第 54 號判決

(一) 在不同公務機關間，已蒐集之個人資料是否許可流通，如許可流通，應依新個資法中哪些條文來加以規範，即成為重要之法律議題。對此議題本院之法律見解如下：

1. 首先要指明，個人資料一旦蒐集而得，必然會先以某種格式之檔案形式予以儲存，因此實證上所謂「個人資料在不同公務機關間之流通」，通常可能是「個人資料檔案」格式之轉換，從某一格式之檔案軟體，轉至另外一種可能存取檢索功能更強大之檔案軟體資料庫上。

2. 又有關不同公務機關間，已蒐集個人資料之流通，在實證需求上實難避免，而且此等流通可以減輕重複蒐集之行政成本支出，從「促進個人資料之合理利用」觀點言之（新個資法第 1 條參照），實無禁止之必要。

3. 然而不可否認者，資料一旦流通在外，即很容易不斷流通散布，因此具有「覆水難收」之實證特徵，知悉個人資料之公務機關越多，個人資料流通在外之可能性越高，從新個資法「保護人格權」之整體立法意旨言之，理應受到新個資法相關規定之規範。但因為新個資法對此待規範之事項，沒有對應之條文為規範，因此形成一個「法律漏洞」。

---

[38] 法務部較早提出之個資法施行細則草案第 6 條第 2 項，原將安全維護列為「必要措施」，且「應」包括十一、安全維護事項，後因反彈過大及執行不易，將安全維護改為「措施」，「得」包括十一、安全維護事項。

4. 對此法律漏洞之填補，有二組待規範之事項，其一為資料提供者之規範，其二則為資料接受者之規範。其中對資料提供者而言，對他公務機關提供資料，類似於資料之利用，因此在事務法則上性質最接近，而可類推適用之條文應為新個資法第 16 條有關「資料利用」之規定。

5. 至於對資料之收受者而言，首應探究，其收受之資料是否還屬「個人資料」。而其判準則為資料內容之「去識別化」作業是否已經完成。如果該資料內容已完成「去識別化」作業，「個人」屬性即已消失，不能再視之為新個資法所規範之「個人資料」，而該資料收受者對資料之後續處理及利用，亦不受新個資法之規範。但若未進行「去識別化」作業，或作業不嚴謹，未達成「去識別化」作業應有之實證效用（即澈底切斷資料內容與特定主體間之連結），該收受之資料仍具「個人資料」屬性時，則應依其收受目的是為「處理」或「利用」而受新個資法對應法規範之規制（「處理」行為受新個資法第 15 條及第 6 條之規範，而「利用」行為受新個資法第 16 條及第 6 條之規範）。

(二) 有關被上訴人將健保資料交付輔助參加人衛福部建立資料庫之「行為」，是出於「特定重大公益目的」，且有「實證法之具體明文規定」為據，而符合司法院釋字第 603 號解釋所定之合法要件。

1. 針對此一爭點，首應說明前開「交付並由輔助參加人衛福部建立資料庫之行為」，其實不是「利用」行為，而是「處理」行為，只是「類推適用」新個資法第 16 條之規定，而要求該「處理行為」有「重大公益目的」存在，並在被上訴人之處理權限範圍內。

2. 實則臺灣地區全體國民之身體、健康、疾病及就醫等宏觀資料，對健康政策之擬定，與疾病之預防與治療均有重大意義，此等資料之處理具有「重大公益目的」實甚明確，上訴人對此亦無爭議。

3. 至於有關「實證法賦予被上訴人處理健保資料之明文規範為何」之爭點部分，實則連上訴人也承認實證法已明文賦予被上訴人對健保

資料之「蒐集」權限，觀新個資法第 15 條之規定，蒐集與處理並列，被上訴人既然依法享有「蒐集」職權，當然也同時可依相同之實證法規定享有「處理」職權。

4. 原判決從被上訴人之組織法中尋找前開所謂「利用」行為之規範依據，顯然是沒有嚴格區分「處理」與「利用」行為間之差異所致。但鑑於「處理」是為「利用」作預備，因此其論點仍可用以支持本院以上之法律論點。

5. 上訴意旨雖謂「被上訴人之行政組織法中，有關部門職掌之法規範，不得據為判定其『利用』個人資料之授權規範」云云，但從新個資法第 16 條使用「應於執行法定職務必要範圍內」等法條用語，作為「個人資料利用」之限制等情觀之，新法明顯有以組織法職掌規範，作為劃定權限之規範依據，是以上訴人此部分之上訴理由自非可採。

◎ **法務部 106 年 9 月 5 日法律字第 10603509600 號函**

(一) 有關高雄市政府衛生局函詢貴部（衛生福利部）「協尋社區失聯之精神個案」，在未取得當事人書面同意之狀況下，自行向非公務機關及網絡公務機關索取個案病歷及其他隱私資料一案。

(二) 有關衛生主管機關向網絡公務機關（社會局、健保署、警察局）請求提供失聯個案聯繫方式及就醫診療院所名稱與地址之部分，就衛生主管機關而言，係一般個人資料之蒐集；就網絡公務機關而言，係一般個人資料之利用，分述如下：（1）衛生主管機關之個人資料蒐集部分：依個人資料保護法（下稱個資法）第 15 條第 1 款規定：「公務機關對個人資料之蒐集或處理，除第 6 條第 1 項所規定資料外，應有特定目的，並符合下列情形之一者：一、執行法定職務必要範圍內。……」復依精神衛生法第 6 條第 5 款及第 6 款規定：「直轄市、縣（市）主管機關掌理轄區下列事項：……五、病人保護業務之執行事項。六、病人資料之統整事項。……」同法第 7 條第 1 項規定：「直轄市、縣（市）主管機關應由社區心理衛

生中心，辦理心理衛生宣導、教育訓練、諮詢、轉介、轉銜服務、資源網絡聯結、自殺、物質濫用防治及其他心理衛生等事項。」故直轄市、縣（市）主管機關基於「公共衛生」（代號012）或「衛生行政」（代號156）之特定目的，為執行病人追蹤保護業務，辦理轉介、轉銜服務、資源網絡聯結等事項，在執行上開法定職務必要範圍內，蒐集或處理失聯精神個案之一般個人資料，應可認符合個資法第15條第1款規定。（2）網絡公務機關之個人資料利用部分：依個資法第16條規定：「公務機關對個人資料之利用，除第6條第1項所規定資料外，應於執行法定職務必要範圍內為之，並與蒐集之特定目的相符。但有下列情形之一者，得為特定目的外之利用：……二、為……增進公共利益所必要。三、為免除當事人之生命、身體、自由或財產上之危險。四、為防止他人權益之重大危害。……」故網絡公務機關提供失聯個案之一般個人資料予衛生主管機關，雖非屬原蒐集目的內之利用，惟其提供個人資料如係為協助衛生主管機關執行上開法定職務而為增進公共利益所必要，或經審酌符合「為免除當事人之生命、身體、自由或財產上之危險」、「為防止他人權益之重大危害」等事由，則應可認符合個資法第16條但書第2款至第4款規定。

(三) 有關衛生主管機關向失聯精神個案就醫診療院所請求提供病歷資料，俾利後續追蹤關懷訪視之部分，就衛生主管機關而言，係特種個人資料之蒐集；就醫療機構而言，係特種個人資料之利用，分述如下：（1）衛生主管機關之病歷資料蒐集部分：依個資法第6條第1項第2款規定：「有關病歷、醫療、基因、性生活、健康檢查及犯罪前科之個人資料，不得蒐集、處理或利用。但有下列情形之一者，不在此限：……二、公務機關執行法定職務…必要範圍內，且事前或事後有適當安全維護措施。……」直轄市、縣（市）主管機關依上開精神衛生法第6條第5款、第6款及第7條第1項規定，基於「公共衛生」（代號012）或「衛生行政」（代號156）

之特定目的，為執行病人追蹤保護業務，辦理轉介、轉銜服務、資源網絡聯結等事項，在執行上開法定職務必要範圍內，蒐集或處理失聯個案之病歷資料，如事前或事後有適當安全維護措施，則應可認符合個資法第 6 條第 1 項第 2 款規定。（2）醫療機構之病歷資料利用部分：依個資法第 6 條第 1 項第 5 款規定：「有關病歷、醫療、基因、性生活、健康檢查及犯罪前科之個人資料，不得蒐集、處理或利用。但有下列情形之一者，不在此限：⋯⋯五、為協助公務機關執行法定職務⋯⋯必要範圍內，且事前或事後有適當安全維護措施。⋯⋯」醫療機構為協助衛生主管機關執行上開法定職務，提供病人社區追蹤保護、轉介及轉銜各項資源之接續服務，如事前或事後有適當安全維護措施，則應可認符合個資法第 6 條第 1 項第 5 款規定。

(四) 復按個資法第 5 條規定：「個人資料之蒐集、處理或利用，應尊重當事人之權益，依誠實及信用方法為之，不得逾越特定目的之必要範圍，並應與蒐集之目的具有正當合理之關聯。」故對於個人資料之蒐集、處理或利用，縱符合個資法之規定，仍應注意上開比例原則之要求。另依個資法第 6 條第 2 項及第 9 條第 1 項規定，公務機關依第 6 條第 1 項或第 15 條規定蒐集非由當事人提供之個人資料（即間接蒐集之情形），原則上應於處理或利用前，向當事人告知個人資料來源及個資法第 8 條第 1 項第 1 款至第 5 款所列事項，惟倘個人資料之蒐集係公務機關執行法定職務所必要，則得免為告知（個資法第 9 條第 2 項第 1 款及第 8 條第 2 項第 2 款規定參照），均併此敘明。

◎ 法務部 106 年 8 月 16 日法律字第 10603508010 號函

(一) 有關臺南市政府衛生局函請貴部（衛生福利部）釋疑精神衛生法第 38 條第 2 項及同法施行細則第 7 條，病人出院通報轉介疑慮一案。

(二) 按精神衛生法第 3 條第 3 款及第 4 款規定，「病人」指罹患精神疾

病之人；「嚴重病人」指病人呈現出與現實脫節之怪異思想及奇特行為，致不能處理自己事務，經專科醫師診斷認定者。為強化嚴重病人之服務，精神衛生法第 29 條第 3 項規定：「經專科醫師診斷或鑑定屬嚴重病人者，醫療機構應將其資料通報直轄市、縣（市）主管機關。」違反上開規定不通報者，處新臺幣 3 萬元以上 15 萬元以下罰鍰（精神衛生法第 55 條規定參照）。除上述嚴重病人之法定強制通報機制外，依來函說明四所述，貴部已建置「精神照護資訊管理系統」，請各直轄市、縣（市）政府衛生局督導轄區內精神醫療機構於該系統線上登錄精神病人之出院準備計畫，以銜接公共衛生體系，加強病人出院後之照顧，落實社區精神病人之追蹤、保護與關懷，協助其就醫及視需要協助家屬處理精神病人之危機事件，因涉及精神病人醫療特種資料之蒐集、處理及利用事宜（個資法施行細則第 4 條第 2 項規定參照），故須符合個資法第 6 條之規定。

(三) 復按個資法第 6 條第 1 項規定：「有關病歷、醫療、基因、性生活、健康檢查及犯罪前科之個人資料，不得蒐集、處理或利用。但有下列情形之一者，不在此限：一、法律明文規定。二、公務機關執行法定職務或非公務機關履行法定義務必要範圍內，且事前或事後有適當安全維護措施。……五、為協助公務機關執行法定職務或非公務機關履行法定義務必要範圍內，且事前或事後有適當安全維護措施。六、經當事人書面同意。但逾越特定目的之必要範圍或其他法律另有限制不得僅依當事人書面同意蒐集、處理或利用，或其同意違反其意願者，不在此限。」有關醫療機構通報非嚴重病人資料予衛生主管機關，就衛生主管機關而言，係個人資料之蒐集；就醫療機構而言，係屬個人資料之利用，二者均應符合上開規定。茲分別析述如次：

1. 衛生主管機關之個人資料蒐集部分：依精神衛生法第 6 條第 5 款及第 6 款規定：「直轄市、縣（市）主管機關掌理轄區下列事項：……

五、病人保護業務之執行事項。六、病人資料之統整事項。……」
復依精神衛生法施行細則第7條規定：「本法第38條第2項所定之
轉介計畫內容，應包括將出院病人轉介至其戶籍所在地或住（居）
所之直轄市、縣（市）主管機關，提供社區追蹤保護及轉銜各項資
源之接續服務。」故直轄市、縣（市）主管機關基於「公共衛生」
（代號012）或「衛生行政」（代號156）之特定目的，為執行病人
保護業務，提供病人社區追蹤保護及轉銜各項資源之接續服務，在
執行上開法定職務必要範圍內，蒐集或處理非嚴重病人之醫療特種
資料，如事前或事後有適當安全維護措施，則符合個資法第6條第
1項但書第2款「公務機關執行法定職務……必要範圍內，且事前或
事後有適當安全維護措施」之規定。

2. 醫療機構之個人資料利用部分：依精神衛生法第38條第2項規定：
「精神醫療機構於病人出院前，應協助病人及其保護人擬定具體可
行之復健、轉介、安置及追蹤計畫。」故精神醫療機構為協助病人
及其保護人辦理出院後之復健、轉介、安置及追蹤，並轉介至直轄
市、縣（市）主管機關執行上開病人保護業務，雖非屬法定強制通
報義務（即非屬個資法第6條第1項但書第1款「法律明文規定」
情形），然於必要範圍內提供非嚴重病人之醫療特種資料予直轄市、
縣（市）主管機關，俾協助直轄市、縣（市）主管機關依精神衛生
法施行細則第7條規定提供病人社區追蹤保護及轉銜各項資源之接
續服務，如事前或事後有適當安全維護措施，則符合個資法第6條
第1項但書第5款「為協助公務機關執行法定職務……必要範圍內，
且事前或事後有適當安全維護措施」之規定。

◎ **法務部105年8月4日法律字第10503510730號函**

(一) 有關高雄市政府衛生局保有緊急醫療救護處置登錄資料提供予長庚
醫療財團法人高雄長庚紀念醫院分析研究，涉及個人資料保護法及
政府資訊公開法疑義乙案。

(二) 按個人資料保護法（以下簡稱個資法）第 2 條第 1 款規定：「個人資料：指自然人之姓名、出生年月日……及其他得以直接或間接方式識別該個人之資料。」上開所稱之「個人」指現生存之自然人，已死亡之人並非個資法之保護範圍。惟相關已死亡之人之資料中尚涉及現生存自然人之資料時，則該部分仍屬個資法所稱之個人資料，應適用個資法相關規定（本部 105 年 1 月 29 日法律字第 10503502210 號函意旨參照）。

(三) 查來函所附提供到院前心肺停止患者（OHCA）緊急醫療救護處置登錄資料格式，屬空白表格，未見實際登載內容，雖無病患姓名項目，惟綜合相關「報案日期」、「性別」、「年齡」、「案發地址」、「送達醫院名稱」等欄位實際記載內容，有無可能間接識別生存特定之個人，未可一概而論，如運用各種技術予以去識別化，而依其呈現方式已無從直接或間接識別該特定個人者，即非屬個人資料，自非個資法之適用範圍（本部 103 年 11 月 17 日法律字第 10303513040 號函意旨參照）。故建議高雄市政府衛生局可運用經濟部標準檢驗局訂頒之「個人資料去識別化過程驗證要求及控制措施」，逐一檢視該登錄資料內容，運用去識別技術予以調整，以求妥適。

(四) 如旨揭醫院仍需高雄市政府衛生局提供可能間接識別生存特定個人之資料，僅基於具體個案情形並符合個資法第 6 條第 1 項各款或第 16 條但書各款規定之一者，得就個人資料為特定目的外之利用，適度提供個人資料給旨揭醫院。例如：公務機關保有「醫療」（個資法施行細則第 4 條第 2 項規定）之特種個人資料，考量請求提供之學術研究機構「基於醫療、衛生或犯罪預防之目的」；或公務機關保有非特種之一般個人資料，考量請求提供之學術研究機構「基於公共利益」，為統計或學術研究而有必要，且資料經過提供者將直接識別個人資料加工處理成為間接識別個人資料，提供給學術研究機構進行彙整統計分析，嗣該機構再以無從識別特定當事人之方

式為研究成果之發表，即為適法之特定目的外利用（個資法第 6 條第 1 項第 4 款、第 16 條但書第 5 款）（本部 104 年 7 月 2 日法律字第 10403508020 號函意旨參照）。

◎ 法務部 105 年 7 月 18 日法律字第 10503510230 號函

(一) 關於內政部警政署執行失蹤人口查尋職務，為免除當事人生命、身體、自由或財產上危險，申請調閱失蹤人口健保就診紀錄疑義事。

(二) 按 104 年 12 月 30 日修正公布並於 105 年 3 月 15 日施行之個人資料保護法（以下簡稱個資法）第 6 條第 1 項規定：「有關……醫療……之個人資料，不得蒐集、處理或利用……」，所稱「醫療之個人資料」，指病歷及其他由醫師或其他之醫事人員，以治療、矯正、預防人體疾病、傷害、殘缺為目的，或其他醫學上之正當理由，所為之診察及治療；或基於以上之診察結果，所為處方、用藥、施術或處置所產生之個人資料（個資法施行細則第 4 條第 2 項規定參照）。至於失蹤人口之「健保就診資料」，因來函未明其具體內容，如確為失蹤人口之醫療個人資料，依前揭個資法第 6 條第 1 項規定，不得蒐集、處理或利用，但具有同條項但書規定情形之一者，不在此限。另如非屬失蹤人口之醫療個人資料，僅是貴署為查尋失蹤人口之行蹤，向衛生福利部中央健康保險署（下稱健保署）申請調閱失蹤人口於全民健康保險特約醫事服務機構（下稱醫事機構）之就醫日期及該醫事機構地址等資料，則該等資料雖非屬「醫療之個人資料」，惟仍屬個資法第 2 條第 1 款之個人資料，有個資法之適用，合先敘明。

(三) 承前所述，如僅係申請調閱失蹤人口於醫事機構之就醫日期及該醫事機構地址等資料，於個資法之適用疑義，分述如下：（1）貴署向健保署「蒐集」失蹤人口於醫事機構之就醫日期及該醫事機構地址等資料部分：按個資法第 15 條第 1 款規定，公務機關對個人資料之蒐集應有特定目的，並應於執行法定職務必要範圍內為之，

上開規定所稱「法定職務」,係指法律、法律授權之命令、自治條例、法律或自治條例授權之自治規則、法律或中央法規授權之委辦規則等法規中所定公務機關之職務(個資法施行細則第 10 條規定參照)。又貴署組織法第 2 條第 1 項第 6 款及貴署處務規程第 12 條第 6 款規定,貴署負責失蹤人口查尋及查尋之規劃、督導;各直轄(縣)市政府警察局之組織規程亦均明定掌理失蹤人口查尋事項。是貴署基於特定目的(例如:警政,代號:167),並於執行失蹤人口查尋職務必要範圍內,向健保署申請調閱(即蒐集)失蹤人口於醫事機構之就醫日期及該醫事機構地址等資料,以查明失蹤人口之行蹤,俾能早日尋獲失蹤人口,應可認為符合前揭個資法第 15 條第 1 款規定。(2)健保署向貴署提供(即利用)失蹤人口於醫事機構之就醫日期及地址之資料部分:再按個資法第 16 條但書第 3 款規定:「公務機關對個人資料之利用……。但有下列情形之一者,得為特定目的外之利用:……三、為免除當事人之生命、身體、自由或財產上之危險。」是健保署為辦理全民健康保險業務,基於全民健康保險之特定目的(代號:031),蒐集醫事機構申報全民健康保險之保險對象醫療費用資料,原應於蒐集之特定目的必要範圍內為利用,惟如將前揭資料中有關失蹤人口之就醫日期及就醫之醫事機構地址等資料提供予貴署,以助益貴署儘速查明失蹤人口之行蹤,俾能免除失蹤人口之生命、身體、自由或財產上危險,應可認為符合個資法第 16 條但書第 3 款規定,而得為特定目的外之利用。

◎ 法務部 105 年 5 月 31 日法律字第 10503508710 號函

(一) 所詢現職教師涉違反教師法第 14 條第 1 項第 3 款所定情事予以解聘者,於全國不適任教育人員通報及查詢系統辦理通報並提供查詢是否與個人資料保護法有違乙案。

(二) 查 104 年 12 月 30 日修正公布並於 105 年 3 月 15 日施行之個人資

料保護法（以下簡稱個資法）第 6 條第 1 項規定：「有關……犯罪前科之個人資料，不得蒐集、處理或利用。但有下列情形之一者，不在此限：一、法律明文規定。二、公務機關執行法定職務……」所稱「犯罪前科之個人資料」，指經緩起訴、職權不起訴或法院判決有確定、執行之紀錄；所稱「法律」，指法律或法律具體明確授權之法規命令（個資法施行細則第 4 條第 6 項及第 9 條規定參照），合先陳明。

(三) 次查教師法第 14 條第 1 項規定：「教師聘任後除有下列各款之一者外，不得解聘、停聘或不續聘：……三、曾犯性侵害犯罪防治法第 2 條第 1 項所定之罪，經有罪判決確定。……」同條第 5 項規定：「為避免聘任之教師有第 1 項第 1 款至第 12 款及第 2 項後段規定之情事，各主管教育行政機關及各級學校應『依規定』辦理通報、資訊之蒐集及查詢；其通報、資訊之蒐集、查詢及其他應遵行事項之辦法，由教育部定之。」是貴部依上開授權所訂定不適任教育人員之通報與資訊蒐集及查詢辦法（以下簡稱查詢辦法），應屬說明二所述法律具體明確授權之法規命令，宜係各主管教育行政機關及各級學校辦理不適任教師之通報、資訊蒐集及查詢之依據。故教師曾犯性侵害防治法第 2 條第 1 項所定之罪，經有罪判決確定，且經學校依教師法第 14 條第 1 項第 3 款規定予以解聘者，應如何辦理通報並提供查詢？自應依查詢辦法規定辦理。

(四) 復查，查詢辦法第 3 條第 2 項及第 7 條第 2 項第 1 款第 1 目規定，教師有教師法第 14 條第 1 項第 3 款有關曾犯性侵害犯罪防治法第 2 條第 1 項所定之罪之有罪判決確定情事者，其服務學校、機構「無須」再向主管教育行政機關辦理通報；各級學校、機構查詢擬聘任教師有無上開有罪判決確定之情事，各直轄市、縣（市）主管教育行政機關應依限將所屬或核准立案之學校、機構查詢名冊報貴部，由貴部核轉本部查詢。此係貴部以上開有罪判決確定之紀錄係本部蒐集，故學校、機構無須辦理通報，而由本部協助查復，以減

少資料外流之風險（查詢辦法第 3 條及第 7 條立法說明參照）。現貴部為避免性侵害者再度進入校園，擬修正查詢辦法，對現職教師曾犯性侵害犯罪防治法第 2 條第 1 項所定之罪，經有罪判決確定且經學校依教師法第 14 條第 1 項第 3 款規定予以解聘者，於全國不適任教育人員通報及查詢系統辦理通報並提供查詢乙節，因屬立法政策之事項，宜由貴部本於職權決定，惟應注意憲法第 23 條、個資法第 5 條之比例原則，乃屬當然。至於未修正前，貴部擬依教師法第 14 條第 5 項規定並比照查詢辦法通報流程辦理通報並提供查詢乙事，因與查詢辦法上開規定有違，屬「無法律明文」規定即蒐集、處理或利用犯罪前科之個人資料，不符個資法第 6 條第 1 項但書第 1 款規定。

◎ **金融監督管理委員會 105 年 5 月 25 日金管保綜字第 10502562226 號函**

(一) 保險業、保險代理人、經紀人、公證人因業務需要有蒐集、處理或利用病歷、醫療、健康檢查之個人資料之必要，始應依保險法第 177 條之 1 及旨揭管理辦法規定取得當事人書面同意，依人身保險要保書示範內容及注意事項第 11 點規定暨現行保險公司之人身保險要保書聲明事項已包括，本人（被保險人）同意保險公司得蒐集、處理及利用本人相關之健康檢查、醫療及病歷個人資料，爰實務上已有符合保險法第 177 條之 1 經本人書面同意之作法，惟對於其他險別如有蒐集、處理或利用被保險人之病歷、醫療、健康檢查之個人資料之必要，請依規定取得當事人書面同意。另倘因業務需求有蒐集、處理或利用基因、性生活及犯罪前科等個人資料之情形，仍可依個人資料保護法第 6 條規定辦理。

(二) 請保險業、專業再保險業於四個月內完成旨揭管理辦法第 6 條第 1 項所定，訂定內部處理程序並納入內部控制及稽核項目之相關事宜；請保險代理人、經紀人、公證人及兼營保險代理人、經紀人業

務之銀行於四個月內完成旨揭管理辦法第 6 條第 2 項所定訂定內部處理程序，依保險代理人公司保險經紀人公司內部控制稽核制度及招攬處理制度實施辦法應辦理內部控制及稽核制度者，並應納入內部控制及稽核項目。

◎ 金融監督管理委員會保險局 105 年 5 月 6 日保局（綜）字第 10510915490 號函

(一) 按病歷、醫療、健康檢查之個人資料較為特殊或具敏感性，如任意蒐集、處理或利用，恐將傷害當事人之隱私權益，爰配合個人資料保護法第 6 條修正條文自 105 年 3 月 15 日施行，並兼顧保險業務經營之需要及維護保戶權益，保險法第 177 條之 1 關於依保險法經營或執行業務之保險業，於經本人書面同意，得蒐集、處理或利用病歷、醫療、健康檢查之個人資料等規定，行政院亦定自 105 年 3 月 15 日施行，合先敘明。

(二) 經向案關保險公司查詢，該公司係依臺灣銀行共同供應契約條款辦理學生團體保險業務，並無與各級學校個別簽署要保書或其他契約文件。基於保險業辦理核保、理賠等與履行保險契約義務有關之業務事項，均有蒐集、處理或利用保戶上述個資之可能，故保險公司倘有業務需要，應依上開規定取得被保險人書面同意後始得為之，是以，保險公司受理學生團體保險之理賠申請案件，倘於理賠案審核過程中有蒐集、處理或利用被保險人上述個資之必要，應依上開規定取得被保險人之書面同意。

◎ 法務部 105 年 2 月 24 日法律字第 10503503040 號函

新法施行後，按新法第 6 條第 1 項規定：「有關病歷、醫療、基因、性生活、健康檢查及犯罪前科之個人資料，不得蒐集、處理或利用。但有下列情形之一者，不在此限：……二、公務機關執行法定職務或非公務機關履行法定義務必要範圍內，且事前或事後有適當安全維護措施。……五、為協助公務機關執行法定職務或非公務機關履行法定義

務必要範圍內，且事前或事後有適當安全維護措施……。」增訂為協助公務機關執行法定職務或非公務機關履行法定義務必要範圍內得蒐集、處理或利用上開特種個人資料，使公務機關執行法定職務或非公務機關履行法定義務時，如有請求相關單位協助提供特種資料之必要能有所依據。準此，本件直轄市、縣（市）主管機關如基於前開特定目的，於執行法定職務必要範圍內，函請醫療機構提供相對人或被害人疾病診斷及就醫等個人資料，而醫療機關復係於協助公務機關執行法定職務必要範圍內，提供上開特種個人資料，且均於事前或事後有適當安全維護措施，並符合個資法第 5 條規定者，尚非法所不許。

◎ **法務部 104 年 5 月 25 日法律字第 10403501140 號函**

(一) 有關內政部警政署函詢有關個人資料保護法之重大修正，於業務上所生疑義乙案。

(二) 有關個人資料保護法（下稱個資法）第 2 條第 1 款、第 6 條第 1 項「犯罪前科」之定義：（1）按個資法除第 6 條、第 54 條外，業於 101 年 10 月 1 日施行。雖該法第 6 條規定尚未施行，惟該條所定之特種個人資料，仍屬個人資料，其蒐集、處理、利用，仍應適用個資法有關一般個人資料之規定辦理，合先敘明。（2）次按個資法施行細則第 4 條第 6 款規定：「本法第 2 條第 1 款所稱犯罪前科之個人資料，指經緩起訴、職權不起訴或法院判決有罪確定、執行之紀錄。」是貴署 99 年來函所詢「犯罪前科」之個人資料範圍，自應依上開規定審認判斷。

(三) 有關貴署將「刑案資訊系統」個人刑案資料提供予公務或非公務機關部分：（1）按公務機關對個人資料之利用，應於執行法定職務必要範圍內為之，並與蒐集之特定目的相符；另有特定情事亦得為特定目的外之利用，個資法第 16 條定有明文。依貴署 99 年函附件所示，有多數公務或非公務機關請求貴署提供「刑案資訊系統」個人刑案資料乙節，貴署如為提供，係屬對個人資料之利用，

則貴署應先判斷對外提供個人資料是否係基於執行法定職務必要範圍？有無符合原蒐集之特定目的？倘該利用與原蒐集之特定目的並未相符，是否符合上開但書規定各款情形之一，而得為特定目的外之利用？另公務機關或非公務機關向貴署請求提供前揭資料，係屬個人資料之蒐集，應分別判斷其是否符合個資法 15 條或第 19 條之規定？又貴署對個人資料之利用（對外提供），以及該公務機關或非公務機關對個人資料之蒐集、處理，縱符合前揭規定，仍應注意個資法第 5 條有關比例原則之規定。（2）次按行政程序法第 19 條有關職務協助之規定，係指行政機關相互間不涉及權限移轉之職務協助，即不相隸屬之行政機關間，基於請求，由被請求機關就屬其職權範圍，而非屬其職務範圍之行為，提供補充性協助之輔助行為（參陳敏著，行政法總論，7 版，第 910、911 頁）。其中，「執行職務所必要之文書或其他資料，為被請求機關所持有者」即屬行政協助事由之一（行政程序法第 19 條第 2 項第 4 款規定參照）。故貴署於符合個資法第 16 條但書規定（例如增進公共利益），且無得以拒絕協助之事由時（行政程序法第 19 條第 4、5 項規定參照），則應提供行政協助義務。

(四) 有關內政部函請貴署提供政黨負責人刑事犯罪判刑紀錄之疑義部分：查內政部為政黨之中央主管機關（人民團體法第 3 條及第 52 條規定參照），政黨有違反法令、章程或妨害公益情事者，主管機關（內政部）得為警告、限期整理及解散之處分（人民團體法第 58 條規定參照）。故內政部係貴署上級機關，基於「民政」之特定目的（代號：023），為審議政黨處分事件，執行政黨管理業務之法定職務，在執行法定職務必要範圍內，請貴署提供政黨負責人判刑紀錄，符合個資法第 15 條第 1 款「執行法定職務必要範圍內」之要件。至於貴署如提供該等資料予內政部，則屬特定目的外之利用行為，雖人民團體法第 52 條及第 58 條並無主管機關得蒐集政黨負責人判刑紀錄之規定，尚非得做為個資法第 16 條但書第 1 款規定

「法律明文規定」之目的外利用之依據，惟因貴署提供該等資料係為協助內政部辦理政黨管理之公務，應可認為符合本法第 16 條但書第 2 款「增進公共利益」規定。然內政部蒐集政黨負責人判刑紀錄，對各該政黨負責人之隱私權非無侵害，則「全面」蒐集政黨負責人判刑紀錄與辦理政黨處分有無正當合理關聯？有無逾越特定目的之必要範圍？是否屬踐行管理政黨業務之唯一或最小侵害方式？仍請貴署參酌前揭開說明及個資法第 5 條比例原則規定，本於權責予以審認，如仍有疑義，宜請請求提供機關內政部說明，以供貴署判斷。

◎ 法務部 103 年 6 月 19 日法律字第 10303507040 號函

(一) 有關因應業務需求，針對 6 歲以下弱勢兒童有行蹤不明之情事者，擬函請衛政單位提供個案預防接種及主要照顧者就醫紀錄等相關資料之適用疑義案。

(二) 按 99 年 5 月 26 日修正公布之「個人資料保護法」（以下簡稱個資法），除第 6 條、第 54 條外，已於 101 年 10 月 1 日施行。雖個資法第 6 條第 1 項規定尚未施行，惟有關「醫療、基因、性生活、健康檢查及犯罪前科」等特種個人資料仍屬個人資料，其蒐集、處理、利用仍適用個資法有關一般個人資料之規定。

(三) 次按「有關醫療、基因、性生活、健康檢查及犯罪前科之個人資料，不得蒐集、處理或利用。」個資法第 6 條第 1 項本文定有明文，其立法目的為：「個人資料中有部分資料性質較為特殊或具敏感性，如任意蒐集、處理或利用，恐會造成社會不安或對當事人造成難以彌補之傷害。」故有特別加強保護之必要。準此，不具特殊性或敏感性之個人資料，例如個資法第 2 條第 1 款之「聯絡方式」（例如地址、電話），即使與上開特種資料一起記載於病歷內，該等資料仍屬一般個人資料（本部 102 年 10 月 31 日法律字第 10203511120 號函意旨參照），合先敘明。

(四) 復按公務機關基於特定目的，執行法定職務必要範圍內，得對個人資料蒐集、處理之（個資法第 15 條第 1 款規定）；如須由他人提供上開個人資料者，保有該個人資料之其他公務機關，得審酌例如「法律明文規定」、「為增進公共利益」、「為免除當事人之生命、身體、自由或財產上之危險」或「為防止他人權益之重大危害」等事由後（個資法第 16 條但書第 1 款至第 4 款規定），而為特定目的外之利用（比對提供資訊），惟上開蒐集、處理及利用過程，應應注意誠實信用及比例原則之規定，並採取個人資料安全之保護措施（個資法第 5 條及第 18 條參照）。

(五) 查本件來函說明一所附貴部社會及家庭署 103 年 4 月 23 日會議紀錄附件一「逕為出生登記案件戶政機關通報作業流程（草案）」及附件二「未納入健保之六歲以下兒童查訪流程（草案）」皆有各直轄市、縣（市）政府社會局（處）於執行兒童及少年福利與權益保障法職掌時，函送下落不明兒童名單請各地方政府衛生局（所）及貴部中央健康保險署比對預防接種與就醫紀錄乙節，依上開會議紀錄「案由一」之決議一及「案由二」決議內容，比對之結果並非瞭解預防接種或醫療詳細內容，僅需蒐集兒童與母親之「就醫診療院所名稱與地址」，依前述說明（二）及（三）所述亦屬一般個人資料，以便查訪兒童行蹤，故地方政府基於社會行政（代號 027）之特定目的，依兒童及少年福利與權益保障法（簡稱兒少法）第 54 條規定之法定職掌，得對該兒童及主要照顧者（母親）個人資料蒐集、處理之；各地方政府衛生局（所）及貴部中央健康保險署保有兒童與母親之「就醫診療院所名稱與地址」之資料，依前開說明（四）所述，並衡酌兒少法第 70 條規定，提供給社會福利主管機關，符合個資法第 16 條但書第 1 款至第 4 款特定目的外利用之事由。

◎**財團法人臺灣票據交換業務發展基金會臺灣票據交換所 102 年 8 月 26 日台票總字第 1020003324 號函**

(一) 有關為符合「個人資料保護法」之規定，避免逾越本所票信管理之目的，減少日後不必要之爭議，擬規範金融機構於辦理退票時，就本所票信不列管之退票理由，其戶名欄之發票人資料，除發票人戶名以外，其他資料得予免列乙案。

(二) 本所蒐集、處理及利用票信資料，雖業經法務部同意本所係屬「非公務機關法定義務所必要」，免為告知。惟為符合「蒐集目的之必要」之規定，避免日後相關爭議，爰擬修正退票理由單填載發票人資料之規定，即對於屬票信列管需要之退票理由，仍維持原權欄位填寫之方式不變；其他不列管之退票理由，有關發票人資料之欄位僅需填載戶名（個人姓名或公司名稱含負責人姓名）。

(三) 屬於票信列管之退票理由者，即退票理由代號 01-13 及 51-63 等涉及存款不足、發票人簽章不符、擅自指定金融機構為本票之擔當付款人、本票提示期限經過前撤銷付款委託等理由（如附件），金融機構仍維持全欄位方式填寫退票理由單及發票人資料。

(四) 反之，屬票信不列管之退票理由者，例如：退票理由代號 21-34 及 91-99 其他之退票理由（如附件）皆屬之，金融機構於填寫退票理由單之發票人相關資料時，僅需填載戶名欄（含負責人姓名），退票理由單之其他欄位如公司之統一編號、負責人或個人戶之身分證統一編號、出生年月日、地址等均得免列。

◎**法務部 101 年 11 月 7 日法律字第 10103107480 號函**

(一) 為辦理役男徵兵檢查，得否請衛生單位提供精神疾病役男病史資料一案。

(二) 99 年 5 月 26 日修正公布之「個人資料保護法」（以下簡稱個資法），除第 6 條、第 54 條外，於 101 年 10 月 1 日施行。**雖個資法第 6 條第 1 項規定尚未施行，惟有關「醫療、基因、性生活、健康**

檢查及犯罪前科」等特種個人資料仍屬個人資料，其蒐集、處理、利用仍適用個資法有關一般個人資料之規定，合先敘明。

(三) 按個資法第15條規定：「公務機關對個人資料之蒐集或處理，除第6條第1項所規定資料外，應有特定目的，並符合下列情形之一者：一、執行法定職務必要範圍內。……」另按兵役法第4條規定：「具有下列情形之一者，免服兵役，稱為免役：一、身心障礙或有痼疾，達不堪服役標準。……」同法第31條規定：「直轄市、縣（市）政府為直轄市、縣（市）徵兵機關……辦理各該轄區兵役行政及其有關事務。」故各直轄市、縣（市）政府於年度辦理徵兵檢查時，基於「兵役」（代號042）之特定目的，執行法定職務必要範圍內，得蒐集個人資料。次按個資法第16條規定：「公務機關對個人資料之利用，除第6條第1項所規定資料外，應於執行法定職務必要範圍內為之，並與蒐集之特定目的相符。但有下列情形之一者，得為特定目的外之利用……」衛生主管機關提供個人資料予各直轄市、縣（市）政府執行徵兵檢查法定職務，避免入營服役影響軍中安全，就衛生主管機關而言，係屬特定目的外之利用，應係屬符合第16條但書第2款「為維護國家安全或增進公共利益」及第4款「為防止他人權益之重大危害」規定者，而得予提供（本部101年4月10日法律字第10100551510號函參照）。

(四) 末按個資法第6條第1項規定：「有關醫療、基因、性生活、健康檢查及犯罪前科之個人資料，不得蒐集、處理或利用。但有下列情形之一者，不在此限：一、法律明文規定。二、公務機關執行法定職務或非公務機關履行法定義務所必要，且有適當安全維護措施。三、當事人自行公開或其他已合法公開之個人資料。四、公務機關或學術研究機構基於醫療、衛生或犯罪預防之目的，為統計或學術研究而有必要，且經一定程序所為蒐集、處理或利用之個人資料。」該條文雖尚未施行，惟有關精神疾病役男之病史資料及重大傷病證明係屬該條所規定之特種個人資料，役政機關與衛生機關

對該等資料之蒐集、處理或利用涉及人民之資訊自主控制權，為符合法律保留原則，上開規定第1項第1款所稱「法律」應以法律及法律具體授權之法規命令為限（本部100年12月1日法律字第1000017751號函參照）。據上，本條未來如施行，役政單位固得依本條第1項第2款規定蒐集役男之特種個人資料，惟衛生單位提供資料因非執行其法定職務，而須有法律明文規定為依據。現行法規如無相關規定，而有增（修）訂相關法規之必要者，建議內政部可考量於相關法律或法律具體授權之法規命令中明定。

◎ **法務部101年10月1日法律字第10103108060號函**

(一) 按99年5月26日修正公布之個人資料保護法第16條前段規定：「公務機關對個人資料之利用，除第6條第1項所規定資料外，應於執行法定職務必要範圍內為之，並與蒐集之特定目的相符。」次按個人資料保護法第6條第1項所定「犯罪前科」之個人資料，係指經緩起訴、職權不起訴或法院判決有罪確定、執行之紀錄（個人資料保護法施行細則第4條第6項規定參照）。

(二) 內政部警政署將司法機關公告通緝之部分內容，公開於該署網站提供不特定民眾查詢，倘該等個人資料非屬前開所稱「犯罪前科」，尚無個人資料保護法第6條之適用，而應適用該法第16條規定，其適法性問題，業經本部92年10月23日法律字第0920042514號函及同年12月4日法律字第0920049069號函復在案。換言之，於本法施行後，仍可認屬符合本法第16條前段「於執行法定職務必要範圍內為之，並與蒐集之特定目的相符合」之情形。

◎ **法務部101年5月30日法律字第10100095060號函**

(一) 有關教育部為蒐集、處理及利用學生健康檢查結果，擬增修學校衛生法第9條規定，是否符合個人資料保護法第6條第1項規定乙案。

(二) 個人資料保護法第6條第1項規定，有關醫療、基因、性生活、

健康檢查及犯罪前科等特種個人資料，原則上不得任意蒐集、處理或利用，惟如有該條項第 1 款所定「法律明文規定」之情形，自不在此限。又因個人資料蒐集、處理或利用涉及人民之資訊自主控制權，為符合法律保留原則，上開規定所稱「法律」應以法律及法律具體授權之法規命令為限（本部 100 年 12 月 1 日法律字第 1000017751 號函參照）。

(三) 查學校衛生法第 8 條第 1 項、第 9 條第 1 項規定：「學校應建立學生健康管理制度，定期辦理學生健康檢查；必要時，得辦理學生及教職員工臨時健康檢查或特定疾病檢查。」「學校應將學生健康檢查及疾病檢查結果載入學生資料，併隨學籍轉移。」及教育部擬增修之第 9 條第 2 項、第 3 項規定：「前項學生資料，應予保密，不得無故洩漏。但應教學、輔導、醫療之需要，經學生家長同意、本法或依其他法律規定應予提供者，不在此限。」「主管機關得蒐集、處理與利用學生健康檢查及疾病檢查結果，要求學校提供檢查結果，建立學生健康資料監測及統計系統，作為政策實施、成效評估之依據。」就主管機關及學校得蒐集、處理與利用學生健康檢查之特種個人資料以法律明定之，且課予學校應將該特種個人資料提供予主管機關之義務，應屬個人資料保護法第 6 條第 1 項但書第 1 款所定「法律明文規定」之情形。

◎ 法務部 101 年 5 月 24 日法律字第 10100070540 號函

(一) 有關內政部請○○集中保管結算所股份有限公司提供投資人持股資料以辦理低收入戶及中低收入戶資格認定業務，是否符合個人資料保護法規定乙案。

(二) 個人資料保護法第 15 條規定：「公務機關對個人資料之蒐集或處理，除第 6 條第 1 項所規定資料外，應有特定目的，並符合左列情形之一者：一、執行法定職務必要範圍內。……」同法第 16 條規定：「公務機關對個人資料之利用，除第 6 條第 1 項所規定資料

外，應於執行法定職務必要範圍內為之，並與蒐集之特定目的相
符。」

(三) 依社會救助法第 3 條規定，縣（市）政府為社會救助業務之地方主
管機關，因此，其依社會救助法第 4 條、第 4 條之 1 規定，為審
核認定低收入戶及中低收入戶之資格，基於「027 社會行政」（最
新代號 057）、「040 政府福利金或救濟金給付行為」（最新代號
074）之特定目的，而為個人資料之蒐集，符合個人資料保護法第
15 條第 1 款之規定。又其所蒐集之個人資料，係作為審核認定低
收入戶及中低戶資格之用，即屬特定目的內之利用，亦符合個人資
料保護法第 16 條之規定。惟其蒐集、處理或利用，均應注意個人
資料保護法第 5 條規定，不得逾越特定目的之必要範圍，並應與蒐
集之目的具有正當合理之關聯。

(四) 倘係個人資料保護法第 6 條所定特種個人資料（如犯罪前科）之蒐
集，因縣（市）政府係為辦理社會救助法所規定照顧低收入戶、中
低收入戶之職務，應符合個人資料保護法第 6 條第 2 款「公務機關
執行法定職務」之情形，始得為特種個人資料之蒐集、處理或利
用。惟本件所詢之個人資料為「持股資料」，尚非屬個人資料保護
法第 6 條所定特種個人資料。

◎ 法務部 101 年 5 月 8 日法律字第 10103103460 號函

(一) 關於臺灣票據交換所依「中央銀行法」第 32 條及其授權子法辦理
票信資料之蒐集、處理及利用，得否適用「個人資料保護法」有關
「非公務機關履行法定義務」之規定一案。

(二) 依目前本部研擬之電腦處理個人資料保護法施行細則修正草案規
定，個資法所稱犯罪前科之個人資料，指經緩起訴、職權不起訴
或法院判決有罪確定之紀錄而言。準此，票交所蒐集之票信資料
是否包含是類犯罪前科資料，中央銀行宜先釐清。倘僅依法院組織
法第 83 條已公開之法院裁判書而就有罪之當事人予以註記，則因

該法院裁判書係屬個資法第 6 條第 3 款「其他已合法公開之個人資料」，自得為蒐集、處理或利用。

(三)　**「票據交換及銀行間劃撥結算業務管理辦法」如屬法律明確授權之法規命令，則票交所依據本辦法第 23 條規定而蒐集、處理或利用支票存款戶之退票紀錄及拒絕往來資料等特種個人資料，即屬個資法第 6 條第 1 項第 1 款「法律明文規定」之情形。**

(四)　又票交所蒐集、處理及利用支票存款戶之退票紀錄及拒絕往來資料等特種個人資料 [39]，係為履行本辦法第 23 條規定之義務，且「**票據交換及銀行間劃撥結算業務管理辦法」如屬法律授權之法規命令，則屬履行法定義務之情形，亦符合個資法第 6 條第 1 項第 2 款「非公務機關履行法定義務所必要，且有適當安全維護措施」之規定，票交所自得為特種個人資料之蒐集、處理或利用**，惟應有適當安全維護措施。

◎ **法務部 101 年 4 月 27 日法律字第 10103103240 號函**

(一)　**個人資料保護法第 6 條第 1 項規定，犯罪前科為特種個人資料，如符合「已合法公開之個人資料」，始得為蒐集、處理或利用。是以，本件所指候選人消極資格查證審定情形內容如屬候選人之犯罪前科資料，除依法院組織法第 83 條規定公開之法院裁判，符合「已合法公開之個人資料」而得為蒐集、處理或利用外，尚不得為之。**

(二)　**惟按個人資料保護法第 2 條第 1 款規定，個人資料係指得以直接或間接方式識別該個人之資料；是以，如將上開候選人消極資格查證審定情形之資料以匿名化或去識別化之處理，而成為不能識別之資料，例如：僅刊載其消極資格類型等，不唯可達編印實錄之目的，亦可保障個人隱私權益。**

---

[39] 法務部於此一函釋認支票存款戶之退票紀錄及拒絕往來資料，係屬個資法第 6 條所稱之特種個資，惟此一見解似與個資法第 6 條所稱特種個資定義尚有未符，應值商榷。

◎**法務部 101 年 3 月 14 日法律字第 10100007390 號函**

(一) 關於全國不適任教師查詢系統擬供各級公私立學校與縣市政府辦理新進教學支援工作人員聘任作業時之適法性乙案。

(二) 個人資料保護法第 6 條第 1 項規定：「有關醫療、基因、性生活、健康檢查及犯罪前科之個人資料，不得蒐集、處理或利用。但有下列情形之一者，不在此限：一、法律明文規定。二、公務機關執行法定職務或非公務機關行法定義務所必要，且有適當安全維護措施。⋯⋯」是以，**教育部「全國不適任教師通報系統」之資料，如有包含醫療、基因、性生活、健康檢查及犯罪前科之個人資料者，於上開個人資料保護法施行後，應符合上開規定，始得蒐集、處理或利用。**

(三) **倘教育部認為旨揭「全國不適任教師查詢系統」供教育部、縣市主管機關、各級學校查詢係為執行或履行國民教育法第 11 條第 2 項及國民中小學教學支援工作人員聘任辦法第 5 條之 1 所定教學支援工作人員聘任限制、應予停聘或解聘之職務或義務所必要，以免其他學校再次聘任具該辦法消極資格之人員（該辦法第 5 條立法說明參照），應可認屬符合個人資料保護法第 6 條第 2 款所定之「公務機關執行法定職務或非公務機關履行法定義務所必要」，惟尚須符合同款所定「有適當安全維護措施」，始得蒐集、處理或利用該等個人資料，亦即應針對專責查詢人員之權限控管與存取紀錄予以規範與稽核，以防止個人資料之外洩。另併請注意個人資料之蒐集、處理或利用，不得逾越特定目的之必要範圍。**

相關條文

（法律）個資法施行細則 9。（法定職務）個資法施行細則 10。（法定義務）個資法施行細則 11。（適當安全維護措施）個資法施行細則 12。（當事人自行公開之個人資料）個資法施行細則 13 Ⅰ。（已合法公開之個人資料）個資法施行細則 13 Ⅱ。（學術研究機構）學術研究機構

設立辦法 2，個資法 16 ⑤、19 ④、20 ⑤。（醫療個資）醫師法 12，醫療法 67、68，全民健康保險法 80，癌症防治法 11，人工生殖法 14。（基因個資）去氧核醣核酸採樣條例 3 ③，人體生物資料庫管理條例 7 ⑧。（健康檢查個資）保險法 177-1，幼兒教育及照顧法 31 Ⅱ、Ⅲ，學校衛生法 9，職業安全衛生法 20 Ⅱ、勞工健康保護規則 16。（犯罪個資）檔案法 18 ②，性侵害犯罪防治法 9，保全業法 10-1。（前科個資）少年事件處理法 83-1 Ⅱ、Ⅲ，汽車運輸業管理規則 93。（刑事責任）個資法 41。（本條罰則）個資法 47、50。

第 7 條　（同意）

第十五條第二款及第十九條第一項第五款所稱同意，指當事人經蒐集者告知本法所定應告知事項後，所為允許之意思表示。

第十六條第七款、第二十條第一項第六款所稱同意，指當事人經蒐集者明確告知特定目的外之其他利用目的、範圍及同意與否對其權益之影響後，單獨所為之意思表示。

公務機關或非公務機關明確告知當事人第八條第一項各款應告知事項時，當事人如未表示拒絕，並已提供其個人資料者，推定當事人已依第十五條第二款、第十九條第一項第五款之規定表示同意。

蒐集者就本法所稱經當事人同意之事實，應負舉證責任。

🔍 修正理由

1. 配合第 15 條第 2 款、第 19 條第 1 項第 5 款、第 16 條但書第 7 款、第 20 條第 1 項但書第 6 款對於當事人「同意」之方式放寬，不限於書面同意，爰予修正第 1 項及第 2 項規定，並酌作項次文字修正。

2. 公務機關或非公務機關倘已明確告知當事人法定應告知事項，而當事人未明示拒絕蒐集其個人資料，並已提供其個人資料予該公務機關或非公務機關時，應推定當事人已依第 15 條第 2 款、第 19 條第 1

項第 5 款之規定表示同意,亦能減輕現行實務上仍須另行取得當事人同意之行政作業,爰增訂第 3 項。

3. 為保障當事人權利,並配合當事人「同意」之方式放寬不限於書面同意,於當事人是否同意之事實認定發生爭執時,因未同意提供係消極事項,無從負舉證責任,自應由主張提供之蒐集、處理或利用之公務機關或非公務機關就此同意之積極事項負擔舉證責任,始符公平,爰依歐盟 2012 年「一般資料保護規則」(General Data Protection Regulation)草案第 7 條第 1 點之規定,增訂第 4 項。

名詞解釋

1. **當事人**:指個人資料之本人。
2. **意思表示**:表意人將其內心期望發生一定之法律效果之意思,表現於外部之行為。

條文釋義

1. 本條第 1 項規範公務機關或非公務機關依照個資法第 15 條第 2 款及第 19 條第 1 項第 5 款規定蒐集、處理個人資料時,應依個資法規定告知個人資料當事人依法應告知事項後,取得其蒐集、處理之允許。

2. 本條第 2 項規範規範公務機關或非公務機關依照個資法第 16 條第 7 款、第 20 條第 1 項第 6 款利用個人資料時,應先明確告知個人資料當事人該特定目的外之其他利用目的、範圍及同意與否對其權益之影響,取得其單獨允許而得利用。

3. 個資蒐集或處理者已明確告知個人資料當事人法定告知事項,如未明示拒絕蒐集其個人資料,而仍然提供其個人資料之行為,在法律上則可以推定認為當事人已經同意公務機關或非公務機關蒐集或處理其個人資料。然公務機關或非公務機關尚需就個人資料當事人同意之事實,負舉證責任。

🔍 實務見解

◎ 法務部 106 年 10 月 11 日法律字第 10603509640 號函

(一) 按個人資料保護法（下稱個資法）第 19 條第 1 項規定：「非公務機關對個人資料之蒐集或處理，除第 6 條第 1 項所規定資料外，應有特定目的，並符合下列情形之一者：……二、與當事人有契約或類似契約之關係，且已採取適當之安全措施。……五、經當事人同意。……」又所稱「同意」，係指當事人經蒐集者告知個資法所定應告知事項後，所為允許之意思表示（個資法第 7 條第 1 項規定參照）。再以，基於契約關係蒐集個人資料，原則上僅能於契約事務之特定目的必要範圍內為之，如已逾越特定目的之必要範圍，而欲蒐集與契約之履行欠缺正當合理關聯之其他個人資料，則應依個資法第 19 條第 1 項規定，另行取得蒐集之正當事由（如另經當事人同意）。是以，依本件來函所述，若非公務機關為與客戶成立契約而蒐集客戶個資（例如：請求客戶填寫基本資料表），如上開個人資料係於履行契約事務之必要範圍內所蒐集者，則該蒐集行為與個資法第 19 條第 1 項第 2 款「與當事人有契約或類似契約之關係」規定相符，而無須再另行取得當事人同意（個資法第 19 條第 1 項第 5 款規定）。然如所蒐集者包括其他與契約履行無關之個人資料或並非為履行契約所必需者，則應依個資法第 7 條第 1 項規定，應於契約之外另行取得當事人同意，始為合法（本部 106 年 6 月 15 日法律字第 10603503880 號函參照）。又非公務機關與個人資料當事人間具有個資法第 19 條第 1 項第 2 款之關係存在時，應優先適用此款，不能再以同條項第 5 款作為蒐集事由，以避免個人資料當事人立於不對等地位而無法真正作成自主決定（例如：以同意做為契約成立前提）；甚至在已有其他合法事由下，仍尋求當事人同意，更有可能顯失公平。況若僅欲運用個資法第 7 條第 3 項規定推定「個資法第 19 條第 1 項第 5 款當事人同意」，以規避個資法第

20 條第 1 項第 6 款特定目的外利用之規定,自非妥適。

(二) 次按個資法第 20 條第 1 項規定:「非公務機關對個人資料之利用,除第 6 條第 1 項所規定資料外,應於蒐集之特定目的必要範圍內為之。但有下列情形之一者,得為特定目的之外之利用:……。」所稱「蒐集之特定目的必要範圍內」,如係依據個資法第 19 條第 1 項第 2 款規定,並基於「行銷」(代號:040)、「契約、類似契約或其他法律關係事務」(代號:069)或「其他經營合於營業登記項目或組織章程所定業務」(代號:181)之特定目的而蒐集個人資料,則其利用需與原蒐集之要件「與當事人契約或類似契約之關係」有正當合理之關聯,始能屬特定目的之內利用。換言之,非公務機關使用基於契約或類似契約關係下取得之個人資料,對該個人當事人進行行銷,應合乎社會通念下當事人對隱私權之合理期待,故「行銷行為內容」與「契約或類似契約」二者間,應有正當合理之關聯,始符合個資法第 20 條第 1 項本文規定特定目的之內利用之範疇,而無需再得「當事人同意」(同條項但書第 6 款)。如行銷與當事人契約或類似契約內容無涉之商品或服務資訊,則除符合個資法第 20 條第 1 項但書第 1 款至第 5 款或第 7 款事由外(例如:為增進公共利益或免除當事人生命、身體、自由、財產上之危險等事由),應依同條項但書第 6 款規定經當事人同意(同意方式請依個資法第 7 條第 2 項規定),始得為之,以符合司法院釋字第 603 號解釋所揭櫫「個人自主控制個人資料之資訊隱私權」意旨(本部 102 年 7 月 5 日法律字第 10203507340 號函參照)。是以,本件來函所稱蒐集客戶個資之目的包含「行銷(含行銷本公司業務及與本公司合作或業務往來之關係企業及合作廠商之商品或服務)」乙節,其中「行銷與本公司合作或業務往來之關係企業及合作廠商之商品或服務」部分,涉及將客戶個資提供予當事人以外第三人為特定目的外之利用,應符合個資法第 20 條但書規定情形之一,始得為之。

(三) 按個資法第 7 條第 3 項規定：「公務機關或非公務機關『明確告
　　知』當事人第 8 條第 1 項各款應告知事項時，當事人如未表示拒
　　絕，並已提供其個人資料者，推定當事人已依第 15 條第 2 款、第
　　19 條第 1 項第 5 款之規定表示同意。」上開規定所稱之「明確告
　　知」應與個資法第 8 條規定「明確告知」之意義相同，又上開規定
　　所定告知之方式，得以言詞、書面、電話、簡訊、電子郵件、傳
　　真、電子文件或其他足以使當事人知悉或可得知悉之方式為之（個
　　資法施行細則第 16 條參照），亦即任何足以使當事人知悉或可得
　　知悉之方式，均屬之。此一告知並未要求當事人須簽署相關文件，
　　亦未限制不得與其他文件（例如契約）併同為之。惟為達到「明確
　　告知」之目的，蒐集者仍應以個別通知之方式使當事人知悉，不
　　得以單純擺設（張貼）公告或上網公告之概括方式為之，而須足以
　　使當事人知悉或可得知悉該公告內容之方式（例如：須直接向當事
　　人提示公告內容所在位置，並請其閱讀瞭解）始屬之（本部 102 年
　　10 月 17 日法律字第 10203511430 號書函參照）。是以，本件來函
　　所述「非公務機關如僅於門市公告或網站公告個資法第 8 條第 1 項
　　所定應告知事項，但以現場告知或簡訊告知等各種方式向客戶提示
　　公告內容所在位置，並請其閱讀瞭解」乙節，若可達到個別通知使
　　當事人知悉之效果，則可認為符合「明確告知」之意旨。

(四) 按個資法第 8 條第 1 項之立法意旨在使當事人能充分瞭解其個人資
　　料被他人蒐集之情形，又於告知有關「個人資料利用之對象」（該
　　條項第 4 款規定）時，以告知時之已知資訊進行適度描述已足，尚
　　無須詳列未知之資訊，亦即，蒐集者應就其利用個人資料之範圍及
　　可能將資料移轉對象之類別，提供合理程度之確定性。是以，本件
　　來函所稱「告知客戶利用個資之對象包含『關係企業及合作廠商』」
　　乙節，對於利用對象之描述恐過於廣泛，無法合理地界定出個人資
　　料利用對象之類別，尚難認符合本條項立法意旨。

◎金融監督管理委員會 104 年 1 月 5 日金管銀法字第 10310007590 號函

為推動本會「打造數位金融環境—3.0」政策，經查「個人資料保護法施行細則」第 14 條對「個人資料保護法」所稱書面意思表示之方式，業明定依「電子簽章法」得以電子文件為之。

◎法務部 103 年 7 月 3 日法律字第 10303504510 號函

(一) 有關配合提供教師甄試報考者之個人資料予教育部委託之機關學校，涉個人資料保護法之適用疑義一案。

(二) 按個人資料保護法（以下簡稱個資法）第 15 條規定：「公務機關對個人資料之蒐集或處理，除第 6 條第 1 項所規定資料外，應有特定目的，並符合下列情形之一者：一、執行法定職務必要範圍內。……」第 16 條規定：「公務機關對個人資料之利用，除第 6 條第 1 項所規定資料外，應於執行法定職務必要範圍內為之，並與蒐集之特定目的相符。……」上開規定所稱「法定職務」包括法律、法律授權之命令所定公務機關之職務（個資法施行細則第 10 條第 1 款參照）。復按個資法第 4 條規定：「受公務機關或非公務機關委託蒐集、處理或利用個人資料者，於本法適用範圍內，視同委託機關。」是以，本件國立○○師範大學受教育部委託蒐集、處理或利用教師甄試報考者之個人資料，於個資法適用範圍內，視同委託機關之行為，並以委託機關為權責機關。故如教育部為上開蒐集、處理或利用個人資料之行為符合個資法第 15 條、第 16 條規定，國立○○師範大學於受託範圍內之行為，自亦符合上開規定（本部 102 年 10 月 2 日法律字第 10203510090 號函參照），合先敘明。

(三) 就來函所詢個資法適用疑義，茲分述如下：

1. 有關教育部蒐集、處理及利用教師甄試報考者之個人資料部分：依來函及教育部 102 年 1 月 18 日台教師（二）字第 1020007252 號函所述，教育部蒐集、處理及利用教師甄試報考者之個人資料，係為執行教育基本法第 9 條第 1 項規定：「中央政府之教育權限如

下：……。六、教育統計、評鑑與政策研究。……」教育部組織法第 2 條規定：「本部掌理下列事項：……四、師資培育政策、師資職前教育課程、……教師專業證照與實習、教師在職進修、……教師專業發展與教師評鑑之規劃、輔導及行政監督。」教育部處務規程第 11 條規定：「師資培育及藝術教育司掌理事項如下：一、師資政策、制度規劃、推動及相關法規之研修。……」等法定職務，且係基於「評估教師供需，規劃、研究、訂定師資政策以健全高級中等以下學校及幼兒園師資結構」之特定目的（「教育或訓練行政」（代號：109）、「調查、統計與研究分析」（代號：157）），故教育部依個資法第 15 條、第 16 條本文規定，於執行上開法定職務所必要之範圍內，在與蒐集之特定目的相符之情形下，得蒐集、處理並利用該等個人資料。

2. 有關各直轄市及縣市政府教育局（處）蒐集、處理及利用教師甄試報考者之個人資料部分：（1）「蒐集」個人資料部分：A. 按各直轄市及縣市政府教育局（處）得否依個資法第 15 條第 1 款規定，蒐集教師甄試報考者之個人資料，應視涉及教育事項之相關作用法或組織法（例如各該教育局（處）依法律或自治條例授權之組織規程，個資法施行細則第 10 條立法說明第 2 點參照），是否有規定各該直轄市及縣市政府教育局（處）具有類似前述教育基本法、教育部組織法或處務規程等相關規定之法定職務（即教育統計等），如是，即得基於執行法定職務必要範圍內為該等個人資料之蒐集。B. 又倘各直轄市及縣市政府教育局（處）係受教育部委託蒐集上開人員之個人資料者，於個資法適用範圍內，視同委託機關之行為，並以委託機關為權責機關，如教育部為上開蒐集個人資料之行為符合個資法第 15 條規定，則各該教育局（處）於受託範圍內之行為，自亦符合上開規定（本部前開 102 年 10 月 2 日函參照）。C. 若不符合上開兩種情形，則各直轄市及縣市政府教育局（處）應依個資法第 15 條第 2 款規定「經當事人書面同意」，始得蒐集教師甄試報考者之個

人資料。（2）「利用」個人資料部分：有關各直轄市及縣市政府教育局（處）得否將教師甄試報考者之個人資料提供（即利用）予國立○○師範大學（視同委託機關教育部）乙節，倘各該教育局符合前述 2.（1）A. 或 B. 之情況而得蒐集該等個人資料，則自得依個資法第 16 條本文規定，於執行法定職務及蒐集之特定目的必要範圍內利用該等個人資料，而將該等資料提供予國立○○師範大學。

3. 有關公立學校將教師甄試報考者之個人資料提供予直轄市或縣市政府教育局（處）部分：按公立學校依個資法第 15 條、第 16 條規定，為辦理教師甄試業務之必要範圍內所蒐集報考者之個人資料，應於執行法定職務必要範圍內為該等個人資料之利用，並與蒐集之特定目的相符。若公立學校將該等資料提供予直轄市及縣市政府教育局（處）為師資資料之彙整、統計與研析，俾用於教育部依法定職掌規劃、研究、訂定師資政策及評估師資供需核定培育名額等用途，因屬特定目的外之利用，應符合個資法第 16 條但書規定各款事由之一，始得為之。倘該特定目的外之利用，可達到教育部所稱「評估教師供需，規劃、研究、定訂師資政策以建全高級中等以下學校及幼兒園師資結構，增進教育發展之公共利益」（教育部前開 102 年 1 月 18 日函參照），則應可認為符合個資法第 16 條但書第 2 款「增進公共利益」之規定；又國立○○師範大學編印之「中華民國師資培育統計年報」，倘該年報中僅有相關統計數據結果，而無其他得以直接或間接方式識別特定個人之資料，而將該統計成果提供全國師資人員職涯規劃、各教育行政主管機關政策研議及各師資培育之大學辦學參考，則似可認為符合個資法第 16 條但書第 5 款規定「公務機關或學術研究機構基於公共利益為統計或學術研究而有必要，且資料經過……蒐集者依其揭露方式無從識別特定之當事人」之情形。

4. 另按個資法第 5 條規定：「個人資料之蒐集、處理或利用，應尊重當事人之權益，依誠實及信用方法為之，不得逾越特定目的之必要

範圍，並應與蒐集之目的具有正當合理之關聯。」公務機關蒐集、處理或利用個人資料應於執行法定職務「必要範圍內」為之，且不得逾越特定目的。準此，本件為師資培育供需評估等目的所蒐集教師甄選考試調查所須填報欄位之項目是否均屬必要，是否去除部分資料仍可達到目的？宜請再審酌確認。

5. 至於有關個資法第 16 條第 7 款規定「經當事人書面同意」之方式：依個資法第 7 條第 2 項規定：「本法第 16 條第 7 款、第 20 條第 1 項第 6 款所稱書面同意，指當事人經蒐集者明確告知特定目的外之其他利用目的、範圍及同意與否對其權益之影響後，單獨所為之書面意思表示。」個資法施行細則第 14 條、第 15 條規定：「本法第 7 條所定書面意思表示之方式，依電子簽章法之規定，得以電子文件為之。」「本法第 7 條第 2 項所定單獨所為之書面意思表示，如係與其他意思表示於同一書面為之者，蒐集者應於適當位置使當事人得以知悉其內容並確認同意。」是以，當事人之書面同意如符合上開個資法第 7 條第 2 項、同法施行細則第 14 條、第 15 條等規定，且該同意書係以電子方式為之，倘足以確認當事人之意思表示，並有可為證明之方式（電子簽章法第 4 條第 2 項規定參照），即符合個資法第 16 條但書第 7 款「經當事人書面同意」之情形（本部 102 年 3 月 21 日法律字第 10203502480 號函參照）。

◎ 法務部 103 年 7 月 7 日法律決字第 10303508040 號函

(一) 按民法第 3 條所稱「依法律之規定，有使用文字之必要者」，即法律上規定某種法律行為，須以訂立書面為必要，此種書面，原則上應由本人自寫，方符法定程式；而例外許其使他人代寫，但為慎重計，在他人代寫之後，仍為由本人親自簽名。又倘**本人確係於書面上以電子手寫板上簽名，則僅係簽名之工具不同而已，並無礙仍屬本人親自簽名**（本部 101 年 8 月 29 日法律字第 10000057550 號函意旨參照），合先敘明。

(二) 次按個人資料保護法（下稱個資法）第 7 條第 1 項規定：「第 15 條第 2 款及第 19 條第 5 款所稱書面同意，指當事人經蒐集者告知本法所定應告知事項後，所為允許之書面意思表示。」同條第 2 項規定：「第 16 條第 7 款、第 20 條第 1 項第 6 款所稱書面同意，指當事人經蒐集者明確告知特定目的外之其他利用目的、範圍及同意與否對其權益之影響後，單獨所為之書面意思表示。」個資法施行細則第 14 條規定：「本法第 7 條所定書面意思表示之方式，依電子簽章法之規定，得以電子文件為之。」準此，同意書雖係以電子方式為之，倘足以確認當事人之意思表示，並有可為證明之方式（電子簽章法第 4 條第 2 項規定參照），即具有個資法第 7 條第 2 項「書面同意」之效力（經濟部 100 年 10 月 27 日經商字第 10000663080 號函參照）。

◎ **法務部 102 年 11 月 4 日法律字第 10203512220 號函**

(一) 關於會員個人資料之處理及利用適法性疑義一案。

(二) 查社團法人基於「團體對會員或其他成員名冊之內部管理」（代號：052）及「契約、類似契約或其他法律關係事務」（代號：069）之特定目的，且於符合「與當事人有契約關係」時，得蒐集該等會員之個人資料，並得依個資法第 20 條第 1 項本文規定，於蒐集之「特定目的必要範圍內」利用。又社團法人章程屬「多方契約」，如已於章程內明文規範會員個人資料利用相關事宜，則得依章程規定處理，而符合個資法上開規定。倘對於個人資料之利用於章程未有規定，宜先請貴會審酌貴會章程第 4 條之貴會任務（例如：第 6 款「關於會員共同利益之維護增進事項」），是否包含上開三項行為；倘已包括，則將會員個人資料編輯印行為會員名錄，係屬特定目的內之利用，無需再經當事人書面同意，惟利用過程仍應注意個資法第 5 條比例原則之規定。反之，倘貴會審認上開三項行為尚非貴會章程任務，而屬特定目的外之利用者，則須符合個資

法第 20 條第 1 項但書各款情形之一（例如：經當事人書面同意），始得為特定目的外之利用。準此，貴會所詢上開三項行為，請參酌上開說明本於權責審認之。又若貴會採行取得當事人書面同意之方式，個資法並無規定須逐年重新徵詢同意，惟如貴會有此特約亦不違反個資法之規定，併予敘明。

(三) 次查貴會所建置之電子會務管理系統就會員之個人資料之蒐集、處理及利用，若貴會審認係屬特定目的外之利用（個資法第 19、第 20 條參照）而採當事人書面同意之方式，會員於該系統上自行選擇公開其個人資料之行為，須符合個資法施行細則第 14 條規定：「本法第 7 條所定書面意思表示之方式，依電子簽章法之規定，得以電子文件為之。」方符合個資法「當事人書面同意」之要件。至於電子簽章法於本件如何適用，建議洽詢該法主管機關經濟部。

(四) 末查個資法第 7 條第 2 項規定，第 20 條第 1 項第 6 款所稱書面同意，指當事人經蒐集者明確告知特定目的外之其他利用目的、範圍及同意與否對其權益之影響後，單獨所為之書面意思表示。又依個資法施行細則第 16 條規定，依本法第 8 條、第 9 條及第 54 條所定告知之方式，得以言詞、書面、電話、簡訊、電子郵件、傳真、電子文件或其他足以使當事人知悉或可得知悉之方式為之。是以，貴會如於會員申請入會時，即以書面同意書取得會員資料以作為印製會員名錄，並將該名錄提供予有需要之機關及團體乙情，似屬貴會認定上開會員名錄印製及對外提供行為，屬特定目的外利用，而採經當事人書面同意方式者，則該同意仍應符合上開個資法規定，始為有效，並非即可免除個資法之規範，併予敘明。

◎ **法務部 102 年 10 月 17 日法律決字第 10200655250 號函**

(一) 關於「非公務機關要求勞工簽署個人資料告知事項暨同意書」一案。

(二) 查依中央法規標準法第 16 條前段規定：「法規對其他法規所規定

之同一事項而為特別之規定者，應優先適用之。」個人資料保護法（簡稱個資法）之性質為普通法，就業服務法有關個人資料蒐集、處理或利用之規定，屬個資法之特別規定，自應優先適用各該特別規定，合先敘明。

(三) 次查有關就業服務法第 5 條第 2 項第 2 款規定，雇主招募或僱用員工，不得有下列情事：「二、違反求職人或員工之意思，留置其國民身分證、工作憑證或其他證明文件，或要求提供非屬就業所需之隱私資料。」又上開隱私資料包括個人生活資訊，係指信用紀錄、犯罪紀錄、懷孕計畫或背景調查等。另雇主要求求職人或員工提供隱私資料，應尊重當事人之權益，不得逾越基於經濟上需求或維護公共利益等特定目的之必要範圍，並應與目的間具有正當合理之關聯（就業服務法施行細則第 1 條之 1 參照）。如有違反上述規定，則依就業服務法第 67 條第 1 項處以罰鍰。是以，本件「個人資料告知事項暨書面同意書」第 2 點要求員工須提供個人資料類別乙情，應先視有無違反就業服務法第 5 條第 2 項第 2 款「違反求職人或員工之意思，留置其國民身分證、工作憑證或其他證明文件，或要求提供非屬就業所需之隱私資料。」之規定，尚不得僅據該告知事項暨書面同意書而予以免責，請貴會本於權責卓處調查之。

(四) 再查個資法並非硬性規定一律皆須簽署同意書，若屬人事僱傭契約等關係之蒐集、處理（個資法第 19 條第 1 項第 2 款參照），則無須再得當事人書面同意，即得為之；若無涉上開契約關係之其他個人及家庭資料蒐集、處理，如無其他款項法律要件之適用（個資法第 19 條第 1 項參照），則有可能須得當事人書面同意（個資法第 19 條第 1 項第 5 款參照），惟應注意個資法第 19 條第 5 款所稱書面同意，指當事人經蒐集者告知本法所定應告知事項後，所為允許之書面意思表示（個資法第 7 條第 1 項參照）此外，若係以書面同意書作為特定目的外利用之事由（個資法第 20 條第 1 項第 6 款參照），應注意個資法第 20 條第 1 項第 6 款所稱書面同意，指當

事人經蒐集者明確告知特定目的外之其他利用目的、範圍及同意與否對其權益之影響後，單獨所為之書面意思表示（個資法第 7 條第 2 項參照）。至於公司請員工於告知書上簽署，係為取得其知悉告知內容之紀錄，與其是否同意個人資料之蒐集或處理無涉，且公司將告知書與同意書列於同一書面，未明顯區隔，易造成員工混淆，而為概括同意。為避免員工混淆，公司執行個資法第 8 條之告知說明，與同法第 19 條之取得當事人書面同意，宜於不同書面為之。如公司基於一定之特定目的，取得員工書面同意時，應提供客戶選擇是否同意之欄位及簽名處。若陳情人認為該告知事項暨書面同意書有違反個資法之規定，得請其洽該公司之中央目的事業主管機關反應，以維護陳情人之權益（請參照本部個人資料保護專區／法令與執行措施／執行措施／個人資料保護法非公務機關之中央目的事業主管機關檔案／ http://pipa.moj.gov.tw 例如：金融業為金融監督管理委員會、一般中小企業為經濟部）。

(五) 另查依個資法第 5 條之規定，取得該書面同意書不得逾越特定目的之必要範圍，並應與蒐集之目的具有正當合理之關聯；若有脅迫勞工簽屬同意書或其他侵害勞工權益之情事時，請貴會本於主管機關之權責卓處之。

◎ 法務部 102 年 3 月 21 日法律字第 10203502480 號函

(一) 有關辦理各項國家考試，為審查應考人應考資格，與國內學校機關介接交換報名應考人學歷資料查驗作業，是否符合個人資料保護法規定乙案。

(二) 按個人資料保護法（下稱本法）第 15 條規定：「公務機關對個人資料之蒐集或處理，除第 6 條第 1 項所規定資料外，應有特定目的，並符合下列情形之一者：一、執行法定職務必要範圍內。……」第 16 條規定：「公務機關對個人資料之利用，除第 6 條第 1 項所規定資料外，應於執行法定職務必要範圍內為之，並與

蒐集之特定目的相符。……」貴部辦理各項國家考試，與內政部戶役政系統及國內高中（職）以上學校，共同辦理資訊交換平臺，實施應考人報名資料檢核，係基於「試務行政」之特定目的（代號：134），執行相關考試法規所定職務，於審查應考人應考資格之必要範圍內，自得合法為個人資料之蒐集，並得於上開蒐集之特定目的內利用之。又依來函說明一所述，貴部擬於公務人員考試法施行細則、專門職業及技術人員考試法施行細則增列「為查驗應考人之應考資格，得利用與戶役政機關及各級學校之資訊交換平臺，實施應考人報名資料檢核」等文字規定，揆諸上開規定之增訂，得併同相關考試法規，作為貴部蒐集應考人個人資料係「執行法定職務」之依據，本部敬表贊同。

(三) 次按本法第 7 條第 2 項規定：「本法第 16 條第 7 款、第 20 條第 1 項第 6 款所稱書面同意，指當事人經蒐集者明確告知特定目的外之其他利用目的、範圍及同意與否對其權益之影響後，單獨所為之書面意思表示。」本法施行細則第 14 條、第 15 條規定：「本法第 7 條所定書面意思表示之方式，依電子簽章法之規定，得以電子文件為之。」「本法第 7 條第 2 項所定單獨所為之書面意思表示，如係與其他意思表示於同一書面為之者，蒐集者應於適當位置使當事人得以知悉其內容並確認同意。」依來函說明二所述，應考人於進行國家考試網路報名系統進行報名前，均經告知並需填具同意書，始得進行網路報名，則該同意書雖係以電子方式為之，倘足以確認當事人之意思表示，並有可為證明之方式（電子簽章法第 4 條第 2 項規定參照），即具有本法第 7 條第 2 項「書面同意」之效力（經濟部 100 年 10 月 27 日經商字第 10000663080 號函參照），從而戶役政機關及各級學校將應考人個人資料提供貴部查驗，即符合本法第 16 條第 7 款、第 20 條第 1 項第 6 款「經當事人書面同意」之情形，而得合法為個人資料之特定目的外利用。

◎法務部 100 年 5 月 13 日法律字第 0999051926 號函

(一) 新修正個資法於公告施行後，悠遊卡股份有限公司即應適用新修正個資法規定。準此，悠遊聯名卡持卡人於申請書中，選擇採「記名式」悠遊卡並同意合作銀行將其個人資料提供貴公司於營業目的或法令許可範圍內為蒐集、處理及利用，合作銀行自得依其書面同意書將其個人資料提供予悠遊卡股份有限公司（新個資法第 19 條第 1 項第 5 款及第 20 條第 1 項但書第 6 款參照）。

(二) 倘合作銀行係依新修正個資法第 20 條第 1 項但書第 6 款規定提供個人資料予貴公司，則此處之「書面同意」係指當事人經蒐集者明確告知特定目的外之其他利用目的、範圍及同意與否對其權益之影響後，單獨所為之書面意思表示（新個資法第 7 條第 2 項參照）。

🔍 **相關條文**

　　（經當事人同意）個資法 15 ②、19、16 ⑦、20 Ⅰ ⑥。（意思表示）個資法施行細則 14、15，電子簽章法 2 Ⅰ ①。

> **第 8 條**　（直接蒐集告知）
>
> 公務機關或非公務機關依第十五條或第十九條規定向當事人蒐集個人資料時，應明確告知當事人下列事項：
>
> 一、公務機關或非公務機關名稱。
>
> 二、蒐集之目的。
>
> 三、個人資料之類別。
>
> 四、個人資料利用之期間、地區、對象及方式。
>
> 五、當事人依第三條規定得行使之權利及方式。
>
> 六、當事人得自由選擇提供個人資料時，不提供將對其權益之影響。

有下列情形之一者，得免為前項之告知：

一、依法律規定得免告知。

二、個人資料之蒐集係公務機關執行法定職務或非公務機關履行法定義務所必要。

三、告知將妨害公務機關執行法定職務。

四、告知將妨害公共利益。

五、當事人明知應告知之內容。

六、個人資料之蒐集非基於營利之目的，且對當事人顯無不利之影響。

修正理由

1. 修正第 2 項第 4 款得免為告知之情形為「告知將妨害公共利益」，以符公益。

2. 由於個人資料範圍甚廣，公務機關或非公務機關合法蒐集當事人之個人資料時，若其蒐集非基於營利之目的，且對當事人顯無不利之影響，此時應得免除蒐集者之告知義務，是為免增加蒐集者合法蒐集行為過多之成本，爰增訂第 2 項第 6 款得免為告知之規定。

名詞解釋

有關法律、法定職務及法定義務之名詞涵義，請參見第 6 條名詞解釋部分。

條文釋義

1. 不論是直接或間接蒐集資料，除符合得免告知情形者外，均須明確告知當事人蒐集機關名稱、蒐集目的、資料類別、利用方式、資料來源等相關事項。詳言之，個人資料之蒐集，事涉當事人之隱私權

益。為使當事人明知其個人資料被何人蒐集，及其資料類別、蒐集目的等，個資法規定告知義務，俾使當事人能知悉其個人資料被他人蒐集之情形，以落實個人資料之自主控制。

2. 由於個資法修正擴大適用範圍，原本不受個資法規範而從事個人資料蒐集、處理或利用者，修法後均將適用個資法，惟其在個資法修正施行前，已蒐集完成之個人資料（該等資料大多屬於間接蒐集之情形），雖非違法，惟因當事人均不知資料被蒐集情形，故個資法明定仍應向當事人完成告知，使當事人知悉其個人資料被使用之情形，以落實個人資料之自主控制。準此，蒐集者應以個別通知之方式讓當事人知悉，又告知之方式，凡足以使當事人知悉或可得知悉之方式，均屬之。（個資法施行細則16參照）

實務見解

◎法務部105年5月3日法律決字第10500077090號函

　　按個資法第8條第2項第2款規定：「有下列情形之一者，得免為前項之告知：……。二、個人資料之蒐集係公務機關執行法定職務或非公務機關履行法定義務所必要。」其中所稱「履行法定義務所必要」，係指非公務機關如不為個人資料之蒐集，將無法履行依法律或法律具體明確授權之法規命令所定之義務而言（個資法施行細則第11條規定參照），例如：依公司法第210條第1項之規定，公司有備製股東名簿於本公司之義務，公司如不為股東個人資料之蒐集，將無法履行公司法所定股東名簿之備製義務，則於此情形，公司蒐集股東之個人資料，即屬個資法第8條第2項第2款所稱之「履行法定義務所必要」。

◎法務部105年2月23日法律字第10503503290號函

　　按個資法第15條規定：「公務機關對個人資料之蒐集或處理，……，應有特定目的，並符合下列情形之一者：一、執行法定職務必要範圍內。二、經當事人書面同意。……」及第16條規定：「公務機

關對個人資料之利用，……，應於執行法定職務必要範圍內為之，並與蒐集之特定目的相符。……」本件貴府擬建置公務線上通訊錄，資料包括貴府所有人員及所屬機關學校之一級主管人員之服務機關、單位、科別、職稱、姓名、公務電話及公務電子信箱等，以供所屬人員公務上查詢使用，可認係貴府基於人事管理（特定目的代號002）或公務聯繫業務推動（特定目的代號175等）之目的，而於執行法定職務之必要範圍內，所為個人資料之蒐集、處理及利用行為，揆諸上開規定，無須再經當事人書面同意；且依同法第8條第2項第2款規定，亦得免踐行同條第1項之告知義務（本部102年2月4日法律字第10100243410號函參照）。惟個人資料之蒐集、處理及利用，仍應注意尊重當事人之權益，依誠實及信用方法為之，不得逾越特定目的之必要範圍，並應與蒐集之目的具有正當合理之關聯（個資法第5條規定參照）。

◎ 法務部105年1月20日法律字第10503501120號函

(一) 查立法院第八屆第八會期第十三次會議修正個資法部分條文時，通過附帶決議：「一、有關個人資料保護法於101年10月1日修正施行前所間接蒐集之個人資料，各中央目的事業主管機關應盡力督促所轄非公務機關，依個人資料保護法第54條規定完成告知。二、（略）。」

(二) 爰惠請貴機關督促所管轄之非公務機關參考下列步驟檢視並履行告知義務：

1. 檢視目前所保有之個人資料，是否係於101年10月1日前非由當事人（指個人資料之本人）所提供者。

2. 若係於101年10月1日前，蒐集非由當事人提供之個人資料，則檢視於何時處理或利用該個人資料：（1）若係於101年10月1日前，蒐集非由當事人提供之個人資料，於101年10月1日起至104年12月15日修正之條文尚未施行前依法處理或利用者，因個資法第54條於上開期間仍未施行，故無溯及依個資法第9條規定履行告知義

務之問題。（2）若係於 101 年 10 月 1 日前，蒐集非由當事人提供之個人資料，於 104 年 12 月 15 日修正之條文於未來施行後依法處理或利用者，應依個資法第 54 條規定，於處理或利用前，依個資法第 9 條規定履行告知義務，並得於 104 年 12 月 15 日修正之條文施行後首次利用該個人資料時併同為之（如符合個資法第 9 條第 2 項所列情形之一者，則得免為告知）。

3. 若係於 101 年 10 月 1 日後，始依法蒐集非由當事人提供之個人資料，自應依個資法第 9 條規定履行告知義務（如符合個資法第 9 條第 2 項所列情形之一者，則得免為告知）。

4. 依個資法施行細則第 16 條規定：「依本法第 8 條、第 9 條及第 54 條所定告知之方式，得以言詞、書面、電話、簡訊、電子郵件、傳真、電子文件或其他足以使當事人知悉或可得知悉之方式為之。」因此，**告知義務之履行不限以書面為之，且個資法亦無要求當事人須於告知書簽名，惟實務上非公務機關多會請當事人於告知書上簽名，係為取得當事人知悉告知內容之紀錄，以作為其已履行告知義務之佐證文件，與當事人是否另以書面同意個人資料之利用無涉，**併請注意。

◎法務部 104 年 12 月 31 日法律決字第 10403516870 號函

(一) 有關計程車計費表製造廠商或輸入業者，於計費表內建車內錄影、錄音功能，以保護駕駛人及乘客安全之目的，該功能對計程車在運載行程之適法性為何乙案。

(二) 按個人資料保護法（下稱個資法）第 19 條第 1 項規定，非公務機關對個人資料之蒐集或處理，應有特定目的（例如：「民營交通運輸」，代號 029），並符合法定情形之一（例如：法律明文規定、與當事人有契約或類似契約之關係、經當事人書面同意等），並依同法第 20 條第 1 項本文規定，於蒐集之特定目的必要範圍內利用該等個人資料。若為特定目的外利用，則應符合同法第 20 條第

1 項但書各款事由之一，並遵守比例原則（個資法第 5 條參照）。
是以，計程車業者於車內安裝之計費表內建強制車內錄影、錄音並
具雲端控管功能，其所錄存之影音資料若涉及可直接或間接識別特
定個人之資料（個資法第 2 條第 1 款、同法施行細則第 3 條規定參
照），自有個資法之適用；反之，倘雖錄存影像，惟無從直接或間
接（例如：連結以記名式悠遊卡或信用卡付款）特定個人，則與個
資法無涉。是故，本件如有個資法之適用，則計程車業者藉由該設
備及雲端服務蒐集、處理或利用該等個人資料，自應符合上開個資
法規定。換言之，如基於民營交通運輸之特定目的，而於履行旅客
運送契約必要範圍內，尚無須強制蒐集車內旅客影像或聲音等數位
資料，計程車業者宜選擇其他無車內強制錄影、錄音功能之計費
表。若已裝設者，或可依個資法第 19 條第 1 項第 5 款規定，以取
得「當事人書面同意」之方式符合得蒐集及處理個人資料之合法要
件，依同法第 7 條第 1 項規定，該「書面同意」係指當事人經蒐集
者告知本法所定應告知事項後，所為允許之書面意思表示，又該書
面意思表示之方式，依電子簽章法之規定，得以電子文件為之（個
資法施行細則第 14 條規定參照），至於個資法第 8 條第 1 項規定
之應告知事項，得以言詞、書面、電話、簡訊、電子郵件、傳真、
電子文件或其他足以使當事人知悉或可得知悉之方式為之（個資法
施行細則第 16 條規定參照）。又裝設內建強制車內錄影、錄音功
能之計費表，有關該錄影鏡頭拍攝之角度亦應予注意，避免有觸犯
刑法第 315 條之 1 妨害祕密罪之虞。

(三) 次按 104 年 12 月 30 日總統公布之個資法（施行日期尚待行政院定
之）第 19 條第 1 項第 5 款規定：「非公務機關對個人資料之蒐集
或處理，除第 6 條第 1 項所規定資料外，應有特定目的，並符合下
列情形之一者：……五、經當事人同意。」及同法第 7 條第 1 項、
第 3 項及第 4 項規定：「第 15 條第 2 款及第 19 條第 1 項第 5 款所
稱同意，指當事人經蒐集者告知本法所定應告知事項後，所為允許

之意思表示。（第 1 項）……公務機關或非公務機關明確告知當事人第 8 條第 1 項各款應告知事項時，當事人如未表示拒絕，並已提供其個人資料者，推定當事人已依第 15 條第 2 款、第 19 條第 1 項第 5 款之規定表示同意。（第 3 項）蒐集者就本法所稱經當事人同意之事實，應負舉證責任。（第 4 項）」未來上開條文施行後，有關蒐集非屬個資法第 6 條規定特種資料之當事人同意，無須以書面為之，併此敘明。

(四) 另有關計程車宜否安裝內建強制車內錄影、錄音功能之計費表，以及得否請該計費表製造商修改取消強制錄影、音功能等節，涉及汽車客運業之個人資料保護執行事項，該行業之個資法中央目的主管機關為交通部，本部已另移請該部依權責辦理。

◎ 法務部 104 年 10 月 21 日法律字第 10403513100 號函

(一) 有關貴局派員稽查取締違規張貼廣告執行程序是否有違反個人資料保護法或相關法令，另採證資料是否合法，而得作為認定違規事實之證據乙案。

(二) 按個人資料保護法第 15 條及第 16 條規定，公務機關如有特定目的，於執行法定職務必要範圍內得蒐集、處理或利用個人資料，且依同法第 8 條第 2 項第 2 款及第 9 條第 2 項第 1 款規定，不論係向當事人蒐集或非由當事人提供，均得免踐行告知義務。次按行政程序法第 36 條、第 43 條規定，行政機關對於應依職權調查之事實，負有概括調查義務，且應依各種合法取得之證據資料認定事實、作成行政決定。此項調查義務，以事實之調查必要性為前提，調查事實所必要之證據方法，由行政機關以裁量決定之（本部 101 年 3 月 1 日法律字第 10000040370 號函參照）。

(三) 查本件所詢涉及違反不動產經紀業管理條例之行政罰裁處，行政機關為調查事實及證據，所採取之調查方法是否違法等節，參酌前揭說明，貴局以隱藏式攝影、錄音器材蒐集得識別特定個人之影音資

料，如係基於執行法定職務必要範圍內而蒐集、處理、利用個人資料，即得免踐行告知義務，尚無違反個人資料保護法之問題。又此一調查方法，屬蒐證技巧之範疇，不影響行為人之違章事實，並與刑法上之「陷害教唆」不同（臺北高等行政法院 99 年度簡字第 792 號判決意旨參照）。惟行政機關在選擇調查方法時，仍應遵守比例原則（行政程序法第 7 條），倘若於具體個案不至妨礙或影響行政調查目的，仍宜選擇對人民權益損害最小之方法為之（本部 103 年 10 月 28 日法律字第 10303512080 號函參照）。另查不動產經紀業管理條例第 27 條規定：「主管機關檢查經紀業之業務，經紀業不得拒絕。」同條例第 29 條第 1 項第 1 款並訂有罰則。準此，行政機關如為檢查經紀業之業務而採取必要之調查方法，對於未配合調查者，自得依法裁處行政罰，附此敘明。

◎法務部 103 年 9 月 11 日法律字第 10303510390 號函

(一) 有關貴部擬請各直轄市及縣市政府提供所屬公立學校教師個人資料是否符合個人資料保護法相關規定一案。

(二) 貴部擬請各直轄市及縣市政府提供所屬公立學校教師個人資料，以供建置「全國教育人員資料彙整平臺」部分：

1. 「蒐集」個人資料部分：按個資法第 15 條第 1 款規定：「公務機關對個人資料之蒐集或處理，除第 6 條第 1 項所規定資料外，應有特定目的，並符合下列情形之一者：一、執行法定職務必要範圍內。……」其所稱法定職務包括法律、法律授權之命令所定公務機關之職務（個資法施行細則第 10 條第 1 款參照）。次按，教育基本法第 9 條第 1 項規定：「中央政府之教育權限如下：一、教育制度之規劃設計。……六、教育統計、評鑑與政策研究。……」貴部組織法第 2 條規定：「本部掌理下列事項：……四、師資培育政策、師資職前教育課程、……教師專業證照與實習、教師在職進修、……教師專業發展與教師評鑑之規劃、輔導及行政監督。」貴部處務規

程第 11 條規定：「師資培育及藝術教育司掌理事項如下：一、師資政策、制度規劃、推動及相關法規之研修。……」，是貴部於執行教育人事政策之規劃、推動及相關法規研修教育議題研商之法定職務必要範圍內，並基於教育行政之特定目的（代號：109），依個資法第 15 條第 1 款規定，得請各直轄市及縣市政府提供所屬公立教師之個人資料。

2. 「告知」部分：依個資法第 8 條第 2 項第 2 款規定，個人資料之蒐集係公務機關執行法定職務所必要者，得免踐行告知當事人同法第 8 條第 1 項所列各款事項。依上所述，貴部請直轄市及縣市政府提供所屬公立學校教師個人資料係執行法定職務所必要者，自得免踐行告知義務。

3. 「利用」個人資料部分：按個資法第 16 條本文規定：「公務機關對個人資料之利用，除第 6 條第 1 項所規定資料外，應於執行法定職務必要範圍內為之，並與蒐集之特定目的相符。……」是貴部於執行法定職務及蒐集之特定目的必要範圍內，利用各直轄市及縣市政府提供所屬公立學校教師個人資料，以建置「全國教育人員資料彙整平臺」，可認為符合個資法前揭規定。

(三) 各直轄市及縣市政府將所屬公立學校教師個人資料提供予貴部部分：按個資法第 16 條但書規定：「但有下列情形之一者，得為特定目的外之利用：……二、為維護國家安全或增進公共利益。……五、公務機關……基於公共利益為統計或學術研究而有必要，且資料經過提供者處理後或蒐集者依其揭露方式無從識別特定之當事人。」是各直轄市及縣市政府將所屬公立學校教師個人資料提供予貴部，以供貴部彙集公立各級學校教師個人資料並建置「全國教育人員資料彙整平臺」，協助教育主管行政機關教育政策規劃，屬原人事管理特定目的外之利用，可認符合個資法前揭但書第 2 款規定「增進公共利益」情形；又貴部建置「全國教育人員資料彙整平臺」，倘該平臺中僅有相關統計數據結果，而無其他得以直接或間

接方式識別特定個人之資料,且該等統計數據結果得供作貴部就教育政策等規劃或研議時參考,則似可認為符合個資法前揭但書第5款規定之情形。

(四) 另個資法第5條規定:「個人資料之蒐集、處理或利用,應尊重當事人之權益,依誠實及信用方法為之,不得逾越特定目的之必要範圍,並應與蒐集之目的具有正當合理之關聯。」是貴部為教育政策規劃需要,就各直轄市及縣市政府所屬公立學校教師之個人資料為蒐集、處理或利用,應於執行法定職務「必要範圍內」為之,且不得逾越特定目的「之必要範圍」,準此,貴部為建置「全國教育人員資料彙整平臺」蒐集各直轄市及縣市政府所屬公立學校教師之個人資料,其資料之項目與範圍是否均屬必要?仍請再審酌確認(本部103年7月3日法律字第10303504510號函及102年4月3日法律字第10203502520號函參照),併予敘明。

◎ **法務部103年6月25日法律決字第10300570190號函**

(一) 有關貴事務所詢問零售業者於委託境外協力廠商蒐集、處理及利用個人資料,涉及個人資料保護法適用疑義乙案。

(二) 按個人資料保護法(以下簡稱個資法)第4條規定:「受公務機關或非公務機關委託蒐集、處理或利用個人資料者,於本法適用範圍內,視同委託機關。」準此,非公務機關如受非公務機關(委託機關)委託蒐集、處理或利用個人資料,視同委託機關之行為,並以委託機關為權責歸屬機關。本件所詢國內從事電子商務之零售業者於履約及提供售後服務過程中,如委託境外協力廠商代為蒐集、處理及利用客戶個人資料,該受託境外協力廠商即視為委託機關(零售業者)。換言之,受託機關如於委託機關原合法蒐集之特定目的及要件下,已得蒐集、處理及特定目的內利用個人資料(個資法第19條第1項、第20條第1項本文規定參照),則無需再經當事人書面同意(本部102年3月18日法律決字第10203501910號函參

照）。惟委託機關應對受託者為適當之監督，以確保委託處理個人資料之安全管理（本法施行細則第 8 條及立法理由參照）。

(三) 至來函所述國內從事電子商務之零售業者委請境外協力廠商代為蒐集、處理及利用客戶個人資料，並將資料備份儲存於協力廠商之資料維護中心乙節，非公務機關除有第 8 條第 2 項所列得免為告知情形之一者外，依個資法第 8 條第 1 項第 4 款規定：「公務機關或非公務機關依第 15 條或第 19 條規定向當事人蒐集個人資料時，應明確告知當事人下列事項：……四、個人資料利用之期間、地區、對象及方式。……」請注意具體個案是否已依上開規定踐行告知義務，併予敘明。

◎ 法務部 103 年 1 月 10 日法律字第 10203513350 號函

(一) 所詢有關貴會農糧署委由農會辦理公糧相關業務，內政部前曾同意授權相關農會使用「地政資訊網際網路服務作業」系統，惟個人資料保護法實施後，本案是否適用個人資料保護法規定疑義乙案。

(二) 按個人資料保護法（下稱本法）第 2 條第 1 款規定，個人資料係指自然人之姓名、出生年月日、國民身分證統一編號、護照號碼、特徵、指紋、婚姻、家庭、教育、職業、病歷、醫療、基因、性生活、健康檢查、犯罪前科、聯絡方式、財務情況、社會活動及其他得以直接或間接方式識別該個人之資料。土地登記謄本所揭示所有權人之姓名及地址，因該地址與姓名結合即可識別特定自然人，自屬本法所稱之個人資料，先予敘明。（本部 101 年 9 月 5 日法律字第 10103106510 號函參照）

(三) 次按本法第 4 條規定：「受公務機關或非公務機關委託蒐集、處理或利用個人資料者，於本法適用範圍內，視同委託機關。」是以，農會（即公糧業者）如受貴會（或貴會農糧署）委託蒐集、處理或利用個人資料者，無論是否涉及公權力之行使，均依本法第 4 條規定，於本法適用範圍內，農會之上開行為視同貴會（或貴會農糧

署）之行為，並以貴會（或貴會農糧署）為權責機關。至如上開委
託事項如涉有公權力權限之移轉，自有行政程序法第 16 條規定之
適用，自不待言。（本部 102 年 10 月 2 日法律字第 10203510090
號函參照）

(四) 復按本法第 15 條規定：「公務機關對個人資料之蒐集或處理，除
第 6 條第 1 項所規定資料外，應有特定目的，並符合下列情形之一
者：一、執行法定職務必要範圍內。……」第 16 條規定：「公務
機關對個人資料之利用，除第 6 條第 1 項所規定資料外，應於執行
法定職務必要範圍內為之，並與蒐集之特定目的相符。但有下列情
形之一者，得為特定目的外之利用：一、法律明文規定。……」上
開規定所稱「法定職務」係指於法律、法律授權之命令所定公務機
關之職務（本法施行細則第 10 條第 1 款參照）。查「本法（按：
糧食管理法）所稱主管機關為行政院農業委員會。」「主管機關應
辦理主要糧食生產、消費、成本與價格之調查、統計，並建立農戶
耕地資料，作為策劃糧食產銷及管理之依據。（第 1 項）前項農
戶耕地資料，應包括農戶之戶籍、耕地之地籍、實際耕作人及耕作
紀錄；其建檔所需戶籍、地籍、稅籍資料，得洽請戶政、地政及稅
捐稽徵機關提供；實際耕作人、耕作紀錄資料，由農戶申報之。
（第 2 項）」「公糧經收、保管、加工及撥付，主管機關得委由公
糧業者辦理。」「公糧業者得承辦…編造收購公糧稻穀清冊及轉付
稻穀價款等業務，以具備執行農糧資訊網路系統設備及能力之農會
為限。（第 1 項）」糧食管理法第 2 條、第 6 條、第 8 條第 1 項及
公糧業者管理辦法第 4 條第 1 項亦定有明文。故貴會（或貴會農糧
署）及受委託之農會查詢（即蒐集、處理）農戶地籍資訊，俾審查
核對及更正農戶相關耕地等資料，應可認符合本法第 15 條第 1 款
「執行法定職務」之規定（糧食管理法第 6 條及本法施行細則第 10
條第 1 款參照），惟仍須於本法第 15 條第 1 款規定之「執行法定
職務必要範圍內」為之。至於內政部同意授權農糧署所屬分署（辦

事處）及農會使用內政部「地政資訊網際網路服務作業」系統以查詢農戶地籍資訊，乃係依糧食管理法第 6 條第 2 項規定或係為配合貴會（或貴會農糧署）執行法定職務而提供（特定目的外之利用），應可認為符合本法第 16 條但書第 1 款「法律明文規定」或第 2 款「增進公共利益」之規定。另委託機關並應依本法施行細則第 8 條之規定，對受委託者為適當之監督，併此敘明。

◎ 金融監督管理委員會 102 年 12 月 11 日金管保綜字第 10200916600 號函

(一) 有關保險業及保險輔助人對個人資料保護法之適用說明乙案。

(二) 蒐集、處理個人資料部分：法務部函復保險業及保險代理人蒐集處理個人資料對個資法之適用，同本會原函詢之說明內容。至保險經紀人依據保險法第 9 條之規定係受保戶委託代為洽訂保險契約，因雙方間存有契約關係，應已符合個資法第 19 條第 1 項第 2 款規定。

(三) 利用個人資料部分：若為特定目的範圍內利用，應符合個資法第 20 條規定；若為特定目的外利用，除須符合個資法第 20 條第 1 項但書第 1 款至第 6 款規定外，若係以第 6 款經當事人書面同意者，同時須符合個資法第 7 條第 2 項（第 20 條第 1 項第 6 款所稱書面同意，指當事人經蒐集者明確告知特定目的外之其他利用目的、範圍及同意與否對其權益之影響後，單獨所為之書面意思表示。）單獨所為之書面意思表示。

(四) 關於保險法第 105 條規定，被保險人於第三人訂定死亡保險契約所為之書面同意，是否使被保險人明瞭個資法第 8 條、第 9 條應告知事項，及得否以被保險人已簽署人身保險之要保書，認定被保險人明瞭個資法第 8 條、第 9 條所列應告知事項乙節，尚無涉個資法第 8 條、第 9 條所列應告知事項乙節，經查保險法第 105 條規定所為之被保險人書面同意，尚無涉個資法第 8 條、第 9 條所列應告知

事項，且各公司履行上開告知義務，不限取得當事人簽名，縱無簽署亦不影響告知效力。若保險公司辦理保單招攬及辦理契約變更等事項時，採行將告知書與要保書或保險契約等相關申請文件合併列印等方式，以保全履行上開告知義務之證明，尚符前開個資法之規範。

(五) 有關金融消費者保護法（簡稱金保法）第 9 條及其明確授權訂定之法規命令是否符合個資法第 8 條第 2 項第 2 款所稱法定義務，法務部請本會本於權責審認乙節，經查個資法施行細則第 9 條及第 11 條已明定「法律」係指法律或法律具體明確授權之法規命令，而「法定義務」係指非公務機關依法律或法律具體明確授權之法規命令所定之義務；另依金保法第 9 條係為履行確認金融商品或服務對金融消費者之適合度，爰應充分暸解金融消費者相關資料、適合度應考量之事項及其他應遵循事項等，且相關事項依金保法第 12 條規定須納入金融服務業內部控制及稽核制度，並確實執行，故本項應可認為個資法第 8 條第 2 項第 2 款所稱之法定義務，得免為告知。

◎ **法務部 102 年 12 月 5 日法律決字第 10200683890 號函**

(一) 關於貴會所詢「非公務機關要求勞工簽署蒐集、處理及利用個人資料告知暨同意書」一案。

(二) 按中央法規標準法第 16 條前段規定：「法規對其他法規所規定之同一事項而為特別之規定者，應優先適用之。」查就業服務法有關個人資料蒐集、處理或利用之規定屬個人資料保護法（以下簡稱個資法）之特別法，應優先適用，合先敘明。

(三) 次按就業服務法第 5 條第 2 項第 2 款規定：「雇主招募或僱用員工，不得有下列情事：二、違反求職人或員工之意思，留置其國民身分證、工作憑證或其他證明文件，或要求提供非屬就業所需之隱私資料。」又上開隱私資料包括個人生活資訊，係指信用紀錄、犯

罪紀錄、懷孕計畫或背景調查等。另雇主要求求職人或員工提供隱私資料，應尊重當事人之權益，不得逾越基於經濟上需求或維護公共利益等特定目的之必要範圍，並應與目的間具有正當合理之關聯（就業服務法施行細則第 1 條之 1 參照）。如有違反上述規定，則依就業服務法第 67 條第 1 項處以罰鍰。是以，本件「蒐集、處理及利用員工個人資料告知暨同意書」載明公司得蒐集、處理、利用及保有員工個人資料類別乙情，應先視有無違反上開規定，尚不得僅據該書面同意書而予以免責。惟該公司欲蒐集之個人資料得否適用上述就業服務法之規定，請貴會本於權責卓處調查之。

(四) 非公務機關基於勞工行政（代碼：114）特定目的及與當事人有契約或類似契約關係對個人資料之蒐集或處理（個資法第 19 條第 1 項第 2 款參照），無須再得當事人書面同意，即得為之。惟若無上開規定適用情形而需經當事人書面同意者，則應注意個資法第 19 條第 5 款所稱書面同意，指當事人經蒐集者告知本法所定應告知事項後，所為允許之書面意思表示（個資法第 7 條第 1 項參照）。另非公務機關對個人資料之利用，如需取得當事人書面同意（個人資料保護法第 20 條第 1 項第 6 款規定參照），依個資法第 7 條第 2 項規定，係指當事人經蒐集者明確告知為特定目的外之利用，單獨所為之書面意思表示。惟取得該書面同意書應注意依誠實及信用方法為之，不得逾越特定目的之必要範圍，並應與蒐集之目的具有正當合理之關聯（個資法第 5 條參照），該公司將告知書與同意書列於同一書面而未明顯區隔，易造成員工混淆，而為概括同意。為避免員工混淆，於執行個資法第 8 條之告知說明，與同法第 19 條第 5 款蒐集需得當事人書面同意、第 20 條第 1 項第 6 款需取得當事人書面同意而為特定目的外利用等情形，宜於不同書面，或另於同一書面之適當位置明顯區隔為之，始為適法。

(五) 若有脅迫勞工簽屬同意書或其他侵害勞工權益之情事時，請貴會本於主管機關之權責卓處之。另本件除踐行個資法第 8 條告知義務

外，該公司請員工併同簽署同意書之真意與實益為何？應參酌上開規定審認，亦得先向該公司之中央目的事業主管機關經濟部洽商，以期周延（請參照本部個人資料保護專區／法令與執行措施／執行措施／個人資料保護法非公務機關之中央目的事業主管機關檔案／http://pipa.moj.gov.tw）。

◎ 法務部 102 年 12 月 2 日法律字第 10203513340 號函

(一) 關於臺灣港務股份有限公司辦理國際商港港區通行證業務涉及個人資料保護法之適用疑義。

(二) 按個人資料保護法（下稱本法）第 19 條第 1 項第 1 款規定：「非公務機關對個人資料之蒐集或處理，除第 6 條第 1 項所規定資料外，應有特定目的，並符合下列情形之一者：一、法律明文規定。……」同法第 8 條則規定：「（第 1 項）公務機關或非公務機關依第 15 條或第 19 條規定向當事人蒐集個人資料時，應明確告知當事人下列事項：……。（第 2 項）有下列情形之一者，得免為前項之告知：……二、個人資料之蒐集係公務機關執行法定職務或非公務機關履行法定義務所必要。……」其中所謂「法定義務」係指非公務機關依法律或法律具體明確授權之法規命令所定之義務（本法施行細則第 11 條規定參照）。

(三) 又按「進入商港管制區內人員及車輛，均應申請商港經營事業機構、航港局或指定機關核發通行證，並接受港務警察之檢查。」商港法第 35 條定有明文。商港港務管理規則（下稱港務規則）第 18 條第 1 項復規定：「進出港區各業作業人員或車輛，均應由各業負責人或車輛所有人檢具有關文件，向商港經營事業機構、航港局或指定機關申請核發港區通行證件並接受港務警察檢查後，始可通行。」臺灣港務股份有限公司係依「國營港務股份有限公司設置條例」及公司法設立、經營之公司，為本法第 2 條第 8 款之非公務機關，其為履行上開商港法第 35 條「核發港區通行證件」之法定義

務，根據前揭港務規則之規定，由進出港區各業作業人員之負責人或車輛所有人檢具文件申辦國際商港港區通行證，而蒐集、處理相關之個人資料，此係基於「交通行政」（代號：028）之特定目的，且符合法律及法律授權之法規命令所明定之情形，與本法規定無違。再該公司蒐集、處理申辦港區通行證之個人資料，亦屬非公務機關履行法定義務所必要，依本法第 8 條第 2 項第 2 款之規定，得免告知義務。

◎ **法務部 102 年 11 月 19 日法律字第 10203512780 號函**

(一) 有關貴所詢問依企業併購法第 27 條或金融機構合併法第 18 條概括承受他公司資產、負債及營業因而取得客戶個人資料後，承受公司所適用個人資料保護法之疑義一案。

(二) 按個人資料保護法（以下簡稱個資法）第 19 條規定，非公務機關對個人資料之蒐集或處理，應有特定目的，且須符合法定情形之一（例如：法律明文規定、與當事人有契約或類似契約之關係、經當事人書面同意等），並依個資法第 20 條第 1 項在蒐集之特定目的必要範圍內利用該個人資料。若為特定目的外利用，則應符合個資法第 20 條但書各款事由之一，並應依誠實及信用方法為之，不得逾越特定目的之必要範圍，且應與蒐集之目的具有正當合理之關聯（個資法第 5 條參照）。

(三) 本件所詢企業間依企業併購法或金融機構合併法進行併購，如轉讓之資產包含被併購公司與第三人間之契約及相關權利義務，則如企業併購前該被併購公司蒐集、處理及利用該第三人（即契約相對人）之個人資料，已符合個資法第 19 條第 1 項第 2 款「與當事人有契約或類似契約之關係」之要件，嗣因被併購公司上開契約之權利義務事項業由併購公司承受，併購公司即得於原蒐集之特定目的內為處理、利用個人資料，存續之併購公司取得消滅之被併購公司合法保有之個人資料，非屬「由第三人提供個人資料」之情形。

(四) 又個資法修正施行前，非公務機關蒐集非由當事人提供之個人資料，雖因個資法第 54 條尚未施行而不生溯及適用個資法第 9 條間接蒐集告知義務之規定，惟消滅之被併購公司於個資法施行前已直接向客戶蒐集之當事人個人資料，非屬間接蒐集，無論個資法第 54 條是否施行，存續之併購公司皆不生溯及適用告知義務規定之情形。

(五) 如個資法修正施行後，消滅之被併購公司向客戶直接蒐集個人資料，如已依個資法第 8 條第 1 項規定踐行告知義務，或具備同條第 2 項各款免告知事由而免予告知，存續之併購公司無需再依個資法第 8 條規定踐行告知義務。

(六) 至於具體個案，台端仍宜徵詢該企業所監管之中央目的事業主管機關之意見。

◎ **法務部 102 年 11 月 4 日法律字第 10203512220 號函**

(一) 關於臺北律師公會所詢就會員個人資料之處理及利用適法性疑義一案。

(二) 查社團法人基於「團體對會員或其他成員名冊之內部管理」（代號：052）及「契約、類似契約或其他法律關係事務」（代號：069）之特定目的，且於符合「與當事人有契約關係」時，得蒐集該等會員之個人資料，並得依個資法第 20 條第 1 項本文規定，於蒐集之「特定目的必要範圍內」利用。又社團法人章程屬「多方契約」，如已於章程內明文規範會員個人資料利用相關事宜，則得依章程規定處理，而符合個資法上開規定。倘對於個人資料之利用於章程未有規定，宜先請貴會審酌貴會章程第 4 條之貴會任務（例如：第 6 款「關於會員共同利益之維護增進事項」），是否包含上開三項行為；倘已包括，則將會員個人資料編輯印行為會員名錄，係屬特定目的內之利用，無需再經當事人書面同意，惟利用過程仍應注意個資法第 5 條比例原則之規定。反之，倘貴會審認上開三項

行為尚非貴會章程任務，而屬特定目的外之利用者，則須符合個資法第 20 條第 1 項但書各款情形之一（例如：經當事人書面同意），始得為特定目的外之利用。準此，貴會所詢上開三項行為，請參酌上開說明本於權責審認之。又若貴會採行取得當事人書面同意之方式，個資法並無規定須逐年重新徵詢同意，惟如貴會有此特約亦不違反個資法之規定，併予敘明。

(三) 次查貴會所建置之電子會務管理系統就會員之個人資料之蒐集、處理及利用，若貴會審認係屬特定目的外之利用（個資法第 19、第 20 條參照）而採當事人書面同意之方式，會員於該系統上自行選擇公開其個人資料之行為，須符合個資法施行細則第 14 條規定：「本法第 7 條所定書面意思表示之方式，依電子簽章法之規定，得以電子文件為之。」方符合個資法「當事人書面同意」之要件。至於電子簽章法於本件如何適用，建議洽詢該法主管機關經濟部。

(四) 末查個資法第 7 條第 2 項規定，第 20 條第 1 項第 6 款所稱書面同意，指當事人經蒐集者明確告知特定目的外之其他利用目的、範圍及同意與否對其權益之影響後，單獨所為之書面意思表示。又依個資法施行細則第 16 條規定，依本法第 8 條、第 9 條及第 54 條所定告知之方式，得以言詞、書面、電話、簡訊、電子郵件、傳真、電子文件或其他足以使當事人知悉或可得知悉之方式為之。是以，貴會如於會員申請入會時，即以書面同意書取得會員資料以作為印製會員名錄，並將該名錄提供予有需要之機關及團體乙情，似屬貴會認定上開會員名錄印製及對外提供行為，屬特定目的外利用，而採經當事人書面同意方式者，則該同意仍應符合上開個資法規定，始為有效，並非即可免除個資法之規範，併予敘明。

◎ 法務部 102 年 10 月 17 日法律字第 10203511400 號函

(一) 按行政程序法第 159 條第 1 項規定：「本法所稱行政規則，係指上級機關對下級機關，或長官對屬官，依其權限或職權為規範機關內

部秩序及運作,所為非直接對外發生法規範效力之一般、抽象之規定。」第 165 條規定:「本法所稱行政指導,謂行政機關在其職權或所掌事務範圍內,為實現一定之行政目的,以輔導、協助、勸告、建議或其他不具法律上強制力之方法,促請特定人為一定作為或不作為之行為。」貴部擬具「政黨及政治團體配合個人資料保護法應注意事項」(初稿)之內容似僅重申個人資料保護法(下稱個資法)規範事項,對於政黨及政治團體蒐集、處理或利用個人資料之規範仍適用個資法規定,則上開應注意事項之性質為何?仍請貴部先行釐清。

(二) 有關貴部擬具上開應注意事項(初稿)(下稱應注意事項)內容,本部意見如次:

1. 應注意事項第 2 點第 2 款非公務機關蒐集、處理或利用個人資料前之告知義務及免為告知乙節:(1)倘欲列明個資法第 8 條規定公務機關或非公務機關向當事人蒐集個人資料之告知事項內容,宜請一一載明。(2)應注意事項第 2 點第 2 款以「不論直接或間接蒐集資料」為前提,惟文末援引個資法第 9 條第 3 項間接蒐集個人資料得於首次對當事人為利用時併同告知之意旨,易滋生直接蒐集個人資料時亦適用個資法第 9 條第 3 項之誤解,建請修正之。(3)另應注意事項第 2 點第 2 款文末援引個資法第 9 條第 3 項之立法意旨,宜請敘明本條立法理意旨不僅為減少勞費,亦包括提高效率,且無損於當事人之權益(個資法第 9 條立法理由第 4 點參照)。

2. 應注意事項第 2 點第 3 款有關非公務機關之蒐集、處理個人資料之要件乙節:(1)應注意事項第 2 點第 3 款第 1 目:因個資法第 19 條第 1 項第 6 款「與公共利益有關」、第 7 款「個人資料取自於一般可得之來源。但當事人對該資料之禁止處理或利用,顯有更值得保護之重大利益者,不在此限。」分屬非公務機關蒐集或處理個人資料之不同事由,請將該二款事由分別列明。(2)應注意事項第 2 點第 3 款第 2 目:援引個資法第 19 條第 2 項規定,惟個資法第 19

條第 2 項僅適用於個資法第 19 條第 1 項第 7 款，應予以標明，以免誤解。

3. 應注意事項係政黨及政治團體（非公務機關）配合個人資料保護法應注意事項，有關第 2 點第 5 款「非公務機關為國際傳輸個人資料之限制」、第 6 款「主管機關之檢查措施」、第 7 款「違反個資法規定之必要處分」係中央目的事業主管機關之權限，非屬個資法課予政黨及政治團體等非公務機關之法定義務，似無須列於上開應注意事項。

4. 應注意事項第 2 點摘錄個資法相關規定，且列明非公務機關適用個資法之條文序號，惟應注意事項第 2 點第 9 款似漏列有關非公務機關之損害賠償責任之法條序號「個資法第 29 條」，請補列之。

5. 應注意事項第 2 點第 10 款：個資法對於非公務機關違反個資法規定之處罰分別有刑事罰及行政罰，個資法第 47 條至第 49 條僅係非公務機關違反個資法之行政罰，似漏列刑事罰（個資法第 41 條、第 42 條），宜請補列之。

◎ 法務部 102 年 10 月 17 日法律字第 10203511430 號函

(一) 有關所詢「民用航空運輸業個人資料檔安全維護計畫標準辦法」草案相關執行細節疑義。

(二) 按個人資料保護法（下稱本法）第 4 條規定：「受公務機關或非公務機關委託蒐集、處理或利用個人資料者，於本法適用範圍內，視同委託機關。」又本法第 8 條及第 9 條規定非公務機關向當事人蒐集個人資料或蒐集非由當事人提供之個人資料時，有告知當事人之義務。來函所詢由旅行社出售民用航空運輸業（下稱航空公司）票券之情形，分別有由直接與航空公司簽約之旅行社出售，及受旅客委託向航空公司購買機票之非簽約旅行社二類，以下分述之：

1. 由直接與航空公司簽約之旅行社出售機票部分，因該旅行社係受航空公司之委託出售機票予旅客，在此情形，旅行社受航空公司委託

蒐集、處理或利用個人資料時，在本法適用範圍內，視同委託之航空公司，並以委託之航空公司為權責歸屬機關（本法第4條規定，本部100年4月26日法律字第0999051925號函參照），故簽約旅行社依本法第8條、第9條進行對旅客進行告知時，係視同航空公司所為。

2. 又按民法第103條規定：「代理人於代理權限內，以本人名義所為之意思表示，直接對本人發生效力。前項規定，於應向本人為意思表示，而向其代理人為之者，準用之。」若未與航空公司簽約旅行社受旅客之委託向航空公司購買機票，因非簽約旅行社係基於旅客代理人之身分與航空公司進行交易，屬於直接蒐集、處理旅客之個人資料，應適用本法第8條告知義務規定。惟航空公司若有其他間接蒐集旅客個人資料之情形，則仍應依本法第9條之規定告知相關事項，併予敘明。

(三) 就來函所詢告知方式乙節：按本法第8條、第9條規定，各非公務機關依本法第19條規定蒐集個人資料時，應「明確告知」當事人上開條文所列應告知事項。又上開規定所定告知之方式，得以言詞、書面、電話、簡訊、電子郵件、傳真、電子文件或其他足以使當事人知悉或可得知悉之方式為之（本法施行細則第16條參照），亦即任何足以使當事人知悉或可得知悉之方式，均屬之。此一告知並未要求當事人須簽署相關文件，亦未限制不得與其他文件（例如契約）併同為之。惟為達到「明確告知」之目的，蒐集者仍應以個別通知之方式使當事人知悉，不得以單純擺設（張貼）公告或上網公告之概括方式為之，而需足以使當事人知悉或可得知悉該公告內容之方式（例如：須直接向當事人提示公告內容所在位置，並請其閱讀瞭解）始屬之（本部102年1月21日法律字第10103111060號函、102年2月25日法律字第10100669890號函、102年7月3日法律字第10203507170號函參照）。來函所詢有關在網站公告資訊，並於旅客訂票時提示公告請其自行查看之情形，究係在何種訂

票程序下使用？係以何種方式提示旅客？是否達到使當事人閱讀公告之目的？事實尚有未明之處，建請貴局先予釐清，並參考上揭說明審認之。

◎ **法務部 102 年 10 月 17 日法律決字第 10200655250 號函**

(一) 關於貴會所詢「非公務機關要求勞工簽署個人資料告知事項暨同意書」一案。

(二) 查依中央法規標準法第 16 條前段規定：「法規對其他法規所規定之同一事項而為特別之規定者，應優先適用之。」個人資料保護法（簡稱個資法）之性質為普通法，就業服務法有關個人資料蒐集、處理或利用之規定，屬個資法之特別規定，自應優先適用各該特別規定，合先敘明。

(三) 次查有關就業服務法第 5 條第 2 項第 2 款規定，雇主招募或僱用員工，不得有下列情事：「二、違反求職人或員工之意思，留置其國民身分證、工作憑證或其他證明文件，或要求提供非屬就業所需之隱私資料。」又上開隱私資料包括個人生活資訊，係指信用紀錄、犯罪紀錄、懷孕計畫或背景調查等。另雇主要求求職人或員工提供隱私資料，應尊重當事人之權益，不得逾越基於經濟上需求或維護公共利益等特定目的之必要範圍，並應與目的間具有正當合理之關聯（就業服務法施行細則第 1 條之 1 參照）。如有違反上述規定，則依就業服務法第 67 條第 1 項處以罰鍰。是以，本件「個人資料告知事項暨書面同意書」第 2 點要求員工須提供個人資料類別乙情，應先視有無違反就業服務法第 5 條第 2 項第 2 款「違反求職人或員工之意思，留置其國民身分證、工作憑證或其他證明文件，或要求提供非屬就業所需之隱私資料。」之規定，尚不得僅據該告知事項暨書面同意書而予以免責，請貴會本於權責卓處調查之。

(四) 再查個資法並非硬性規定一律皆須簽署同意書，若屬人事僱傭契約等關係之蒐集、處理（個資法第 19 條第 1 項第 2 款參照），則無

須再得當事人書面同意，即得為之；若無涉上開契約關係之其他個人及家庭資料蒐集、處理，如無其他款項法律要件之適用（個資法第 19 條第 1 項參照），則有可能須得當事人書面同意（個資法第 19 條第 1 項第 5 款參照），惟應注意個資法第 19 條第 5 款所稱書面同意，指當事人經蒐集者告知本法所定應告知事項後，所為允許之書面意思表示（個資法第 7 條第 1 項參照）此外，若係以書面同意書作為特定目的外利用之事由（個資法第 20 條第 1 項第 6 款參照），應注意個資法第 20 條第 1 項第 6 款所稱書面同意，指當事人經蒐集者明確告知特定目的外之其他利用目的、範圍及同意與否對其權益之影響後，單獨所為之書面意思表示（個資法第 7 條第 2 項參照）。至於公司請員工於告知書上簽署，係為取得其知悉告知內容之紀錄，與其是否同意個人資料之蒐集或處理無涉，且公司將告知書與同意書列於同一書面，未明顯區隔，易造成員工混淆，而為概括同意。為避免員工混淆，公司執行個資法第 8 條之告知說明，與同法第 19 條之取得當事人書面同意，宜於不同書面為之。如公司基於一定之特定目的，取得員工書面同意時，應提供客戶選擇是否同意之欄位及簽名處。若陳情人認為該告知事項暨書面同意書有違反個資法之規定，得請其洽該公司之中央目的事業主管機關反應，以維護陳情人之權益（請參照本部個人資料保護專區／法令與執行措施／執行措施／個人資料保護法非公務機關之中央目的事業主管機關檔案／ http://pipa.moj.gov.tw 例如：金融業為金融監督管理委員會、一般中小企業為經濟部）。

(五) 另查依個資法第 5 條之規定，取得該書面同意書不得逾越特定目的之必要範圍，並應與蒐集之目的具有正當合理之關聯；若有脅迫勞工簽屬同意書或其他侵害勞工權益之情事時，請貴會本於主管機關之權責卓處之。

◎ 法務部 102 年 10 月 14 日法律字第 10203510680 號函

(一) 有關個人資料保護法施行後，律師執行訴訟業務、援用另案筆錄事證之相關疑義乙案。

(二) 按律師為辦理民事訴訟案件，透過另案刑事訴訟當事人所提供而取得之刑事訴訟證人筆錄，是否符合個資法蒐集、處理或利用之相關規定乙節：按個資法第 19 條及第 20 條規定，非公務機關於具有特定目的並符合法定要件（例如：法律明文規定、當事人自行公開或其他已合法公開之個人資料、經當事人書面同意等）時，得蒐集、處理個人資料，並於蒐集之特定目的必要範圍內利用該個人資料，且對於個人資料之蒐集、處理及利用，應尊重當事人權益，依誠實及信用方法為之，不得逾越特定目的之必要範圍，並應與蒐集之特定目的具有正當合理之關聯（個資法第 5 條規定參照）。次查律師法第 23 條規定：「律師於接受當事人之委託、法院之指定或政府機關之囑託辦理法律事務後，應探究案情，搜求證據。」準此，律師因受當事人委任而辦理訴訟或非訟業務，基於法律服務或為履行與當事人間之委任契約關係之特定目的，為維護當事人權益爭取勝訴判決，而透過該案或另案（包含民、刑事）當事人所提供之相關筆錄或事證，可認係屬律師法所稱「探求案情、搜求證據」之範疇，而符合個資法第 19 條第 1 項第 1 款規定所稱「法律明文規定」之情形。因此，律師執行訴訟業務，援用另案筆錄事證涉及第三人之個人資料者，得依上開個資法及律師法之相關規定蒐集、處理，並於蒐集之特定目的必要範圍內利用該個人資料。

(三) 有關應否依個資法第 9 條規定對另案證人或其他所涉個人資料之當事人踐行告知義務乙節：按個資法第 8 條第 2 項第 2 款規定所稱「非公務機關履行『法定義務』所必要」，僅限於行政法上義務，不包括民法上之義務，又律師法第 23 條規定係賦予律師「探求案情、搜求證據」之權限，尚非屬上開個資法規定所稱之法定義務，至於有無其他得免為告知之情形（例如：告知將妨害第三人之重大

利益（按：此處第三人係指委任案件之民事或刑事訴訟案件之當事人）、不能向當事人或其法定代理人為告知），尚須視具體個案情況為認定，若無個資法第 9 條第 2 項、第 8 條第 2 項規定得免為告知之事由，則仍應踐行告知義務，併此敘明。

◎ 法務部 102 年 8 月 22 日法律字第 10203505350 號函

(一) 有關貴署擬於環境教育法施行細則第 11 條增列第 2 項規定，以利該法第 19 條所列對象可針對其所屬員工、教師，進行查詢、統計及時數認定等事項，是否違反個人資料保護法疑義乙案。

(二) 按個人資料保護法（下稱個資法）第 15 條規定：「公務機關對個人資料之蒐集或處理，除第 6 條第 1 項所規定資料外，應有特定目的，並符合下列情形之一者：一、執行法定職務必要範圍內。二、經當事人書面同意。……」所稱「法定職務」指律、法律授權之命令中所定公務機關之職務（個資法施行細則第 10 條第 1 款規定參照）。是以，貴署如為執行環境教育法第 19 條及第 24 條規定，查核各機關、公營事業機構、高級中等以下學校及政府捐助基金累計超過百分之五十之財團法人（下稱各有關機關、單位）之年度環境教育執行成果及環境教育計畫訂定作業，擬於環境教育法施行細則（下稱施行細則）增訂明列有關個人資料之規定，作為貴署蒐集個人資料符合「執行法定職務『必要』範圍」之依據，本部敬表贊同。

(三) 惟依所附修正施行細則草案第 11 條第 2 項規定，似僅就同條第 1 項所定各有關機關、單位應提報之「環境教育計畫」之內容明確規範包含「員工、教師姓名及身分證統一編號末四碼」，以為「執行法定職務必要」蒐集及處理個人資料之依據；至於同條第 4 項所定提報「環境教育執行成果」部分，僅規定「前項提報之環境教育執行成果內容應包括……實施對象……。」並未明列個人資料內容或範圍，此部分有無必要考量再予修正第 11 條第 2 項，將其適用範

圍包括同條第 1 項第 2 款及第 4 項之情形，請參酌。

(四) 另關於所附施行細則第 11 條修正草案條文對照表說明一所述「依法務部 101 年 4 月 30 日羅政務委員○○及張政務委員○○主持之『個人資料保護法施行評估報告』會議中決議：各機關倘須蒐集、處理或運用個人資料，應採『命令』以上法制作業為之……」乙節，查上開論述，應係指：因個資法第 6 條第 1 項第 1 款、第 8 條第 2 項第 1 款、第 16 條第 1 項第 1 款、第 19 條第 1 項第 1 款、第 20 條第 1 項第 1 款規定「法律明文規定」所稱之「法律」，指法律或法律具體明確授權之法規命令（個資法施行細則第 9 條規定參照），故各機關倘須蒐集、處理或利用個人資料，應採「命令」以上法制作業為之；而與本件修正草案乃針對「執行法定職務『必要』範圍」所為之修正無涉，故貴署上開修正條文說明，恐有誤解，建請修正，併予敘明。

◎ 金融監督管理委員會 102 年 7 月 31 日金管銀合字第 10230002420 號函

(一) 金融機構如符合「金融機構出售不良債權應注意事項」第 2 點規定得辦理不良債權之出售，除同點第 2、3 款規定案件外，應依下列事項辦理，不適用本會 94 年 12 月 19 日金管銀（四）字第 09440010950 號函之規定：

1. 債務人依「消費者債務清理條例」第 151 條規定申請協商期間，金融機構不得出售該不良債權。

2. 應與買受人約定不得將不良債權再轉售予第三人，並應委託原出售之金融機構或其指定或同意之催收機構進行催收作業。催收機構應承諾遵守銀行法及相關法令規定，出售債權之金融機構應建立內部控制及稽核制度，有效規範及查核各該催收行為並承擔催收機構不當催收行為之責任。

3. 已出售之不良債權，如客戶依「消費者債務清理條例」第 151 條規

定提出協商並成立者，應與買受人約定比照該協商條件逐向債務人協商。

4. 已出售之不良債權，如債務人依中華民國銀行商業同業公會全國聯合會訂定之「金融機構辦理 95 年度銀行公會債務協商／前置協商毀諾後個別協商一致性方案」提出協商並成立者，應與買受人約定依該協商條件辦理。

5. 已出售之擔保債權為「個人購車及購屋貸款定型化契約應記載事項」第 5 條之 1 所稱自用住宅借款者，當客戶依「消費者債務清理條例」第 151 條規定提出協商時，應與買受人約定依前開應記載事項有關不行使加速條款或延長還款期限之規定辦理。

6. 應與買受人約定就買受之非企業戶擔保債權如經買受人執行完畢而仍無法完全受清償者，應比照前揭之 3.、4. 辦理。

7. 買受人如違反相關約定者，金融機構應至少就已違約之不良債權範圍與該買受人解約並將債權買回，同時請求違約金；另應將買受人名單登錄於財團法人金融聯合徵信中心供各金融機構參考。

8. 前揭相關規定及違約時應買回之不良債權範圍與違約金計算方式等均應於契約中明定，並經法令遵循主管確認；並於與買受人簽約前，將相關前揭約定事項，以書面告知債務人。

(二) 金融機構應將違約買受人名單登錄於財團法人金融聯合徵信中心供各金融機構參考之作業，事先與買受人約定，並取得買受人書面同意，且如買受人為自然人者，金融機構應於事前踐行個人資料保護法第 8 條規定之告知義務。

(三) 金融機構應參考「金融機構作業委託他人處理內部作業制度及程序辦法」第 14 條所列各款情事，與買受人約定不得有不當催收行為。

(四) 金融機構除要求應買機構應提供已依公司法或商業登記法辦理登記並取得載有金融機構金錢債權收買業務之公司登記證明文件或商業登記證明文件，並參考「金融機構作業委託他人處理內部作業制度及程序辦法」第 13 條第 2 款至第 6 款規定，併於標售公告中訂定

應買人之資格條件。

(五) 金融機構違反本規定者，本會將視情節，依銀行法及相關法令處理。

(六) 本函發布前已依「金融機構出售不良債權應注意事項」規定辦理公告之標售案件或已委託他人辦理標售之案件不在此限。

◎ 金融監督管理委員會 102 年 8 月 5 日金管保壽字第 10210912370 號函

(一) 所詢保險業為依法辦理放款限額控管作業，而間接蒐集「同一關係人」之個人資料並建置相關資料庫，所涉個人資料保護法（下稱個資法）之適用疑義乙案。

(二) 按「保險業對同一人同一關係人或同一關係企業之放款及其他交易管理辦法」授權母法（保險法第 146 條之 7 第 1 項）之立法意旨，在於為使保險業之放款及放款以外之其他交易合理配置，並分散保險放款之風險，其中就限額之限制在於避免保險公司因交易對手集中而有利益輸送之虞，並藉以降低保險公司與同一人、同一關係人或同一關係企業間進行相關交易之集中度風險。

(三) 為確保上開規定立意之落實，保險業為依法辦理放款限額控管作業，而間接蒐集「同一關係人」之個人資料並建置相關資料庫，係為執行法定及法規命令所定義務，以管控風險，並保障保戶權益，符合個資法第 8 條第 2 項第 2 款「履行法定義務所必要」之情形，依該法第 8 條第 2 項及第 9 條第 2 項規定，得免向當事人為告知；且符合該法第 19 條第 1 項第 1 款「法律明文規定」之情形，非必須經當事人書意。

◎ 法務部 102 年 6 月 24 日法律字第 10203506640 號函

(一) 有關屏東縣各戶政機關利用戶籍資料辦理協尋親友服務，是否符合個人資料保護法相關規定一案。

(二) 按個人資料保護法（下稱個資法）第 15 條第 1 款規定：「公務機關對個人資料之蒐集或處理，除第 6 條第 1 項所規定資料外，應有

特定目的,並符合下列情形之一者:一、執行法定職務必要範圍
內。……」第 16 條規定:「公務機關對個人資料之利用,除第 6
條第 1 項所規定資料外,應於執行法定職務必要範圍內為之,並與
蒐集之特定目的相符。但有下列情形之一者,得為特定目的外之利
用:……」查貴部及直轄市、縣(市)政府為戶籍法第 2 條所定中
央及地方主管機關,基於「戶政」之特定目的(代號:015),於
執行法定職務必要範圍內,蒐集、處理或利用個人資料,符合上開
個資法第 15 條第 1 款及第 16 條本文之規定。如為特定目的外之利
用,則須符合個資法第 16 條但書所列各款情形之一方可為之,合
先敘明。

(三) 復按個資法施行細則第 10 條第 3 款規定,個資法第 15 條第 1 款及
第 16 條本文所稱之法定職務,包含自治條例授權之自治規則所定
公務機關之職務,而依屏東縣各戶政事務所組織規程第 5 條第 2 項
及第 3 項規定,「協尋親友」似為該縣各戶政機關掌理事項之一,
惟上開組織規程將「協尋親友」定為該縣各戶政機關之法定職務,
是否屬地方制度法第 19 條第 1 款第 3 目「縣(市)戶籍行政」之
業務目的及範圍?戶政機關利用戶籍資料辦理協尋親友服務是否符
合「戶政」之特定目的之範疇?蓋查現行法規有關「協尋」事項多由
警政機關辦理(如內政部警政署航空警察局辦事細則第 4 條第 11
款、內政部警政署鐵路警察局辦事細則第 4 條第 11 款、社會救助
法第 5 條第 3 項第 8 款、兒童及少年福利與權益保障法第 7 條第 2
項第 6 款、身心障礙者權益保障法第 2 條第 3 項第 10 款、清查人
口作業規定第 4 點第 4 款等),故如認本案屬「戶政」之特定目的
內利用,則警政機關與戶政機關辦理之協尋服務應如何區別?所稱
「協尋」是否屬於個資法第 16 條所列各款要件,如是否符合個資
法第 16 條公共利益等規定?均應由貴部本於主管機關之立場先行
釐清。

(四) 又依個資法第 5 條規定:「個人資料之蒐集、處理或利用,應尊重

當事人之權益，依誠實及信用方法為之，不得逾越特定目的之必要範圍，並應與蒐集之目的具有正當合理之關聯。」故協尋親友服務之申請資格範圍尚須注意是否涵蓋過廣，以符合比例原則。至於所詢「本案是否於實施計畫受理方式中補強於轉知被尋人時依個資法第9條規定，向被尋人告知個資來源及第8條第1項各款所列事項，即無違反個資法之虞」一節，查公務機關合法蒐集、處理及利用個人資料之依據，仍應依個資法第15條及第16條規定，不因已履行告知義務而取得蒐集、處理及利用之合法性，併此敘明。

◎ **法務部102年6月11日法律字第10203503280號函**

(一) 有關貴會函送中華民國○○商業同業公會全國聯合會所擬該會會員「履行個人資料保護法第8條第1項告知義務內容參考範本」一案。

(二) 按個人資料保護法（以下簡稱本法）第8條第1項規定：「公務機關或非公務機關依第15條或第19條規定向當事人蒐集個人資料時，應明確告知當事人下列事項：一、公務機關或非公務機關名稱。二、蒐集之目的。三、個人資料之類別。四、個人資料利用之期間、地區、對象及方式。五、當事人依第3條規定得行使之權利及方式。六、當事人得自由選擇提供個人資料時，不提供將對其權益之影響。」準此，非公務機關除有本法第8條第2項所列得免為告知情形者外，非公務機關向當事人蒐集個人資料時，均應使當事人明瞭本法第8條第1項所列應告知事項，俾使當事人能知悉其個人資料被他人蒐集之情形。非公務機關未為告知，或為不完整之告知，均屬違反本法第8條第1項規定（本部102年3月12日法律字第10100250980號函參照），合先敘明。

(三) 貴會來函所詢中華民國○○商業同業公會全國聯合會（以下簡稱○○公會）所擬該會會員「履行個人資料保護法第8條第1項告知義務內容參考範本」（以下簡稱本參考範本），本部意見分述如

下，提供貴會參考：

1. 按本法第 8 條所定告知義務，其「告知」之方式，包括任何足以使當事人知悉或可得知悉之方式，例如言詞、書面、電話、簡訊、電子郵件、傳真、電子文件等方式，均屬之（本法施行細則第 16 條規定參照）。故銀行履行告知義務之方式，並不限於以書面方式。如銀行以書面方式履行告知義務，並請當事人於該書面簽名，係為取得當事人知悉告知內容之紀錄，與其是否同意個人資料之蒐集或處理無涉，銀行不得因當事人拒絕簽署告知書，而拒絕其業務之申請（貴會 101 年 10 月 24 日金管銀合字第 10130002690 號函參照）。

2. 本參考範本本文：（1）建議修正第 3 點第 1 款：建議於「得向本行查詢、請求閱覽或請求製給複製本」前，增列「依個資法第 10 條」文字。（2）建議修正第 3 點第 3 款：為使當事人明確知悉其得行使之權利內容，建議參酌本法第 11 條第 4 項條文，酌修文字。（3）為保障當事人個人資料自主權，以供當事人獲得充分資訊，據以決定是否提供具自由選擇性質（例如：本法第 19 條第 1 項第 5 款）之相關個人資料，各機關於蒐集上開性質之個人資料時，應告知當事人所得自由選擇提供之個人資料範圍，以及不提供將對其權益之影響，俾使當事人獲得充份資訊，據以決定是否提供相關個人資料（本法第 8 條第 1 項第 6 款規定參照）。至於本參考範本本文第 4 點，似在告知當事人基於契約關係本應提供金融業務上所必要之個人資料，否則銀行無法辦理相關業務，其與本法第 8 條第 1 項第 6 款規定具自由選擇性質之意旨有間，爰建議酌予修正文字。

3. 本參考範本附表：（1）蒐集之目的、個人資料之類別部分：銀行履行告知義務時，告知之內容應明確告知當事人蒐集該個人資料之特定目的，且所蒐集之資料類別及利用對象，應於該蒐集特定目的之必要範圍內，並與蒐集之目的具有正當合理之關聯。告知之內容如過於概括，未依實際執行情形告知蒐集之目的，恐未符合「明確告知」之要件（貴會 101 年 10 月 24 日金管銀合字第 10130002690 號

函參照）。本參考範本所列特定目的及個人資料類別是否符合銀行實際執行業務情形，且屬該特定目的之必要範圍？依來函附件之附表所示，似過於籠統，例如：存匯、授信業務是否涵蓋信用卡、現金卡之特定目的？外匯業務是否涵蓋核貸與授信業務之特定目的？授信業務是否涵蓋外匯業務之特定目的？存匯、授信、信用卡、外匯及有價證券業務是否涵蓋行銷或商業與技術資訊之特定目的？所列「自台端或第三人處所實際蒐集之個人資料為準」之個人資料類別是否明確？因涉貴會監管事項，仍應由貴會本於權責重新逐一審認，如非屬該業務之特定目的，應予刪除。（2）利用對象部分：A. 按本法第 4 條規定：「受公務機關或非公務機關委託蒐集、處理或利用個人資料者，於本法適用範圍內，視同委託機關。」故受銀行委託蒐集、處理及利用個人資料者，應視同銀行，而非利用個人資料之對象。B. 次按非公務機關對於個人資料之利用（如機關內部使用或提供當事人以外之第三人），自須於蒐集之特定目的必要範圍內為之（本部 99 年 8 月 9 日法律字第 0999032891 號函參照），例如：於銀行於其與當事人間所定契約之必要範圍內利用個人資料。如為特定目的外之利用，則須合於個資法第 20 條第 1 項但書所列各款情形之一，始得為之。是以，特定目的內利用與特定目的外利用之要件並不相同，爰建議對可能已知之利用對象宜予區分，以茲明確。（3）利用方式等部分：本參考範本所列「符合個人資料相關法令以自動化機器或其他非自動化之利用方式」之個人資料利用之方式，其內容過於模糊、概括，應予修正，俾使當事人明確知悉其利用方式為何。

(四) 至於各非公務機關於各種類型業務中蒐集個人資料所為之告知，是否符合本法第 8 條、第 9 條告知義務之規定？仍須依具體事實認定，無法僅以個案之告知內容符合本參考範本所列之參考文字，遽認蒐集者已使當事人明瞭本法第 8 條、第 9 條所列應告知事項，亦即應視具體個案所欲進行之蒐集、處理及利用行為而為告知。是

以，本件參考範本內容仍宜依各類型申辦之業務而予以調整因應，以符本法第 8 條第 1 項所定「應明確告知當事人」之意旨。因此，有關貴管非公務機關履行本法告知義務之個案認定事項，仍請貴會依具體事實本於權責審認之。

◎金融監督管理委員會 102 年 5 月 1 日金管銀合字第 10230001141 號函

(一) 所詢銀行業及金融控股公司建置「利害關係人資料庫」、「子公司業務及客戶資料庫」，所涉個人資料保護法之適用疑義一案。

(二) 按銀行業及金融控股公司建置「利害關係人資料庫」之依據，包括銀行法第 32 條及第 33 條、金融控股公司法第 44 條及第 45 條、財政部 82 年 7 月 12 日台財融字第 821165024 號函、本會 99 年 9 月 28 日金管銀法字第 09910004570 號函等，係基於法律規定。銀行業及金融控股公司遵循上開法律及依法律所為補充性行政函釋，建置「利害關係人資料庫」，係為執行法律所定之義務，避免承作不當之利害關係人交易，致損害大眾權益及影響健全經營。而金融控股公司建置「子公司業務及客戶資料庫」之依據，包括金融控股公司法第 36 條第 1 項、第 42 條、第 46 條、第 55 條及第 56 條、金融控股公司依金融控股公司法第 46 條申報與揭露辦法第 2 條、本會 93 年 9 月 13 日金管銀（一）字第 0938011562 號令等，亦係基於法律及法規命令。金融控股公司遵循上開法律、法規命令及依法律及法規命令所為補充性行政函釋，建置「子公司業務及客戶資料庫」，係為執行法律及法規命令所定之義務，以管理集團風險，並保障客戶權益。爰上述情形，符合個人資料保護法第 8 條第 2 項第 2 款「履行法定義務所必要」之情形，依該法第 8 條第 2 項及第 9 條第 2 項規定，得免向當事人為告知；且符合該法第 19 條第 1 項第 1 款「法律明文規定」及第 6 款「與公共利益有關」之情形，非必須經當事人書面同意。

(三) 銀行業及金融控股公司應遵守上開銀行法及金融控股公司法等相關規範。

◎法務部 102 年 4 月 19 日法律字第 10203503430 號函

(一) 有關貴委員國會辦公室函詢個人資料保護法疑義一案。

(二) 選舉農會理事長、常務監事、理事、監事、會員代表及農事小組組長、副組長時：按本法屬普通法性質，個別法規另有規定時，仍應優先適用之。次按農會法第 49 條之 1 規定授權訂定之農會選舉罷免辦法第 3 條規定：「本辦法所稱農會之選舉、罷免，係指各級農會理事長、常務監事、理事、監事、會員代表及農事小組組長、副組長之選舉、罷免。」同辦法第 12 條第 1 項規定：「農會應於農事小組選舉投票日前六十日在農會與其辦事處、信用部分部及各農事小組公告，敘明選舉人名冊於農會及其辦事處、信用部分部公開陳列供閱覽七日，當事人發現錯誤或遺漏時，或會員種類及戶籍地址於公告日之前有異動者，應於公告之日起七日內，以書面向農會申請更正。」農會選舉之選舉人名冊公開陳列供閱覽事項，因上開農會法規已另為規範，自應優先適用（本部 102 年 1 月 16 日法律字第 10100713340 號書函參照）。

(三) 遴選農會總幹事時：農會遴選總幹事，而無其他特別規定時，仍應適用本法規定。又農會係公益社團法人，除有依法令或受委託行使公權力之情形外，當應適用本法有關非公務機關之規定（本部 101 年 11 月 21 日法律字第 10100113630 號函參照）。因此，農會將會員名冊對民眾公開，須於蒐集會員名冊之特定目的內，例如：農業管理（代號：051）、契約或其他法律關係事務（代號：069），並為必要範圍內，始得為之（本法第 20 條第 1 項本文規定）。否則，農會應符合本法第 20 條第 1 項但書所列各款情形之一（例如：經當事人書面同意），始得為特定目的外之利用。

(四) 出租人依其與承租人所訂之租賃契約，向承租人蒐集國民身分證影本及年籍等個人資料時，出租人有特定目的，例如：契約、類似契約或其他法律關係事務（代號：069）、徵信（代號：154），並與當事人有契約或類似契約關係，則其於特定目的之必要範圍內蒐

集個人資料，符合本法第 19 條規定。至出租人利用上開個人資料時，原則上應於上開特定目的內必要範圍內為之（本法第 20 條第 1 項規定）。

(五) 按當事人就其個人資料依本法規定行使之查詢或請求閱覽、請求製給複製本、補充、更正，請求停止蒐集、處理或利用，以及請求刪除等權利，不得預先拋棄或以特約限制之（本法第 3 條規定參照）。因此，蒐集者自不得以其當事人訂有特約為由，主張當事人不得行使其本法上開權利。次按公務機關及非公務機關原則應於特定目的之必要範圍內利用個人資料，本法第 16 條、第 20 條第 1 項定有明文，又本法第 5 條規定：「個人資料之蒐集、處理或利用，應尊重當事人之權益，依誠實及信用方法為之……」，故公務機關及非公務機關與當事人間不論是否具有對價性之個人資料蒐集活動，均不得毫無限制或無範圍地任意利用個人資料。

(六) 按個人資料保護法屬普通法性質，個別法規另有規定時，仍應優先適用之。次按警察職權行使法第 7 條第 1 項規定：「警察依前條規定，為查證人民身分，得採取下列之必要措施：……二、詢問姓名、出生年月日、出生地、國籍、住居所及身分證統一編號『等』。……」警察臨檢時詢問受盤查人之個人資料，因上開個別法規已另為規範，應予優先適用。又依上開規定，警察查證時詢問人別資料之種類應係例示規定，並不限於明文所例示之事項，惟依該條項序文規定，應限於查證「必要」範圍內。至具體個案中警察何以須詢問民眾行動電話號碼，宜由警政機關予以說明。

(七) 按公務機關及非公務機關皆有義務應參酌本法施行細則第 12 條所列事項，並衡酌其所欲達成之個人資料保護目的及所涉及個人資料特性，辦理安全維護事項採行適當之安全措施（本法第 18 條、第 27 條規定參照），以防止個人資料被竊取、竄改、毀損、滅失或洩漏，依不同具體個案情況，採取不同技術上及組織上之措施，本法並無硬性規定需一律採行紙本加印浮水印或加密等措施，始可謂符

合本法規定。至於公務機關利用網路填報系統受理非公務機關申報涉及個人資料事項，因該網路填報系統係由公務機關所設置，自應由公務機關依本法上開規定就該系統採行適當安全維護措施。惟非公務機關為維護其所提供個人資料之安全性，於提供個人資料予公務機關時，仍可參酌本法上開規定審慎採行安全維護措施，並與公務機關洽商共同採行適當之安全措施。

(八) 如係自然人為個人或家庭活動目的，蒐集或利用個人資料：按本法第51條第1項第1款規定：「有下列情形之一者，不適用本法規定：一、自然人為單純個人或家庭活動之目的，而蒐集、處理或利用個人資料。……」自然人為個人或家庭活動目的，蒐集或利用當事人個人資料（例如：交換名片、將個人資料透露予第三人知悉），尚無本法之適用，亦無須依本法履行告知義務。惟上開行為若有侵害民眾人格權或隱私權者，受害人仍得根據民法第18條、第184條及第195條等規定，請求法院除去侵害或防止侵害及主張損害賠償，併予敘明。

(九) 公務機關或非公務機關（非屬前述自然人為個人或家庭活動目的，蒐集或利用個人資料之情形）蒐集或利用個人資料：公務機關或非公務機關蒐集個人資料（本法第15條、第19條規定），非屬前述為個人或家庭活動目的之情形時，仍應依本法第8條、第9條規定履行告知義務。另公務機關或非公務機關將所蒐集之個人資料再行透露予第三人知悉，應於其蒐集之特定目的必要範圍內為之（本法第16條、第20條第1項規定參照）。否則，應符合本法第16條但書、第20條第1項但書各款所列情形之一，始得為特定目的外之利用。

(十) 蒐集者合法蒐集當事人之個人資料後，提供當事人補發文件或製給複製本、請求更正個人資料、查詢個人資料等後續相關服務，應係其依本法第3條規定，提供當事人行使其本法上權利，若蒐集者並未另行蒐集其他個人資料，僅係要求當事人再次提供個人資料以比

對蒐集機關已合法保有之個人資料進而確認其身分，係屬身分查證之手段，尚未另外涉及蒐集行為，無需再依本法第 8 條規定履行告知義務。

(十一) 按公務機關基於人事管理（代號：002）或公務聯繫業務推動（代號 171、175）之特定目的，於執行法定職務之必要範圍內為蒐集、處理及利用員工個人資料，符合本法第 15 條、第 16 條規定。次按非公務機關基於人事管理（代號：002）、契約或其他法律關係（代號：069）之特定目的，而於其與員工所定契約必要範圍內為蒐集、處理及利用個人資料，亦符合本法第 19 條、第 20 條規定。惟各機關（包含公務及非公務機關）依本法第 15 條、第 19 條規定蒐集個人資料時，仍應注意所蒐集個人資料之對象及類別不同，其目的及必要性上將有所差別，例如：各機關對於單位業務主管須緊急聯繫業務，而須蒐集單位業務主管之住宅或行動電話；惟對於一般員工是否仍有此需要，則可視公務機關或非公務機關之業務運作及組織予以斟酌。故各機關依本法第 16 條、第 20 條規定編印員工通訊錄之利用行為，亦應注意其原蒐集之目的及必要性（本部 102 年 2 月 4 日法律字第 10100243410 號函、102 年 3 月 19 日法律字第 10203502470 號意旨參照）。

◎法務部 102 年 3 月 26 日法律字第 10203501860 號函

(一) 關於「個人資料保護法」施行後，得否蒐集信徒資料、公告信徒名冊及公開寺廟負責人姓名資料疑義乙案。

(二) 關於寺廟蒐集信徒資料，申報信徒名冊部分：

1. 按個人資料保護法（以下簡稱本法）第 19 條第 1 項規定：「非公務機關對個人資料之蒐集或處理，除第 6 條第 1 項所規定資料外，應有特定目的，並符合下列情形之一者：一、法律明文規定。二、與當事人有契約或類似契約之關係。……」又按未經辦理法人登記之

寺廟，司法實務見解多認為非法人團體（最高行政法院86年度判字第1232號判決、臺灣高等法院86年度抗字第3591號民事裁定、最高法院43年台上字第143號判例參照）。復依「辦理寺廟登記須知」第16點第7款規定，「信徒資格之取得、喪失、開除與權利及義務」，為寺廟之組織或管理章程內應載明事項之一。本件依來函所述，寺廟為依「辦理寺廟登記須知」規定申報信徒名冊，蒐集所屬信徒個人資料之情形，應係基於「團體對會員或其他成員名冊之內部管理」（代號：052）之特定目的，且符合本法第19條第1項第2款「與當事人有契約或類似契約關係」（通說認為非法人團體與會員間內部關係應類推適用社團法人之規定，而社團法人與新社員間係契約關係，參考王澤鑑，民法總則，第143頁，及鄭玉波，民法總則，第129～130、177頁），而得蒐集該等信徒資料，並得依本法第20條規定，於蒐集之特定目的「必要範圍內」為利用。

2. 另按本法第8條規定：「公務機關或非公務機關依第15條或第19條規定向當事人蒐集個人資料時，應明確告知當事人下列事項：一、公務機關或非公務機關名稱。二、蒐集之目的。……六、當事人得自由選擇提供個人資料時，不提供將對其權益之影響。（第1項）有下列情形之一者，得免為前項之告知：一、依法律規定得免告知。二、個人資料之蒐集係公務機關執行法定職務或非公務機關履行法定義務所必要。…五、當事人明知應告知之內容。（第2項）」上開本法第8條第2項第2款所稱「法定義務」，係指非公務機關依法律或法律具體明確授權之法規命令所定之義務（個人資料保護法施行細則第11條）。本件寺廟造報信徒名冊之法令依據為「辦理寺廟登記須知」，屬行政規則性質，與上揭本法第8條第2項第2款所定「履行法定義務」之情形不相當。故寺廟除有其他符合本法第8條第2項免為告知（如第5款當事人明知應告知之內容等）情事外，仍應於蒐集時向當事人告知本法第8條第1項規定之相關事項。

(三) 關於主管機關蒐集信徒資料、公告信徒名冊部分：

1. 按本法第 15 條第 1 款規定：「公務機關對個人資料之蒐集或處理，除第 6 條第 1 項所規定資料外，應有特定目的，並符合下列情形之一者：一、執行法定職務必要範圍內。……」本法第 16 條本文規定：「公務機關對個人資料之利用，除第 6 條第 1 項所規定資料外，應於執行法定職務必要範圍內為之，並與蒐集之特定目的相符。」又按「直轄市宗教輔導」及「縣（市）宗教輔導」，為直轄市及縣（市）自治事項，地方制度法第 18 條第 3 款第 4 目及第 19 條第 3 款第 4 目分別定有明文。準此，本件主管機關蒐集信徒資料及公告信徒名冊，應係基於「民政」（代號：023）之特定目的，且係本法第 15 條第 1 款及第 16 條所稱「執行法定職務」，惟仍應符合於執行該等職務「必要範圍內」之要件，始得為之。依貴部來函所述，因僅敘明擬認定主管機關蒐集、處理信徒資料及公告信徒名冊，係「執行法定職務」，而未敘明何以必須蒐集、處理及利用信徒資料之原因，及是否係於執行該等職務必要範圍內，本部尚難逕以認定是否符合本法第 15 條第 1 款及第 8 條第 2 項第 2 款規定，仍宜由主管機關參酌上開說明，本於權責審認之。

2. 另依來函所述，為解決部分寺廟因信徒失聯者眾，致信徒大會出席人數屢屢未達法定人數而流會之困境，貴部於 98 年 3 月 17 日以台內民字第 0980049981 號函知各直轄市政府民政局及各縣市政府略以：「得由寺廟造具失聯信徒名冊，……報主管機關備查後，由主管機關將失聯信徒名冊，公告於寺廟公告欄或門首顯眼之適當地點、寺廟所在地村（里）辦公處公告欄、鄉（鎮、市、區）公所公告欄，限期 30 日請失聯信徒與寺廟聯絡，期限屆滿未聯絡者，由寺廟造具名冊報主管機關備查，當年度後續召開之信徒大會，上開名冊內之信徒，得不計入該次會議出席人數」乙節，因該等失聯信徒是否計入信徒大會出席人數，涉及人民權利義務重要事項，逕以上揭函規範是否妥適？尚有疑義，從而關於主管機關蒐集、處理及公

告失聯信徒名冊部分，是否符合本法第 15 條第 1 款及第 16 條所稱「執行法定職務必要範圍內」之要件，似有待斟酌。

(四) 關於公開寺廟負責人姓名等資料疑義部分：按個人資料係指自然人之姓名、出生年月日、國民身分證統一編號等得以直接或間接方式識別該個人之資料（本法第 2 條第 1 款參照）。寺廟性質上為非法人團體，並非自然人，已見前述，來函所述有關主管機關得否於網路或以其他方式公開寺廟名稱、地址、電話、登記證字號乙節，該等資料既非自然人之資料，即非屬個人資料，故主管機關公開該等資料，尚無本法之適用。至主管機關擬於網路或以其他方式公開寺廟負責人之姓名乙節，該等姓名係屬個人資料，倘主管機關原蒐集該等資料之特定目的並非為提供公眾查詢使用，現對外公開上開資料即屬於特定目的外之利用，應有個資法第 16 條但書所列情形之一，始得為之。因來函未敘明擬公開該等資料之理由及相關規定，爰請貴部參酌上開說明本於職權審酌之。

◎ 法務部 102 年 3 月 18 日法律字第 10203501910 號函

(一) 有關貴會再函詢會計師於受託執行業務適用個人資料保護法（以下簡稱本法）疑義一案。

(二) 關於貴會所詢問題（一）、問題（二）會計師執行查核簽證業務，是否須經當事人書面同意一節，茲再析述如下：

1. 個別法律明文規定應經會計師查核簽證者：按公司將個人資料提供予會計師執行查核簽證之利用行為，倘係依個別法律（例如：公司法、證券交易法等）或其具體明確授權之法規命令規定須由公司提供予會計師者，尚符本法第 20 條第 1 項第 1 款規定。另會計師執行查核簽證業務而有蒐集個人資料之行為，倘係依個別法律（例如：公司法、證券交易法等）或其具體明確授權之法規命令規定須由會計師查核簽證者，則屬本法第 19 條第 1 項第 1 款規定情形（本部 100 年 6 月 2 日法律字第 1000008403 號函諒達），毋須再經當事人

書面同意，始得為之。惟應注意本法第 5 條規定，不得逾越查核簽
證之必要範圍。

2. 個別法律未要求須經會計師查核簽證者：會計師如係受公務機關或
非公務機關委託蒐集、處理或利用個人資料者，則其於本法適用範
圍內所為之蒐集、處理或利用行為，係視同該委託機關之行為（本
法第 4 條規定參照），其有特定目的（例如：帳務管理、會計與相
關服務），並符合本法第 19 條第 1 項所列各款情形之一（例如：與
當事人有契約關係、經當事人書面同意），本可於必要範圍內蒐集、
處理或利用個人資料（本法第 20 條第 1 項規定參照），並視同委託
機關之行為，而以委託機關為權責歸屬機關（本部 100 年 4 月 26 日
法律字第 0999051925 號函意旨參照）。

(三) 關於貴會所詢問題（三）會計師將取自簽證客戶之個人資料用於查
核簽證，得否免告知當事人一節，茲再說明如下：倘法律或法律具
體明確授權之法規命令規定，公司應經會計師查核簽證時，則會計
師將取自簽證客戶之個人資料用於查核簽證，應屬本法第 8 條第 2
項第 2 款、第 9 條第 2 項第 1 款規定「非公務機關履行法定義務」
之情形（本部 102 年 1 月 3 日法律字第 10100260640 號函、102 年
3 月 11 日法律字第 10100699790 號函意旨參照），而得免為告知。
否則，除有其他免告知事由外，仍應踐行本法第 8 條第 1 項或第 9
條第 1 項規定之告知義務。另如委託機關依法須踐行告知義務且已
依本法第 8 條或第 9 條規定告知，則受託之會計師毋庸再踐行告知
義務（本部 102 年 2 月 25 日法律字第 10100669890 號函參照）。

(四) 關於貴會所詢問題（四）會計師為執行查核簽證，向客戶之債務人
函證，該債務人可否拒絕回答一節，經函詢金融監督管理委員會，
並參考貴會後續說明內容後，說明如下：會計師為執行查核簽證而
向個人進行函證時，如各相關法規僅課予會計師辦理查核簽證應
函證之義務，例如：會計師查核簽證財務報表規則第 20 條規定，
則相對人對於會計師依上開規定所為之函證，尚無受其拘束而須

回答之義務（金融監督管理委員會 101 年 2 月 23 日金管證審字第 10000063634 號函參照）。

◎ **金融監督管理委員會 101 年 10 月 24 日金管銀合字第 10130002690 號函**

(一) 邇來有銀行執行個人資料保護法（以下簡稱個資法）告知義務時，發生民眾誤解有不當蒐集個人資料之情形。請轉知所屬會員機構依說明事項檢討改善。

(二) 銀行業履行個資法第 8 條之告知義務，有下列事項應立即檢討改善：

1. **告知書內容過於概括**：銀行業履行告知義務時，告知書之內容應明確告知當事人蒐集該個人資料之特定目的，且所蒐集之資料類別及利用對象，應於該蒐集特定目的之必要範圍內，並與蒐集之目的具有正當合理之關聯。告知書之內容如過於概括，未依實際業務執行情形告知當事人蒐集之目的、資料類別及利用對象，恐未符合「明確告知」之要件。

2. **因客戶拒絕簽署告知書，而拒絕其業務之申請**：銀行業請客戶於告知書上簽署，係為取得其知悉告知內容之紀錄，與其是否同意個人資料之蒐集或處理無涉。銀行業不得因客戶拒絕簽署告知書，而拒絕其業務之申請。

3. **告知書與同意書列於同一書面，造成客戶混淆**：銀行業將告知書與同意書列於同一書面，未明顯區隔，易造成客戶混淆，而為概括同意。為避免客戶混淆，銀行業執行個資法第 8 條之告知說明，與同法第 19 條之取得當事人書面同意，宜於不同書面為之。銀行業基於行銷等特定目的，取得當事人書面同意時，依現行「金融控股公司之子公司間共同行銷管理辦法」、「銀行、證券商及保險公司等機構合作推廣他業商品或提供相關服務規範」等相關規定，應提供客戶選擇是否同意之欄位及簽名處。

4. **對於客戶不同意或要求刪除其個人資料時，未提供合理說明：**為建立銀行與客戶間之信賴關係，銀行業對於客戶不同意其蒐集處理其個人資料，或因業務往來關係終止等因素要求刪除其個人資料時，應建立內部標準作業流程，並於作業完成時，告知當事人。如依法有不可刪除之理由，亦應充分告知當事人。

◎ **法務部 100 年 6 月 17 日法律字第 1000015767 號函**

(一) 本件所詢個資法第 8 條第 1 項第 4 款有關個人資料利用之對象應如何界定乙節，按個資法第 8 條及第 9 條所定蒐集當事人或非由當事人提供之個人資料之告知義務及告知事項，其立法意旨為個人資料之蒐集，事涉當事人之隱私權益，為使當事人能知悉其個人資料被他人蒐集之情形，或使當事人明瞭其個人資料被蒐集情形，並得以判斷提供該個人資料之來源是否合法，以及早採取救濟措施，避免其個人資料遭不法濫用而損害其權益。準此，個人資料利用之對象亦為告知事項之一。

(二) 有關個人資料利用對象之概念界定，**由於個人資料利用之對象，可能包括特定目的內或特定目的外之利用，也可能包括自己利用或傳遞予第三人利用，為使個人資料之本人有知悉其個人資料利用情形之機會，同時參考德國聯邦個人資料保護法第 4 條之 1 第 1 項前段：**「當事人之同意，以出於其自由決定者，始為有效。蒐集、處理與利用資料之預定目的，以及拒絕提供資料之結果—以於個案情形有其必要或經當事人請求者為限，應告知當事人。」及第 19 條第 1 項：「依當事人之申請，應對其告知下列事項：一、已儲存而關於其個人之資料，包括資料之來源；二、受領人或資料輾轉傳遞之受領人之範疇；三、儲存目的。」與**第 19 條之 1 第 1 項**「資料未經當事人之知悉而蒐集者，應將儲存事實、負責單位之名稱、以及蒐集、處理或利用之目的，通知當事人。資料須傳遞者，當事人對於資料之受領人或受領人之範疇無知悉之必要者，亦應將受領

或受領人之範疇，通知當事人。」等規定，個資法第 8 條第 1 項第 4 款及第 9 條第 1 項所定「個人資料利用之對象」概念，方向上將界定為蒐集個人資料之公務機關或非公務機關，及其傳遞資料之蒐集者之範疇，以資適用。

相關條文

（法律）個資法施行細則 9。（法定職務）個資法施行細則 10，傳染病防治法 29，勞工保險條例 10 Ⅰ，洗錢防制法 7。（法定義務）個資法施行細則 11。（告知方式）個資法施行細則 16。（公務蒐集處理）個資法 15。（非公務蒐集處理）個資法 19。（個資請求權）個資法 3。（蒐集目的、個資類別）個人資料保護法之特定目的及個人資料之類別。（本條罰則）個資法 48。

第 9 條　（間接蒐集告知）

公務機關或非公務機關依第十五條或第十九條規定蒐集非由當事人提供之個人資料，應於處理或利用前，向當事人告知個人資料來源及前條第一項第一款至第五款所列事項。

有下列情形之一者，得免為前項之告知：

一、有前條第二項所列各款情形之一。

二、當事人自行公開或其他已合法公開之個人資料。

三、不能向當事人或其法定代理人為告知。

四、基於公共利益為統計或學術研究之目的而有必要，且該資料須經提供者處理後或蒐集者依其揭露方式，無從識別特定當事人者為限。

五、大眾傳播業者基於新聞報導之公益目的而蒐集個人資料。

第一項之告知，得於首次對當事人為利用時併同為之。

修正理由

1. 蒐集個人資料除向當事人直接蒐集外，亦得自第三人取得之，此等間接蒐集個人資料，尤需告知當事人資料來源及其相關事項，俾使當事人明瞭其個人資料被蒐集情形，並得以判斷提供該個人資料之來源是否合法，進而及早採取救濟措施，避免其個人資料遭不法濫用而損害其權益。是以，第1項明定間接蒐集個人資料者（因屬間接蒐集，自無從於蒐集時併為告知），應於該資料處理或利用前，告知當事人資料來源及前條第1項第1款至第5款所列事項（第6款情形係屬當事人直接提供資料，於間接蒐集行為，無從適用）。

2. 間接蒐集當事人之個人資料時，原則上應於處理該資料或利用前，告知當事人第1項所列事項。惟在部分特別情況下，告知恐有不宜或無必要，爰於第2項規定間接蒐集得免告知當事人之情形，其各款立法理由如次：

   （1）第1款規定於直接蒐集個人資料時，得免告知義務，在間接蒐集時，亦得免為告知，理由詳如前條說明。

   （2）間接蒐集之個人資料，如係當事人自行公開揭露或其他合法公開之資料，對其隱私權應無侵害之虞，自得免為告知，爰為第2款之規定。

   （3）為保護當事人之權益，第1項規定間接蒐集個人資料時，應告知當事人相關事項。惟客觀上顯然不能向當事人告知時，例如：當事人失蹤不知去向、昏迷不醒，亦無法得知其法定代理人為何人時，自無從告知。另基於各款項內容之體系性安排，爰移列為第3款規定。

   （4）基於統計或學術研究目的，經常會以間接蒐集方式蒐集個人資料，如依其統計或研究計畫，當事人資料經過匿名化處理，或其公布揭露方式無從再識別特定當事人者，應無侵害個人隱私權益之虞，應可免除告知當事人之義務。另為避免以特定身分

作為排除告知義務之規範對象，刪除原修正條文學術研究機構等文字，以符合基於公共利益為統計或學術研究之目的而有必要之規定，且該資料須經處理後或依其揭露方式，無從識別特定當事人之客觀要件作為判斷依據，爰為第 4 款之規定。

（5）大眾傳播業者基於報導新聞之目的，經常以間接方式蒐集特定人之個人資料，如需依第 1 項規定告知當事人資料來源等相關事項，恐會造成新聞報導之困擾。另揆諸 1995 年歐盟資料保護指令（95/46/EC）及部分外國立法例，亦有將新聞業者低度或排除適用之規定。又依中華民國報業道德規範之宗旨，自由報業為自由社會之重要支柱，其主要責任在提高國民生活水準，服務民主政治，保障人民權利，增進公共利益與維護世界和平；新聞自由為自由報業之靈魂，惟報紙新聞和意見之傳播速度太快，影響太廣，故應慎重運用此項權利。準此，新聞報導之目的，應與上開宗旨相契合，以促進公共利益為其最終目的。是以，為尊重新聞自由及增進公共利益，爰為第 5 款規定。

（6）如當事人不認同蒐集機關適用本條第 2 項之規定而免為告知時，得依本法第 3 條規定請求查詢或閱覽，被請求之蒐集機關則應依第 13 條規定辦理。當事人亦得以其蒐集不合法為由，請求補為告知，或依第 11 條第 4 項規定，請求蒐集機關刪除、停止處理或利用該個人資料，併予敘明。

3. 在間接蒐集個人資料之情形，原則上應於處理或利用前，向當事人告知個人資料來源等事項，但如能於首次對當事人為利用時（例如：對當事人進行商品行銷），併同告知，不但能提高效率，亦可減少勞費，且無損於當事人之權益，爰為第 3 項規定。

4. 參考 1995 年歐盟資料保護指令（95/46/EC）第 9 條、第 11 條、第 13 條、德國聯邦個人資料保護法第 19a 條、奧地利聯邦個人資料保護法第 24 條、日本個人資訊保護法第 50 條等。

名詞解釋

資料經過處理後或依其揭露方式無從識別特定當事人：指個人資料以代碼、匿名、隱藏部分資料或其他方式，無從辨識該特定個人。（個資法施行細則 17）

條文釋義

1. 間接蒐集個人資料，除符合得免告知情形者外，亦須明確告知當事人蒐集機關名稱、蒐集目的、資料類別、利用方式、資料來源等相關事項。另為減少勞費起見，允許得於首次對當事人為利用時得併同告知。

2. 個資法施行細則第 17 條明定，個資法所稱資料經過處理後，或依其揭露方式無從識別特定當事人之類型，係指個人資料以代碼、匿名、隱藏部分資料或其他揭露方式，使之無從辨識該特定個人之情形。

3. 至於各公務或非公務機關，如在適用本條規定要件上，有明確之必要者，各公務機關或目的事業主管機關，得斟酌訂定裁量基準，俾供所屬機關或所管行業遵循。

4. 試舉間接蒐集個資常見實例如下：某一雜誌訂戶因想獲得免費續訂一年雜誌的優惠，因此間接介紹五名同學親友的個資給雜誌社，供其行銷之用。現在個資法施行後，雜誌社如果想要使用這五名間接取得的個資，依據個資法規定，雜誌社必須直接告知這五名當事人，並取得他們的同意，才算符合新制個資法規定。

實務見解

1. 法務部 105 年 2 月 4 日法律字第 10503502850 號函

(一)「……另多揭露『年齡』，是否逾越第 9 條第 2 項規定之『已合法公開之個人資料』……」乙節，按個人資料保護法（下稱個資法）

第9條第2項規定，係公務機關或非公務機關間接蒐集（蒐集非由當事人提供）個人資料後，於處理或利用前之免告知事由，並非得否蒐集、處理或利用個人資料要件之判斷依據，應不生來函所指是否逾越免告知事由範圍之問題。新聞報導得否揭露（即利用）姓名及年齡，應注意縱然部分個人資料係取自合法公開之個人資料（法院公開之裁判書），仍應就個資法第19條第1項各款分別判斷，非依個資法第9條第2項規定定之。

（二）「……若參採法院網站上已公開之裁判書，是否為第19條第1項第7款『一般可得之來源』？有關賴君所稱……及其個人社會復歸權利是否相較於新聞報導之公共利益為更值得保護之重大利益？以及是否有『個資法』第19條第2項規定『蒐集或處理者知悉……處理。』之適用」乙節，依個人資料保護法施行細則第28條之規定，個資法第19條第1項第7款本文所稱「一般可得之來源」，係指透過大眾傳播、網際網路、新聞、雜誌、政府公報及其他一般人可得知悉或接觸而取得個人資料之管道；惟非公務機關依該款本文規定蒐集或處理個人資料時，尚須依該款但書規定進行利益衡量始能確定。換言之，為兼顧當事人之重大利益，如該當事人對其個人資料有禁止處理或利用，且相對於蒐集者之蒐集或處理之特定目的，顯有更值得保護之重大利益者，則不得為蒐集或處理，於此情形，非公務機關仍應經當事人同意或符合其他款規定事由者，始得蒐集或處理個人資料。倘陳情人所稱撤銷該則新聞，係將依個資法第19條第2項規定請求刪除、停止處理或利用該個人資料，而報導新聞之非公務機關，經利益衡量後仍認當事人未有更值得保護之重大利益或認有同條第1項其他款事由而持續保有、處理或利用者，則貴部應就「當事人對該資料之禁止處理或利用，是否顯有更值得保護之重大利益」或其他款事由等問題，參考個資法第5條比例原則之意旨，綜合審酌判斷之。

（三）「新聞報導揭露……是否符合第19條規定『公共利益』或第20條

『必要範圍』」乙節，依實務見解，「公共利益」係指為社會不特定之多數人可以分享之利益。「公共利益」與「必要範圍」，皆係不確定法律概念，尚難以遽定其範圍及認定標準，應視具體個案分別認定之。

◎ **法務部 105 年 1 月 30 日法律字第 10503500850 號函**

(一) 按 104 年 12 月 30 日總統公布之個人資料保護法（施行日期尚待行政院定之）第 54 條規定：「本法中華民國 99 年 5 月 26 日修正公布之條文施行前，非由當事人提供之個人資料，於本法 104 年 12 月 15 日修正之條文施行後為處理或利用者，應於處理或利用前，依第 9 條規定向當事人告知。（第 1 項）前項之告知，得於本法中華民國 104 年 12 月 15 日修正之條文施行後首次利用時併同為之。（第 2 項）未依前二項規定告知而利用者，以違反第 9 條規定論處。（第 3 項）」又個資法第 9 條規定：「公務機關……依第 15 條……規定蒐集非由當事人提供之個人資料，應於處理或利用前，向當事人告知個人資料來源及前條第 1 項第 1 款至第 5 款所列事項。（第 1 項）有下列情形之一者，得免為前項之告知：一、有前條第 2 項所列各款情形之一。二、當事人自行公開或其他已合法公開之個人資料。三、不能向當事人或其法定代理人為告知……。（第 2 項）第 1 項之告知，得於首次對當事人為利用時併同為之。（第 3 項）」準此，首揭第 54 條第 1 項規定之「依第 9 條規定向當事人告知」之規定於符合第 9 條第 2 項規定之免為告知情事者，自得免為告知。

(二) 又公務機關依上述規定應履行告知義務併敘明如下：

1. 如係於 101 年 10 月 1 日前，蒐集非由當事人提供之個人資料，於 101 年 10 月 1 日起至 104 年 12 月 15 日修正之條文尚未施行前依法處理或利用者，因個資法第 54 條於上開期間仍未施行，故無溯及依個資法第 9 條規定履行告知義務之問題。

2. 如係於 101 年 10 月 1 日前，蒐集非由當事人提供之個人資料，於 **104 年 12 月 15 日修正之條文於未來施行後依法處理或利用者，應依個資法第 54 條規定，於處理或利用前，依個資法第 9 條規定履行告知義務，並得於 104 年 12 月 15 日修正之條文施行後首次利用該個人資料時併同為之；惟如符合個資法第 9 條第 2 項所列情形之一者，則得免為告知。**

3. 如係於 101 年 10 月 1 日後，始依法蒐集非由當事人提供之個人資料，應依個資法第 9 條規定履行告知義務；惟如符合該條第 2 項所列情形之一者，則得免為告知。

◎ **法務部 100 年 5 月 8 日法律字第 10103103460 號函**

(一) 按個資法第 9 條第 1 項及第 2 項規定：「公務機關或非公務機關依第 15 條或第 19 條規定蒐集非由當事人提供之個人資料，應於處理或利用前，向當事人告知個人資料來源及前條第 1 項第 1 款至第 5 款所列事項。有下列情形之一者，得免為前項之告知：一、有前條第 2 項所列各款情形之一。⋯⋯」及同法第 8 條第 2 項規定：「有下列情形之一者，得免為前項之告知：⋯⋯二、個人資料之蒐集係公務機關執行法定職務或非公務機關履行法定義務所必要。⋯⋯五、當事人明知應告知之內容。」

(二) 次查票交所係辦理央行法授權訂定之票據交換及銀行間劃撥結算業務管理辦法第 2 條所定業務，如上所述，票交所之蒐集、處理或利用支票存款戶之個人資料，應屬履行本辦法所定之義務，符合第 9 條第 2 項第 1 款及第 8 條第 2 項第 1 款「非公務機關履行法定義務」之情形，即得免為告知義務。

🔍 **相關條文**

（無從識別特定個人）個資法施行細則 17，人體生物資料庫管理條例 3 ⑤⑥⑦。（告知方式）個資法施行細則 16。（本條罰則）個資法

48、50。（告知義務）個資法 54。

第 10 條 （請求權限制）

公務機關或非公務機關應依當事人之請求，就其蒐集之個人資料，答覆查詢、提供閱覽或製給複製本。但有下列情形之一者，不在此限：

一、妨害國家安全、外交及軍事機密、整體經濟利益或其他國家重大利益。

二、妨害公務機關執行法定職務。

三、妨害該蒐集機關或第三人之重大利益。

🔍 修正理由

　　當事人得請求答覆查詢、提供閱覽或製給複製本之對象，不限於向公務機關，亦應包括非公務機關。為期明確，爰將原條文第 26 條第 1 項非公務機關準用本條之規定，予以刪除，並將「公務機關」修正為「公務機關或非公務機關」。另「保有之個人資料檔案」，亦修正為「蒐集之個人資料」，以期適用明確，其各款修正理由如次：

1. 依第 3 條規定，當事人就其個人資料有查詢或請求閱覽及製給複製本等權利，且不得預先拋棄或以特約限制。本此意旨，公務機關或非公務機關自應盡量依當事人之請求，就其蒐集之個人資料，答覆查詢、提供閱覽或製給複製本；為確保當事人之權利，爰將第 1 款修正限縮為限於妨害國家安全、外交及軍事機密、整體經濟利益或其他國家重大利益者，始得拒絕。

2. 原條文第 2 款及第 3 款規定之「有……之虞」屬不確定法律概念，為免適用上發生疑義，爰刪除「之虞」二字。另第 2 款之「妨害公務執行」，應限於「妨害公務機關法定職務之執行」，爰併予修正。

3. 有些特殊性質資料，如提供當事人查詢、閱覽或製給複製本時，恐會洩漏資料蒐集者之業務祕密或妨害其重大利益。為此，第 3 款爰增加「該蒐集機關」之要件，以期周全。

名詞解釋

妨害第三人之重大利益：指有害於第三人個人之生命、身體、自由、財產或其他重大利益。（個資法施行細則 18）

條文釋義

為貫徹當事人參加之原則，應賦予當事人有請求自己資訊之權利，爰為本條前段之規定。惟基於公益與私益之平衡，特為本條但書之規定。

實務見解

◎臺灣士林地方法院 100 年度小抗字第 5 號民事裁定

按當事人書狀依民事訴訟法第 116 條第 1 款規定，應記載當事人姓名及住所或居所，當事人為法人、其他團體或機關者，並應記載其名稱及公務所、事務所或營業所，此固為法定所必須具備之程式。惟按**公務機關應依當事人之請求，就其保有之個人資料檔案，答覆查詢、提供閱覽或製給複製本，電腦處理個人資料保護法第 12 條（個資法第 10 條）定有明文，是上開規定僅允許當事人向公務機關請求查詢其個人資料檔案，則抗告人稱其無法向警方取得相對人之住所或居所等個人資料等語，自非無稽。又抗告人於起訴時已記載相對人之姓名，並提出載明車禍地點、車牌號碼資料之國道公路警察局道路交通事故當事人登記聯單，聲請法院調閱相關車禍資料，則原審依據前開資料已可得向內政部警政署國道公路警察局調閱車禍資料，並查知相對人之住所或居所，是原審逕以抗告人未呈報相對人之住居所為由而裁定駁回原告之訴，自有未洽。**

◎臺北高等行政法院 100 年度訴字第 1834 號民事裁定

　　電腦處理個人資料保護法第 12 條本文雖規定「公務機關應依當事人之請求，就其保有之個人資料檔案，答覆查詢、提供閱覽或製給複製本。」然其但書規定「但有左列情形之一者，不在此限：一、依前條不予公告者。……」而「關於公務機關之人事、勤務、薪給、衛生、福利或其相關事項」之個人資料檔案，依同法第 11 條第 7 款之規定不予公告。是依電腦處理個人資料保護法第 11 條第 7 款及第 12 條第 1 款之規定以觀，關於公務機關之人事、勤務、薪給等相關事項之個人資料檔案，公務機關本得拒絕當事人查詢、閱覽及製給複製本，當事人並無請求查詢、閱覽及製給複製本之權利【上開第 11 條（即審查會版本之第 12 條）之立法說明略謂「本條規定毋庸公告者，自無當事人參加原則之適用，不得請求查詢、閱覽或製給複製本，此觀第 13 條（按即現行之第 12 條）規定即明」。惟因該規定甚為嚴格，故個人資料保護法於 99 年 5 月 26 日修正時除將該條條次變更為第 10 條外，並就第 1 款除外規定由「依前條不予公告者」，修正限縮為限於「妨害國家安全、外交及軍事機密、整體經濟利益或其他國家重大利益者」，始得拒絕，惟該修正條文尚未生效。】查個人任職資料，核屬電腦處理個人資料保護法第 11 條第 7 款所稱之關於人事、勤務之個人資料檔案，依同法第 12 條第 1 款之規定，當事人並無請求查詢、閱覽及製給複製本之權利。

◎法務部 106 年 6 月 1 日法律字第 10603507450 號函

(一) 按個人資料保護法（以下簡稱個資法）之性質為普通法，其他特別法如有關於個人資料蒐集、處理或利用之規定者，依特別法優先於普通法之法理，自應優先適用各該特別規定。依個資法第 2 條第 9 款、第 3 條第 1 款及第 10 條規定，個人資料之本人為當事人，當事人對保有其個人資料之非公務機關有查詢、請求閱覽之權利，故非公務機關除有個資法第 10 條但書所列三款情形得拒絕提供外，應依當事人請求，就所蒐集之當事人個人資料答覆查詢、提供閱

覽。因父母係未成年子女之法定代理人（民法第 1086 條第 1 項參照），得行使同意權以補充其能力之不足，也得行使代理權，逕行代為法律行為（施啟揚，民法總則，2005 年 6 月 6 版，第 214 頁；林秀雄，親屬法講義，2013 年 2 月 3 版，第 327 頁參照），此於夫妻離婚時，依夫妻協議或法院裁定擔任對於未成年子女行使權利或負擔義務之人亦同（民法第 1055 條參照）。

(二) 是以，本件來函說明二所詢「**乘客之法定監護人若非訂位時之指定接機人，航空公司得否以個資法為由拒絕提供乘客之搭機資訊**」乙節，除其他法律對於當事人查詢、閱覽個人資料有特別規定外，**父母或行使親權之人代理其未成年子女依個資法第 10 條規定，向航空公司查詢該未成年子女之航班資料，應無違反個資法之虞**。至關於所詢「航空公司所能提供乘客資訊之對象範圍（如是否包含當事人之父母、子女、親屬等）」乙節，航空公司如將保有之乘客個人資料提供予乘客以外之第三人，係屬對乘客個人資料之利用行為，應視具體個案事實，依個資法第 19 條及第 20 條規定審認之，併予敘明。

◎ **法務部 105 年 6 月 22 日法律字第 10503509900 號函**

有關道路交通事故當事人向處埋之警察機關申請提供報告表及紀錄表，是否提供，分別析述如下：

1. 報告表及紀錄表僅記載「申請人本人個人資料」：依個人資料保護法（下稱個資）第 2 條第 9 款、第 3 條第 1 款、第 2 款及第 10 條本文規定，個人資料之本人為當事人，當事人對於保有其個人資料之公務機關有查詢、請求閱覽或製給複製本之權利，故公務機關除有個資法第 10 條但書所列三款情形得拒絕提供外，應依當事人請求，就所蒐集之個人資料答覆查詢、提供閱覽或製給複製本。是道路交通事故當事人向警察機關申請提供其本人之報告表及紀錄表，因係載有其個人資料，依前揭個資法規定，申請人有請求提供閱覽

或製給複製本之權利，警察機關應審酌有無個資法第 10 條但書所列三款情形，據以決定是否提供閱覽或製給複製本；至於有無個資法第 10 條但書所列三款情形，涉及事實認定問題，仍請警察機關本於職權判斷（本部 99 年 8 月 19 日法律決字第 0999028404 號函參照）。

2. 報告表、紀錄表係載有「他造當事人或第三人之個人資料」：按政資法第 9 條第 1 項規定，具有中華民國國籍並設籍之國民得依政資法規定申請政府機關提供政府資訊。又人民申請提供政府資訊除有政資法第 18 條第 1 項所列各款情形之一，而應限制公開或不予提供者外，應提供之。是道路交通事故當事人向處理之警察機關申請提供載有他造當事人或第三人個人資料之報告表或紀錄表，警察機關應檢視政資法第 18 條第 1 項第 6 款規定，即政府資訊之公開，有侵害個人隱私，應不予提供，但對公益有必要或為保護人民生命、身體、健康有必要或經當事人同意者，不在此限。至於何謂「對公益有必要」，應由警察機關就「公開資訊所欲增進之公共利益」與「不公開政府資訊所保護之隱私權益」間，予以權衡判斷之。如認旨揭報告表或紀錄表之提供並非公益所必要，亦未經該個人資料本人同意，且請求提供之目的在於追究財產上損害，並非保護申請人生命、身體或健康所必要（最高行政法院 100 年度裁字第 2697 號裁定），而不予提供時，仍應注意政資法第 18 條第 2 項規定，即政府資訊含有限制公開或不予提供之事項者，若可將該部分予以區隔，施以防免揭露處置，已足以達到保障隱私效果者，即應就其他部分公開或提供之（本部 105 年 1 月 29 日法律字第 10503502210 號函參照）。

◎金融監督管理委員會保險局 104 年 4 月 13 日保局（綜）字第 10410912710 號函

（一）按當事人之聲音或影像，如經蒐集建檔且足資直接或間接識別特定人者，屬個人資料保護法（下稱個資法）第 2 條第 1 款所定個人資

料；同條第 9 款規定，所謂當事人，係指個人資料之本人。又倘某一個別資料涉及多數個人之家庭、職業或社會活動等雙重或多重關係，則該多數關係人均屬個資法上之當事人，該資料亦由各當事人共享（法務部 91 年 10 月 28 日法律字第 0910037677 號函參照）。

(二) 次按個資法第 3 條及第 10 條等規定，請求查詢、閱覽及製給複製本為個資當事人之法定權利，除有礙重大公共利益等例外情形外，原則上不得要求當事人預先拋棄或以特約限制之。

(三) 綜上，保險業者依法令規定或取得當事人書面同意所蒐集、留存之錄音錄影資料，客戶既為該等資料之當事人，自得請求業者製作及提供複製本；除有個資法第 10 條但書所定情形外，不得拒絕之。

◎ 金融監督管理委員會 104 年 3 月 26 日金管法字第 10400543491 號函

(一) 按當事人之聲音或影像，如經蒐集建檔且足資直接或間接識別特定人者，屬個人資料保護法（下稱個資法）第 2 條第 1 款所定個人資料；同條第 9 款規定，所謂當事人，係指個人資料之本人。又倘某一個別資料涉及多數個人之家庭、職業或社會活動等雙重或多重關係，則該多數關係人均屬個資法上之當事人，該資料亦由各當事人共享（法務部 91 年 10 月 28 日法律字第 0910037677 號函參照）。

(二) 次按個資法第 3 條及第 10 條等規定，請求查詢、閱覽及製給複製本為個資當事人之法定權利，除有礙重大公共利益等例外情形外，原則上不得要求當事人預先拋棄或以特約限制之。

(三) 綜上，金融業者依法令規定或取得當事人書面同意所蒐集、留存之錄音錄影資料，客戶既為該等資料之當事人，自得請求業者製作及提供複製本；除有個資法第 10 條但書所定情形外，不得拒絕之。

◎ 法務部 104 年 1 月 6 日法律字第 10303514080 號函

(一) 按個人資料保護法（下稱本法）第 2 條第 1 款規定：「個人資料：指自然人之姓名、出生年月日、國民身分證統一編號⋯⋯及其他得以直接或間接方式識別該個人之資料。」本法所稱「個人」指現生

存之自然人（本法施行細則第 2 條），故旨揭資料如係法人（例如公司）或已死亡之自然人之資料，並非本法規範之對象。又所稱得以間接方式識別，指保有該資料之公務或非公務機關僅以該資料不能直接識別，須與其他資料對照、組合、連結等，始能識別該特定之個人（本法施行細則第 3 條）。準此，汽車原廠之車輛維修紀錄倘無法以直接或間接方式識別現尚生存之特定自然人者，即非屬個人資料，自無本法之適用，合先敘明。

(二) 次按本法第 10 條規定，非公務機關應依當事人之請求，除有第 10 條但書所定情形可拒絕提供外，原則上應就其蒐集之個人資料，答覆查詢、提供閱覽或製給複製本，此為本法第 3 條所定當事人之個人資料查詢權。是以，依來函所述之「車輛資料查詢同意書」或「車輛資料查詢授權書」等類似文件，如依其內容可認係原車主以行使「當事人個人資料查詢權」之真意而委託中古車行或新車主查詢車輛資料之書面者，資料保有者應依前揭規定提供之，否則中央目的事業主管機關或直轄市、縣（市）政府得限期改正，屆期未改正者，按次處新臺幣 2 萬元以上 20 萬元以下罰鍰（本法第 48 條第 2 款參照）。至於如非本法所規範之個人資料，則除其他法規定有提供義務者外，是否提供資料，保有者得自行決定。

(三) 末按本法第 20 條第 1 項規定：「非公務機關對個人資料之利用……，應於蒐集之特定目的必要範圍內為之。但有下列情形之一者，『得』為特定目的外之利用：……」準此，保有資料之非公務機關對於個人資料之使用，以特定目的內之利用為原則，非有該條但書各款情形之一時，不得為特定目的外之利用；除法律明定非公務機關有提供之法定義務外，於符合該條但書目的外利用之情形時，非公務機關仍得決定是否為特定目的外之利用。惟本法第 20 條但書規定係解除特定目的外利用之限制，而非課予特定目的外利用之義務，是縱使保有資料之非公務機關審酌後仍認以不提供為當者，亦非屬義務之違反，自無本法第 47 條第 3 款之適用。

◎**法務部 102 年 5 月 27 日法律字第 10203504660 號函**

(一) 按父母係未成年子女之法定代理人（民法第 1086 條第 1 項參照），
　　得行使同意權以補充其能力之不足，也得行使代理權，逕行代為法
　　律行為（施啟揚，民法總則，2005 年 6 月 6 版，頁 214；林秀雄，
　　親屬法講義，2013 年 2 月 3 版，頁 327 參照），故其代理未成年
　　子女依個人資料保護法（以下簡稱個資法）第 10 條規定，向學校
　　查詢該未成年子女之在校出缺勤狀況資料，應無違反個資法之虞。

(二) 次按學生如屬成年人者，因貴部來函並未說明有何各級學校教育法
　　規明文規定，對已成年之學生因「輔導管教之責」而得將學生出缺
　　勤狀況資料提供家長，建請貴部先予釐清。倘有法律或法律具體明
　　確授權之法規命令對此有明文規定，則符合個資法第 16 條或第 20
　　條第 1 項之規定。若無明文規定，基於教育行政或學生資料管理特
　　定目的（代號：109 或 158），公立學校於符合個資法第 15 條第 1
　　款或私立學校於符合個資法第 19 條第 1 項第 2 款規定者，雖無需
　　再得個人資料當事人同意，即得蒐集並於特定目的內利用已成年
　　之學生出缺勤狀況資料，惟特定目的必要範圍若不包含提供給其家
　　長，則須檢視公立學校是否符合個資法第 16 條各款事由或私立學
　　校須檢視是符合個資法第 20 條第 1 項各款事由規定，始得為目的
　　外利用。例如：學校於作成或蒐集學生出缺勤狀況資料前，即事先
　　告知學生，於必要範圍內，可能應家長之要求提供出缺勤狀況之資
　　料，並獲得學生書面同意者，即屬個資法第 20 條第 1 項但書第 6
　　款「當事人書面同意」之情形。

◎**法務部 99 年 8 月 19 日法律字第 0999028404 號函**

　　交通部臺灣區國道高速公路局詢及用路人本人自付費用，調閱其
ETC 相關資料，（非）公務機關是否不得拒絕一節，依個資法第 10 條
規定，公務機關除有該條但書所列三款情事外，應答覆查詢、提供閱覽
或製給複製本；至來函說明二提及資料量過於龐大或年代久遠是否符合

該條但書所列三款情形，涉及事實認定問題，仍請該局本於職權審認。

◎ **法務部 99 年 5 月 27 日法律字第 0999020000 號函**

按電腦處理個人資料保護法第 12 條（個資法第 10 條）係有關當事人得就其個人資料，向公務機關查詢、請求閱覽或製給複製本之規定。其所稱「當事人」，依該法第 3 條第 8 款（個資法第 2 條第 9 款）規定，係指個人資料之本人。依來函所附資料，本件係開曼群島商（C ○○○○ Holdings Limited）為申請股票上市需要，依政府資訊公開法第 9 條規定向法院申請發給該公司及該公司具中華民國國籍之董事、監察人、總經理於法院繫屬中之民事、刑事或行政訴訟案件、智慧財產案件、執行事件及其他非訟事件之相關資料（下稱前案資料）。該公司顯非上揭個資法所稱之當事人，從而本案應無個資法第 12 條（個資法第 10 條）規定之適用。

◎ **法務部 86 年 4 月 10 日法律字第 09862 號函**

按公務機關依電腦處理個人資料保護法第 12 條規定，就其保有之個人資料檔案，應當事人之請求而答覆查詢、提供閱覽或製給複製本時，似應先確定當事人之身分。如為便民，可由中央健康保險局規定須表明之事項（例如：當事人姓名、保險卡號或身分證字號等），承辦人員據此規定辦理，應無責任問題。

相關條文

（妨害第三人之重大利益）個資法施行細則 18。（個資請求權）個資法 3，醫療法 71，醫療法施行細則 49-1，政資法 18、19。（請求處理期限）個資法 13。（本條罰則）個資法 48、50。

第 11 條　（更正刪除權）

公務機關或非公務機關應維護個人資料之正確，並應主動或依當事人之請求更正或補充之。

個人資料正確性有爭議者，應主動或依當事人之請求停止處理或利用。但因執行職務或業務所必須，或經當事人書面同意，並經註明其爭議者，不在此限。

個人資料蒐集之特定目的消失或期限屆滿時，應主動或依當事人之請求，刪除、停止處理或利用該個人資料。但因執行職務或業務所必須或經當事人書面同意者，不在此限。

違反本法規定蒐集、處理或利用個人資料者，應主動或依當事人之請求，刪除、停止蒐集、處理或利用該個人資料。

因可歸責於公務機關或非公務機關之事由，未為更正或補充之個人資料，應於更正或補充後，通知曾提供利用之對象。

修正理由

當事人對其個人資料正確性有爭議時，得請求公務機關或非公務機關停止處理或利用；惟如該個人資料為公務機關或非公務機關執行職務或業務所必須，或經當事人書面同意時，倘若已同時註明其爭議，應可允許公務機關或非公務機關繼續處理或利用該個人資料，爰酌予修正第2項但書。至於爭議釐清後，自應依第1項規定予以更正，如實記載。

名詞解釋

1. **特定目的消失**：指下列各款情形之一：（1）公務機關經裁撤或改組而無承受業務機關。（2）非公務機關歇業、解散而無承受機關，或所營事業營業項目變更而與原蒐集目的不符。（3）特定目的已達成而無繼續處理或利用之必要。（4）其他事由足認該特定目的已無法達成或不存在。（個資法施行細則20）

2. **因執行職務或業務所必須**：指下列各款情形之一：（1）有法令規定或契約約定之保存期限。（2）有理由足認刪除將侵害當事人值得保護之利益。（3）其他不能刪除之正當事由。（個資法施行細則 21）

條文釋義

1. 違反個資法規定蒐集、處理或利用個人資料者，應主動或依當事人之請求，刪除或停止蒐集、處理或利用其個人資料；公務機關和非公務機關對其所保有之個人資料，並有更正、補充及通知之義務。

2. 當事人請求更正或補充其個人資料時，應舉其原因及事實而為適當之釋明。此係強制當事人舉證，如不舉證，則公務機關或非公務機關，應主動或依當事人之請求停止處理或利用。而當事人為釋明後，公務機關或非公務機關自應就其所有之個資為調查，以保持其正確性。又個人資料有關意見與鑑定部分，因涉及價值判斷，無關事實資料之對錯，不能更正，僅有事實部分可更正，併予敘明。（個資法施行細則 19 參照）

3. 有關公務機關經裁撤或改組，須無業務之承受機關，始能為公務機關之特定目的消失。有關非公務機關歇業、解散而無承受機關，或所營事業營業項目變更，而有與原蒐集目的不符之情形，方為非公務機關之特定目的消失，停業因具有期限性，非公務機關尚未喪失其主體性，故非屬特定目的消失之情形。

實務見解

◎最高行政法院 106 年度判字第 54 號判決

「有關個人資訊隱私權之保障，是否應在個人資料之蒐集、處理與利用等每一階段，都要依其所處之時空環境背景，按照實證法之具體規定，重為審查判斷。而本案被上訴人在提供健保資料給輔助參加人衛福部建置資料庫時，是否有依法保障上訴人等之個人資訊隱私權」之爭點

部分，本院見解如下：

1. 在法律適用之抽象法律解釋層次上，本院同意上訴人提出之法律論點，即個人對自身資訊公開之「事前同意權」，與其後來要除去已公開資訊之「事後排除權」，並非如原判決所言「為一體之兩面，因此事前被動公開，事後即不得排除已公開之資訊」云云。因為從新個資法將「蒐集及處理」、與「利用」分開規範之規範架構觀之，即可知悉，新個資法要求執法者「在資料蒐集、處理及利用之每一階段」，均應重新評估「是否有對個人資訊隱私權提供足夠之保障。

2. 但是針對本案事實之法律涵攝而言，被上訴人拒絕上訴人「停止使用其等個人健保資料，將該等健保資料從資料庫中排除」之請求，並無違反比例原則下之「必要性」原則（或「損害最小」原則），其理由可分述如下：

   （1）本案所稱之資料，重視的不是其載體，而載體內儲存之訊息，可以「資訊」稱之。而資訊則是一種有價值的社會資源，蒐集成本高（資訊數量越多，蒐集成本也越大），但只要運用得當，能創造之效益更大。因此完善資料庫之建立，是重要的公共財。

   （2）個人資料涉及個人資訊隱私權，因此與建立資料庫所形成之公共利益有相衝突之現象，協調化解此等「公、私益衝突」現象最有效率之手段，即是個人資料之「去識別化」。

   （3）至於基於「個人資訊隱私權」之考量，而澈底排除特定主體之個人資料，其手段太過，有礙於公益之實踐。因為資料取得是一種「採樣」行為，採樣過程中必須確保採樣所得之樣本，能夠精準代表母體，維持樣本數據在統計學上所要求之「不偏」、「有效」與「一致」標準。如果容許樣本之採集受到選擇，其採樣結果之「樣本」品質，即會受到重大影響。

   （4）又上訴意旨主張：「刪除上訴人等八人資料之資料樣本資料，影響輕微」云云，但如果容許少數人退去，基於執法平等性之

要求,多數人也可比照辦理,如此可能引發退出風潮,形成「破窗效應」,造成資料蒐集投入成本之虛耗。

(5)就本案而言,或許個人資料之去識別化作業尚有漏洞,但依前所述,識別作用實際上已大幅度降低。再者本案既非客觀之公益爭訟,上訴人乃是為維護其等「個人資訊隱私權」而提起主觀爭訟,則其等主張「僅需排除其八人之健保資料,即可確保其等『個人資訊隱私權』」云云,亦需針對個案事實,指明隱私權可能受侵犯之程度及其蓋然率,方能謂「隱私權有受侵害之虞」。而上訴意旨對此亦從未為具體主張。

◎臺北高等行政法院 95 年度訴字第 2057 號判決

電腦處理個人資料保護法第 13 條第 1 項(個資法第 11 條第 1 項)規定:「公務機關應維護個人資料之正確,並應依職權或當事人之請求適時更正或補充之。」固亦如政府資訊公開法第 14 條第 1 項規定,為維護資料之正確性,而容許當事人適時對於個人資料「更正或補充」之請求權,惟自本條項規定之意旨,亦載明「或當事人之請求」,可知亦限於「個人資料」之當事人本人始有權請求更正或補充,亦不及於第三人及有關「銷毀檔案」之請求。原告據之為本件請求權之法律基礎,亦有未合,仍難謂可採。

◎法務部 106 年 11 月 10 日法律字第 10603512680 號函

按個人資料保護法(下稱個資法)第 11 條第 3 項規定:「個人資料蒐集之特定目的消失或期限屆滿時,應主動或依當事人之請求,刪除、停止處理或利用該個人資料。但因執行職務或業務所必須或經當事人書面同意者,不在此限。」準此,倘業者基於當事人同意合法蒐集、處理之個人資料(個資法第 19 條第 1 項第 5 款參照),而當事人事後撤回其同意,則自其撤回時起,如蒐集個人資料之特定目的或要件已不存在,除有上開個資法第 11 條第 3 項但書規定之情形(個資法施行細則第 21 條規定參照)外,業者應主動或依當事人之請求,刪除、停止處理或利

用該等個人資料。

◎ 法務部 104 年 9 月 7 日法律字第 10403509510 號函

(一) 有關金融監督管理委員會保險局為業務所需就個人資料保護法第 11 條第 3 項及同法施行細則第 21 條第 3 款規定所詢疑義乙案。

(二) 按個人資料保護法（下稱個資法）第 11 條第 3 項規定：「個人資料蒐集之特定目的消失或期限屆滿時，應主動或依當事人之請求，刪除、停止處理或利用該個人資料。但因執行職務或業務所必須或經當事人書面同意者，不在此限。」準此，人壽保險公司原可能依「人身保險、契約或類似契約事務」等特定目的，基於「法律明文規定」或「與當事人有契約或類似契約之關係」所蒐集、處理之個人資料（個資法第 19 條第 1 項第 1 款及第 2 款規定參照），嗣因保險契約未成立或有其他未完成保險交易之因素，該等貴局來函所稱之「未承保保戶」之個人資料，因人身保險或其他履行契約事務而蒐集個人資料之特定目的已不存在，除有上開個資法第 11 條第 3 項但書規定之情形外，人壽保險公司應主動或依當事人之請求，刪除、停止處理或利用該等個人資料，合先敘明。

(三) 次按個資法施行細則第 21 條規定：「有下列各款情形之一者，屬於本法第 11 條第 3 項但書所定因執行職務或業務所必須：一、有法令規定或契約約定之保存期限。二、有理由足認刪除將侵害當事人值得保護之利益。三、其他不能刪除之正當事由。」本條第 3 款規定所稱「其他不能刪除之『正當理由』」係屬不確定法律概念，須依具體個案事實予以認定。本件壽險公司所主張，有關未承保保戶之個人資料，須提供壽險公會、保險犯罪防治中心、檢調機關、法院、稅捐機關、主管機關等單位，為調查洗錢防制、保險詐欺、稅務查核、扣押當事人財產等用途等節，查上開提供資料事由應係指已與壽險公司成立保險契約之保戶而言，始有該等用途；至於未承保保戶之個人資料，因保險契約尚未成立，未有相關保險交易產

生，如前所述，壽險公司原蒐集該等個人資料之特定目的已不存在，後續亦無利用該等資料履行契約之需要，本應依個資法第11條第3項本文規定，刪除、停止處理或利用該等個人資料，尚難認為壽險公司得主張上開事由為執行業務所必須之正當理由，並得無限期留存該等個人資料而不予刪除，否則，任何機關如均得主張未來提供稅務查核、檢調偵查而拒絕刪除，則上開刪除規定豈非形同具文。

(四) 至於本件壽險公司另有主張，留存未承保保戶之個人資料作為該壽險公司用於對抗承保保戶主張權利之證據資料乙節，此部分可參照本部102年6月5日法律字第10203503410號函，本部函復金融監督管理委員會（下稱金管會）101年10月9日金管法字第1010070263號函詢有關該會所轄業者對個資法施行後之執行疑義乙案，其中壽險公會所提議題：「保險業保有之保險期間屆滿、契撤、解除及失效等契約之個人資料因基於壽險業統計分析、訴訟、證據保全等業務需求，是否得拒絕當事人之請求刪除、停止處理及停止利用？」之本部回復意見：「關於訴訟、證據保全等業務需求，是否屬於『其他不能刪除之正當事由』應視具體個案情況而定，原則應將上開事由列入個資法施行細則第21條第1款之保存期限長短之考量因素，如超過上開期限而因司法訴訟或保全證據程序刻正進行而不能刪除，始屬同條第3款事由，倘若泛稱為預防日後有訴訟或證據保全之需要即得不刪除該等蒐集之特定目的消失或期限屆滿之個人資料，豈非於訴訟或相關保險爭議產生前，均得無限期保存該等個人資料，故本議題宜由貴會依所管各該行業專業領域之特性，例如保險業之相關保險業務易有相關訴訟或證據保全之業務需求，而於保險相關法規內規範因『訴訟或證據保全之業務需求』得保存個人資料之適當年限，而屬於個資法施行細則第21條第1款規定所稱『有法令規定之保存期限』之情形，使保險業得以遵循，並同時兼顧個人資料當事人之權益保障，避免業者無限期保

存該等蒐集之特定目的消失或期限屆滿之個人資料。」（上開本部
102 年 6 月 5 日函之附件彙整表第 1 頁至第 3 頁參照）。

◎ **法務部 102 年 1 月 23 日法律字第 10200001850 號函**

(一) 有關民眾詢問寺廟得否為辦理信眾求神問事事宜索取個人資料，及
事後如拒不交還個人資料，是否違反個人資料保護法疑義一案。

(二) 按個人資料保護法（以下簡稱本法）所稱非公務機關，係指依法行
使公權力之中央或地方機關或行政法人以外之自然人、法人或其他
團體（本法第 2 條第 7 款、第 8 款參照）。寺廟索取信眾姓名、農
曆出生年月日時辰、地址、生肖、年齡及電話等個人資料，係本法
所稱非公務機關蒐集個人資料，而適用本法規定。是以，寺廟為辦
理信眾求神問事事宜蒐集信眾之個人資料經當事人告知或填寫者，
係基於宗教之特定目的（代號：049），應可認屬本法第 19 條第 1
項第 2 款「與當事人有契約或類似契約之關係」；又如當事人經寺
廟告知本法所定向當事人蒐集個人資料之應告知之事項後，而為允
許寺廟蒐集其個人資料之書面意思表示者（本法第 7 條第 1 項規定
參照），則屬於同條第 1 項第 5 款「經當事人書面同意」之情形，
而得蒐集個人資料。

(三) 次按本法第 11 條第 3 項規定：「個人資料蒐集之特定目的消失或
期限屆滿時，應主動或依當事人之請求，刪除、停止處理或利用該
個人資料。但因執行職務或業務所必須或經當事人書面同意者，不
在此限。」寺廟因信眾為求神問事蒐集個人資料，則於其特定目的
消失（本法施行細則第 20 條規定參照）或期限屆滿時，除因執行
職務或業務所必須或經當事人書面同意外，應主動或依當事人之請
求，刪除、停止處理或利用該個人資料。

◎ **法務部 101 年 6 月 22 日法律字第 10103104090 號函**

(一) 公務機關辦理統計調查所蒐集之「個別資料」是否受個人資料保護
法第 3 條、第 11 條規範之疑義。

（二）個人資料保護法第 11 條規定公務機關或非公務機關應維護個人資料之正確，更正或補充個人資料，另應主動或依當事人之請求刪除、停止處理或利用個人資料。前開規定係保障個人資料當事人對其個人資料之使用有知悉與控制權及資料記載錯誤之更正權。惟憲法對於資訊隱私權之保障並非絕對，國家得於符合憲法第 23 條規定意旨之範圍內，以法律明確規定對之予以適當之限制（參司法院釋字第 603 號解釋）。

（三）如統計調查所蒐集者，非屬足資識別特定人之資料，或嗣經統計處理而已成「去識別化之資料」，因均非屬個人資料保護法所定之個人資料，則相關人士並無依本法第 3 條及第 11 條規定請求或行使權利之餘地。

（四）末以當事人依本法第 3 條及第 11 條所得行使之權利，除有第 11 條所定之除外情形，自得依本法規定行使之。行政院主計總處如欲就當事人上開權利，因應統計事務之特性，予以適度限制，鑑於本法為普通法，可參酌司法院釋字第 603 號，於憲法第 23 條規定意旨範圍內，並符合比例原則之情況下，於統計法內就統計調查過程中屬於本法所定個人資料範圍內之事項另為特別規範，以資適用。

相關條文

（個資請求權）個資法 3。（請求處理期限）個資法 13。（本條罰則）個資法 48 ②、50。（釋明義務）個資法施行細則 19。（特定目的消失）個資法施行細則 20。（因執行職務或業務所必須）個資法施行細則 21，醫療法 70，護理人員法 25 Ⅱ，職能治療師法 25，物理治療師法 25，醫事放射師法 25，醫事檢驗師法 26，心理師法 25，呼吸治療師法 14，語言治療師法 22，聽力師法 22，人體試驗管理辦法 10，人體器官組織細胞輸入輸出管理辦法 10。

第 12 條　（侵害通知義務）

公務機關或非公務機關違反本法規定，致個人資料被竊取、洩漏、竄改或其他侵害者，應查明後以適當方式通知當事人。

修正理由

1. 按當事人之個人資料遭受違法侵害，往往無法得知，致不能提起救濟或請求損害賠償，爰規定公務機關或非公務機關所蒐集之個人資料，被竊取、洩漏、竄改或遭其他方式之侵害時，應立即查明事實，以適當方式（例如：人數不多者，得以電話、信函方式通知；人數眾多者，得以公告請當事人上網或電話查詢等），迅速通知當事人，讓其知曉。

2. 公務機關違反本條規定，而隱匿不為通知者，其上級機關應查明後令其改正，如有失職人員，得依法懲處；非公務機關違反本條規定，而隱匿不為通知者，其主管機關得依第 47 條第 2 款規定限期改正，屆期仍不改正者，得按次處以行政罰鍰，併予敘明。

名詞解釋

1. **適當方式通知**：指即時以言詞、書面、電話、簡訊、電子郵件、傳真、電子文件或其他足以使當事人知悉，或可得知悉之方式為之。（個資法施行細則 22）

2. **竊取**：謂將他人現實持有之物，以和平之方式，私行移置於自己或第三者實力支配之下之行為。（刑法 320）

3. **洩漏**：謂使不應知悉之人，知悉其事件，洩漏之方法如何，在所不問，例如以言語告知，使人閱覽，予人暗示或以舉動示知，皆無不可。（刑法 170、132、316、317、318）

4. **竄改**：任意做不實的更改。

條文釋義

1. 為使個人資料發生被竊取、洩漏、竄改或其他侵害者，能即時通知當事人，並兼顧個人資料權益保護與通知效率，以保障個人權益，乃規定通知之適當方式，應即時以言詞、書面、電話、簡訊、電子郵件、傳真、電子文件或其他足以使當事人知悉，或可得知悉之方式為之。但通知需費過鉅者，得斟酌技術之可行性，及當事人隱私之保護（不揭示可直接或間接識別當事人之個人資料），以網際網路、新聞媒體或其他適當之公開方式為之。（個資法施行細則22 I 參照）

2. 為使當事人能有知悉其個人資料遭受非法侵害之情形，並明確公務機關或非公務機關通知當事人義務之內容，參照德國聯邦個人資料保護法第42條 a 規定，明定依法通知當事人，其內容應包括個人資料被侵害之事實，及已採取之因應措施。（個資法施行細則22 II 參照）

3. 至於各公務或非公務機關如在適用本條規定要件上有明確之必要者，各公務機關或目的事業主管機關，得斟酌訂定裁量基準，俾供所屬機關或所管行業遵循。

4. 按送達不能交付本人時，以其他方式使其知悉機關欲通知之內容，或居於可得知悉之地位，俾其決定是否為必要之行為，以保障其個人權益。為使人民確實知悉機關欲通知之內容，人民應有受合法通知之權利，此項權利應受正當法律程序之保障。

實務見解

◎法務部106年6月5日法律字第10603503230號函

(一) 按個人資料保護法（下稱個資法）第12條規定：「公務機關……違反本法規定，致個人資料被竊取、洩漏、竄改或其他侵害者，應查明後以適當方式通知當事人。」揆其立法理由，係因當事人之個

人資料遭受違法侵害，往往無法得知，致不能提起救濟或請求損害賠償，爰規定公務機關或非公務機關所蒐集之個人資料被竊取、洩漏、竄改或遭其他方式之侵害時，應立即查明事實，以適當方式，迅速通知當事人，讓其知曉。本部爰於99年修正公布個資法，明定「有洩漏情事應告知個人資料之當事人」乙事，列為公務機關及非公務機關之法定義務。是以，凡公務機關有「違反本法規定致個人資料被竊取、洩漏、竄改或其他侵害之情形」者，均屬本條規定之範疇，至於所稱「違反本法」之具體規定為何，並未限制。又公務機關是否有上開規定所定情形，與「公務機關是否亦屬被害人」無涉。

(二) 至於公務機關是否有違反本法規定，致個人資料被竊取、洩漏、竄改或其他侵害，係屬事實認定。惟如須時查明而無法立即確認者，為保障當事人權益，應使該個人資料之當事人能知曉其個人資料已被竊取、洩漏、竄改或其他侵害之情形，不待公務機關違法情事已明確認定。準此，如公務機關發現所蒐集之個人資料有被竊取、洩漏、竄改或其他侵害等情事，即應查明事實，以適當方式迅速通知當事人，始符合本條之立法目的；至於公務機關違法責任之確認，尚非構成通知義務之要件或前提。亦即，並非於確認公務機關違反本法規定後，始通知當事人，否則，恐有延宕通知而致當事人遭受其他不測侵害或損失之虞，有違個資法第12條規定本旨。

◎ 法務部106年1月26日法律字第10503517710號函

按本法第12條規定：「公務機關或非公務機關違反本法規定，致個人資料被竊取、洩漏、竄改或其他侵害者，應查明後以適當方式通知當事人。」揆其立法理由略以：當事人之個人資料遭受違法侵害，往往無法得知，致不能提起救濟或請求損害賠償，爰規定公務機關或非公務機關所蒐集之個人資料被竊取、洩漏、竄改或遭其他方式之侵害時，應立即查明事實，以適當方式（例如：人數不多者，得以電話、信函方式

通知；人數眾多者，得以公告請當事人上網或電話查詢等），迅速通知當事人，讓其知曉。另同法施行細則第 22 條規定：「本法第 12 條所稱適當方式通知，指即時以言詞、書面、電話、簡訊、電子郵件、傳真、電子文件或其他足以使當事人知悉或可得知悉之方式為之。但需費過鉅者，得斟酌技術之可行性及當事人隱私之保護，以網際網路、新聞媒體或其他適當公開方式為之。（第 1 項）依本法第 12 條規定通知當事人，其內容應包括個人資料被侵害之事實及已採取之因應措施。（第 2 項）」係課予公務機關或非公務機關於違反本法規定且致個人資料被竊取、洩漏、竄改或其他侵害時，應於查明後負有通知之義務；此與本法第 18 條之規範目的，在於指定專人辦理個人資料之安全維護事項，二者之規範事項及目的並不相同。是以，**公務機關縱已依本法第 18 條規定辦理安全維護事項，惟仍因違反本法規定，致個人資料遭竊取、洩漏、竄改或其他侵害之情事者，應依本法第 12 條規定，立即查明事實並採取適當措施通知當事人。**

相關條文

（適當方式通知）個資法施行細則 22。（本條罰則）個資法 48。（公務機關個資保全）個資法 18。（安管措施）個資法 27。（公務機關損害賠償）個資法 28。（非公務機關損害賠償）個資法 29。

第 13 條 （請求處理期限）

公務機關或非公務機關受理當事人依第十條規定之請求，應於十五日內，為准駁之決定；必要時，得予延長，延長之期間不得逾十五日，並應將其原因以書面通知請求人。

公務機關或非公務機關受理當事人依第十一條規定之請求，應於三十日內，為准駁之決定；必要時，得予延長，延長之期間不得逾三十日，並應將其原因以書面通知請求人。

🔍 修正理由

1. 第 1 項修正理由如次：
   （1）本條規定並非僅限於公務機關有其適用，非公務機關亦包括之。為期明確，爰將原條文第 26 條第 1 項非公務機關準用本條之規定，予以刪除，並將「公務機關」修正為「公務機關或非公務機關」。
   （2）當事人依第 10 條規定，請求查詢、閱覽其個人資料，或製給複製本時，資料蒐集機關應儘速處理；原條文規定需在三十日內處理，似嫌過長，對當事人不利，是以將准駁決定之期間，由「三十日」修正為「十五日」。另個人資料種類及數量繁多，如申請人數眾多，十五日恐不及辦理，是以另規定必要時得予延長，但不得逾十五日，且應將延長原因以書面通知請求人，讓其知曉。
2. 當事人依第 11 條規定，請求更正、補充，或請求刪除、停止蒐集、處理或利用其個人資料，因需較多時間查證該資料之正確性，或其請求是否合理，十五日內恐無法處理完畢，爰增訂第 2 項，將此種情形之准駁決定期間，規定為三十日，必要時得予延長，但不得逾三十日，且應將延長原因以書面通知請求人。
3. 當事人向公務機關或非公務機關請求查詢、閱覽、製給複製本，或請求更正、補充、刪除、停止蒐集、處理或利用其個人資料，遭駁回拒絕，或未於規定期間內決定時，得依相關法律提起訴願或訴訟，自不待言。

🔍 條文釋義

1. 為促使公務機關或非公務機關對於當事人之請求能夠迅速處理，爰於本條規定其處理期限，本次修法，並將准駁期間縮短為十五日，以求處理效率，惟必要時得延長處理期間，以維持處理時效彈性。

2. 以醫療機構提供病歷複製本之時限規範為例，目前全國各醫療機構皆依據 93 年 9 月 30 日衛署醫字第 0930217501 號函辦理：（1）檢查檢驗報告複製本、英文病歷摘要：以一個工作天內交付病人為原則，最遲不得超過三個工作天。（2）全本病歷複製本：以三個工作天內交付病人為原則，最遲不得超過十四個工作天。（3）中文病歷摘要：以七個工作天內交付病人為原則。

3. 按法令所定之期間，除有特別訂定外，其計算依民法第五章之規定，民法第 119 條定有明文。又民法第 120 條、第 121 條分別規定：「以時定期間者，即時起算。以日、星期、月或年定期間者，其始日不算入。」「以日、星期、月或年定期間者，以期間末日之終止，為期間之終止。期間不以星期、月或年之始日起算者，以最後之星期、月或年與起算日相當日之前一日，為期間之末日。但以月或年定期間，於最後之月，無相當日者，以其月之末日，為期間之末日。」另行政程序法第 48 條規定：「期間以時計算者，即時起算。期間以日、星期、月或年計算者，其始日不計算在內。但法律規定即日起算者，不在此限。期間不以星期、月或年之始日起算者，以最後之星期、月或年與起算日相當日之前一日為期間之末日。但以月或年定期間，而於最後之月無相當日者，以其月之末日為期間之末日。期間之末日為星期日、國定假日或其他休息日者，以該日之次日為期間之末日；期間之末日為星期六者，以其次星期一上午為期間末日。期間涉及人民之處罰或其他不利行政處分者，其始日不計時刻以一日論；其末日為星期日、國定假日或其他休息日者，照計。但依第 2 項、第 4 項規定計算，對人民有利者，不在此限。」

🔍 實務見解

◎ 法務部 99 年 2 月 3 日法律字第 0999004718 號函

（一）按行政程序法第 48 條第 4 項規定：「期間之末日為星期日、國定

假日或其他休息日者，以該日之次日為期間之末日；期間之末日為星期六者，以其次星期一上午為期間末日。」上開規定，係參仿民法第 22 條規定，又民法第 122 條規定之立法意旨，乃因上開國定假日或休息日不能為意思表示或給付，統一規定以其國定假日或休息日之次日代之，故上開國定假日或休息日之認定，應以整體行政機關觀之。

(二) 準此，如星期六配合政府政策公告調整為上班日而非休息日，行政機關仍照常上班並未放假，故無行政程序法第 48 條第 4 項規定之適用（本部 95 年 7 月 5 日法律字第 0950022148 號函參照）。

🔍 相關條文

（本條罰則）個資法 48 ②。（期間）行政程序法 48 Ⅱ、Ⅳ，民法 120 ～ 122，醫療法 71。（請求）個資法 10、11。（准駁決定期間）政資法 12、15。

第 14 條　（費用收取）

查詢或請求閱覽個人資料或製給複製本者，公務機關或非公務機關得酌收必要成本費用。

🔍 修正理由

1. 本條規定並非僅限於公務機關有其適用，非公務機關亦包括之。為期明確，爰將原條文第 26 條第 1 項非公務機關準用本條之規定，予以刪除，並將「公務機關」修正為「公務機關或非公務機關」。

2. 由於資料種類及蒐集、處理方式繁多，關於查詢、請求閱覽個人資料，或製給複製本之費用，宜由各蒐集處理機關視該資料之性質，酌予收取為妥，不宜由各機關或中央目的事業主管機關訂定，爰刪

除第 2 項及原條文第 26 條第 2 項規定，並明定收取之費用以必要成本費用為限。

條文釋義

因當事人行使權利而產生之費用，應由當事人自行負擔始屬合理。又本次修正，將相關費用收取主體，改為由各蒐集處理機關視該資料之性質，酌予收取，並明定收取之費用以必要成本費用為限。

實務見解

◎臺中高等行政法院 92 年度簡字第 124 號判決

電腦處理個人資料保護法第 16 條第 1 項（個資法第 14 條）規定：「查詢或請求閱覽個人資料或製給複製本者，公務機關得酌收費用」。該所稱「查詢或請求閱覽」之主體，包括當事人本人及當事人以外之第三人，並非僅限於個人資料之本人而不及於第三人。否則當事人（個人資料之本人）查詢或請求閱覽個人資料或製給複製本者，公務機關得酌收費用，而若當事人以外之第三人為之，公務機關反而不得酌收費用，不僅造成差別待遇，更有悖於平等法則，況且從論理法則亦難謂該法第 16 條第 1 項（個資法第 14 條）規定僅得對當事人酌收費用，而不得對當事人以外之第三人為之。

◎臺灣高等法院 89 年度上訴字第 2766 號刑事判決

中國信託商業銀行依據電腦處理個人資料保護法第 16 條（個資法第 14 條）：「查詢或請求閱覽個人資料或製給複製本者，公務機關得酌收費用。前項費用數額由各機關定之。」之規定，於客戶申請信託憑證、傳票資料時，每張均收取 50 元之費用，並出具收據，被告甲○○、乙○○均係該銀行職員，據該銀行內部規定，向自訴人收取資料十三張計 650 元之費用，並非收受佣金、酬金或不當利益，亦無何詐術之施用，自訴人尚無陷於錯誤可言；至每張收取 50 元之影印資料是否過高，消

費者是否不受拘束，乃另一問題，不能遽以刑法詐欺及違反銀行法第
127 條收受不當利益之罪相繩。

◎ 法務部 99 年 8 月 19 日法律字第 0999028404 號函

　　有關個資法之查詢、請求閱覽或製給複製本之權利，係由該筆個人
資料之當事人所享有（個資法第 4 條、修正條文第 3 條規定參照），故
收費規定亦僅適用於當事人本人申請查詢、請求閱覽或製給複製本之情
形，從而，**交通部臺灣區國道高速公路局依個資法第 16 條第 2 項（修正
條文第 14 條）規定訂定之費用數額標準並不適用於其他公務機關申請查
詢、請求閱覽或製給複製本之情形，否則即有逾越個資法授權之虞。**至
於其他公務機關向貴局查詢資訊，貴局得否收取費用？是否屬「使用規
費」之一種？涉及規費法之解釋適用問題，仍請逕洽主管機關財政部表
示意見為宜。

相關條文

　　（必要成本費用）規費法 10，醫療法 71、74，電信法 7 Ⅲ，氣象法
30，醫療法施行細則 12，臺北市立醫療院所醫療收費基準 1（第九部第
二章）。

｜第二章｜
公務機關對個人資料之蒐集、處理及利用

第 15 條　（公務蒐集處理）

公務機關對個人資料之蒐集或處理，除第六條第一項所規定資料外，應有特定目的，並符合下列情形之一者：

一、執行法定職務必要範圍內。

二、經當事人同意。

三、對當事人權益無侵害。

🔍 **修正理由**

　　放寬當事人「同意」之方式，不以書面同意為限，爰修正第 2 款。

🔍 **條文釋義**

1. 明定公務機關對個人資料之蒐集或處理之合法要件，其中特別強調應具有特定目的，爰為本條之規定。本條第 3 款所定「對當事人權益無侵害」，係為鼓勵資料流通與保護個人資料之平衡。適用本款時，仍應遵守個資法第 5 條等相關規定。

2. 本條第 3 款於 84 年立法時，立法委員咸認當事人權益是否受到侵害，當事人自身應最為清楚，而是否對當事人權益無侵害，由於公務機關與當事人認定常有不同，極易引起爭執，對當事人反而不

利；且當事人於權益有侵害之虞時，即得依舊個資法第 13 條第 1 項規定，請求適時更正或補充，若公務機關未能適時更正或補充，當事人得依舊個資法第 31 條規定救濟之，因此為期能對當事人之權益有更周全之保障，宜作更嚴格之規定，爰參考德國聯邦個人資料保護法規定，將本條第 3 款修正為「對當事人權益無侵害之虞者。」。

3. 本次修正時，法務部認第 3 款「之虞」二字，屬不確定法律概念。本條係公務機關蒐集或處理個人資料之要件規定，應力求明確，遂將「之虞」二字刪除。

🔍 實務見解

◎ 最高法院 105 年度台上字第 1615 號刑事判決

另通信（聯）紀錄及使用者資料，屬足資識別該個人之資料，依 84 年 8 月 11 日公布之電腦處理個人資料保護法（99 年 5 月 26 日修正公布名稱為個人資料保護法）第 3 條第 1 款規定為「個人資料」。該法第 7 條規定：「公務機關對個人資料之蒐集或電腦處理，非有特定目的，並符合左列情形之一者，不得為之：一、於法令規定職掌必要範圍內者。二、經當事人書面同意者。三、對當事人權益無侵害之虞者。」又公務機關對個人資料之利用，應於法令職掌必要範圍內為之，並與蒐集之特定目的相符。有法定所列情形之一者，始得為特定目的外之利用。

◎ 最高法院 105 年度台非字第 225 號刑事判決

本件被告○○○行為時，個人資料保護法第 41 條第 1 項規定：「違反第 6 條第 1 項、第 15 條、第 16 條、第 19 條、第 20 條第 1 項規定，或中央目的事業主管機關依第 21 條限制國際傳輸之命令或處分，足生損害於他人者，處二年以下有期徒刑、拘役或科或併科新臺幣 20 萬元以下罰金。」第 2 項規定：「意圖營利犯前項之罪者，處五年以下有期徒刑，得併科新臺幣 100 萬元以下罰金。」然於 104 年 12 月 30 日修正公布，並於 105 年 3 月 15 日施行之同法第 41 條已修正為：「意圖為自

己或第三人不法之利益或損害他人之利益，而違反第 6 條第 1 項、第 15 條、第 16 條、第 19 條、第 20 條第 1 項規定，或中央目的事業主管機關依第 21 條限制國際傳輸之命令或處分，足生損害於他人者，處五年以下有期徒刑，得併科新臺幣 100 萬元以下罰金。」足見該條對於違反同法第 6 條第 1 項、第 20 條第 1 項規定，增列「意圖為自己或第三人不法之利益或損害他人之利益」為處罰要件，對無該項意圖之違反上開規定行為，已廢止其刑罰。

◎ **臺灣雲林地方法院 104 年度簡字第 23 號行政判決**

按個資法在法律適用上，僅係普通法位階之法律依據，此參之原電腦處理個人資料保護法第 2 條之刪除修正理由：「中央法規標準法第 16 條：『法規對其他法規所規定之同一事項而為特別之規定者，應優先適用之。』本法之性質應為普通法，其他特別法有關個人資料蒐集或利用之規定，不論較本法規定更為嚴格或寬鬆者，依特別法優於普通法之法理，自應優先適用各該特別規定。」（最高行政法院 102 年度判字第 488 號判決意旨參照）益明，因此，個人資料保護法在法律適用上僅普通法位階之法律依據甚明，又爆竹煙火製造場所、達中央主管機關所定管制量之儲存場所與輸入者，及輸入或販賣達中央主管機關公告數量之氯酸鉀或過氯酸鉀者，其負責人應登記進出之爆竹煙火原料、半成品、成品、氯酸鉀及過氯酸鉀之流向項目之義務內容，已於爆竹煙火管理條例第 20 條規定明文揭示，且爆竹煙火管理條例第 34 條授權主管機關訂定之爆竹煙火管理條例施行細則以為規範，爆竹煙火管理條例施行細則第 9 條之 1，並非無法律授權依據或未經法律明確授權，則本件自應適用爆竹煙火管理條例第 20 條及該法施行細則第 9 條之 1 規定，該施行細則第 9 條之 1 基於母法授權所為之細節性規定，並無違反個人資料保護法。又按「公務機關對個人資料之蒐集或處理，除第 6 條第 1 項所規定資料外，應有特定目的，並符合下列情形之一者：一、執行法定職務必要範圍內。二、經當事人書面同意。三、對當事人權益無侵害。」「公

務機關對個人資料之利用，除第 6 條第 1 項所規定資料外，應於執行法定職務必要範圍內為之，並與蒐集之特定目的相符。但有下列情形之一者，得為特定目的外之利用：一、法律明文規定。二、為維護國家安全或增進公共利益。三、為免除當事人之生命、身體、自由或財產上之危險。四、為防止他人權益之重大危害。五、公務機關或學術研究機構基於公共利益為統計或學術研究而有必要，且資料經過提供者處理後或蒐集者依其揭露方式無從識別特定之當事人。六、有利於當事人權益。七、經當事人書面同意。」個人資料保護法第 15 條、第 16 條分別定有明文。因此，被告為執行爆竹煙火管理條例第 20 條之內容，而蒐集、處理及利用相關個人資料，在其職掌範圍內，實已符合個人資料保護法第 15 條第 1 款、第 16 條所規定之「執行法定職務必要範圍內」要件，且係為達防範災害之發生、確保公共安全目的之立法意旨，況被告因考量爆竹煙火之管理若僅提供代號，而未有實際姓名登記等管制手段，將造成無法辨別出貨對象，而有規避管制之情事，登記出貨對象姓名或名稱、地址（如住居所、事務所或營業所）、電話已屬較輕微之手段，且並非要求提供「特種（敏感性）個人資料」，故本條例施行細則第 9 條之 1 規定以適當方式管制出貨爆竹煙火已到達一定數量者，應為登記，以達維護人民生命財產，確保公共安全之目的，難謂無該當個資法第 16 條第 1 項但書第 2 款「為增進公共利益」之例外事由，是以本條例施行細則第 9 條之要求相關義務人申報其爆竹煙火成品之流向，並無違反個資法之相關規定。則原告此部分之主張，亦非可採。

◎ **臺灣臺北地方法院 100 年度再小抗字第 1 號民事裁定**

縱使依上訴人所訴被上訴人侵害上訴人之隱私權、姓名權等之時間係在 98 年間，是按 99 年 5 月 26 日修正公布前之電腦處理個人資料保護法第 7 條（個資法第 15 條）規定：「公務機關對個人資料之蒐集或電腦處理，非有特定目的，並符合左列情形之一者，不得為之：一、於法令規定職掌必要範圍內者。二、經當事人書面同意者。三、對當事人權

益無侵害之虞者。」準此，依據前揭電腦處理個人資料保護法規定，經當事人書面同意者，公務機關基於特定目的得蒐集個人資料，因此，原確定判決以上訴人既經註冊為台視全球資訊網之會員，必有同意台視全球資訊網關於會員註冊頁首行揭櫫之聲明，而認定被上訴人於本院臺北簡易庭 98 年度北小字第 1733 號侵權行為損害賠償事件繫屬時提供予該事件承審法官關於上訴人之個人資料、密碼，符合前開聲明所指之特殊情形，尚難認有何適用法規顯有錯誤之情事。

◎臺北高等行政法院 96 年度訴字第 2012 號行政判決

原告主張被告機關並未經原告書面同意，亦非於法令規定職掌必要範圍內而調閱原告之通聯紀錄，作為認定原告曠職而予以免職處分之證據，已侵害原告個人隱私之保護，並已違反電腦處理個人資料保護法之規定，前開資料應不得作為認定被告曠職之證據云云；惟按「公務機關對個人資料之蒐集或電腦處理，非有特定目的，並符合左列情形之一者，不得為之：（1）於法令規定職掌必要範圍內者。（2）經當事人書面同意者。（3）對當事人權益無侵害之虞者。」電腦處理個人資料保護法第 7 條（個資法第 15 條）規定甚明。查被告機關所屬督察室及外事警官隊奉臺灣桃園地方法院檢察署檢察官指揮偵辦，查處員警涉嫌包庇人蛇集團、販售空白「重入國許可證」等案情時，發現原告涉嫌貪污、違法情節重大，基於偵查犯罪之需要，依據刑事訴訟法之規定，調閱原告使用之○○○○○○○○○○號行動電話自 95 年 3 月 14 日至 9 月 4 日之通聯紀錄，以查明原告涉案情節；惟於調查原告涉嫌貪污之不法事證過程中，另發現上揭曠職情事；此有警政署督察室 95 年 9 月 29 日簽呈、警政署 95 年第十七次考績委員會議紀錄附原處分卷內及臺灣桃園地方法院檢察署檢察官 95 年度偵字第 21129 、17006 等號起訴書影本附本院卷內可資參佐。是被告機關係因偵查原告涉嫌貪污之犯罪具體事證，始調閱其行動電話通聯紀錄，復於紀錄中發現其上揭曠職而有違反「公務人員考績法」情事，查處過程與上開「電腦處理個人資料保護法」

第 7 條第 1 款（個資法第 15 條第 1 款）「於法令執掌之必要範圍內」之規定相符，自得作為認定原告曠職之相關證據。

◎ 法務部 106 年 7 月 25 日法律字第 10603510340 號函

(一) 本件行動電話用戶樣本倘係個人資料而有個資法之適用，則來函所詢個資法適用疑義，分述如下：

1. 關於貴部蒐集行動電話用戶樣本資料部分：按公務機關蒐集個人資料，應有特定目的，並於執行法定職務必要範圍內，始得為之；所謂法定職務，係指法律、法律授權之命令等法規中所定公務機關之職務（個資法第 15 條第 1 款及個資法施行細則第 10 條規定參照）。查統計法第 3 條第 2 款、第 3 款規定：「政府應辦理之統計為左列各種：……二、各機關職務上應用之統計。三、各機關所辦公務之統計。……」復按同法施行細則第 8 條規定：「本法第 3 條第 2 款所稱各機關職務上應用之統計，係指各機關為制定政策、擬訂計畫、執行公務、考核施政績效，運用左列有關資料辦理之統計：一、本機關所辦公務之統計。二、本機關舉辦調查所得之統計。三、其他機關、團體編製之統計調查資料、研究分析報告及其他可供參考之統計。」第 9 條規定：「本法第 3 條第 3 款所稱各機關所辦公務之統計，係指各機關依據執行職務經過與結果而辦理之統計。」是貴部如係基於「調查、統計與研究分析」之特定目的（代號：157），於執行上開法定職務，並符合執行法定職務「必要範圍內」者，依個資法第 15 條第 1 款規定，得蒐集前揭個人資料，惟仍應符合個資法第 5 條比例原則之規定。

2. 關於○○電信公司提供行動電話用戶樣本資料部分：個資法第 19 條第 1 項規定：「非公務機關對個人資料之蒐集或處理，除第 6 條第 1 項所規定資料外，應有特定目的，並符合下列情形之一者：……二、與當事人有契約或類似契約之關係。」同法第 20 條第 1 項規定：「非公務機關對個人資料之利用，除第 6 條第 1 項所規定資料

外，應於蒐集之特定目的必要範圍內為之。但有下列情形之一者，得為特定目的外之利用：……二、為增進公共利益所必要。……五、公務機關或學術研究機構基於公共利益為統計或學術研究而有必要，且資料經過提供者處理後或經蒐集者依其揭露方式無從識別特定之當事人。……」○○電信公司如基於「契約關係」（代號：069）或「經營電信業務與電信加值網路業務」（代號：133）之特定目的為客戶個人資料之蒐集及處理，依個資法第 20 條第 1 項規定，原則上應於蒐集之特定目的必要範圍內利用該等個人資料。故○○電信公司若將其客戶之個人資料提供予貴部辦理各項交通統計調查，則屬特定目的外利用，如其提供係在協助貴部執行法定職務以達成統計業務推展之特定公益目的者，可認為符合個資法第 20 條第 1 項但書第 2 款「為增進公共利益所必要」，而屬特定目的之外之合法利用，惟仍應注意個資法第 5 條比例原則之規定。

◎ 法務部 106 年 6 月 12 日法律字第 10603504480 號函

(一) 按個人資料保護法（下稱個資法）第 15 條規定：「公務機關對個人資料之蒐集或處理，除第 6 條第 1 項所規定資料外，應有特定目的，並符合下列情形之一者：一、執行法定職務必要範圍內。……」**財政部為發給統一發票中獎獎金，於必要範圍內蒐集中獎人之個人資料，係為執行統一發票給獎辦法所定法定職務並基於稅務行政（代號：120）之特定目的而為蒐集，可認符合個資法第 15 條第 1 款規定**（本部 102 年 1 月 7 日法律字第 10100261220 號函意旨參照）。次按個資法第 20 條第 1 項規定：「非公務機關對個人資料之利用，除第 6 條第 1 項所規定資料外，應於蒐集之特定目的必要範圍內為之。但有下列情形之一者，得為特定目的外之利用：……二、為增進公共利益所必要。……六、經當事人同意。七、有利於當事人權益。」如係為協助其他機關執行其法定職務，而屬於「增進公共利益所必要」者，得於原蒐集之特定目的外利

用個人資料，並應注意須符合比例原則（本部 103 年 6 月 26 日法律字第 10303507480 號函意旨參照）；又所稱「有利於當事人權益」，解釋上不宜過於寬濫，須客觀上有具體特定情況能證明係有利於當事人權益者，例如：公務機關提供資料予辦理冬令救濟、急難活動之救助團體，提供資料予外國使領館通知其僑民行使其公民之選舉權及探視被收容等情形。惟上述二者均屬不確定法律概念，爰宜依具體個案情形分別認定之（本部 102 年 1 月 14 日法律字第 10203500050 號函意旨參照）。又上開等情形之利用個人資料，均應注意不得逾越必要之範圍，自不待言。

(二) 復按個資法第 5 條規定：「個人資料之蒐集、處理或利用，應尊重當事人之權益，依誠實及信用方法為之，不得逾越特定目的之必要範圍，並應與蒐集之目的具有正當合理之關聯。」是個人資料之蒐集、處理及利用，除須符合前述個資法所定之要件規定外，應同時符合個資法第 5 條比例原則之規定。本件依來函及附件資料所載，財政部為提供民眾更便利之領獎方式，規劃推動提供中獎人選擇將獎金在 2,000 元以下獎項得直接轉為電子票證之儲值金，因匯入中獎獎金時，依所得稅法第 88 條、第 92 條及其施行細則第 85 條之 1 等相關規定，須詳實填列中獎人姓名、住址、統一編號等個人資料，以完成扣繳稅款及核銷作業，爰規劃以手機號碼作為電子票證載具歸戶之方式，並由電信事業提供手機號碼用戶（中獎人）之姓名、住址、統一編號等個人資料。然逕由電信事業提供手機號碼用戶（中獎人）之個人資料予財政部，雖係為協助財政部執行其法定職務，且便利中獎人領取獎金，惟是否為財政部取得中獎人個人資料之唯一或最小侵害方式？是否符合比例原則？恐非無疑。蓋依財政部規劃內容，民眾既須先提供手機號碼作為電子票證載具歸戶之方式，始得將中獎獎金直接轉為電子票證之儲值金，則於蒐集民眾手機號碼時，技術上應得一併徵詢其是否同意於中獎時由電信事業提供其必要之個人資料予財政部，或中獎人提供何種相關資料，

俾將中獎之獎金由其轉入特定電子票證之儲值金等，並明確告知利用該個人資料之目的、範圍及同意與否對其權益之影響（個資法第7條第2項規定參照），由民眾自行評估選擇是否使用該項服務功能，使電信事業得依個資法第20條第1項但書第7款「經當事人同意」而為個人資料之目的外利用，俾確保民眾（中獎人）之「隱私合理期待」（本部105年4月28日法律字第10503505850號函意旨參照）。

◎ 法務部 106 年 4 月 12 日法律字第 10603504830 號函

(一) 有關「貴部將甫錄取之志願役官兵名冊，提供予內政部（警政署）查詢渠等入營前是否曾持有或施用第三、四級毒品」乙節。

(二) 按個人資料保護法（下稱個資法）第15條第1款規定：「公務機關對個人資料之蒐集或處理，除第6條第1項所規定資料外，應有特定目的，並符合下列情形之一者：一、執行法定職務必要範圍內。」本條所稱法定職務，係指法律、法律授權之命令等法規中所定公務機關之職務（個資法施行細則第10條規定參照）。另按毒品危害防制條例第33條規定：「為防制毒品氾濫，主管機關對於所屬或監督之特定人員於必要時，得要求其接受採驗尿液，受要求之人不得拒絕；拒絕接受採驗者，並得拘束其身體行之。（第1項）前項特定人員之範圍及採驗尿液實施辦法，由行政院定之。（第2項）」特定人員尿液採驗辦法第3條第1款規定：「本辦法用詞定義如下：一、特定人員：指從事與公共安全有關業務、因業務需要經常接觸毒品或經行政院認定為防制毒品氾濫而有實施尿液採驗必要之人，其範圍如附表。」依「特定人員尿液採驗辦法第3條第1款附表」第2點第1款，曾有違反毒品危害防制條例行為者（含自動請求治療者），屬於貴部實施採驗尿液之「特定人員」。是以，貴部如基於為防制志願役官兵之毒品危害，於犯罪預防、矯正之特定目的（代號：025），符合執行法定職務必要範圍內，依

個資法第 15 條第 1 款規定，得委由內政部警政署比對後，蒐集志願役官兵入營前持有或施用第三、四級毒品之紀錄。惟仍應注意個資法第 5 條規定：「個人資料之蒐集、處理或利用，應尊重當事人之權益，依誠實及信用方法為之，不得逾越特定目的之必要範圍，並應與蒐集之目的具有正當合理之關聯。」

(三) 另按個資法第 16 條規定：「公務機關對個人資料之利用，除第 6 條第 1 項所規定資料外，應於執行法定職務必要範圍內為之，並與蒐集之特定目的相符。但有下列情形之一者，得為特定目的外之利用：一、法律明文規定。二、為維護國家安全或增進公共利益所必要。……」按內政部警政署係為協助偵查犯罪（內政部警政署組織法第 2 條第 1 項第 3 款規定參照）之目的，蒐集持有或施用第三、四級毒品之個人資料，如該署經比對甫錄取之志願役官兵名冊後，提供該資料予貴部用以防制志願役官兵之毒品危害發生，雖非該署蒐集個人資料之特定目的，應可認符合個資法第 16 條第 2 款「為增進公共利益所必要」及第 3 款「為免除當事人之生命、身體、自由或財產上之危險」，而屬特定目的外之合法利用，惟仍應注意個資法第 5 條規定。

(四) 另按行政程序法第 19 條有關職務協助之規定，係指行政機關相互間不涉及權限移轉之職務協助，即不相隸屬之行政機關間，基於請求，由被請求機關就屬其職權範圍，而非屬其職務範圍之行為，提供補充性協助之輔助行為（參陳敏著，行政法總論，7 版，頁 910 至 911）。其中，「執行職務所必要之文書或其他資料，為被請求機關所持有者」即屬行政協助事由之一（行政程序法第 19 條第 2 項第 4 款規定參照）。故內政部警政署於符合個資法第 16 條但書規定，且無得以拒絕協助之事由時（行政程序法第 19 條第 4、5 項規定參照），則有提供行政協助義務（本部 104 年 5 月 25 日法律字第 10403501140 號函參照）。

◎**法務部 106 年 4 月 12 日法律字第 10603501970 號函**

(一) 復按道路交通管理處罰條例（下稱本條例）第 8 條第 1 項規定，
違反本條例之行為，依所涉條文分別由公路主管機關或警察機關
處罰。又自違反道路交通管理事件統一裁罰基準及處理細則第 28
條、第 29 條、第 33 條及第 43 條規定可知，警察機關舉發違反道
路交通管理事件後，應將該事件有關文書或電腦資料連同有暫代保
管物件者之物件移送處罰機關；一行為同時觸犯刑事法律及違反本
條例規定，經移送地方法院檢察署偵辦，並依本條例規定舉發者，
舉發機關應將移送情事以適當方式通知處罰機關；處罰機關受理移
送之舉發違反道路交通管理事件時，發現應填記內容不符規定，或
所列附件漏未移送者，應即洽請原移送機關更正或補送；違反道路
交通管理事件之裁決，應參酌舉發違規事實、違反情節、稽查人員
處理意見及受處分人陳述，依基準表裁處，不得枉縱或偏頗。

(二) 是以，基於交通行政（代號：028）之特定目的，警察機關於舉發
違反道路交通管理事件後，依上開規定將該事件必要之相關資料移
送公路主管機關，由公路主管機關依相關資料進行裁決，對公路主
管機關而言，應認符合個資法第 15 條第 1 款規定；對警察機關而
言，應認符合個資法第 16 條本文規定。上開二者分屬執行法定職
務必要範圍內之資料蒐集、處理及利用，並無違反個資法。

◎**法務部 105 年 11 月 14 日法律字第 10503516670 號函**

(一) 依來函所附○○單車股份有限公司（下稱○○單車公司）與會員間
約定之「新北市公共自行車租賃系統 YouBike 服務條款（下稱服務
條款）」第 3 點（1）觀之，○○單車公司告知會員蒐集個人資料
之類別為姓名、電話、電子郵件地址、信用卡號及電子票證號碼，
並未有「使用公共自行車之交通違規資料」乙項，故尚難僅以服
務條款第 6 點（1）載有「您如違反中華民國法律或本服務條款規
定，……，本公司得基於前述事由變更、終止、暫停或中斷您使用

本服務及服務內容」等字，即認○○單車公司業經會員同意蒐集或處理其使用公共自行車之交通違規資料。

(二) 另按本法第16條規定：「公務機關對個人資料之利用，除第6條第1項所規定資料外，應於執行法定職務必要範圍內為之，並與蒐集之特定目的相符。但有下列情形之一者，得為特定目的外之利用：……二、為維護國家安全或增進公共利益所必要。……四、為防止他人權益之重大危害。……。」本件貴局為維護公共交通安全，擬透過新北市警察局開立交通違規罰單所註記之公共自行車車號（含違規發生時間、地點及事項），經與「公共自行車租賃服務」之會員資料庫進行比對，進而對於該違規會員限制使用公共自行車租賃服務，藉以提升騎乘者及其他用路人之安全，固可認係「為防止他人權益發生危害」，並有助於「增進公共利益」；惟民眾騎乘公共自行車違反交通規則，是否達到前揭本法第16條但書第4款「重大」危害其他用路人權益之程度？且非透過提供交通違規資料予○○單車公司，否則不足以保障其他用路人之安全？又道路交通管理處罰條例針對慢車駕駛人之違規行為，已設有若干處罰規定，以確保交通安全，如再將交通違規資料提供予○○單車公司，供作執行服務條款第6點（1）限制會員使用之懲罰性機制，是否逾越必要範圍，並與執法機關蒐集交通違規資料之目的具有正當合理關聯（本法第5條規定參照）？仍宜請貴局審認相關事實本於權責審認之。

◎法務部105年11月11日法律字第10503515840號函

(一) 按個資法第15條第1款規定：「公務機關對個人資料之蒐集或處理，除第6條第1項所規定資料外，應有特定目的，並符合下列情形之一者：一、執行法定職務必要範圍內。」依來函所述，貴部依兒童及少年福利與權益保障法（下稱兒少法）第54條規定，「推動兒童及少年高風險家庭關懷處遇服務，建立兒虐預警機制並

訂定旨揭方案……旨揭方案於實務執行時，部分兒童行方不明或資訊不全等因素致無法查訪……考量兒童與父、母、法定監護人、親屬或主要照顧者同處的可能性高，倘能透過兒童之戶籍、親等關聯及入出境等資料，獲取前開人員相關資訊，應可提高尋獲兒童之機會。」以觀，貴部擬蒐集之資料，並非個資法第6條第1項所規定特種個人資料，且係基於社會行政（代號：057）之特定目的，為執行兒少法第54條規定之法定職務，對兒童進行查訪，有蒐集前開資料之必要，從而，貴部蒐集、處理旨揭資料，與上揭個資法第15條第1款規定，尚無不符。

(二) 次按個資法第16條規定：「公務機關對個人資料之利用，除第6條第1項所規定資料外，應於執行法定職務必要範圍內為之，並與蒐集之特定目的相符。但有下列情形之一者，得為特定目的外之利用：一、法律明文規定。二、為維護國家安全或增進公共利益所必要。三、為免除當事人之生命、身體、自由或財產上之危險。……」又按兒少法第70條第2項規定：「直轄市、縣（市）主管機關、受其委託之機構、團體或專業人員進行訪視、調查及處遇時，兒童及少年之父母、監護人、其他實際照顧兒童及少年之人、師長、雇主、醫事人員及其他有關之人應予配合並提供相關資料；必要時，該直轄市、縣（市）主管機關並得請求警政、戶政、財政、教育或其他相關機關或機構協助，被請求之機關或機構應予配合。」上開所稱被請求之機關「應予配合」之事項，是否包括應提供相關資料？事涉貴部主管法規之解釋，請先予釐清，如經確認包括提供相關資料，則相關機關提供旨揭資料予貴部，自符合個資法第16條但書第1款規定。

(三) 承上，如認被請求之機關依上開兒少法第70條第2項規定，有無配合提供相關資料之義務，尚有疑義，惟依來函所述，貴部請求相關機關提供旨揭資料，確有助於社政主管機關釐清行方不明兒童可能行蹤，其必要性及重要性關係兒童人身安全甚鉅。從而，戶政、

移民等相關機關，提供旨揭資料予貴部，應符合個資法第 16 條但書第 2 款「為增進公共利益所必要」及第 3 款「為免除當事人之生命、身體、自由之危險」之情形，而得為特定目的外之利用。

◎ 法務部 104 年 1 月 15 日法律字第 10403500460 號函

(一) 按個人資料保護法（以下簡稱個資法）第 15 條規定：「公務機關對個人資料之蒐集或處理，除第 6 條第 1 項所規定資料外，應有特定目的，並符合下列情形之一者：一、執行法定職務必要範圍內。二、經當事人書面同意。三、對當事人權益無侵害。」個資法施行細則第 10 條規定：「本法…第 15 條第 1 款……所稱法定職務，指於下列法規中所定公務機關之職務：一、法律、法律授權之命令。二、自治條例。三、法律或自治條例授權之自治規則。……」是警察機關如係執行前揭法規所規定之職務，而有蒐集或處理個人資料之必要者，符合個資法第 15 條之規定。

(二) 次按消防法第 24 條第 2 項後段授權規定之緊急救護辦法第 3 條第 2 款規定：「二、緊急傷病患：指下列情形之一者：（一）因災害或意外事故急待救護者。（二）路倒傷病無法行動者。（三）孕婦待產者。（四）其他緊急傷病者。」同辦法第 6 條第 2 項規定：「緊急傷病患身分不及查明時，由救護人員先行填具救護紀錄表，運送至急救責任醫院或就近適當醫療機構先行救治，並向當地警察機關查明身分後，依前項規定辦理。」是警察機關為協助救護人員執行緊急救護任務，依前揭規定須查明緊急傷病患身分，或依其所屬各直轄市、縣（市）政府之自治條例，所明定警察機關就身分不明之路倒病人辦理身分調查及製作指紋卡等類此規定（例如：嘉義市遊民安置輔導自治條例第 4 條第 1 項第 1 款、第 7 條前段及第 14 條規定參照），而須查明路倒病人身分時，因前揭緊急傷病患或路倒病人係無意識狀態，不能詢問或令其出示身分證明文件（警察職權行使法第 7 條規定參照），亦無任何方法可供查明其身分情況下，

警察機關為通知其家屬及後續事宜，爰依職權審認，蒐集個案當事人指紋，係為與合法可供利用之指紋資料庫（個人自行捺印指紋資料）進行比對，即能助益辨識前揭緊急傷病患或路倒病人之身分，以換得該個案當事人更重要之生命、身體、健康權利的保護，對其隱私權益之侵害與欲達成目的之利益尚屬衡平，應可認為警察機關基於警政（代號：167）、社會行政（代號：57）等特定目的，於執行上開緊急救護辦法或自治條例所定職務之必要範圍內，對其蒐集指紋個人資料，符合前揭個資法規定。

(三) 復按「警察依法取得之資料對警察之完成任務不再有幫助者，應予以註銷或銷毀。但資料之註銷或銷毀將危及被蒐集對象值得保護之利益者，不在此限。（第 1 項）應註銷或銷毀之資料，不得傳遞，亦不得為不利於被蒐集對象之利用。（第 2 項）除法律另有特別規定者外，所蒐集之資料，至遲應於資料製作完成時起 5 年內註銷或銷毀之。（第 3 項）」為警察職權行使法第 18 條所明定，是警察機關為查明前揭路倒病人或緊急傷病患身分而蒐集其指紋個人資料，除應指定專人辦理安全維護事項，防止個人資料被竊取、竄改、毀損、滅失或洩漏（個資法第 18 條規定參照），更應依前揭規定辦理註銷或銷毀，俾加強個人資料之保護。

◎ 法務部 102 年 10 月 25 日法律字第 10203511870 號函

(一) 勞工保險局蒐集農保身心障礙診斷書，屬個人資料之合法蒐集：依個資法第 15 條第 1 款規定：「公務機關對個人資料之蒐集或處理，除第 6 條第 1 項所規定資料外，應有特定目的，並符合下列情形之一者：一、執行法定職務必要範圍內。……」於中央社會保險局未設立前，農民健康保險業務暫委託勞工保險局辦理，並為保險人，負責審核保險給付（農民健康保險條例第 4 條及第 21 條規定參照），故勞工保險局基於「農民保險」（代號：031）之特定目的，為執行其審核身心障礙給付之法定職務，蒐集特定醫療機構開

具之被保險人農民健康保險身心障礙診斷書，符合個資法第 15 條
第 1 款之規定而屬個人資料之合法蒐集。

(二) 醫療機構提供勞工保險局農保身心障礙診斷書，屬個人資料之特定目的內利用：依農民健康保險條例第 36 條第 1 項規定：「被保險人因遭受傷害或罹患疾病，……，並經保險人自設或特約醫療機構診斷為永久身心障礙者，得按其當月投保金額，依規定之身心障礙等級及給付標準，一次請領身心障礙給付。」故為利保險人審核農保身心障礙給付，於被保險人請求醫療機構開具農保身心障礙診斷書時，公立醫院依上開規定負有蒐集並開具農保身心障礙診斷書之法定職務；另依個資法第 19 條第 1 項第 2 款規定：「非公務機關對個人資料之蒐集或處理，除第 6 條第 1 項所規定資料外，應有特定目的，並符合下列情形之一者：……二、與當事人有契約或類似契約之關係。……」私立醫院依醫療契約蒐集被保險人醫療資料並依被保險人請求開具農保身心障礙診斷書，乃醫院依醫療契約提供醫療服務，且為準備、確定、支持及完全履行醫院本身之主給付義務，而對病人所負之從給付義務。是以，醫療機構（公立醫院及私立醫院）基於「農民保險」（代號：031）之特定目的，蒐集被保險人醫療資料、開具農保身心障礙診斷書並提供予保險人審核保險給付，符合個資法第 15 條第 1 款（公務機關）及第 19 條第 1 項第 2 款（非公務機關）之規定，並屬個資法第 16 條本文（公務機關）及第 20 條第 1 項本文（非公務機關）特定目的內之合法利用。

◎ 法務部 101 年 11 月 8 日法律字第 10103109390 號函

(一) 有關民眾申請自願捺錄指紋及相關利用，是否符合個人資料保護相關法令疑義一案。

(二) 按隱私權雖非憲法明文列舉之權利，惟基於人性尊嚴與個人主體性之維護及人格發展之完整，並為保障個人生活私密領域免於他人侵擾及個人資料之自主控制，隱私權乃為不可或缺之基本權利，而受

222

憲法第 22 條所保障（司法院釋字第 585 號解釋參照）。其中就個人自主控制個人資料之資訊隱私權而言，乃保障人民決定是否揭露其個人資料、及在何種範圍內、於何時、以何種方式、向何人揭露之決定權，並保障人民對其個人資料之使用有知悉與控制權及資料記載錯誤之更正權（司法院釋字第 603 號解釋參照），合先敘明。

◎ 法務部 101 年 11 月 8 日法律字第 10103109010 號函

(一) 關於內政部警政署刑事警察局擬向交通部高速公路局（下稱高公局）取得電子收費系統所蒐集之車行紀錄資料，有無個人資料保護法之適用乙案。

(二) 按 99 年 5 月 26 日修正公布之個人資料保護法（下稱本法，業經行政院 101 年 9 月 21 日院台法字第 1010056845 號令公告除第 6 條、第 54 條外，其餘條文自 101 年 10 月 1 日施行）第 2 條第 1 款規定：「個人資料：指自然人之姓名、出生年月日、國民身分證統一編號、護照號碼、特徵、指紋、婚姻、家庭、教育、職業、病歷、醫療、基因、性生活、健康檢查、犯罪前科、聯絡方式、財務情況、社會活動及其他得以直接或間接方式識別該個人之資料。」本法施行細則第 3 條規定：「本法第 2 條第 1 款所稱得以間接方式識別，指保有該資料之公務或非公務機關僅以該資料不能直接識別，須與其他資料對照、組合、連結等，始能識別該特定之個人。」來函所詢**電子收費系統車行紀錄資料（含車號、經過時間、經過地點）因技術上內政部警政署刑事警察局仍得透過其他資料之比對而識別該車輛所有權人或使用人，故該車行紀錄應屬本法所定「得以間接方式識別」之個人資料。**

(三) 次按本法第 15 條規定：「公務機關對個人資料之蒐集或處理，除第 6 條第 1 項所規定資料外，應有特定目的，並符合下列情形之一者：一、執行法定職務必要範圍內。……」第 16 條規定：「公務機關對個人資料之利用，除第 6 條第 1 項所規定資料外，應於執行

法定職務必要範圍內為之，並與蒐集之特定目的相符。但有下列情形之一者，得為特定目的外之利用：……二、為維護國家安全或增進公共利益。……」內政部警政署刑事警察局向高公局蒐集個人車行紀錄資料，係基於「刑事偵查」（代號：025）之特定目的，並符合本法第 15 條第 1 款「於執行法定職務必要範圍內」之要件；另就高公局而言，其提供該等資料屬特定目的外之利用，且係為協助貴局偵查犯罪需要，應符合本法第 16 條第 2 款所定「為維護國家安全或增進公共利益」之情形（本部 96 年 4 月 10 日法律決字第 0960700254 號函參照）。又個人資料之蒐集、處理或利用應尊重當事人之權益，應依誠實及信用方法為之，不得逾越特定目的之必要範圍，並應與蒐集之目的具有正當合理之關聯，且應指定專人辦理安全維護事項，以防止個人資料被竊取、竄改、毀損、滅失或洩漏（本法第 5 條、第 18 條及本法施行細則第 12 條規定參照），併請注意。

◎法務部 101 年 11 月 8 日法律字第 10103109000 號函

(一) 有關內政部函請行政院衛生署同意開放「精神照護管理系統」及「自殺防治通報系統」，俾與內政部「家庭暴力高危機個案管理系統」進行即時資訊交換乙案。

(二) 按 99 年 5 月 26 日公布之個人資料保護法（以下簡稱本法），除第 6 條及第 54 條尚未施行外，其餘條文已於本（101）年 10 月 1 日施行，是第 6 條之特種個人資料於施行前，仍應適用一般個人資料之規定，合先敘明。

(三) 次按本法第 15 條規定：「公務機關對個人資料之蒐集或處理，除第 6 條第 1 項所規定資料外，應有特定目的，並符合下列情形之一者：一、執行法定職務必要範圍內。……。」第 16 條規定：「公務機關對個人資料之利用，除第 6 條第 1 項所規定資料外，應於執行法定職務必要範圍內為之，並與蒐集之特定目的相符。但有下列

情形之一者，得為特定目的外之利用：一、法律明文規定。二、為維護國家安全或增進公共利益。……。四、為防止他人權益之重大危害。……。」依來文說明三所示，**行政院衛生署所有「精神照護管理系統」及「自殺防治通報系統」（簡稱系爭系統）登錄有身分證字號、出生年月日、居住地、婚姻狀態及疾病診斷等個人資料，故內政部函請行政院衛生署同意開放系爭系統與該部「家庭暴力高危機個案管控系統」進行資料交換，核屬個人資料之蒐集，依前揭規定，自應具有特定目的，並為執行法定職務之必要範圍內，方得為之。另就行政院衛生署而言，開放系爭系統予其他機關，屬個人資料之特定目的外利用，如符合本法第 16 條但書規定所列法定事由之一（例如：為增進公共利益或防止他人權益之重大危害），則得為之。**

◎法務部 101 年 9 月 3 日法律字第 10100626710 號函

(一) 有關總統府機要室為辦理總統致國內外各界人士明（102）年新年賀卡，涉及個人資料保護法規定適用疑義乙案。

(二) 按個人資料保護法（下稱本法）第 15 條規定：「公務機關對個人資料之蒐集或處理，除第 6 條第 1 項所規定資料外，應有特定目的，並符合下列情形之一者：一、執行法定職務必要範圍內。……」，及同法第 16 條規定：「公務機關對個人資料之利用，除第 6 條第 1 項所規定資料外，應於執行法定職務必要範圍內為之，並與蒐集之特定目的相符。……」

(三) 查依「**中華民國總統府處務規程**」第 12 條規定，總統府機要室負責「關於總統、副總統致賀國內外人士新歲及受賀新歲、華誕、就職案之處理事項。」是以，**總統府機要室如基於執行上開規定「總統致賀國內外人士新歲」之職務與特定目的【例如：代號 006 公共關係（最新代號為 013）或 093 其他中央政府（最新代號為 171 其他中央政府機關暨所屬機關構內部單位管理、公共事務監督、行政**

協助及相關業務）】，即得蒐集相關國內外人士之名單資料，並得
於上開蒐集之特定目的內利用（如寄發賀卡）。

◎ 法務部 101 年 3 月 5 日法律字第 10000055990 號函

(一) 關於內政部為控管爆竹煙火流向而規劃建置「爆竹煙火流向申報資
訊管理系統」，用以蒐集爆竹煙火業者依法提供及登記之資料，是
否涉有個人資料保護法之疑義。

(二) 舊個資法第 7 條（個資法第 15 條）規定：「公務機關對個人資料
之蒐集或電腦處理，非有特定目的，並符合左列情形之一者，不得
為之：一、於法令規定職掌必要範圍內者。……」舊個資法第 8 條
（個資法第 16 條）規定：「公務機關對個人資料之利用，應於法
定職掌必要範圍內為之，並與蒐集之特定目的相符。……」

(三) 另按爆竹煙火管理條例（下稱管理條例）第 2 條規定：「本條例所
稱之主管機關，在中央為內政部；在直轄市為直轄市政府；在縣
（市）為縣（市）政府。（第 1 項）主管機關之權責劃分如下：一、
中央主管機關：（一）爆竹煙火安全管理制度之規劃設計……。
二、直轄市、縣（市）主管機關：（一）爆竹煙火安全管理業務之
規劃……。（三）爆竹煙火製造及達中央主管機關所訂管制量之儲
存、販賣場所，其位置、構造、設備之檢查及安全管理。……（第
2 項）」管理條例第 20 條規定：「爆竹煙火製造場所、達中央主管
機關所定管制量之儲存場所與輸入者，及輸入或販賣達中央主管機
關公告數量之氯酸鉀或過氯酸鉀者，其負責人應登記進出之爆竹煙
火原料、半成品、成品、氯酸鉀及過氯酸鉀之種類、數量、時間、
來源及流向等項目，以備稽查；其紀錄應至少保存五年，並應於次
月十五日前向直轄市、縣（市）主管機關申報前一個月之紀錄。」
管理條例第 21 條規定：「直轄市、縣（市）主管機關得派員進入
爆竹煙火製造、儲存或販賣場所，就其安全防護設施、相關資料及
其他必要之物件實施檢查，被檢查者不得規避、妨礙或拒絕，並得

詢問負責人與相關人員，及要求提供相關資料。（第1項）……對於非法製造、儲存或販賣爆竹煙火之場所，有具體事實足認為有危害公共安全之虞者，直轄市、縣（市）主管機關得派員進入執行檢查或取締。（第3項）……」

(四) 內政部消防署如建置「爆竹煙火流向申報資訊管理系統」，係為執行管理條例第20條及第21條規定所定職掌，以達安全管理爆竹煙火，預防災害發生，確保公共安全之目的，而進行舊個資法第3條第1款（個資法第2條第1款）個人資料之蒐集，又管理條例之主管機關即內政部或直轄市、縣（市）主管機關，其蒐集、處理及利用上開系統所建置之個人資料，以進行檢查及安全管理，乃具有火災預防與控制（代號：007）（最新代號為019火災預防與控制、消防行政）之特定目的，且在法令規定職必要範圍內，應認符合舊告資法第7條（個資法第15條）及舊個資法第8條本文（個資法第16條）之規定。惟適用時仍應注意舊個資法第6條（個資法第5條）比例原則之規定。

🔍 相關條文

　　（公務機關）個資法2⑦。（個人資料）個資法2①。（蒐集）個資法2③。（直接蒐集告知）個資法8。（間接蒐集告知）個資法9。（處理）個資法2④。（法定職務）個資法施行細則10，**中華民國總統府處務規程12，爆竹煙火管理條例20、21**，戶籍法67、68。（必要範圍）個資法5。（當事人）個資法2⑨。（同意）個資法7 I。（特種資料）個資法6 I。（刑事責任）個資法41。

第 16 條 （公務利用）

公務機關對個人資料之利用，除第六條第一項所規定資料外，應於執行法定職務必要範圍內為之，並與蒐集之特定目的相符。但有下列情形之一者，得為特定目的外之利用：

一、法律明文規定。

二、為維護國家安全或增進公共利益所必要。

三、為免除當事人之生命、身體、自由或財產上之危險。

四、為防止他人權益之重大危害。

五、公務機關或學術研究機構基於公共利益為統計或學術研究而有必要，且資料經過提供者處理後或經蒐集者依其揭露方式無從識別特定之當事人。

六、有利於當事人權益。

七、經當事人同意。

修正理由

1. 本條但書第 2 款及第 5 款文字酌作修正。
2. 放寬當事人「同意」之方式，不以書面同意為限，爰修正本條但書第 7 款。

條文釋義

1. 公務機關對於個人資料之利用，應依本條規定為之，明定不得逾越法定職務之必要範圍，且應受目的明確化原則之限制。例如依道路交通管理處罰條例第 92 條第 5 項、道路交通事故處理辦法第 13 條第 1 項之規定，交通事故之當事人，為民事調解或和解之目的而請求警察機關提供他造當事人個人資料，警察機關得基於警政之目的

利用、提供該當事人之個人資料[1]。又如郵務人員就送達通知書之黏貼係屬合法送達要件，亦明文規定於各項程序法中，通知書上所載姓名及地址均為保障人民依正當法律程序受合法通知之事項，當然非侵害本法之情形[2]。

2. 目的明確化原則如嚴格執行，難免會因過於嚴格以致窒礙難行，爰以列舉方式為例外規定，以資調和。惟各公務機關若欲為目的外之個資利用，因對當事人隱私權益影響甚大，自應以法律規定為必要。例如：依社會救助法第 44 條之 3 第 1 項、第 4 條、第 4 條之 1 之規定，主管機關為審核低收入或中低收入戶之資格，而向財政部財稅資料中心請求該申請人之個人資料，財政部財稅資料中心應依法提供，不得拒絕。又辦理國家考試之機關依典試法第 21 條規定訂定之「試場規則」公布違規者姓名等相關個人資料，係依特別法所為，尚無庸依個資法權衡公布個人資料之範圍[3]。

3. 基於公益與私益平衡，如有維護國家安全、或增進公共利益、或為統計或學術研究而有必要者，公務機關得為目的外之利用，爰為第 2 款、第 5 款之規定。

4. 目的外利用，係為免除當事人之生命、身體、自由或財產上之危險，有利於當事人權益，或經當事人同意者，應予准許。

🔍 實務見解

◎最高行政法院 106 年度判字第 54 號判決

(一) 而本案適用新個資法第 16 條但書第 5 款許可規定為檢驗後，如果

---

1 參法務部個人資料保護專區個資法問與答 http://pipa.moj.gov.tw/cp.asp?xItem=1265&ctNode=408&mp=1，最後瀏覽日期：2012/12/7。

2 參法務部個人資料保護專區個資法問與答 http://pipa.moj.gov.tw/cp.asp?xItem=1250&ctNode=408&mp=1，最後瀏覽日期：2012/12/7。

3 參法務部個人資料保護專區個資法問與答 http://pipa.moj.gov.tw/cp.asp?xItem=1267&ctNode=408&mp=1、http://pipa.moj.gov.tw/cp.asp?xItem=1252&ctNode=408&mp=1，最後瀏覽日期：2012/12/7。

得以通過「去識別化」之檢驗標準，即可終局確定上訴人等之隱私權不會受到侵犯，而其以「隱私權有受侵犯之虞」為基礎所提起之本案請求，亦可確定於法無據，原判決之最終判斷結論即可維持。然而基於以下之理由，本院發現本案去識別化作業模式，實不足到達「完全切斷資料內容與特定主體間之連結線索」之程度，因此移轉至輔助參加人衛福部之健保資料，其「個人資料」屬性，尚未被全然排除（雖然已經大幅度降低），因此仍有繼續檢討該資料收受者輔助參加人衛福部對被上訴人所持有之健保資料有無蒐集處理職權之必要。

(二) 本院認為資料尚未「去識別化」之主要理由即是，從被上訴人與輔助參加人衛福部自承之「去識別化」作業模式觀之，由輔助參加人衛福部派專人來執行「加密」作業，再攜回加密之個人資料建置資料庫。如此作業模式即表示輔助參加人衛福部本也有「還原」資料與主體間連結之能力，此等結果顯然與由被上訴人「單方」掌握「還原」能力之「去識別化」標準不符。

(三) 被上訴人雖抗辯稱「『原始資料』仍然保留在被上訴人手中」云云，但此等抗辯毫無道理，因為：資料實際上是一種訊息，應與訊息載體分離看待。而所謂「原始資料」其實僅是儲放資料（訊息）之載體，因此載體即使留在原處，載體內之訊息已透過轉換載體之方式，而脫逸被上訴人之控管，並為輔助參加人衛福部所控管，只要輔助參加人衛福部之內部單位公務員，有「還原」資料與主體連結之可能，對輔助參加人衛福部而言，該資料仍未「去識別化」，而屬「個人資料」。

(四) 當然本院在此也明瞭，前開健保資料雖未完全符合「去識別化」之法定作業模式要求，但因為該等資料解密鑰匙，仍由輔助參加人衛福部內負責資訊祕密業務單位之公務員保有，而非輔助參加人衛福部內之任何成員均可取閱，則該等資料與特定主體連結之「可識別性」已大幅度降低，但只要輔助參加人衛福部內部單位成員，有還

原資料與主體連結之能力，即不符合「去識別化」之標準。

(五) 不過在此要附帶說明，上訴意旨中對「去識別化」之實證效用強度要求，則已超過「去識別化」作業之設置目的，而非可採。實則「去識別化」之功能及作用，只在確保社會大眾，在看到資料內容時，不會從資料內容輕易推知該資料所屬之主體。但刻意鎖定特定主體，主動搜尋與該主體身分有關之各式資訊，再與「個人資料」作連結之方式，此等該特定主體即使有隱私權受到侵犯，其受侵犯之原因也不是來自公務機關掌握之「個人資料」，而是一開始連續不當之私人資訊探究行為。因此此等結果之防止，已不在「去識別化效用強度」之法定標準範圍內。另外如果上訴人等八人真要堅持「去識別化實證效用強度」之法律主張，則其亦須明瞭，本案其等八人是以自身權益受侵害而提起爭訟，而非為了公共利益，因此有關「本案去識別化實證效用強度不足」之待證事實，亦應以其等八人為基礎。總結以上之論述，本院不認為上訴人有關「去識別化效用強度法定標準」之主張為可採，亦認原審法院對此部分事實未依上訴人聲請而為證據調查，於法尚無違誤。

◎臺北高等行政法院 99 年訴字第 674 號判決

(一) 兩造爭執略以，原告於 98 年 10 月 12 日向被告（桃園縣中壢市公所）申請閱覽 97 年 12 月 30 日至 98 年 1 月 16 日桃園縣○○市○○路○○巷及○○路○○巷攤販名單及戶籍所在地資料，經被告 98 年 10 月 15 日號函復原告，參照電腦處理個人資料保護法第 1 條、第 7 條第 1 項，否准所請。原告訴稱：系爭資料並無保密之必要，且其為行政程序法第 46 條第 1 項所定之當事人及利害關係人，為維護其法律上利益之必要，自得申請閱覽云云。被告答辯：否准所請之函復，性質上為事實行為，並非行政處分，且原告非行政程序法第 46 條第 1 項所定之當事人或利害關係人，其申請閱覽之資料亦涉及其他攤販之隱私及營業祕密，自不得提供等語。

(二) 本件相關之登錄之資料均為電腦處理之個人資料，參照電腦處理個人資料保護法第 8 條（個資法第 8 條）規定：「公務機關對個人資料之利用，應於法令職掌必要範圍內為之，並與蒐集之特定目的相符。但有左列情形之一者，得為特定目的外之利用：一、法令明文規定者。二、有正當理由而僅供內部使用者。三、為維護國家安全者。四、為增進公共利益者。五、為免除當事人之生命、身體、自由或財產上之急迫危險者。六、為防止他人權益之重大危害而有必要者。七、為學術研究而有必要且無害於當事人之重大利益者。八、有利於當事人權益者。九、當事人書面同意者。」除有第 1 款至第 9 款規定外，其利用應符合公務機關對個人資料之利用，於法令職掌必要範圍內為之，並與蒐集之特定目的相符。

(三) 然查，原告之申請並不符合前開資料之利用目的，且亦不符電腦處理個人資料保護法第 8 條但書各款之情形。故被告對前述為籌設新明市場暨攤販集中區，辦理原有攤販實地訪查並建置之電腦檔案資料，不得提供予原告閱覽，自屬於法有據。

◎ 法務部 105 年 12 月 21 日法律字第 10503518090 號函

按個人資料保護法第 16 條但書第 7 款規定：「經當事人同意」，僅是個人資料於特定目的外利用要件之一，雖能達到避免人格權侵害之方法，惟若同時具有個人資料保護法第 16 條但書第 1 款至第 6 款等其他個人資料之合理利用事由者（例如：「增進公共利益所必要」、「為免除當事人之生命、身體、自由或財產上之危險」、「為防止他人權益之重大危害」等），公務機關基於比例原則與具體情況，仍可於特定目的外利用個人資料，以求法益平衡，並非一律均需取得當事人同意。

◎ 經濟部 105 年 9 月 26 日經商字第 10500077610 號函

按個人資料保護法（下稱個資法）第 16 條規定：「公務機關對個人資料之利用，除第 6 條第 1 項所規定資料外，應於執行法定職務必要範圍內為之，並與蒐集之特定目的相符。但有下列情形之一者，得為特

定目的外之利用：一、法律明文規定……。」第 19 條第 1 項：「非公務機關對個人資料之蒐集或處理，除第 6 條第 1 項所規定資料外，應有特定目的，並符合下列情形之一者：一、法律明文規定……。」蓋特定目的外利用個人資料，對當事人隱私權益影響甚大，自應以法律規定為必要（99 年 5 月 26 日修正第 16 條立法理由第 4 點參照）。準此，**商業主管機關依本法第 26 條第 1 項規定將涉有個人資料之商業登記文件，提供商業負責人、合夥人或利害關係人查閱、抄錄或複製，屬個人資料之特定目的外利用，符合上開個資法第 16 條但書第 1 款「法律明文規定」之情形。**而利害關係人等依本法第 26 條第 1 項規定向商業主管機關查閱、抄錄或複製之行為，屬個人資料之蒐集，亦符合上開個資法第 19 條第 1 項第 1 款之情形。惟其查閱、抄錄或複製範圍仍應注意個資法第 5 條之適用。

◎ 法務部 105 年 9 月 21 日法律字第 10503514560 號函

次按本法第 16 條規定：「公務機關對個人資料之利用，除第 6 條第 1 項所規定資料外，應於執行法定職務必要範圍內為之，並與蒐集之特定目的相符。但有下列情形之一者，得為特定目的外之利用：……二、為維護國家安全或增進公共利益所必要。……六、有利於當事人權益。七、經當事人同意。」**戶政事務所蒐集國民身分證統一編號，係基於戶政之特定目的，如其將金融機構自然人客戶之國民身分證統一編號（包括因發現重複而變更之國民身分證統一編號）或其有無重複之個人資料，提供予金融機構作為金融業務使用，屬特定目的外利用行為，應符合本法第 16 條但書所列各款情形之一（例如：增進公共利益所必要、經當事人同意），始得將上開個人資料提供予金融機構。**戶政事務所經確認有不同民眾重複提供同一國民身分證統一編號予金融機構，如認有釐清是否涉及來函所述政府作業疏失，且為增進公共利益所必要，依貴部來函所述作法，僅告知該國民身分證統一編號有無重複，不提供其變更之統一編號，應可認符合本法第 16 條但書第 2 款之規定，而得為特

定目的外利用。

◎ 法務部 105 年 8 月 4 日法律字第 10503510730 號函

　　醫院需公務機關提供可能間接識別生存特定個人之資料，僅基於具體個案情形並符合個資法第 6 條第 1 項各款或第 16 條但書各款規定之一者，得就個人資料為特定目的外之利用，適度提供個人資料給旨揭醫院。例如：公務機關保有「醫療」（個資法施行細則第 4 條第 2 項規定）之特種個人資料，考量請求提供之學術研究機構「基於醫療、衛生或犯罪預防之目的」；或公務機關保有非特種之一般個人資料，考量請求提供之學術研究機構「基於公共利益」，為統計或學術研究而有必要，且資料經過提供者將直接識別個人資料加工處理成為間接識別個人資料，提供給學術研究機構進行彙整統計分析，嗣該機構再以無從識別特定當事人之方式為研究成果之發表，即為適法之特定目的外利用（個資法第 6 條第 1 項第 4 款、第 16 條但書第 5 款）。

◎ 法務部 105 年 7 月 21 日法律字第 10503509200 號函

(一) 按個人資料保護法（下稱個資法）第 16 條規定：「公務機關對個人資料之利用，除第 6 條第 1 項所規定資料外，應於執行法定職務必要範圍內為之，並與蒐集之特定目的相符。但有下列情形之一者，得為特定目的外之利用：……四、為防止他人權益之重大危害。……六、有利於當事人權益。……。」所稱「為防止他人權益之重大危害」，例如：醫院為免除病人生命、身體之危險，向戶政事務所請求提供無自主能力之患者親屬戶籍資料，以通知患者親屬協處相關事宜，戶政事務所提供患者親屬戶籍資料，可認係為防止患者權益之重大危害（本部 104 年 8 月 20 日法律字第 10403510420 號函）；所稱「有利於當事人權益」，例如：勞工保險局透過勞工個人勞工保險資料，主動發函污染事件之受害勞工告知參加訴訟相關事宜，可認係有利於當事人（勞工）之權益（本部 104 年 6 月 5 日法律字第 10400092740 號函）。惟上開規定僅係公務機關得利用

個人資料之依據，並非人民請求提供他人個人資料之依據，合先敘明。

(二) 又有關個資法之查詢、請求閱覽或製給複製本之權利，係由該筆個人資料之當事人所享有（個資法第 3 條規定）；亦即個資法僅賦予資料本人查詢、閱覽及複製本人資料之權利，並未賦予人民得請求公務機關提供他人個人資料之權利（本部 99 年 8 月 19 日法律決字第 0999028404 號函及 102 年 11 月 1 日法律字第 10203511730 號函參照）。人民向政府機關請求提供資訊，除其他法律有特別規定外，應依政府資訊公開法（下稱政資法）為之。至於政府機關是否提供應審酌有無該法第 18 條第 1 項限制公開或不予提供之事由。又倘人民依政資法向政府機關請求提供政府資訊時，政府機關之准駁係屬行政處分之性質，與行政程序法第 173 條係規範行政機關對人民陳情之處理，二者不同，併予敘明。

◎ **法務部 105 年 7 月 18 日法律字第 10503510230 號函**

僅係申請調閱失蹤人口於醫事機構之就醫日期及該醫事機構地址等資料，於個資法之適用疑義，分述如下：

1. 貴署（指內政部警政署）向健保署「蒐集」失蹤人口於醫事機構之就醫日期及該醫事機構地址等資料部分：按個資法第 15 條第 1 款規定，公務機關對個人資料之蒐集應有特定目的，並應於執行法定職務必要範圍內為之，上開規定所稱「法定職務」，係指法律、法律授權之命令、自治條例、法律或自治條例授權之自治規則、法律或中央法規授權之委辦規則等法規中所定公務機關之職務（個資法施行細則第 10 條規定參照）。又貴署組織法第 2 條第 1 項第 6 款及貴署處務規程第 12 條第 6 款規定，貴署負責失蹤人口查尋及查尋之規劃、督導；各直轄（縣）市政府警察局之組織規程亦均明定掌理失蹤人口查尋事項。是貴署基於特定目的（例如：警政，代號：167），並於執行失蹤人口查尋職務必要範圍內，向健保署申請調閱

（即蒐集）失蹤人口於醫事機構之就醫日期及該醫事機構地址等資料，以查明失蹤人口之行蹤，俾能早日尋獲失蹤人口，應可認為符合前揭個資法第 15 條第 1 款規定。

2. 健保署向貴署提供（即利用）失蹤人口於醫事機構之就醫日期及地址之資料部分：再按個資法第 16 條但書第 3 款規定：「公務機關對個人資料之利用……。但有下列情形之一者，得為特定目的外之利用：……三、為免除當事人之生命、身體、自由或財產上之危險。」是健保署為辦理全民健康保險業務，基於全民健康保險之特定目的（代號：031），蒐集醫事機構申報全民健康保險之保險對象醫療費用資料，原應於蒐集之特定目的必要範圍內為利用，惟如將前揭資料中有關失蹤人口之就醫日期及就醫之醫事機構地址等資料提供予貴署，以助益貴署儘速查明失蹤人口之行蹤，俾能免除失蹤人口之生命、身體、自由或財產上危險，應可認為符合個資法第 16 條但書第 3 款規定，而得為特定目的外之利用。

◎法務部 105 年 3 月 15 日法律字第 10503504760 號函

按公務機關對個人資料之利用，應於執行「法定職務」必要範圍內為之，並與蒐集之特定目的相符，但依「法律」明文規定或為增進公共利益，得為特定目的外之利用，個人資料保護法（下稱個資法）第 16 條本文、但書第 1 款及第 2 款定有明文。上開規定所稱「法定職務」，係指法律、法律授權之命令、自治條例、法律或自治條例授權之自治規則、法律或中央法規授權之委辦規則等法規中所定公務機關之職務；上開規定所稱「法律」，指法律或法律具體明確授權之法規命令（個資法施行細則第 10 條、第 9 條規定參照）。警察機關基於特定目的（例如：警政，代號 167），執行警察職權行使法第 6 條、第 7 條規定「身分查證」職務，蒐集被查證身分者之姓名、出生年月日、身分證統一編號、住址等個人資料，並載明於臨檢紀錄表，則警察機關將臨檢紀錄表提供（即利用）予旨揭各公務機關，應先判斷是否基於執行法定職務必要範

圍？有無符合原蒐集之特定目的？倘該利用與原蒐集之特定目的並未相符，係屬特定目的外利用，則須符合個資法第 16 條但書第 1 款至第 7 款所定情形之一，始得為之。

◎ 法務部 104 年 10 月 23 日法律字第 10403513240 號函

(一) 有關貴局請求○○電收股份有限公司（下稱○○公司）提供國道電子收費系統之行車紀錄資料，所涉個人資料保護法（下稱本法）適用疑義乙案。

(二) 按本法第 4 條規定：「受公務機關或非公務機關委託蒐集、處理或利用個人資料者，於本法適用範圍內，視同委託機關。」是以，貴局委託○○電收公司蒐集、處理或利用國道高速公路電子收費系統之行車紀錄資料，於本法適用範圍內，○○公司之行為視同貴局之行為，並以貴局為權責機關（本部 103 年 8 月 5 日法律字第 10303508600 號書函及 103 年 2 月 7 日法律字第 10303501220 號書函諒達）。○○公司利用國道高速公路電子收費系統蒐集之行車紀錄資料，乃係依據委託關係所取得，○○公司僅為資料管理者，該資料之蒐集者為貴局，故有關資料之利用權限乃貴局，○○公司於委託關係消滅後，仍應將個人資料庫交還予貴局，並將以儲存方式持有之個人資料刪除（本法施行細則第 8 條第 2 項第 6 款規定參照）。準此，貴局基於委託關係，請求○○公司提供代為蒐集之行車紀錄資料，不生牴觸本法之問題。此外，○○公司依委託關係蒐集、處理及利用行車紀錄資料，既視同貴局之行為，該公司如有違反本法規定之情形，應由貴局依本法第 28 條及第 31 條規定負國家賠償責任，尚與本法第 29 條非公務機關應負損害賠償之情形無涉（本部 103 年 11 月 18 日法律字第 10303511950 號書函參照）。

(三) 另按本法第 2 條第 1 款規定：「本法用詞，定義如下：一、個人資料：指自然人之姓名、……財務情況、社會活動及其他得以直接或間接方式識別該個人之資料。」所謂得以間接方式識別，指保有該

資料者僅以該資料不能直接識別，須與其他資料對照、組合、連結等，始能識別該特定之個人（本法施行細則第 3 條規定參照）。查 RFID 之 eTAG 標籤，本身雖無內存任何個人資料，惟貼有上開唯一性標籤的車輛通過 RFID 讀取設備而取得之位置及時間資訊，若可經由申辦 ETC 客戶資料庫之比對，進而連結至生存自然人之可能者，該標籤及所取得之資訊，仍屬個人資料而有本法之適用（參見郭戎晉，「論數位環境下個人資料保護法制之發展與難題—以『數位足跡』之評價為核心」，科技法律透析，2012 年 4 月，頁 29；歐盟第 29 條資料保護工作小組，「有關 RFID 技術之資料保護意見書」，2005 年 1 月 19 日，頁 5 至 8 參照），此有本部 104 年 1 月 26 日法律決字第 10403501110 號書函可資參照。然縱有本法之適用，貴局依本法第 15 條及第 16 條規定，仍得為個人資料之合法蒐集、處理及利用。如運用去識別化技術，而依其呈現方式無從直接或間接識別該特定個人者，即非屬個人資料，自無本法之適用（本部 103 年 11 月 17 日法律字第 10303513040 號函參照），併此敘明。

◎法務部 104 年 8 月 6 日法律字第 10403509720 號函

按個資法第 15 條規定：「公務機關對個人資料之蒐集或處理，⋯⋯，應有特定目的，並符合下列情形之一者：一、執行法定職務必要範圍內。⋯⋯」第 16 條規定：「公務機關對個人資料之利用，⋯⋯，應於執行法定職務必要範圍內為之，並與蒐集之特定目的相符。但有下列情形之一者，得為特定目的外之利用⋯⋯」調解委員會依鄉鎮市調解條例（下稱本條例）第 25 條第 1 項規定：「調解成立時，調解委員會應作成調解書，記載下列事項，並由當事人及出席調解委員簽名、蓋章或按指印：一、當事人或其法定代理人之姓名、性別、年齡、職業、住、居所。如有參加調解之利害關係人時，其姓名、性別、年齡、職業、住、居所。二、出席調解委員姓名及列席協同調解人之姓

名、職業、住、居所。……。」作成調解書後，依本條例第 26 條規定將調解書及卷證送請法院審核，倘經法院核定，本條例第 27 條至第 29 條業明定該調解核定之效力；又本條例第 30 條第 1 項規定：「調解不成立者，當事人得聲請調解委員會給與調解不成立之證明書。」依當事人聲請給予調解不成立證明書，其法律效果，依本條例第 31 條規定，告訴乃論之刑事案件，鄉、鎮、市公所依其向調解委員會提出之聲請，將調解事件移請該管檢察官偵查，並視為於聲請調解時已經告訴；民事案件，依民法第 129 條及第 133 條規定，時效因聲請調解而中斷，調解不成立時，視為不中斷。是以，調解書或調解不成立證明書，除證明當事人曾聲請調解，尚有後續送請法院審核、產生特定法律效力，或認定視為已告訴及時效不中斷等功能，為確認上述法律效果對人之範圍及確認當事人身分，調解委員會係於執行法定職務之必要範圍，並符合「鄉鎮市調解」特定目的（代號：124）蒐集當事人之姓名、性別、出生日期、身分證統一編號……等個人資料，而調解書及調解不成立證明書記載上述個人資料，係於執行法定職務必要範圍內為之，亦與蒐集之特定目的相符，而屬特定目的內之利用（本部 102 年 6 月 20 日法律字第 10203506490 號函參照）。

◎法務部 104 年 7 月 17 日法律字第 10403508890 號函

按公務機關對個人資料之利用，應於執行法定職務必要範圍內為之，並與蒐集之特定目的相符；另依法律明文規定、經當事人書面同意，得為特定目的外之利用，個人資料保護法（下稱個資法）第 16 條但書定有明文。上開規定所稱「法律」，指法律或法律具體明確授權之法規命令（個資法施行細則第 9 條規定參照）。是旨揭函詢事項，因貴部係以財產管理之特定目的（代號：094），蒐集旨揭國有學產土地（下稱學產土地）承租人之個人資料，則貴部將該個人資料提供（即利用）予旨揭民眾，並非以學產土地之管理為目的，係屬特定目的外之利用，須符合個資法第 16 條但書第 1 款至第 7 款所定情形之一，始得為之。是

貴部欲依個資法第 16 條但書第 1 款之「法律明文規定」辦理提供，應以「法律」或「法律具體明確授權之法規命令」為據，如援引來函所稱財政部訂頒之「國有非公用土地提供袋地通行作業要點」第 6 點第 2 項規定，因該作業要點係屬「行政規則」，自不得資為辦理依據；又貴部就旨揭資料之提供，似無符合個資法第 16 條但書第 2 款至第 6 款所定情事，是倘採同條但書第 7 款「當事人書面同意」之方式，即由貴部取得學產土地承租人書面同意，自得將該承租人個人資料提供予旨揭民眾。

◎ 法務部 104 年 6 月 5 日法律字第 10400092740 號函

按公務機關對個人資料之利用，應於執行法定職務必要範圍內為之，並與蒐集之特定目的相符，但有利於當事人權益者，公務機關得為特定目的外之利用，個人資料保護法（下稱本法）第 16 條第 6 款定有明文。貴部（指勞動部）所屬勞工保險局因執行法定職務，基於「勞工保險」之特定目的（代號：031），保有全國勞工個人工作期間之勞工保險投保紀錄等個人資料，並非為勞資職業災害爭議訴訟之目的而蒐集，故如為勞資職業災害爭議訴訟而利用，屬特定目的外之利用，應有本法第 16 條但書各款情形之一始為適法。本件來函所述情事，透過勞工個人勞工保險資料，主動發函美國○○股份有限公司（R00）污染事件之受害勞工告知參加訴訟相關事宜，此雖屬特定目的外之利用，惟因係有利於當事人（勞工）權益，符合本法第 16 條第 6 款情事，應屬適法。

◎ 法務部 103 年 12 月 22 日法律字第 10303514560 號函

(一) 次按本法第 15 條規定：「公務機關對個人資料之蒐集或處理，……應有特定目的，並符合下列情形之一者：一、執行法定職務必要範圍內。……。」同法第 16 條規定：「公務機關對個人資料之利用，……應於執行法定職務必要範圍內為之，並與蒐集之特定目的相符。但有下列情形之一者，『得』為特定目的外之利用：一、法律明文規定。二、為維護國家安全或增進公共利益。……七、經當事人書面同意。」來函說明一所述擬建立貴部與政府機關間之資訊

共享機制，提供民間企業諮詢求職者於服役期間之個人懲罰紀錄乙節，是否指貴部先提供旨揭資料予另一行政機關，再由該機關將該資料提供予民間企業查詢？如是，則貴部將國軍人員之個人懲罰紀錄提供予他行政機關轉提供予民間企業，作為民間徵才考量用途，尚非屬於原蒐集該懲罰紀錄之人事管理（代號：002）特定目的範圍內，而屬特定目的外利用，如不符合本法第 16 條但書第 1 款至第 6 款規定事由，即應採同條但書第 7 款「當事人書面同意」之方式。而蒐集旨揭紀錄之他行政機關，其蒐集、處理及利用該個人資料，亦應分別符合本法第 15 條及第 16 條等規定。

(二) 再以，依行政程序法第 7 條及本法第 5 條規定，個人資料之蒐集、處理或利用，應尊重當事人之權益，依誠實及信用方法為之，並應注意其手段有助於目的之達成，選擇對人民權益損害最少，且對人民權益造成之損害不得與欲達成目的之利益顯失衡平。貴部擬間接向民間企業提供旨揭個人懲罰紀錄乙節，對於各該國軍人員之隱私權非無侵害，亦可能終身影響其工作機會，扼殺其自省改正之機會，是否符合上開比例原則之規定，非無商榷之餘地；且就國軍軍紀之維護，現行已有陸海空軍刑法、陸海空軍懲罰法等規定可資適用，將服役期間之懲罰效果延伸於當事人之終身，是否有違誠實信用及侵害最小原則，亦非無疑，爰此部分建請貴部考量審酌旨揭擬採措施之必要性及正當性。

(三) 末依政府資訊公開法（以下簡稱政資法）第 2 條規定：「政府資訊之公開，依本法之規定。但其他法律另有規定者，依其規定。」及檔案法第 2 條第 2 款規定：「檔案：指各機關依照管理程序，而歸檔管理之文字或非文字資料及其附件。」故如屬業經歸檔管理之檔案，則檔案法第 17 條及第 18 條有關申請閱覽、抄錄或複製該檔案及政府機關得拒絕提供之規定，為政資法之特別規定，自應優先適用。準此，民間企業查詢有關個人隱私之政府資訊時，應由行政機關視該資訊是否為檔案，分別依檔案法第 18 條或政資法第 18 條等

相關規定決定是否提供；倘非屬檔案，則依政資法第 18 條第 1 項第 6 款規定，政府資訊之公開或提供有侵害個人隱私者，應限制公開或不予提供，但對公益有必要或為保護人民生命、身體、健康有必要或經當事人同意者，不在此限。至於何謂「對公益有必要」，應由管理機關就「公開所增進之公共利益」與「不公開所保護之隱私權益」間比較衡量判斷是否提供，如屬公益大於私益時，始得提供之（本部 103 年 4 月 9 日法律字第 10303504120 號函參照），併請注意。

◎ 法務部 103 年 12 月 3 日法律字第 10303514010 號函

(一) 本件貴署請癌症防治醫療機構提報民眾自費篩檢資料，屬於個人資料之蒐集，按個資法第 15 條規定：「公務機關對個人資料之蒐集或處理，除第 6 條第 1 項所規定資料外，應有特定目的，並符合左列情形之一者：一、執行法定職務必要範圍內。……」貴署組織法第 2 條第 2 款明定，貴署負責掌理癌症防治之規劃、推動及執行。再按癌症防治法第 4 條第 6 款規定，癌症防治項目包括建立癌症相關資料庫。準此，貴署為推動及執行癌症防治業務，而蒐集篩檢資料應屬執行法定職務必要範圍。

(二) 次按癌症防治醫療機構提報民眾自費癌症篩檢資料予貴署或所委託之學術研究機構之行為，屬於個人資料之利用行為，查個資法第 16 條規定：「公務機關對個人資料之利用，除第 6 條第 1 項所規定資料外，應於執行法定職務必要範圍內為之，並與蒐集之特定目的相符。但有下列情形之一者，得為特定目的外之利用：一、法律明文規定。二、為增進公共利益。……」第 20 條規定：「非公務機關對個人資料之利用，除第 6 條第 1 項所規定資料外，應於蒐集之特定目的必要範圍內為之。但有下列情形之一者，得為特定目的外之利用：一、法律明文規定。二、為增進公共利益。……」癌症防治法第 11 條規定：「為建立癌症防治相關資料庫，癌症防治

醫療機構應向中央主管機關所委託之學術研究機構，提報下列資料：……五、其他因推廣癌症防治業務所需資料。」及醫療機構提報癌症防治資料作業辦法第 2 條第 1 項規定，中央主管機關為建立癌症篩檢資料庫，得請醫療機構提報癌症篩檢者相關基本資料、篩檢資料、診斷資料及其他因推廣癌症防治業務所需資料。依上開規定，**癌症防治醫療機構提報民眾自費癌症篩檢資料予貴署或所委託之學術研究機構之行為，屬特定目的範圍外利用，符合個資法第 16 條及第 20 條規定。**

(三) 末按個資法第 4 條規定：「受公務機關或非公務機關委託蒐集、處理或利用個人資料者，於本法適用範圍內，視同委託機關。」準此，本件學術研究機構如係受貴署（委託機關）委託蒐集、處理或利用個人資料，視同貴署之行為，並以貴署為權責歸屬機關。貴署對該學術研究機構應為適當之監督，以確保委託蒐集、處理及利用個人資料之安全管理（本法施行細則第 8 條及立法理由參照）。

◎ 法務部 103 年 11 月 17 日法律字第 10303513050 號函

(一) 按個人資料保護法（下稱本法）第 2 條第 4 款：「處理：指為建立或利用個人資料檔案所為資料之記錄、輸入、儲存、……或內部傳送。」復依本法施行細則第 6 條第 2 項：「……內部傳送，指公務機關或非公務機關本身內部之資料傳送。」上開「內部之資料傳送」目的係為建立個人資料檔案所為，故非本法第 16 條規範之「利用」之行為，自無第 16 條之適用。惟公務機關或非公務機關內部亦可能為利用個人資料而為個人資料之傳送，如係為利用個人資料所為之個人資料傳送，則該資料遞送行為非屬本法第 2 條第 4 款之「處理」行為，應屬個人資料之「利用」而適用本法第 16 條規定。

(二) 來函詢問公務機關各單位間「資料遞送」是否有適用本法第 16 條之可能，並臚列甲、乙二說。然甲說所敘「各單位間資料遞送」係依本法第 2 條第 4 款之個人資料處理而言，惟乙說卻又指為個人資

料之利用；是就所詢「各單位間資料遞送」究係何指，似有不明。且上開二說將個人資料之處理與特定目的內之利用及特定目的外之利用混淆。準此，仍請貴局先釐清具體個案情形，再依上開說明審認之。

◎ 交通部 103 年 5 月 15 日交路字第 1030003233 號函

　　本案依貴局函附個人資料保護法主管機關法務部 102 年 12 月 26 日法律字第 10203514550 號函意見，該部既已明確釋義，債權人循民事救濟途徑取得強制執行法第 4 條所定各款執行名義文件向監理機關申請查詢債務人車籍資料，係符合個人資料保護法第 16 條但書第 2 款「增進公共利益」及第 4 款「防止他人（債權人）權益之重大危害」之規定，得為特定目的外之利用，請貴局依據轉行公路監理機關辦理。

◎ 法務部 103 年 4 月 16 日法律字第 10303504040 號函

(一) 按個人資料保護法（以下簡稱本法）第 15 條第 1 款規定：「公務機關對個人資料之蒐集或處理，除第 6 條第 1 項所規定資料外，應有特定目的，並符合下列情形之一者：一、執行法定職務必要範圍內。……」又就業服務法第 6 條第 1 項規定：「本法所稱主管機關：在中央為行政院勞工委員會；在直轄市為直轄市政府；在縣（市）為縣（市）政府。」同法第 18 條規定：「公立就業服務機構與其業務區域內之學校應密切聯繫，協助學校辦理學生職業輔導工作，並協同推介畢業學生就業或參加職業訓練及就業後輔導工作。」依上開規定觀之，貴府為協助學校辦理學生輔導並協同推介就業或參加職訓及就業輔導工作，具有「就業安置、規劃與管理」（代號：117）之特定目的，並符合執行法定職務必要範圍內之要件，自得為個人資料之蒐集、處理及依本法第 16 條本文規定為特定目的之內之利用。

(二) 復按本法所定之公務機關，係指依法行使公權力之中央或地方機關或行政法人。因此，公立學校如係各級政府依法令設置實施教育之

機構，而具有機關之地位，應屬本法之公務機關。至於私立學校，雖然由法律在特定範圍內授與行使公權力，惟私立學校在適用本法時，為避免其割裂適用本法，並使其有一致性規範，私立學校應屬本法所稱之非公務機關（本部 102 年 6 月 24 日法律字 10200571790 號函參照）。故公務機關依本法第 16 條規定對個人資料之利用，應於執行法定職務必要範圍內為之，並與蒐集之特定目的相符，但如有該條但書所列各款情形之一者，則得為特定目的外之利用；倘個人資料之提供者為私立學校，係屬非公務機關，依本法第 20 條第 1 項之規定，非公務機關對個人資料之利用，應於蒐集之特定目的必要範圍內為之，但如有該條第 1 項但書所列各款情形之一者，亦得為特定目的外之利用。準此，貴縣各高中職學校為協助畢業學生就業，提供學生個人資料予貴府，如符合本法第 16 條或第 20 條第 1 項但書各款要件之一（如：「為增進公共利益」、「有利於當事人權益」或「當事人書面同意」），即得為特定目的外之利用，請貴府本於職權依相關法令及個案事實加以審認。又於從事個人資料之蒐集、處理及利用時，仍應注意比例原則，不得逾越特定目的之必要範圍，並應與蒐集之目的具有正當合理之關聯（參本法第 5 條）（本部 100 年 12 月 9 日法律字第 1000019039 號函及 101 年 8 月 1 日法律決字第 10100112580 號函意旨參照）。

(三) 至於本法第 41 條、第 42 條所稱「損害」，係以有構成條文所定違法行為為前提，故倘屬合法之蒐集、處理或利用行為，即無構成該條文之問題，併此敘明。

◎法務部 103 年 4 月 9 日法制字第 10302509360 號函

監視系統錄得之影像資料，倘因含有車號、經過時間、經過地點等，且技術上得透過其他資料比對而辨識該車輛所有權人或使用人，即屬個資法所定「得以間接方式識別」之個人資料，則就該錄影資料之利用應符合個資法第 16 條之規定（本部 103 年 2 月 24 日法律字第

10300511510 號函釋參照）。而依個資法第 16 條第 1 款規定，公務機關對個人資料之利用，應於執行法定職務必要範圍內為之，並與蒐集之特定目的相符，如欲做蒐集目的以外之利用者，固得以法律明文規定，而此所稱法律明文規定，依個資法施行細則第 9 條規定，係指依法律或法律具體明確授權之法規命令。是本條第 2 項規定公務機關因執行職務之需要，得向管理機關申請調閱錄影監視系統影音資料，「必要時並得複製、利用」，其中就複製部分，係屬公務機關蒐集個人資料後之處理，如符合特定目的，且係於執行法定職務之必要範圍內，固無疑問；然就利用部分，如係指符合蒐集目的之利用，此為個資法第 16 條所明定，本即無另以法律規定之必要；惟如係指蒐集目的以外之利用，因本辦法（苗栗縣政府監視系統設置管理辦法）係地方自治團體依職權所訂定之自治規則，不符合個資法第 16 條第 1 款所稱之「法律明文規定」。

◎ 法務部 103 年 2 月 20 日法律字第 10303502200 號函

(一) 按本法第 15 條規定：「公務機關對個人資料之蒐集或處理，……，應有特定目的，並符合下列情形之一者：一、執行法定職務必要範圍內。……。」該法施行細則（下稱本細則）第 10 條規定：「本法……第 15 條第 1 款、……所稱法定職務，指於下列法規中所定公務機關之職務：一、法律、法律授權之命令。二、自治條例。三、法律或自治條例授權之自治規則。四、法律或中央法規授權之委辦規則。」準此，公務機關如係執行本細則第 10 條所列法規所規定之職務，而有蒐集或處理個人資料之必要者，符合本法第 15 條之規定。

(二) 按本法第 16 條規定：「公務機關對個人資料之利用，……，應於執行法定職務必要範圍內為之，並與蒐集之特定目的相符。但有下列情形之一者，得為特定目的外之利用：一、法律明文規定。二、為維護國家安全或增進公共利益。……七、經當事人書面同意。」貴院提供當事人之個人資料予其他公務機關，尚非屬於「法院審判業務」（代碼：056）之特定目的範圍內，故為特定目的外之利用，

應有本法第 16 條但書第 1 項各款情形之一，始得為之。換言之，貴院提供個人資料如係為協助其他機關執行其法定職務，應可認屬符合本法第 16 條但書第 2 款所定「為增進公共利益」之情形而得提供。

◎ **法務部 103 年 2 月 12 日法律字第 10203511500 號函**

按個人資料保護法（下稱本法）施行細則第 32 條規定：「本法修正施行前已蒐集或處理由當事人提供之個人資料，於修正施行後，得繼續為處理及特定目的內之利用；其為特定目的外之利用者，應依本法修正施行後之規定為之。」貴部如於本法施行前，依電腦處理個人資料保護法（下稱舊法）第 7 條第 2 款及舊法施行細則第 30 條第 1 項規定「經當事人書面同意」而蒐集或處理個人資料者，於本法施行後，得繼續為處理及特定目的內之利用。至於本法施行後得否為特定目的外之利用，則應依本法修正施行後第 16 條但書規定為之。

◎ **法務部 102 年 6 月 28 日法律字第 10203506920 號函**

按個人資料法（以下簡稱個資法）第 16 條第 2 款規定：「公務機關對個人資料之利用，除第 6 條第 1 項所規定資料外，應於執行法定職務必要範圍內為之，並與蒐集之特定目的相符。但有下列情形之一者，得為特定目的外之利用：……二、為維護國家安全或增進公共利益。……」所稱「公共利益」，依司法實務見解，係指社會不特定多數人可以分享之利益而言（新竹地方法院 95 年度訴字第 762 號判決、本部 100 年 5 月 4 日法律字第 1000004930 號函參照）。本件依貴府來函所述，貴府為調查違反本法案件，釐清受調查公司所述於近五年並無僱用任何謝姓員工之內容是否屬實，而調閱該公司相關勞工保險資料，則勞工保險機關將其所保有之勞工保險個人資料，提供相關主管機關作為辦理調查有無違反本法之證據資料，有助於維護一般人民之個人資料權利，符合個資法第 16 條但書第 2 款「為增進公共利益」之情形，自得為特定目的外之利用（本部 101 年 12 月 5 日法律字第 10100238700 號函參照）。

◎ **法務部 102 年 4 月 17 日法律字第 10203503130 號函**

按「公務機關對個人資料之蒐集或處理，除第 6 條第 1 項所規定資料外，應有特定目的，並符合下列情形之一者：一、執行法定職務必要範圍內。……」「公務機關對個人資料之利用，除第 6 條第 1 項所規定資料外，應於執行法定職務必要範圍內為之，並與蒐集之特定目的相符。」分別為個資法第 15 條及第 16 條第 1 項本文所明定。是**直轄市、縣（市）所設家庭暴力防治中心基於保障被害人人身安全之目的，蒐集與家庭暴力被害人、加害人或其子女人身安全保護議題相關之個人資料，並於定期召開家庭高危機個案網絡會議進行資訊交換及討論適當之安全策略，倘依其組織法規或其他作用法規觀之，可認係屬執行法定職務之必要範圍內，且符合本法規定有特定目的者，自得為之；惟其個人資料之蒐集及利用，仍應尊重當事人之權益，並依誠實信用之方式為之，不得逾越特定目的之必要範圍，並應與蒐集之目的具有正當合理之關聯**（個資法第 5 條規定參照）。另網絡會議上所交換、討論之資料，如已匿名化或去識別化，而成為不能直接或間接識別個人之資料者（個資法第 2 條第 1 款及其施行細則第 3 條規定參照），自無個資法之適用，附此敘明。

◎ **法務部 102 年 4 月 11 日法律字第 10203502320 號函**

(一) 按個人資料保護法（以下簡稱本法）第 16 條規定：「公務機關對個人資料之利用，除第 6 條第 1 項所規定資料外，應於執行法定職務必要範圍內為之，並與蒐集之特定目的相符。但有下列情形之一者，得為特定目的外之利用：一、法律明文規定。二、為維護國家安全或增進公共利益。……六、有利於當事人權益。……」故公務機關是否提供個人資料予蒐集個人資料之公務機關或非公務機關，宜先行考量具體個案情形是否屬執行法定職務必要範圍，並與蒐集資料之特定目的相符之特定目的內利用情形；如非屬特定目的內利用，而有本條但書各款情形，始得為特定目的外之利用。至本條但書

第 2 款所稱「增進公共利益」，依實務見解，所稱「增進公共利益」係指為社會不特定多數人可以分享之利益而言；至於第 6 款「有利於當事人權益」，如公務機關提供個人資料予辦理冬令救濟、急難活動之救助團體、寄發賀卡或提供資料予外國使領館通知其僑民行使其公民之選舉權及探視被收容等情形均屬之（本部 101 年 3 月 2 日法律字第 0628060 號函、101 年 9 月 3 日法律字第 10100626710 號函、101 年 11 月 21 日法律字第 10100226820 號函參照），惟此屬不確定法律概念，須依具體個案情形分別認定之（本部 100 年 5 月 4 日法律字第 1000004930 號函參照）。

(二) 本件貴部監理單位為辦理計程車業每月用油折讓作業，提供○○石油股份有限公司有關計程車之車輛在籍資料及車主名稱，且僅供辦理用油折讓作業之用，以降低計程車業者營業之用油成本，平穩計程車收費費率，應可認屬合於本法第 16 條第 1 項但書第 2 款「增進公共利益」或第 6 款「有利於當事人權益」之情形。惟仍應注意本法第 5 條規定：「個人資料之蒐集、處理或利用，應尊重當事人之權益，依誠實及信用方法為之，不得逾越特定目的之必要範圍，並應與蒐集之目的具有正當合理之關聯。」（本部 101 年 12 月 26 日法律字第 10103110880 號書函意旨參照）。

◎ 法務部 102 年 1 月 14 日法律字第 10203500050 號函

按個人資料保護法（以下簡稱本法）第 16 條規定：「公務機關對個人資料之利用，除第 6 條第 1 項所規定資料外，應於執行法定職務必要範圍內為之，並與蒐集之特定目的相符。但有下列情形之一者，得為特定目的外之利用……」貴府是否提供市民名冊予蒐集個人資料之公務機關或非公務機關，宜請先行考量具體個案情形是否屬執行法定職務必要範圍，並與蒐集市民名冊資料之特定目的相符之特定目的內利用情形；如非屬特定目的內利用，而有本條但書各款情形，始得為特定目的外利用。至本條但書第 2 款所稱「增進公共利益」，依實務見解，所稱

「增進公共利益」係指社會不特定多數人之可以分享之利益而言；至於「有利於當事人權益」，例如：公務機關提供資料予辦理冬令救濟、急難活動之救助團體、寄發賀卡或提供資料予外國使領館通知其僑民行使其公民之選舉權及探視被收容等情形（本部101年3月2日法律字第10000628060號函、101年9月3日法律字第10100626710號函、101年11月21日法律字第10100226820號函參照），惟此均屬不確定法律概念，尚難遽為認定其範圍及認定標準，宜依具體個案情形分別認定之（本部100年5月4日法律字第1000004930號函參照），例如：貴府為使轄區內慈善團體發放敬老金，故提供符合資格之老人名冊予該團體，且僅供發放敬老金之用，應可認屬合於本法第16條第1項但書第2款「增進公共利益」或第6款「有利於當事人權益」之情形。至其他具體個案，仍請貴府依具體個案情形，本於職權審認有關救助或給付行為，是否合於「為增進公共利益」、「有利於當事人權益」之情形。

◎ 法務部101年11月12日法律字第10100215680號函

(一) 有關立法委員辦公室以問政需要為由，請行政院人事行政總處提供行政院暨所屬各機關科長級以上人員之任職資料，涉及有無牴觸個資法疑義一案。

(二) 按政府資訊公開法（以下簡稱政資法）立法目的，係為保障人民知的權利，增進人民對公共事務之瞭解、信賴及監督，並促進民主參與（政資法第1條參照），屬於一般性之資訊公開，故若具有中華民國國籍並在中華民國設籍之國民，均為政資法得申請提供資訊之主體（政資法第9條第1項參照）。關於立法委員國會辦公室洽請機關提供政府資訊部分，因立法院職權行使法並無規範立法委員「個人」向行政機關索取資料等規定，從而，立法委員「個人」雖係基於問政之需要，以個人或國會辦公室名義請政府機關提供資訊，除其他法律另有規定外，有政資法之適用（本部99年2月10日法律字第0980044215號函參照），合先敘明。

(三) 次按政資法第 2 條規定：「政府資訊之公開，依本法之規定。但其他法律另有規定者，依其規定。」又個人資料保護法（以下簡稱個資法）第 16 條規定略以，公務機關對個人資料之利用，應於執行法定職務必要範圍內為之，並與蒐集之特定目的相符，但如符合同條但書所定情形之一者，得為特定目的外之利用。是以，**個人資料之利用如係其他法律明定應提供者，性質上為政資法之特別規定，公務機關自得依該特別規定提供之。如無法律明定應提供者，不論屬特定目的範圍內利用或特定目的之外之利用，依政資法第 18 條第 1 項第 6 款規定，政府資訊之公開或提供，侵害個人隱私、職業上祕密等者，應限制公開或不予提供，但「有公益上之必要或為保護人民生命、身體、健康有必要或經當事人同意者」，不在此限。至於何謂「對公益有必要」，應由主管機關就「公開個人資料欲增進之公共利益」與「不公開個人資料所保護之隱私權益」間比較衡量判斷之，如經衡量判斷符合「公開個人資料所欲增進之公共利益」，而對於提供個人資料所侵害之隱私較為輕微者，自得公開之。如認部分資訊確涉有隱私，而應限制公開者，依政資法第 18 條第 2 項規定，得僅公開其餘未涉隱私部分。且無論係特定目的範圍內或特定目的之範圍外之利用，均應遵循個資法第 5 條之規定：「個人資料之蒐集、處理或利用，應尊重當事人之權益，依誠實及信用方法為之，不得逾越特定目的之必要範圍，並應與蒐集之目的具有正當合理之關聯。」辦理**（本部 95 年 7 月 19 日法律字第 0950021839 號函、100 年 12 月 6 日法律字第 1000029002 號函意旨參照）[4]。

---

[4] 如民意代表要求公務機關提供提供「懲處人員名單」係為增進公共利益，屬個人資料之合理利用，應符個資法；若民意代表係請求提供受公務機關補助之「法人資料」，則非屬個資法保障範圍，應依政資法規定公開之。參法務部個人資料保護專區個資法問與答 http://pipa.moj.gov.tw/cp.asp?xItem=1259&ctNode=408&mp=1，最後瀏覽日期：2012/12/7。

◎ 法務部 101 年 10 月 30 日法律決字第 10100218830 號函

(一) 有關經濟部中小企業處擬公開「中小企業經營領袖研究班」學員資料，是否符合「個人資料保護法」規定疑義乙案。

(二) 經濟部中小企業處公開歷屆學員「名單」開放供中小企業查詢乙節，倘經濟部中小企業處原蒐集所持歷屆學員相關資料之特定目的並非為提供其他企業查詢使用，現對外公開上開資料即屬於特定目的外之利用，應有個資法第 16 條但書所列情形之一，始得為之。又對於企業而言，其查詢歷屆學員相關資料屬於個人資料之「蒐集」，應有特定目的並符合第 19 條規定所列各款情事之一，始得為之。

◎ 法務部 101 年 8 月 1 日法律決字第 10100112580 號函

(一) 有關教育部提供大專校院畢業生個人資料予行政院勞工委員會進行就業服務案，是否符合電腦處理個人資料保護法乙案。

(二) 舊個資法第 8 條（個資法第 16 條）規定：「公務機關對個人資料之利用，應於法令職掌必要範圍內為之，並與蒐集之特定目的相符。但有左列情形之一者，得為特定目的外之利用：一、法令明文規定者。二、有正當理由而僅供內部使用者。三、為維護國家安全者。四、為增進公共利益者。五、為免除當事人之生命、身體、自由或財產上之急迫危險者。六、為防止他人權益之重大危害而有必要者。七、為學術研究而有必要且無害於當事人之重大利益者。八、有利於當事人權益者。九、當事人書面同意者。」

(三) 教育部自 95 年起建置「大專校院畢業生流向資訊平台」所為個人資料之蒐集及電腦處理，係為了解國內大專校院畢業生畢業流向，似以「053 教育行政」（最新代號為 109 教育或訓練行政）及「079 學生資料管理」【最新代號為 158 學生（員）（含畢、結業生）資料管理】為特定目的，而與「061 就業安置、規劃與管理」（最新代號 117）之特定目的無涉，準此，勞委會請求教育部將「大專校

院畢業生流向資訊平台」之學生資料匯入該會建置之「大專畢業生就業追蹤系統」，就教育部而言，即屬特定目的外之利用，如符合本法第 8 條（個資法第 16 條）但書「法令明文規定」、「為增進公共利益」、「有利於當事人權益」或「當事人書面同意」（同意為特定目的外之利用）等要件之一，則得合法為之，並應注意不得逾越勞委會為提供畢業生就業服務所需之必要範圍【舊個資法第 6 條（個資法第 5 條）規定參照】。

◎ 法務部 101 年 5 月 18 日法授廉財字第 1010500936 函

(一) 為中華民國人壽保險商業同業公會得否提供特定人員之投保資料予政風機關（構）辦理財產申報實質審查作業，聲請法務部釋疑一事。

(二) 舊個資法第 7 條（個資法第 15 條）規定：「公務機關對個人資料之蒐集或電腦處理，非有特定目的，並符合左列情形之一者，不得為之：一、於法令規定職掌必要範圍內者。……」第 8 條（個資法第 16 條）本文規定：「公務機關對個人資料之利用，應於法令職掌必要範圍內為之，並與蒐集之特定目的相符。」

(三) 上開條文所稱「特定目的」，依據同法第 3 條第 9 款（個資法第 53 條）係「指由法務部會同中央目的事業主管機關定之者。」則據本款所定「電腦處理個人資料保護法之特定目的及個人資料之類別」，其中代號 010 即將「公職人員財產申報業務」（最新代號為 014 公職人員財產申報、利益衝突迴避及政治獻金業務）明列為「特定目的」項目之一，則受理財產申報（政風）機關（構）依據公職人員財產申報法（下稱財申法）第 11 條第 2 項前段，或法務部依據同條項後段透過電腦網路，請求提供必要之資訊，均係於法令職掌必要範圍內為之，且與「特定目的」相符，中華民國人壽保險商業同業公會自有據實說明及配合提供資訊之義務，無違個資法之虞。

◎法務部 101 年 3 月 2 日法律字第 10000628060 函

(一) 關於宗教團因個人資料保護法限制無法遂行冬令救濟活動目的疑義乙案，舊個資法第 8 條（個資法第 16 條）規定：「公務機關對個人資料之利用，應於法令職掌必要範圍內為之，並與蒐集之特定目的相符。但有左列情形之一者，得為特定目的之外之利用：一、法令明文規定者。二、有正當理由而僅供內部使用者。三、為維護國家安全者。四、為增進公共利益者。五、為免除當事人之生命、身體、自由或財產上之急迫危險者。六、為防止他人權益之重大危害而有必要者。七、為學術研究而有必要且無害於當事人之重大利益者。八、有利於當事人權益者。九、當事人書面同意者。」故公務機關對個人資料之利用，除於蒐集之特定目的必要範圍內之利用外，如有符合該條但書所定各款情形之一時，該個人資料蒐集機關得為特定目的外之利用；惟尚應注意本法第 6 條（個資法第 5 條）比例原則之規定。準此，本件區公所擬提供需急難救助者名冊予臺灣○○大帝信仰總會，如符合上開本法第 8 條（個資法第 16 條）但書要件之一者，且符合本法第 6 條（個資法第 5 條）規定個人資料之蒐集或利用不得逾越特定目的之必要範圍，自得合法為特定目的外之利用。

(二) 至新法施行後，所有行業之企業、團體或個人均納入新法之適用，故本件臺灣○○大帝信仰總會之蒐集個人資料，應符合新法第 19 條之規定，始得為之。而區公所之利用個人資料亦應符合新法第 16 條規定。另新法第 9 條則係指蒐集、處理或利用個人資料應為告知義務之規定，而非蒐集、處理或利用之要件。

(三) 是以，臺灣○○大帝信仰總會之個人資料蒐集處理或利用行為，及區公所之個人資料利用行為，仍應分別符合新法第 19 條、第 20 條、第 29 條及第 16 條之規定。又來函說明三所引，如為辦理冬令救濟、急難救助活動而蒐集個人資料乙節，與新法第 9 條第 2 項第 4 款所定「為統計或學術研究之目的」不同，故不得依該款規定免

告知，併此敘明。

◎法務部 95 年 7 月 19 日法律字第 0950021839 號函

按個人資料保護法（以下簡稱個資法）第 8 條規定，公務機關對個人資料之利用，應於法令職掌範圍內為之，並與蒐集之特定目的相符，但如符合同條但書所定情形之一者，得為特定目的外之利用。又政府資訊公開法第 2 條規定：「政府資訊之公開，依本法之規定。但其他法律另有規定者，依其規定。」是以，個人資料之利用如係其他法律明定應提供者，性質上為政府資訊公開法之特別規定，公務機關自得依該特別規定提供之。如無法律明定應提供者，不論屬特定目的範圍內利用或特定目的外之利用，依政府資訊公開法第 18 條第 1 項第 6 款規定，政府資訊之公開或提供，侵害個人隱私、職業上祕密等者，應限制公開或不予提供，但有公益上之必要或經當事人同意者不在此限。至於何謂「對公益有必要」，應由主管機關就「公開個人資料欲增進之公共利益」與「不公開個人資料所保護之隱私權益」間比較衡量判斷之，如經衡量判斷符合「公開個人資料所欲增進之公共利益」，而對於提供個人資料所侵害之隱私較為輕微者，自得公開之。如認部分資訊確涉有隱私，而應限制公開者，依政府資訊公開法第 18 條第 2 項規定，得僅公開其餘未涉隱私部分。惟無論係特定目的範圍內或特定目的範圍外之利用，均應遵循同法第 6 條之規定：「個人資料之蒐集或利用，應尊重當事人之權益，依誠實及信用方法為之，不得逾越特定目的之必要範圍。」辦理。本件地方政府是否得將鄰長名冊建置網頁予以公布乙節，按該名冊為經電腦處理之個人資料，依上所述，除有其他法律明定應予公布，否則主管機關應於「公益」與「私益」間比較衡量決定之。

◎法務部 94 年 8 月 9 日法律字第 0940025018 號函

按「公務機關對個人資料之利用，應於法令職掌必要範圍內為之，並與蒐集之特定目的相符。但有左列情形之一者，得為特定目的外之利用；一、法令明文規定者。二、有正當理由而僅供內部使用者。三、為

維護國家安全者。四、為增進公共利益者。五、為免除當事人之生命、身體、自由或財產上之急迫危險者。六、為防止他人權益之重大危害而有必要者。七、為學術研究而有必要且無害於當事人之重大利益者。八、有利於當事人權益者。九、當事人書面同意者。」電腦處理個人資料保護法（以下簡稱本法）第8條定有明文。本案係直轄市、縣（市）政府為執行「身心障礙者生活托育養護費用補助辦法」第8條第1項第6款規定而請求行政院衛生署中央健康保險局提供低收入戶身心障礙者以健保身分接受安置於醫療、療養機構就醫達三個月以上之個人資料，旨在避免資源重疊浪費，該局為協助上開辦法規定而提供該等資料，應符合本法第8條第4款所定「增進公共利益」之情形。惟提供上開資料之機關，宜一併注意本法第6條之規定。

◎ 法務部 87 年 9 月 9 日法律字第 031832 號函

依電腦處理個人資料保護法第8條規定，公務機關對個人資料之利用，應於法令職掌必要範圍內為之，並與蒐集之特定目的相符，惟如有該條但書所列各款情形之一，亦得為特定目的外之利用。本件臺北縣政府擬將土地登記專業代理人之姓名、事務所地址、電話、各地政事務所之登記及測量案件補正駁回率等資料提供民眾電話及網路查詢，如未違其他相關法令規定，似可認與電腦處理個人資料保護法第8條但書第4款「為增進公共利益者」或第6款「為防止他人權益之重大危害而有必要者」之規定並無違背。

🔍 相關條文

（法定職務）個資法施行細則 10。（法律）個資法施行細則 9。（非公務利用）個資法 20，家庭暴力防治法 51 ①，刑法 24 Ⅰ，民法 150。（防止他人權益之重大危害）刑法 23，民法 149。（當事人）個資法 2 ⑨。（同意）個資法 7 Ⅱ。（無從識別特定個人）個資法施行細則 17。（刑事責任）個資法 41。

第 17 條 （公務機關個資公開方式）

公務機關應將下列事項公開於電腦網站，或以其他適當方式供公眾查閱；其有變更者，亦同：

一、個人資料檔案名稱。

二、保有機關名稱及聯絡方式。

三、個人資料檔案保有之依據及特定目的。

四、個人資料之類別。

修正理由

1. 鑑於目前國人使用網際網路極為普遍，因此公務機關依原條文規定應公告之事項，如能張貼公開於機關電腦網站，將更有利於民眾查閱，惟慮及城鄉差距及電腦使用普及率等等因素，仍保留其他供公眾查閱之適當方式，例如：刊登政府公報等。

2. 為便利人民行使第 3 條所列權利，爰於第 2 款後段增列「及聯絡方式」五字。

3. 為求行政程序之簡便，爰刪除第 3 款、第 6 款至第 10 款等無公開必要之款次；原條文第 4 款及第 5 款依序移列為第 3 款及第 4 款。

4. 原條文第 2 項有關個人資料類別之訂定，已於本法第 52 條規定，爰予刪除。

名詞解釋

1. **其他適當方式**：指利用政府公報、新聞紙、雜誌、電子報或其他可供公眾查閱之方式為公開。（個資法施行細則 23）

2. **個人資料檔案**：指依系統建立而得以自動化機器，或其他非自動化方式檢索、整理之個人資料之集合。（個資法 2②）

條文釋義

1. 個人資料檔案經公告後，當事人可得知其情，以行使個資法第 3 條所賦予之權利。又既已公開或以其他適當方式供公眾查閱，公務機關自無庸再主動個別告知，爰為本條之規定。公開，應於建立個人資料檔案後一個月內為之；變更時，亦同。公開方式應予以特定，並避免任意變更。

2. 各級政府所為公告之方式，舊個資法係規定主要應公告於政府公報，個資法則修正為以公開於機關官方網站為主（便利民眾查閱），另保留其他供公眾查閱之適當方式為輔（例如：刊登政府公報）。

3. 公務機關保有個人資料檔案者，應訂定個人資料安全維護規定。（個資法施行細則 24）

實務見解

◎ 法務部 101 年 1 月 31 日法律字第 10100004930 號函

(一) 中央銀行函詢公務機關辦理保有個人資料檔案公開作業，是否包括不具「公共性」，且公眾無查閱可能性之機關及內部員工個人資料在內一案。

(二) 個資法第 17 條規定：「公務機關應將下列事項公開於電腦網站，或以其他適當方式供公眾查閱；其有變更者，亦同：一、個人資料檔案名稱。二、保有機關名稱及聯絡方式。三、個人資料檔案保有之依據及特定目的。四、個人資料之類別。」舊個資法第 10 條第 1 項亦有相同規定，合先敘明。

(三) 關於來函所述，公務機關保有之個人資料檔案，如為內部員工之資料，因不具公共性，則該等資料之檔案名稱，似無必要一併予以公開乙節，查舊個資法第 11 條規定第 1 款至第 11 款之個人資料檔案，得不適用舊個資法第 10 條之規定。

(四) 惟舊個資法第 11 條於個資法修正時遭刪除，理由為：公務機關保

有之個人資料檔案，因其性質特殊而不宜公開其檔案名稱者，應依政府資訊公開法或相關法律規定予以限制公開，不宜於個人資料保護法中訂定不適用有關公開之規定。

(五) 是以，**依舊個資法第 11 條第 7 款所定「關於公務機關之人事、勤務、薪給、衛生、福利或其相關事項者」，於個資法施行前固得不公開；惟於個資法施行後，是類個人資料檔案，除有政府資訊公開法第 18 條所定各款不予公開之事由，或其他法律規定限制公開之情形外，自應依個資法第 17 條規定，將個人資料檔案名稱、保有機關名稱等事項公開於電腦網站，或以其他適當方式供公眾查閱。**

相關條文

（公開）個資法施行細則 17 Ⅰ。（其他適當方式）個資法施行細則 23。（個人資料檔案）個資法 2 ②。（公開於電腦網站）政資法 18 Ⅰ⑥⑦，公職人員財產申報法 6 Ⅱ。

> **第 18 條** （公務機關個資保全）
> 公務機關保有個人資料檔案者，應指定專人辦理安全維護事項，防止個人資料被竊取、竄改、毀損、滅失或洩漏。

修正理由

原條文之「依相關法令」應屬贅言，爰予刪除。

名詞解釋

專人：指具有管理及維護個人資料檔案之能力，且足以擔任機關之個人資料檔案安全維護經常性工作之人員。（個資法施行細則 25 Ⅰ）

條文釋義

1. 個人資料檔案之安全維護，亦屬保護個人資料之必要方法，目前政府已訂有各種資安法規，例如「行政院及所屬各機關資訊安全管理要點」及「行政院及所屬各機關資訊安全管理規範」等，爰為本條規定，俾利貫徹執行。

2. 又個人資料檔案之安全維護，須具有專業知識方能勝任，因而需指派具有管理及維護個人資料檔案之能力，且足以擔任機關個人資料檔案安全維護之經常性專職人員，而該人力得以團隊方式執行職務。又為使專職人員能勝任安全維護，專人具有辦理安全維護之能力，公務機關應辦理或使專人接受相關專業之教育訓練。

實務見解

◎臺灣高等法院臺南分院 92 年上訴字第 882 號刑事判決

查刑案及車籍資料含有個人資料：姓名、身分證統一編號及地址等，依電腦處理個人資料保護法第 17 條（個資法第 18 條）規定「公務機關保有個人資料檔案者，應指定專人依相關法令辦理安全維護事項，防止個人資料被竊取、竄改、毀損、滅失或洩漏」，顯見含有個人資料之車籍與刑案資料，警察機關應防止其洩漏，故前揭刑案與車籍資料為應防洩密之資料已明。是核被告甲○○此部分之所為，係犯刑法第 132 條第 1 項洩漏國防以外祕密罪。公訴意旨認被告甲○○此部分之所為另涉違反電腦處理個人資料保護法第 33 條（個資法第 41 條）之罪，惟按電腦處理個人資料保護法第 33 條（個資法第 41 條）之罪，須以「意圖營利」為其構成要件（**本次修法已修正主觀構成要件，不具營利意圖者，亦構成犯罪**），本件被告甲○○受「○○」之託代查並洩漏高○○之相關資料予「○○」雖涉不法，但非無基於朋友關係無償而代為查詢回覆之可能，況迄無證據顯示被告甲○○係出於營利之意圖而代為查詢並洩漏上開資料，或其洩漏上述資料獲致不法之對價，是尚難認其違反

電腦處理個人資料保護法第 33 條（個資法第 41 條）之罪，併予敘明。

◎ 法務部行政執行署 102 年 5 月 28 日行執法字第 10200529290 號函

(一) 有關中華民國銀行商業同業公會全國聯合會所詢「行政執行命令電子公文交換金融機構回文各行政執行分署之公文函例稿（di 檔）及附件檔（txt 檔）之姓名、身分證統一編號為明碼，而非隱碼，恐有違反個人資料保護法之虞」法律疑義乙案。

(二) 法務部以 102 年 5 月 22 日法律字第 10203504830 號函釋略以：本署所屬各分署依行政執行法第 26 條準用強制執行法第 115 條第 1 項、第 2 項及第 119 條第 1 項規定，向第三人金融機構核發執行命令扣押義務人之存款債權，該執行命令本文或附件檔內包含義務人之姓名及身分證字號等資料，係用以確定扣押對象之正確性及提升執行效率，屬於資訊之必要揭露，應可認符合個人資料保護法（以下稱本法）第 15 條第 1 款及第 16 條本文之規定；金融機構依上開規定，回復本署所屬各分署扣押之函文及附件檔中之義務人身分證、統一編號為明碼，而非隱碼，亦與本法第 20 條第 1 項但書第 1 款之規定無違。惟請本署及金融機構依本法第 18 條及第 27 條第 1 項之規定，指定專人辦理個人資料之安全維護事項，或採行適當之安全措施，以防止義務人個人資料被竊取、竄改、毀損、滅失或洩漏等語。準此，旨揭法律疑義核與本法無違，是請貴會依前開函釋意旨，轉知所屬會員機構配合辦理行政執行命令電子公文交換金融機構回復作業。

🔍 相關條文

（專人）個資法施行細則 25 I。（安全維護）個資法 6 I、22 I、27 II，個資法施行細則 12，癌症防治法 12。（侵害通知義務）個資法 12。（安管措施）個資法 27。

｜第三章｜
非公務機關對個人資料之蒐集、處理及利用

修正理由

　　本章規範非公務機關對個人資料之蒐集、處理及利用，並非僅規範資料之處理，爰將章名予以修正，以資明確。

第 19 條 （非公務蒐集處理）

非公務機關對個人資料之蒐集或處理，除第六條第一項所規定資料外，應有特定目的，並符合下列情形之一者：

一、法律明文規定。

二、與當事人有契約或類似契約之關係，且已採取適當之安全措施。

三、當事人自行公開或其他已合法公開之個人資料。

四、學術研究機構基於公共利益為統計或學術研究而有必要，且資料經過提供者處理後或經蒐集者依其揭露方式無從識別特定之當事人。

五、經當事人同意。

六、為增進公共利益所必要。

七、個人資料取自於一般可得之來源。但當事人對該資料之禁止處理或利用，顯有更值得保護之重大利益者，不在此限。

八、對當事人權益無侵害。

蒐集或處理者知悉或經當事人通知依前項第七款但書規定禁止對該資料之處理或利用時，應主動或依當事人之請求，刪除、停止處理或利用該個人資料。

修正理由

1. 非公務機關基於「與當事人有契約或類似契約之關係」蒐集或處理個人資料時，非公務機關本即應依第 27 條第 1 項規定採取適當之安全措施，防止個人資料被竊取、竄改、毀損、滅失或洩漏，惟為明確計，爰修正第 1 項第 2 款。

2. 第 1 項第 4 款及第 6 款文字酌作修正。

3. 放寬當事人「同意」之方式，不以書面同意為限，爰修正第 1 項第 5 款。

4. 查原公務機關依第 15 條第 3 款規定，於蒐集或處理當事人之個人資料時，得於特定目的及「對當事人權益無侵害」之情形下，合法蒐集、處理當事人之個人資料。惟非公務機關卻無相同規定可資適用，致實務上非公務機關於特定情形下欲蒐集個人資料反而窒礙難行，例如：請新任職員工或公司客戶填寫緊急聯絡人資料，上述情況對於緊急聯絡人權益並無侵害，目前實務常以另行取得緊急聯絡人當事人書面同意之方式為之，不僅造成困擾，亦增加作業成本負擔，爰增訂第 1 項第 8 款。

名詞解釋

1. **契約**：雙方當事人就有關應受法律保護之一定事項，因意思表示相互交換一致而成立之法律行為。「當事人意思表示一致者，無論其為明示或默示，契約即為成立。」（民法 153）。

2. **類似契約：**係指於契約訂定或發生效力前，雙方所為之接觸、磋商，而致生一定之信賴關係者稱之。

🔍 條文釋義

1. 本條係規定非公務機關得為蒐集、處理或利用個人資料之要件。如未符合本條規定而蒐集或處理個人資料者，即屬違法行為，將負個資法科處之民刑事責任。（個資法 29、41 參照）

2. 另本條第 1 款所規定者，係「法律」而非「法規」，故中央法規標準法第 3 條所稱之「規程、規則、辦法、綱要、標準或準則」、以及行政程序法第 150 條所稱之「法規命令」、或第 159 條所稱之「行政規則」是否包含在內，實容有爭議。為杜絕爭議，故於個人資料保護法第 9 條規定：「個資法第 6 條第 1 項第 1 款、第 8 條第 2 項第 1 款、第 16 條第 1 項第 1 款、第 19 條第 1 項第 1 款、第 20 條第 1 項第 1 款所稱法律，指法律或法律具體明確授權之法規命令。」

3. 非公務機關在蒐集、處理個人資料時，絕大數的情況都是基於與當事人間有契約關係或類似契約關係，雙方為達成契約目的，或發揮工作效率，所為之資料蒐集或處理。所謂契約依個資法施行細則第 27 條規定，**包括本約，及非公務機關與當事人間為履行該契約，所涉及必要第三人之接觸、磋商或聯繫行為及給付或向其為給付之行為。**此外，為增進個人資料之合理應用，非公務機關與客戶間所訂契約，不論其契約中是否訂有有關個人資料之約定，均有本條適用。又類似契約，依個資法施行細則第 27 條規定，包括非公務機關與當事人間於契約成立前，為準備或商議訂立契約，或為交易之目的，所進行之接觸或磋商行為。以及契約因無效、撤銷、解除、終止而消滅或履行完成時，非公務機關與當事人為行使權利、履行義務，或確保個人資料完整性之目的，所為之連繫行為。再則契約或

類似契約之關係，不以本法修正施行後成立者為限[1]。

4. 個人資料如係經由當事人自行合法公開者，則已無保護之必要性，自得允許他人蒐集處理。

5. 學術研究機構基於統計或學術研究目的，就其所蒐集之個人資料，如依其統計或研究計畫，當事人資料經過提供者匿名化處理，或蒐集者就其公布揭露方式無從再識別特定當事人者（諸如人體生物資料庫管理條例中所稱之「去連結」[2]），應無侵害個人隱私權益之虞，故應可允許其蒐集、處理個人資料，以促進資料之合理利用。

6. 經當事人同意，欲發生其法律上效力者，該同意須符合個資法第7條之規定，亦即是指當事人經蒐集者告知個資法所定應告知事項後，所為允許之意思表示。例如：依性侵害犯罪防治法第13條第1項之規定，性侵害案件加害人於調解程序與被害人達成登報道歉之合意，因該登報之內容已經過有行為能力之被害人同意，符合性侵害犯罪防治法上開規定。又該規定屬個人資料保護法之特別規定，並無違反個資法之虞[3]。

7. 本款之「公共利益」意旨，似與近來新聞媒體事件有關；新聞自由與個人隱私往往是呈現對立的狀態，此二者之界線又十分難以確立，故除可參照個資法第5條誠信原則及比例原則之規定外，對於相關大法官會議解釋部分（司法院大法官釋字第364、407、414、509、689號解釋參照[4]）亦可為遵循之依據。

---

[1] 個資法施行細則26。

[2] 人體生物資料庫管理條例3⑦。

[3] 參法務部個人資料保護專區個資法問與答 http://pipa.moj.gov.tw/cp.asp?xItem=1263&ctNode=408&mp=1，最後瀏覽日期：2012/12/7。

[4] 釋字第689號解釋理由參照：憲法上正當法律程序原則之內涵，除要求人民權利受侵害或限制時，應有使其獲得救濟之機會與制度，亦要求立法者依據所涉基本權之種類、限制之強度及範圍、所欲追求之公共利益、決定機關之功能合適性、有無替代程序或各項可能程序成本等因素綜合考量，制定相應之法定程序。按個人之身體、行動、私密領域或個人資料自主遭受侵擾，依其情形或得依據民法、電腦處理個人資料保護法（99年5月26日修正公布為個人資料保護法，尚未施行）等有關人格權保護及侵害身體、健康或隱私之侵權行為規定，向法院請求排除侵害或損害賠償之救濟（民

8. 由於資訊科技及網際網路之發達，個人資料之蒐集、處理或利用甚為普遍，個人資料之來源是否合法，經常無法求證或需費過鉅，為避免蒐集者動輒觸法，或求證費時，因此，若個人資料取自於一般可得之來源者，亦得蒐集或處理，包括網際網路、新聞、雜誌、政府公報及其他一般人可得知悉個人資料之來源等情形在內。然個人資料顯有更值得保護之重大利益時，仍應經該當事人同意，或符合其他條款規定之事由時，方得蒐集或處理該個人資料。

實務見解

◎臺灣高等法院臺中分院 93 年度上字第 344 號民事判決

　　財團法人金融聯合徵信中心係依據電腦處理個人資料保護法第 19 條及其他法律規定，經目的事業主管機關許可設立登記並發給營業執照**之公益性財團法人，依法令規定負責蒐集、處理授信、信用卡及票據等各類信用資料，提供該中心會員金融機構於授信業務、風險管理等特定目的範圍內參考利用。**其中該中心建置之授信、保證資料，係由各金融機構所報送之資料彙總而成。依徵信中心會員規約第 14 條規定，「各會員金融機構查詢所得之信用資訊，僅供會員辦理授信及從事其他依法登記之特定目的時參考，不宜作為金融交易准駁之唯一依據。」即各會員之金融機構辦理徵信及授信作業，應自行評估其可行性，並不受該徵信中心資訊之拘束。同規約第 15 條第 2 項復規定：「會員金融機構查詢所得之信用資訊，應嚴限內部參考，不得對外公開或移轉他人。」是非當事人或非徵信中心之會員金融機構即不得向徵信中心查詢當事人之信用資訊。

法第 18 條、第 195 條、電腦處理個人資料保護法第 28 條規定參照），自不待言。立法者復制定系爭規定以保護個人之身體、行動、私密領域或個人資料自主，其功能在使被跟追人得請求警察機關及時介入，制止或排除因跟追行為對個人所生之危害或侵擾，並由警察機關採取必要措施（例如：身分查證及資料蒐集、記錄事實等解決紛爭所必要之調查）。

◎**法務部 106 年 9 月 26 日法律字第 10603512510 號函**

(一) 有關教育部所詢接獲民眾陳情某網站違反個人資料保護法疑義。

(二) 按個人資料保護法（下稱個資法）第 19 條第 1 項規定：「非公務機關對個人資料之蒐集或處理，除第 6 條第 1 項所規定資料外，應有特定目的，並符合下列情形之一者：一、法律明文規定。二、與當事人有契約或類似契約之關係，且已採取適當之安全措施。三、當事人自行公開或其他已合法公開之個人資料。四、學術研究機構基於公共利益為統計或學術研究而有必要，且資料經過提供者處理後或經蒐集者依其揭露方式無從識別特定之當事人。五、經當事人同意。六、為增進公共利益所必要。七、個人資料取自於一般可得之來源。但當事人對該資料之禁止處理或利用，顯有更值得保護之重大利益者，不在此限。八、對當事人權益無侵害。」第 20 條第 1 項規定：「非公務機關對個人資料之利用，除第 6 條第 1 項所規定資料外，應於蒐集之特定目的必要範圍內為之。但有下列情形之一者，得為特定目的外之利用……。」準此，非公務機關對於個人資料之蒐集、處理，應具有特定目的（即具有「個人資料保護法之特定目的及個人資料之類別」所示之特定目的項目），且符合個資法第 19 條第 1 項各款情形之一，例如：所蒐集之個人資料為依法律或法律具體明確授權之法規命令所公示、公告或以其他合法方式公開者（同條項第 3 款、個資法施行細則第 13 條第 2 項）或透過大眾傳播、網際網路、新聞、雜誌、政府公報及其他一般人可得知悉或接觸而取得者（同條項第 7 款、個資法施行細則第 28 條）等情形，則非公務機關得對之蒐集、處理（本部 104 年 1 月 30 日法律字第 10403501320 號、103 年 10 月 13 日法律字第 10303511680 號函參照）；至於其對個人資料之利用，則應於其特定目的必要範圍內為之，如欲從事特定目的外之利用，尚須符合個資法第 20 條第 1 項所定情形之一，始得為之；且相關蒐集、處理或利用行為，均應尊重當事人之權益，依誠實及信用方法為之，不得逾越特定目

的之必要範圍，並應與蒐集之目的具有正當合理之關聯（個資法第5條、本部102年10月14日法律字第10203510680號函參照）。本件貴部來函所述非公務機關蒐集、處理或利用已公開之個人資料（如各大學入學招生榜單等）是否符合個資法？因來函未附相關資料且事涉具體個案之事實認定，請貴部依上開說明本於權責自行判斷。

(三) 次按行政機關應依職權調查證據，且基於調查事實及證據之必要，得要求當事人或第三人提供必要之文書、資料或物品（行政程序法第36條、第40條規定參照）。又依同法第19條第1項、第2項規定：「行政機關為發揮共同一體之行政機能，應於其權限範圍內互相協助。（第1項）行政機關執行職務時，下列情形之一者，得向無隸屬關係之其他機關請求協助：……三、執行職務所必要認定之事實，不能獨自調查者。四、執行職務所必要之文書或其他資料，為被請求機關所持有者。……六、其他職務上有正當理由須請求協助者。（第2項）」準此，行政機關執行職務時，得依法請求相關機關提供有關文書資料及其他必要之協助，並得請求相關之非公務機關提供必要之文書、資料或物品，俾利認定事實。本件貴部來函所述民眾陳情違反個資法之非公務機關（某網站），如其地址及負責人等資訊不明，自得視具體個案需要，依法向相關機關或非公務機關查詢是否有相關資料，或請求其他機關提供必要之協助。此外，如陳情之重要內容不明確或有疑義者，貴部併得通知陳情人補陳之（行政程序法第171條第2項參照）。

◎法務部106年8月24日法律字第10603511520號函

(一) 行政院消費者保護處函詢有關電信業者蒐集個人資料適法性疑義乙案。

(二) 按個人資料保護法（下稱個資法）第19條第1項規定：「非公務機關對個人資料之蒐集或處理，除第6條第1項所規定資料外，應

有特定目的，並符合下列情形之一者：一、……。二、與當事人有契約或類似契約之關係，且已採取適當之安全措施。三、……。五、經當事人同意。六、……。」所稱契約關係，包括本約，及非公務機關與當事人間為履行該契約，所涉及必要第三人之接觸、磋商或聯繫行為及給付或向其為給付之行為；所稱類似契約之關係，指下列情形之一者：一、非公務機關與當事人間於契約成立前，為準備或商議訂立契約或為交易之目的，所進行之接觸或磋商行為。二、契約因無效、撤銷、解除、終止而消滅或履行完成時，非公務機關與當事人為行使權利、履行義務，或確保個人資料完整性之目的所為之連繫行為（個資法施行細則第 27 條規定參照）。本件依貴處來函說明二、三所述，有關消費者於申辦電信門號前，欲得知倘未來提前解約時，應返還之補貼款數額，而電信業者要求消費者提供個人資料乙節，上開情形，電信業者與消費者尚未成立契約關係；至於是否符合前揭個資法第 19 條第 1 項第 2 款所稱「類似契約之關係」，亦不無疑義，仍應視具體個案情節判斷之。

(三) 次按個資法第 5 條規定：「個人資料之蒐集、處理或利用，應尊重當事人之權益，依誠實及信用方法為之，不得逾越特定目的之必要範圍，並應與蒐集之目的具有正當合理之關聯。」故對於個人資料之蒐集、處理或利用，縱符合個資法之規定，仍應注意上開比例原則之要求。有關來函說明二所述：實務上消費者倘欲得知「補貼款數額」，電信業者均要求提供詳細個人資料（姓名、出生日期、身分證字號、雙證件影本），並進入實際申辦流程，始能得知，倘消費者未提供個人資料供電信業者蒐集，即無從得知「補貼款數額」乙節，業者蒐集消費者個人資料之範圍，顯已逾越提供查詢所需之必要範圍而不符比例原則；另業者是否涉及濫用締約地位、違反消費者保護相關法令或誠信原則，則請貴處本於權責審認之。

◎法務部 105 年 10 月 18 日法律決字第 10503515770 號函

(一) 有關公司於辦理採購程序時，廠商倘出具授權書授權由被授權人出席開標、比價、議價等程序，有關個人資料保護法之適用疑義乙案。

(二) 按法人乃法律上擬制之人格，一切事務必須由其代表人或受僱人行使職權或執行職務，始得為之（最高法院 100 年度台上字第 1594 號判決意旨參照）。故法人為履行與其他法人間之契約或接觸磋商等類似契約關係，而蒐集、處理或利用「法人業務上之必要連繫個人資料」，例如：法人代表人或員工處理法人業務之必要聯絡方式資料，應屬符合個人資料保護法（下稱個資法）第 19 條第 1 項第 2 款規定之合理蒐集，無須另外取得當事人書面同意。惟其利用時，仍應參照個資法第 5 條比例原則規定，不得逾越必要範圍，並應與蒐集之目的具有正當合理之關聯（本部 102 年 6 月 6 日法律字第 10100088140 號書函參照）。是以，**本件貴公司為辦理採購程序而蒐集投標廠商之負責人或其授權代理之人的相關個人資料，倘係為辦理該採購程序之必要範圍內所蒐集之個人資料，而符合個資法第 19 條第 1 項第 2 款「與當事人有契約或類似契約之關係，且已採取適當之安全措施」之情形，即無須再另行經該投標廠商之負責人或其授權之人的同意**（個資法第 19 條第 1 項第 5 款規定參照）。

(三) 次按本件貴公司是否須向來函所稱之「被授權人」履行個資法之告知義務，應依具體個案情形，檢視有無個資法第 8 條第 2 項規定之免為告知事由（例如：第 5 款「當事人明知應告知之內容」），以決定是否須履行告知義務；倘無免為告知事由，而應向當事人告知個資法第 8 條第 1 項規定之事項時，其「告知」之方式，包括任何足以使當事人知悉或可得知悉之方式，例如：言詞、書面、電話、簡訊、電子郵件、傳真、電子文件等方式，均屬之（個資法施行細則第 16 條規定參照）。是以，貴公司履行告知義務之方式，並不限於以書面方式。若以書面方式履行告知義務，並請當事人於該書

面簽名,係為取得當事人知悉告知內容之紀錄,則與其是否同意個人資料之蒐集或處理無涉,應予辨明。

(四) 末按有關「個資法之特定目的及個人資料之類別」係採例示兼概括特定目的及個人資料類別之立法方式,並非可包含所有可能之活動,公務機關或非公務機關於參考本規定,選擇特定目的及個人資料類別時,仍宜提出詳盡之業務活動說明,列入證據文件或個人資料檔案公開事項作業內,以補充澄清特定目的及個人資料類別實質內涵(「個資法之特定目的及個人資料之類別」總說明參照)。準此,本件應視貴公司實際進行之業務活動為何,以決定伴隨該業務活動所蒐集之個人資料之特定目的為何。本件貴公司辦理採購程序,應可認為基於「採購與供應管理」(代號:107)之特定目的而蒐集相關個人資料。

◎ 法務部 104 年 11 月 5 日法律字第 10403514100 號函

(一) 有關中央選舉委員會詢問公職人員選舉開票期間,如開放民眾攝影,是否侵犯開票所工作人員之個人隱私權限及有無違反個人資料保護法疑義一案。

(二) 按隱私權,應依當事人之社會角色所涉隱私程度之不同、所處場所是否具有隔離性、侵犯隱私內容、所欲達成之目的及所採取之手段,據以綜合判斷相關人員對於隱私權有無合理期待(本部 102 年 2 月 8 日法檢字第 10204503780 號函參照)。**民眾如為確認開票程序是否符合公職人員選舉罷免法規定,於公職人員選舉開票所就開票工作人員執行職務之現場狀況,予以錄影行為,因具有正當目的,且開票所係公開場所,尚不侵害工作人員之隱私權。惟實施錄影時,仍應斟酌現場狀況,避免對於工作人員之人格權(含肖像權)有過度侵害情形。**

(三) 次按個人資料保護法(以下簡稱個資法)第 2 條規定:「本法用詞,定義如下:一、個人資料:指自然人之姓名、出生年月日、國

民身分證統一編號、護照號碼、……及其他得以直接或間接方式識別該個人之資料。」第 51 條第 1 項規定：「有下列情形之一者，不適用本法規定：一、自然人為單純個人或家庭活動之目的，而蒐集、處理或利用個人資料。二、於公開場所或公開活動中所蒐集、處理或利用之未與其他個人資料結合之影音資料。」民眾於公職人員選舉開票作業之公開活動中進行攝影，如僅為單純個人活動目的而蒐集自然人之資料，或僅攝影不特定自然人影像且未與其他個人資料結合時，尚無個資法之適用（本部 102 年 1 月 28 日法律字第 10203500150 號函參照）。又如貴會依個案具體事實認定非屬上述個資法第 51 條第 1 項所定情形，惟因民眾於公職人員選舉開票所就開票工作人員執行職務之現場狀況予以錄影，係為確認開票程序是否符合公職人員選舉罷免法規定，乃自然人基於正當性目的所進行個人資料之蒐集，且與公共利益有關，符合個資法第 19 條第 1 項第 6 款規定。惟其仍應注意個資法第 5 條規定，尊重當事人之權益，依誠實及信用方法為之，不得逾越特定目的之必要範圍，並應與蒐集之目的具有正當合理之關聯。

◎ 法務部 104 年 3 月 11 日法律字第 10403502390 號函

(一) 有關臺北市商業處詢問民眾陳請移除透過網際網路 Google 及 Yahoo 搜尋引擎功能所揭示之資料，是否符個人資料保護法第 19 條第 1 項第 7 款但書及第 2 項規定乙案。

(二) 按個人資料保護法（下稱本法）第 19 條第 1 項第 7 款規定：「非公務機關對個人資料之蒐集或處理，……應有特定目的，並符合下列情形之一者：……七、個人資料取自於一般可得之來源。但當事人對該資料之禁止處理或利用，顯有更值得保護之重大利益者，不在此限。」第 2 項規定：「蒐集或處理者知悉或經當事人通知依前項第 7 款但書規定禁止對該資料之處理或利用時，應主動或依當事人之請求，刪除、停止處理或利用該個人資料。」參酌本條立法理

由略以，為兼顧當事人之重大利益，如該當事人對其個人資料有禁止處理或利用，且相對於蒐集者之蒐集或處理之特定目的，顯有更值得保護之重大利益者，則不得為蒐集或處理，仍應經當事人同意或符合其他款規定事由者，始得蒐集或處理個人資料。如依本條第7款但書規定，當事人對其個人資料有禁止處理或利用之情形，且蒐集或處理者知悉或經通知者，應立即刪除或停止處理或利用相關個人資料，合先敘明。

(三) 有關民眾陳請移除透過網際網路 Google 及 Yahoo 搜尋引擎搜尋功能出現之商業登記資料，是否符合本法第 19 條第 1 項第 7 款及第 2 項規定乙節，應先行釐清網際網路搜尋引擎搜尋出現個人資料，是否屬本法所稱「蒐集」、「處理」或「利用」個人資料之行為，如屬上開行為者，宜由個人資料之蒐集或處理者依本法第 19 條第 1 項第 7 款規定衡量相較於個人資料之蒐集或特定目的，當事人是否顯有更值得保護之重大利益。以上疑義，因事涉網際網路搜尋引擎適用本法相關疑義，建請先行徵詢網際網路搜尋引擎目的事業主管機關經濟部之意見。

◎ 法務部 102 年 11 月 4 日法律字第 10203512220 號函

(一) 有關貴會所詢「每年印行會員名錄」、「以會務系統建置會員資料並由會員自行選擇是否公布於網站上」及「將會員名錄提供予需要之其他機關、團體或個人」等三項行為所涉個人資料保護法（下稱個資法）適用疑義。

(二) 查社團法人基於「團體對會員或其他成員名冊之內部管理」（代號：052）及「契約、類似契約或其他法律關係事務」（代號：069）之特定目的，且於符合「與當事人有契約關係」時，得蒐集該等會員之個人資料，並得依個資法第 20 條第 1 項本文規定，於蒐集之「特定目的必要範圍內」利用。又社團法人章程屬「多方契約」，如已於章程內明文規範會員個人資料利用相關事宜，則得依

章程規定處理，而符合個資法上開規定。倘對於個人資料之利用於章程未有規定，宜先請貴會審酌貴會章程第 4 條之貴會任務（例如：第 6 款「關於會員共同利益之維護增進事項」），是否包含上開三項行為；倘已包括，則將會員個人資料編輯印行為會員名錄，係屬特定目的內之利用，無需再經當事人書面同意，惟利用過程仍應注意個資法第 5 條比例原則之規定。反之，倘貴會審認上開三項行為尚非貴會章程任務，而屬特定目的外之利用者，則須符合個資法第 20 條第 1 項但書各款情形之一（例如：經當事人書面同意），始得為特定目的外之利用。準此，貴會所詢上開三項行為，請參酌上開說明本於權責審認之。又若貴會採行取得當事人書面同意之方式，個資法並無規定須逐年重新徵詢同意，惟如貴會有此特約亦不違反個資法之規定，併予敘明。

◎法務部 102 年 10 月 14 日法律字第 10203510680 號函

(一) 有關個人資料保護法施行後，律師執行訴訟業務、援用另案筆錄事證之相關疑義乙案。

(二) 按律師為辦理民事訴訟案件，透過另案刑事訴訟當事人所提供而取得之刑事訴訟證人筆錄，是否符合個資法蒐集、處理或利用之相關規定乙節：按個資法第 19 條及第 20 條規定，非公務機關於具有特定目的並符合法定要件（例如：法律明文規定、當事人自行公開或其他已合法公開之個人資料、經當事人書面同意等）時，得蒐集、處理個人資料，並於蒐集之特定目的必要範圍內利用該個人資料，且對於個人資料之蒐集、處理及利用，應尊重當事人權益，依誠實及信用方法為之，不得逾越特定目的之必要範圍，並應與蒐集之特定目的具有正當合理之關聯（個資法第 5 條規定參照）。次查律師法第 23 條規定：「律師於接受當事人之委託、法院之指定或政府機關之囑託辦理法律事務後，應探究案情，搜求證據。」準此，律師因受當事人委任而辦理訴訟或非訟業務，基於法律服務或為履行

與當事人間之委任契約關係之特定目的,為維護當事人權益爭取勝訴判決,而透過該案或另案(包含民、刑事)當事人所提供之相關筆錄或事證,可認係屬律師法所稱「探求案情、搜求證據」之範疇,而符合個資法第 19 條第 1 項第 1 款規定所稱「法律明文規定」之情形。因此,律師執行訴訟業務,援用另案筆錄事證涉及第三人之個人資料者,得依上開個資法及律師法之相關規定蒐集、處理,並於蒐集之特定目的必要範圍內利用該個人資料。

(三) 有關應否依個資法第 9 條規定對另案證人或其他所涉個人資料之當事人踐行告知義務乙節:按個資法第 8 條第 2 項第 2 款規定所稱「非公務機關履行『法定義務』所必要」,僅限於行政法上義務,不包括民法上之義務,又律師法第 23 條規定係賦予律師「探求案情、搜求證據」之權限,尚非屬上開個資法規定所稱之法定義務,至於有無其他得免為告知之情形【例如:告知將妨害第三人之重大利益(按:此處第三人係指委任案件之民事或刑事訴訟案件之當事人)、不能向當事人或其法定代理人為告知】,尚須視具體個案情況為認定,若無個資法第 9 條第 2 項、第 8 條第 2 項規定得免為告知之事由,則仍應踐行告知義務,併此敘明。

◎ **法務部 102 年 7 月 5 日法律字第 10203507340 號函**

(一) 有關台○公司為辦理電費帳單搭載廣告業務,有無違反個人資料保護法乙案。

(二) 按個人資料保護法(下稱本法)第 2 條第 5 款規定:「利用:指將蒐集之個人資料為處理以外之使用。」故直接對當事人本人使用其個人資料(如對當事人從事行銷行為),亦包含於「利用」之定義範圍(詳上開條修正理由)。又個人資料之蒐集、處理或利用,應尊重當事人之權益,依誠實及信用方法為之,不得逾越特定目的之必要範圍,並應與蒐集之目的具有正當合理之關聯(本法第 5條),合先敘明。

(三) 次按本法第 19 條第 1 項規定：「非公務機關對個人資料之蒐集或處理，除第 6 條第 1 項所規定資料外，應有特定目的，並符合下列情形之一者：一、……二、與當事人有契約或類似契約之關係。三、……。」同法第 20 條第 1 項規定：「非公務機關對個人資料之利用，除第 6 條第 1 項所規定資料外，應於蒐集之特定目的必要範圍內為之。……」所稱「蒐集之特定目的必要範圍內」，如係依據個資法第 19 條第 1 項第 2 款規定，並基於「行銷」特定目的（代號：040）、「契約、類似契約或其他法律關係事務」（代號：069）或「其他經營合於營業登記項目或組織章程所定業務」（代號：181）而蒐集個人資料，則其利用需與原蒐集之要件「與當事人契約或類似契約之關係」有正當合理之關聯，始能屬特定目的內利用。換言之，非公務機關使用基於契約或類似契約關係下取得之個人資料，對該個人當事人進行行銷，應合乎社會通念下當事人對隱私權之合理期待，故「行銷行為內容」與「契約或類似契約」二者間，應有正當合理之關聯，始符合本法第 20 條第 1 項本文規定特定目的之內利用之範疇，而無需再得「當事人書面同意」（同條項但書第 5 款）。如行銷與當事人契約或類似契約內容無涉之商品或服務資訊，則除符合本法第 20 條第 1 項但書第 1 款至第 5 款事由外（例如：為增進公共利益或免除當事人生命、身體、自由、財產上之危險等事由），應依同條項第 6 款規定經當事人書面同意者（同意方式請依個資法第 7 條第 2 項規定），始得為之（本部 96 年 2 月 5 日法律決字第 0960700061 號函及 98 年 1 月 8 日法律字第 0970038035 號函意旨參照），以符合司法院釋字第 603 號解釋所揭櫫「個人自主控制個人資料之資訊隱私權」意旨。

(四) 查台○公司依約定寄送地址寄送帳單予自然人客戶，雖屬特定目的內利用，惟貴部來函說明三（一）所詢「電費帳單夾寄廣告」疑義，尚不得因台○公司增列「一般廣告服務業」營業項目，即遽認得進行一切本法上之利用行為，仍應參照前開說明二意旨，依具體個案

審認之。台○公司利用與電力供應契約用戶之個人資料，對用戶寄送帳單信函，雖屬特定目的內之合理利用行為，惟帳單信函包含其他公司產品或服務之行銷資訊，與電力供應契約二者間，是否有正當合理之關聯？民眾於台○公司當初蒐集其個人資料時，依社會通念是否得合理期待將使用於其他公司廣告業務？台○公司之核心業務為提供電力、收取電費，故用戶可合理期待其個人資料用於寄送帳單及前述有正當合理關聯之行銷行為，就此部分應不需再取得當事人書面同意。然若寄送其他公司業務廣告等，非台○公司與用戶契約或類似契約有關之商品或服務資訊，則仍應符合本法第 20 條第 1 項但書各款之一規定，始得為特定目的外之利用。

(五) 另非公務機關縱依本法第 20 條規定合法利用個人資料從事商品或服務資訊行銷，嗣經當事人表示拒絕接受行銷時，非公務機關仍應即停止利用其個人資料行銷（本法第 20 條第 2 項規定參照），併予敘明。

◎ 法務部 102 年 6 月 28 日法律字第 10203506960 號函

(一) 有關酒精販賣業者依未變性酒精管理辦法第 13 條規定要求一次購買 5 公升以上未變性酒精之自然人提供個人資料所涉個人資料保護法疑義一案。

(二) 按個人資料保護法（以下簡稱本法）第 19 條第 1 項第 1 款所稱「法律」，指法律或法律具體明確授權之法規命令（本法施行細則第 9 條參照）。酒精製造業者、進口業者及領有藥局執照或藥商許可執照以外之販賣業者將未變性酒精購買人之個人資料，予以謄錄列表之蒐集行為，倘係依個別法律（例如：菸酒管理法第 4 條第 4 項）或其具體明確授權之法規命令規定，上開業者須蒐集購買人之個人資料，則其基於「非公務機關依法定義務所進行個人資料之蒐集處理及利用」（代號：063）之特定目的，而蒐集、處理購買人之個人資料，符合本法第 19 條第 1 項第 1 款規定情形。又上開業者於

上述特定目的之必要範圍內，將未變性酒精購買人之個人資料提供
予主管機關之利用行為，亦符合本法第 20 條本文特定目的內利用
個人資料之規定。至於本件所涉菸酒管理法第 4 條第 4 項規定之立
法原意，是否涵蓋授權中央主管機關以「未變性酒精管理辦法」第
13 條規定，要求相關業者須蒐集、處理及利用未變性酒精購買人
個人資料？因涉財政部主管菸酒管理法規立法政策及解釋事項，宜
請貴署先徵詢財政部法制單位之意見（中央行政機關法制作業應注
意事項第 18 點、第 19 點規定參照），並請本於權責審認之，併予
敘明。

◎ 法務部 102 年 6 月 20 日法律字第 10203506510 號函

(一) 金融機構掃瞄錄存民眾之國民身分證並對民眾錄音錄影之作法，是
否符合個人資料保護法第 19 條規定疑義一案。

(二) 案經轉請金融監督管理委員會以 102 年 1 月 23 日金管銀法字第
10100369210 號函表示意見略以：「有關銀行留存客戶身分證明文
件及建立開戶影像檔，經查符合個人資料保護法（以下稱本法）
第 19 條第 1 項（以下稱本條項）所訂之情形：（一）按銀行帳戶
係由客戶與銀行雙方當事人所約定，就業務交易關係所生之債權債
務，確認其法律關係。為證明客戶對於帳戶約定事項之意思，銀行
實務上對開立帳戶申請之意思表示，係要求客戶以書面為之，填具
印鑑卡及約定書，並親自簽名與蓋章，符合本項所訂『與當事人有
契約或類似契約之關係』及『經當事人同意』等情形。（二）次按
銀行留存客戶身分證明文件及建立開戶影像檔主要係依「銀行對疑
似不法或顯屬異常交易之存款帳戶管理辦法」第 12 條所規定應建
立明確之認識客戶政策及作業程序。前開管理辦法係『銀行法』
第 45 條之 2 第 3 項授權本會訂定之法規命令，依『個人資料保護
法施行細則』第 9 條之規定，符合本項所稱『法律明文規定』之條
件。（三）另金融機構依前開『管理辦法』之規定留存客戶身分證

明文件及影像檔,並注意確認及紀錄客戶之身分,除係為防止偽冒開戶,避免損害遭偽冒開戶民眾之權益外,亦有防範透過偽冒開立帳戶進行犯罪之行為,以達到打擊不法犯罪之目的。所留存之個人資料亦有助於檢警調機關偵辦案件調閱相關證物,亦符合『為增進公共利益』之條件。」

(三) 本件依金融監督管理委員會所述,銀行留存客戶身分證明文件及建立開戶影像檔係依銀行法第45條之2第3項授權訂定之「銀行對疑似不法或顯屬異常交易之存款帳戶管理辦法」第12條規定辦理,而上開規定係要求金融機構於受理民眾申請開戶時,須留存其身分證明文件及建立開戶影像檔,與貴部來函所稱掃描國民身分證並對民眾錄音錄影之作法有別。故貴部來函所述情形究為如何,因來函所述事實未明,宜請貴部參酌金融監督管理委員會上開說明予以釐清。至於銀行業者於具體個案蒐集、處理及利用個人資料之情形是否屬確認開戶客戶身分之必要範圍,且與蒐集之目的有正當合理之關聯?因涉及銀行業之中央目的事業主管機關金融監督管理委員會主管金融法解釋及個案認定權責事項,如貴部尚有疑義,可逕洽金融監督管理委員會表示意見。

◎ **金融監督管理委員會保險局 102 年 6 月 13 日保局(綜)字第 10210909580 號函**

(一) 銀行業及金融控股公司建置「利害關係人資料庫」、「子公司業務及客戶資料庫」,所涉個人資料保護法之適用疑義一案。

(二) 按銀行業及金融控股公司建置「利害關係人資料庫」之依據,包括銀行法第32條及第33條、金融控股公司法第44條及第45條、財政部82年7月12日台財融字第821165024號函、本會99年9月28日金管銀法字第09910004570號函等,係基於法律規定。**銀行業及金融控股公司遵循上開法律及依法律所為補充性行政函釋,建置「利害關係人資料庫」,係為執行法律所定之義務,避免承作不**

當之利害關係人交易，致損害大眾權益及影響健全經營。而金融控
股公司建置「子公司業務及客戶資料庫」之依據，包括金融控股公
司法第 36 條第 1 項、第 42 條、第 46 條、第 55 條及第 56 條、金
融控股公司依金融控股公司法第 46 條申報與揭露辦法第 2 條、本
會 93 年 9 月 13 日金管銀（一）字第 0938011562 號令等，亦係基
於法律及法規命令。金融控股公司遵循上開法律、法規命令及依法
律及法規命令所為補充性行政函釋，建置「子公司業務及客戶資料
庫」，係為執行法律及法規命令所定之義務，以管理集團風險，並
保障客戶權益。爰上述情形，符合個人資料保護法第 8 條第 2 項第
2 款「履行法定義務所必要」之情形，依該法第 8 條第 2 項及第 9
條第 2 項規定，得免向當事人為告知；且符合該法第 19 條第 1 項
第 1 款「法律明文規定」及第 6 款「與公共利益有關」之情形，非
必須經當事人書面同意。

◎ 金融監督管理委員會 102 年 1 月 23 日金管銀法字第 10100369210 號

(一) 金融機構於受理民眾申請開戶時掃描其國民身分證並對民眾錄音錄
影之作法，是否符合「個人資料保護法（以下稱個資法）」第 19
條之規定乙案。

(二) 有關銀行留存客戶身分證明文件及建立開戶影像檔，經查符合下列
「個資法」第 19 條第 1 項（以下稱本項）所訂之情形：

1. 按銀行帳戶係由客戶與銀行雙方當事人所約定，就業務交易關係所
生之債權債務，確認其法律關係。為證明客戶對於帳戶約定事項之
意思，銀行實務上對開立帳戶申請之意思表示，係要求客戶以書面
為之，填具印鑑卡及約定書，並親自簽名與蓋章，符合本項所訂「與
當事人有契約或類似契約之關係」及「經當事人同意」等情形。

2. 次按銀行留存客戶身分證明文件及建立開戶影像檔主要係依「銀行
對疑似不法或顯屬異常交易之存款帳戶管理辦法」第 12 條所規定應
建立明確之認識客戶政策及作業程序。前開管理辦法係「銀行法」

第 45 條之 2 第 3 項授權本會訂定之法規命令，依「個人資料保護法施行細則」第 9 條之規定，符合本項所稱「法律明文規定」之條件。

3. 另金融機構依前開「管理辦法」之規定留存客戶身分證明文件及影像檔，並注意確認及紀錄客戶之身分，除係為防止偽冒開戶，避免損害遭偽冒開戶民眾之權益外，亦有防範透過偽冒開立帳戶進行犯罪之行為，以達到打擊不法犯罪之目的。所留存之個人資料亦有助於檢警調機關偵辦案件調閱相關證物，亦符合「為增進公共利益」之條件。

◎ **法務部 102 年 1 月 3 日法律字第 10100226680 號函**

按本法第 19 條規定：「非公務機關對個人資料之蒐集或處理，除第 6 條第 1 項所規定資料外，應有特定目的，並符合下列情形之一者：一、法律明文規定。二、與當事人有契約或類似契約之關係。三、當事人自行公開或其他已合法公開之個人資料。四、……。五、經當事人書面同意。……」第 20 條規定：「非公務機關對個人資料之利用，除第 6 條第 1 項所規定資料外，應於蒐集之特定目的必要範圍內為之。但有下列情形之一者，得為特定目的外之利用：一、……。六、經當事人書面同意。」非公務機關對於個人資料之蒐集、處理或利用應合乎上開規定，始得為之。依本件來函所述當事人之交易真意，僅在須單次利用照相設備，而無意將個人數位照片影像檔案資料由交易相對人（旨揭公司）留存且傳輸至境外供未來使用，則旨揭公司如未將該個人照片影像留存，尚不屬於本法之規範之蒐集行為；然若旨揭公司擅將其數位照片影像檔案資料留存、傳輸及利用，當事人與旨揭公司間雖有利用快照設備之契約行為，但因無合意由旨揭公司留存照片影像檔案資料，是以，該留存照片影像檔案資料之蒐集行為即已違反本法規定。依本法第 11 條第 4 項規定：「違反本法規定蒐集、處理或利用個人資料者，應主動或依當事人之請求，刪除、停止蒐集、處理或利用該個人資料。」本件旨揭公司，應依上開規定主動或應當事人之請求刪除當事人之個人數位照

片影像檔案資料。

◎ **法務部 101 年 7 月 30 日法律字第 10103106010 號函**

(一) 按 99 年 5 月 26 日修正公布之個人資料保護法（下稱本法）第
　　 15 條第 2 款規定：「公務機關對個人資料之蒐集或處理，除第
　　 6 條第 1 項所規定資料外，應有特定目的，並符合下列情形之一
　　 者：……。二、經當事人書面同意。」第 19 條第 1 項第 5 款規定：
　　 「非公務機關對個人資料之蒐集或處理，除第 6 條第 1 項所規定資
　　 料外，應有特定目的，並符合下列情形之一者：……。五、經當事
　　 人書面同意。」準此，公務機關或非公務機關如係本於「當事人書
　　 面同意」所蒐集之資料，其利用範圍自應受當事人之限制，以符當
　　 事人自決權。

(二) 次按本法第 16 條第 5 款規定及第 20 條第 1 項第 5 款規定，**「公務
　　 機關或學術研究機構基於公共利益為統計或學術研究而有必要，且
　　 資料經過提供者處理後或蒐集者依其揭露方式無從識別特定之當事
　　 人」**時，公務機關或非公務機關得為特定目的外之利用，且該案個
　　 人資料如係公務機關或非公務機關基於本法第 15 條第 2 款及第 19
　　 條第 1 項第 5 款（當事人書面同意）以外之要件而蒐集者，其利用
　　 之範圍則非當事人所得限制。惟公務機關或非公務機關為利用時，
　　 自仍應符合本法第 5 條規定。

(三) 末按個人資料者，乃涉及當事人之隱私權益，故本法立法目的之一
　　 乃在個人人格權中隱私權之保護。準此，**依本法第 16 條第 5 款或
　　 第 20 條第 1 項第 5 款規定，用於統計或學術研究之個人資料，經
　　 提供者處理後或蒐集者依其揭露方式無從再識別特定當事人，則該
　　 筆經提供者處理後之資料或蒐集者揭露之資料已非本法第 2 條第 1
　　 款所定「得以直接或間接方式識別該個人之資料」，即無本法之適
　　 用。**

◎法務部 97 年 4 月 3 日法律決字第 0970005053 號函

(一) 次按個資法第 18 條規定「非公務機關對個人資料之蒐集或電腦處理，非有特定目的，並符合在列情形之一者，不得為之：一、經當事人書面同意者。二、與當事人有契約或類似契約之關係而對當事人權益無侵害之虞者。三、已公開之資料且無害於當事人之重大利益者。四、為學術研究而有必要且無害於當事人之重大利益者。五、依本法第 3 條第 7 款第 2 目有關之法規及其他法律有特別規定者。」查財團法人金融聯合徵信中心（簡稱徵信中心）屬個資法適用之非公務機關，依銀行法第 47 條之 3 第 2 項及「銀行間徵信資料處理交換服務事業許可及管理辦法」等相關規定，蒐集、電腦處理及利用當事人信用資料，其於本件究屬依個資法第 5 條規定受銀行委託處理資料而視同委託機關之人？或係徵信中心自行蒐集、電腦處理及利用前開報送資料？似有未明。若屬前者情形，則提供其他金融機構作為簽訂勞動契約參考是否符合個資法第 23 條但書規定，應以保有該個人資料之銀行，依說明二意旨而為判斷；若屬後者，則徵信中心蒐集、電腦處理及利用該等個人受僱資料，需符合個資法第 18 條及第 23 條規定，始得供會員機構查詢作為簽訂勞動契約參考。

(二) 又上開所稱「經當事人書面同意者」係指經當事人書面同意時，即得就個人資料為合法之蒐集、電腦處理及利用。按金融業屬特許行業，員工之失職行為，影響金融秩序甚大，**以定型化契約要求員工預先簽署書面同意，是否屬顯失公平而有民法第 247 條之 1 規定之無效情事，要屬事實判斷問題，如有疑義宜訴諸民事法院認定。**

◎法務部 96 年 2 月 5 日法律決字第 0960700061 號函

次按本法第 18 條第 2 項規定：「非公務機關對個人資料之蒐集或電腦處理，非有特定目的，並符合左列情形之一者，不得為之：……二、與當事人有契約或類似契約之關係而對當事人權益無侵害之虞

者。……」本法第 23 條本文規定：「非公務機關對個人資料之利用，應於蒐集之特定目的必要範圍內為之。……」準此，非公務機關利用個人資料之前提，原則上僅限於蒐集之特定目的必要範圍內；而上開所稱之「蒐集之特定目的必要範圍內」，如係依據本法第 18 條第 2 款規定，縱使基於「行銷」特定目的，尚需符合「與當事人契約或類似契約之關係」目的範圍內而無侵害當事人權益之虞者，始能利用。換言之，**非公務機關依本法第條第 2 款規定「與當事人有契約或類似契約之關係」所蒐集之個人資料使用於行銷之目的，應屬該契約或類似契約有關之商品資訊，始符合本法第 23 條本文規定意旨。如行銷與當事人契約或類似契約內容無涉之商品或服務資訊，則應符合本法第 23 條第 4 款規定經當事人書面同意者，始得為之。查本件非公務機關之金融業，縱使取得主管機關許可與保險公司合作推廣保險商品，如僅基於與其客戶之「金融契約」關係，而擬利用所蒐集個人資料行銷「保險商品」者，依上開說明，未經當事人書面同意，似與本法規定有所不合。**

🔍 相關條文

（用詞定義）個資法 2。（特種資料）個資法 6。（間接蒐集告知）個資法 9。（非公務機關損害賠償）個資法 29。（刑事責任）個資法 41。（無從辨識個人）個資法施行細則 17。（類似契約成立之時點）個資法施行細則 26。（契約關係之範圍）個資法施行細則 27。（一般可得之來源定義）個資法施行細則 28。（資訊交換）銀行法 47-3。（子公司行銷注意事項）金融控股公司法 43。（法規命令之定義）行政程序法 150。（行政規則之定義）行政程序法 159。（命令之名稱）中央法規標準法 3。

第 20 條 （非公務利用）

非公務機關對個人資料之利用，除第六條第一項所規定資料外，應於蒐集之特定目的必要範圍內為之。但有下列情形之一者，得為特定目的外之利用：

一、法律明文規定。

二、為增進公共利益所必要。

三、為免除當事人之生命、身體、自由或財產上之危險。

四、為防止他人權益之重大危害。

五、公務機關或學術研究機構基於公共利益為統計或學術研究而有必要，且資料經過提供者處理後或經蒐集者依其揭露方式無從識別特定之當事人。

六、經當事人同意。

七、有利於當事人權益。

非公務機關依前項規定利用個人資料行銷者，當事人表示拒絕接受行銷時，應即停止利用其個人資料行銷。

非公務機關於首次行銷時，應提供當事人表示拒絕接受行銷之方式，並支付所需費用。

修正理由

1. 第 1 項但書第 2 款及第 5 款文字酌作修正。

2. 放寬當事人「同意」之方式，不以書面同意為限，爰修正第 1 項但書第 6 款。

3. 非公務機關對於個人資料為特定目的外利用時，若客觀上有具體特定情況能證明係有利於當事人權益者，應可允許之，爰增訂第 1 項但書第 7 款。

名詞解釋

行銷：促進交易或便利交易之所有可以讓買受者與出賣者滿意之活動。

條文釋義

1. 資料的誤用、濫用及惡意使用，是侵害當事人權益最劇之情形，為杜絕個人資料遭到不正使用，非公務機關於利用其所合法蒐集之個人資料時，應注意其利用目的與當初蒐集時之特定目的是否相符，以確實保護該個人法律上之權益。

2. 本條第1項但書，主要是針對允許「特定目的外之利用」的除外規定，諸如法律明文規定、為增進公共利益、為免除當事人之生命、身體、自由或財產上之危險、為防止他人權益之重大危害等等。

3. 實務上常見者，為非公務機關對民眾進行行銷行為，而民眾不願接受。為避免民眾對其權益保護救濟的緩不濟急，故參考1995年歐盟資料保護指令（95/46/EC）第14條（b），及德國聯邦個人資料保護法第28條第4項規定，增訂本條項，明定當事人表示拒絕接受行銷時，非公務機關即應停止再利用其個人資料進行行銷。再者，非公務機關如係首次對民眾進行行銷時，應於進行行銷之開始時，即告知民眾有關得為拒絕行銷的方式，以確實保障其權益。

實務見解

◎臺灣高等法院臺南分院103年度上易字第186號刑事判決

個人資料保護法第20條第1項前段規定：非公務機關對個人資料之利用，除第6條第1項所定之資料（即所謂「敏感性個人資料」）外，應於蒐集之特定目的必要範圍內為之。是被告前開利用個人資料行為，若未逾自然人蒐集之特定目的必要範圍，則非所不許，即不能以同法第41條之非法利用個人資料罪相繩。而有無逾越特定目的必要範圍，應審

查被告目的是否有正當性，基於正當性目的而利用個人資料之手段，是否適當，是否是在所有可能達成目的之方法中，盡可能選擇對告訴人最少侵害之手段，因此對個人造成之損害是否與其手段不成比例。

◎**臺灣高等法院 99 年上易字第 283 號民事判決**

本院另函請電腦處理個人資料保護法主管機關法務部查明銀行與特定當事人間從未有任何法律關係前提下可否逕行向聯徵中心查詢個人資料，據法務部 100 年 3 月 8 日法律決字第 1000004634 號函覆：二、按銀行係電腦處理個人資料保護法（以下稱現行個資法）第 3 條第 7 項第 2 目所規定之金融業，且財團法人金融聯合徵信中心（以下稱聯合徵信中心）亦經中央主管機關列入前開規定之金融業，兩者均屬現行個資法所規範之非公務機關，是有關個人資料蒐集、電腦處理或利用，均應適用現行個資法之規定，合先敘明。三、有關非公務機關對個人資料之利用，**現行個資法第 23 條規定：「非公務機關對個人資料之利用，應於蒐集之特定目的必要範圍內為之。但有下列情形之一者，得為特定目的外之利用：一、為增進公共利益；二、為免除當事人之生命、身體、自由或財產上之急迫危險；三、為防止他人權益之重大危害而有必要者；四、當事人書面同意者。」**聯合徵信中心提供個人授信資料與銀行業，倘屬其蒐集個人資料之特定目的（授信業務管理）必要範圍內，揆諸前揭條文規定，自非法所不許（本部 86 年 3 月 8 日法律決字第 06575 號函參照）；又銀行向聯合徵信中心查詢特定人之授信資料，屬非公務機關對個人資料之蒐集，應符合現行個資法第 18 條之規定，是如銀行為執行銀行法第 32 條、第 33 條之規定，向聯合徵信中心所為個人授信資料之蒐集，**應符合現行個資法第 18 條第 5 款所定之「依本法第 3 條第 7 款第 2 目有關之法規及其他法律有特別規定」之情形**。

◎**最高行政法院 90 年判字第 1704 號判決**

行政法所謂「不當聯結禁止」原則，乃行政行為對人民課以一定之義務或負擔，或造成人民其他之不利益時，其所採取之手段，與行政機

關所追求之目的間，必須有合理之聯結關係存在，若欠缺此聯結關係，此項行政行為即非適法。而汽車行車執照須在一定期限內換發，主要目的在於掌握汽車狀況，以確保汽車行駛品質進而維護人民生命、身體、財產法益；而罰鍰不繳納涉及者為行政秩序罰之執行問題，故換發汽車行車執照，與汽車所有人違規罰鍰未清繳，欠缺實質上之關聯，故二者不得相互聯結，前開道路交通安全規則第 8 條有關罰鍰繳清後始得發給行車執照之規定，亦有悖「不當聯結禁止」原則。

◎ **法務部 106 年 7 月 21 日法律決字第 10600606980 號函**

(一) 有關印製同鄉會會員名冊分發會員使用，是否違反個人資料保護法乙案。

(二) 按個人資料保護法（下稱本法）第 19 條第 1 項規定：「非公務機關對個人資料之蒐集或處理，……應有特定目的，並符合下列情形之一者：……二、與當事人有契約或類似契約之關係，且已採取適當之安全措施。……五、經當事人同意。……」第 20 條第 1 項規定：「非公務機關對個人資料之利用，……應於蒐集之特定目的必要範圍內為之。但有下列情形之一者，得為特定目的外之利用：……六、經當事人同意。……」又設立社團時，應訂定章程。社團之組織，及社團與社員之關係，以不違反民法第 50 條至第 58 條規定為限，得以章程定之（參照民法第 47 條、第 49 條規定）。查章程係多數人以設立社團為共同目的之共同（合同）行為，章程對設立人及所有未來加入的社員均有拘束力，而社員與社團之間發生一定的權利與義務，社員的權利義務依章程規定，章程未規定時依法律規定。故社團法人於「團體對會員或其他成員名冊之內部管理」（代號：052）及「契約、類似契約或其他法律關係事務」（代號：069）之特定目的內，於符合「與當事人有契約關係」，而得蒐集該等會員之個人資料，並得依本法第 20 條規定，於蒐集之特定目的「必要範圍內」利用。

◎ 法務部 105 年 1 月 18 日法律字第 10503500980 號函

(一) 繼承人得否概括繼承被繼承人之電信服務契約，成為被繼承人電信服務法律關係之契約當事人，進而申請調閱被繼承人生前之通信紀錄乙節，查電信服務契約屬勞務給付契約，依前開民法第 529 條規定，勞務給付之契約，不屬於法律所定其他契約之種類者，適用關於委任之規定。來函說明既提及電信服務契約之當事人一方業已死亡乙情，因此，事務處理權及事務處理義務原則上不得作為繼承之標的，是除符合民法第 550 條但書規定，或民法第 551 條「如委任關係之消滅，有害於委任人利益之虞時」，或民法第 552 條「一方不知他方委任關係消滅之事由」等例外情形外，該電信服務契約因當事人一方死亡而歸於消滅，契約消滅後，繼承之標的即不復存在，自無法由繼承人概括繼承被繼承人在電信服務關係中之委任人地位。至於電信服務契約之當事人一方死亡時，該電信服務契約是否即為消滅（終止），因涉事實認定及電信事業相關業務之處理，請參照上開說明，本於職權認定。如認為電信服務契約與銀行帳戶契約同屬因委任事務之性質而不能因當事人一方死亡而消滅，或是具有民法第 551 條或第 552 條之例外情形者，則該電信服務契約得成為繼承之標的，此時即得由繼承人繼承契約當事人之地位向電信公司申請調閱被繼承人生前之通信紀錄，電信公司提供通信紀錄之行為則屬履行委任契約之報告義務（民法第 540 條規定參照）。

(二) 如該電信服務契約未符合民法第 550 條但書、第 551 條或第 552 條規定契約例外不消滅之情形，因原委任人已死亡，該已死亡委任人之通信紀錄不屬個人資料保護法（下稱個資法）之保護範圍（個資法施行細則第 2 條參照），有關識別該已死亡委任人之通信紀錄，不適用個資法保護。是以，受任人（電信公司）並非依據個資法作為是否同意繼承人申請之依據，而應視電信相關法規有無特別規定得由繼承人調閱被繼承人之通信紀錄為斷。惟應注意者，該通信紀錄仍不失為另一方發（受）話自然人之個人資料，故本件家屬欲向

電信業者調閱通話之他方之通信紀錄，就該電信業者而言，屬特定
目的外之利用，除電信相關法規有特別規定外，應符合個資法第
20 條第 1 項但書之規定。

◎法務部 105 年 1 月 13 日法律決字第 10503500370 號函

按個人資料保護法（下稱本法）第 2 條第 1 款規定：「本法用詞，
定義如下：一、個人資料：指自然人之姓名、……財務情況、社會活
動及其他得以直接或間接方式識別該個人之資料。」所謂得以間接方
式識別，指保有該資料者僅以該資料不能直接識別，須與其他資料對
照、組合、連結等，始能識別該特定之個人（本法施行細則第 3 條規定
參照）。是車輛原廠維修廠將前任車主之車輛維修紀錄提供予現任車主
時，如已運用各種技術將之去識別化，而依其呈現方式已無從直接或間
接識別特定生存之自然人者（例如：略去車主身分辨識及聯絡方式等欄
位，以及有關肇事時、地、原因等可能辨識自然人之詳情；僅留與車輛
物件描述與維修更換情況如入廠日期、里程數、工作敘述、更換零件項
目），即非屬個人資料，對外揭露自無適用本法之問題；若車輛原廠維
修廠提供之車輛維修紀錄，仍可直接或間接識別特定生存之自然人者，
則就該等個人資料之利用，除符合本法第 20 條第 1 項但書各款事由之
一（例如：為增進公共利益、為防止他人權益之重大危害、經當事人書
面同意等），自應於蒐集之特定目的必要範圍內，始得為之。

◎法務部 104 年 3 月 19 日法律字第 10403502550 號函

本法並非規定可直接或間接識別之個人資料，一律均須保密或禁止
利用，非公務機關對個人資料之利用，原則上雖應於蒐集之特定目的必
要範圍內為之（本法第 20 條第 1 項本文規定），惟有關個人資料基於
具體個案情形，得為特定目的外利用之範圍相當廣泛（本法第 20 條第
1 項但書各款規定，例如：法律明文規定、為增進公共利益……等），
若符合上開但書各款所定事由之一，仍得就個人資料為特定目的外之利
用，否則將不符合本法第 1 條所定「促進個人資料之合理利用」之立法

目的，影響民眾權益甚鉅。

◎**法務部 102 年 8 月 8 日法律字第 10203508900 號函**

(一) 按旅館業管理規則第 23 條第 1 項規定，**旅館業應將每日住宿旅客資料依式登記並送該管警察所或分駐所備查，則旅館業者依據該規定所為個人資料之蒐集行為，乃係基於「旅館業管理業務」（代號 170）之特定目的，且符合個人資料保護法（下稱本法）第 19 條第 1 項第 1 款「法律明文規定」之要件，自屬合法蒐集。而旅館業依該規定將住宿旅客資料送警察機關備查之利用行為，屬特定目的必要範圍內之利用，亦符合本法第 20 條第 1 項本文規定。**

(二) 有關來函所詢線上訂房與散客住宿之個人資料，如使用在行銷或分析等方面，是否於旅客登記卡與線上訂房頁面註記即可乙節。

(三) 旅館業如基於住宿「契約或類似契約關係」所蒐集之線上訂房與散客住宿個人資料（本法第 19 條第 1 項第 2 款參照），應於蒐集之特定目的必要範圍內為利用；如使用於非原蒐集之特定目的之行銷或分析等特定目的外之利用，則應有本法第 20 條第 1 項但書各款情形之一，始得為之（如第 6 款「經當事人書面同意」）。

(四) 又本法第 20 條第 1 項第 6 款所稱「書面同意」，指當事人經蒐集者明確告知特定目的外之其他利用目的、範圍及同意與否對其權益之影響後，單獨另為之書面意思表示；且該書面意思表示如係與其他意思表示於同一書面為之者，蒐集者應於適當位置使當事人得以知悉其內容並確認同意（本法第 7 條第 2 項及施行細則第 15 條參照）。是以，如於旅客登記卡或線上訂房之頁面註記，仍應符合上開「書面同意」之規定，始得為特定目的外之利用。

(五) 另個人資料蒐集之特定目的消失或期限屆滿時，原則上蒐集者應主動或依當事人之請求，刪除、停止處理或利用該個人資料（本法第 11 條第 3 項參照），併予敘明。

◎法務部 102 年 7 月 3 日法律字第 10203507180 號函

按本法第 20 條第 1 項規定：「非公務機關對個人資料之利用，除第 6 條第 1 項所規定資料外，應於蒐集之特定目的必要範圍內為之。但有下列情形之一者，得為特定目的外之利用：一、法律明文規定。二、為增進公共利益。三、為免除當事人之生命、身體、自由或財產上之危險。……六、經當事人書面同意。」非公務機關原則應於蒐集資料之特定目的內利用個人資料；如非屬特定目的內利用，應有本法第 20 條第 1 項但書各款所列情形之一，始得為特定目的外之利用。**至於該條第 1 項但書第 2 款所稱「增進公共利益」，依實務見解，係指為社會不特定多數人可以分享之利益而言，惟此屬不確定法律概念，須依具體個案事實分別認定之。**

◎法務部 101 年 8 月 7 日法律字第 10103012730 號函

(一) 新法第 2 條第 1 款規定：「一、個人資料：指自然人之姓名、出生年月日、國民身分證統一編號、護照號碼、特徵、指紋、婚姻、家庭、教育、職業、病歷、醫療、基因、性生活、健康檢查、犯罪前科、聯絡方式、財務情況、社會活動及其他得以直接或間接方式識別該個人之資料。」復按所謂「得以間接方式識別」係指僅以該資料不能識別，須與其他資料對照、組合、連結等，始能識別該特定個人者（本部於 101 年 6 月 21 日陳報行政院之現行法施行細則修正草案第 3 條規定參照）。準此，本件**投信事業提供之持股明細及投資組合是否屬於新法所規範之個人資料，須視該等資料是否為得以直接或間接方式識別特定個人之資料。**如僅以該等資料無法識別，須與其他資料對照、組合、連結始可識別該特定個人時，亦屬新法所規範之個人資料而有新法之適用。

(二) 另按上開新法第 2 條第 1 款規定以及現行法施行細則修正草案第 2 條規定：「本法所稱個人，指現生存之自然人。」**故須為自然人之資料方屬新法保護之範疇，若非自然人之資料，則不受現行法或新**

法之規範（本部 96 年 4 月 16 日法律字第 0960012170 號以及 97 年 12 月 29 日法律字第 0970046379 號函參照）。是以本件投信事業所提供之持股明細及投資組合，若該等資料僅為法人等組織之持股明細及投資組合，而未涉自然人之資料，即無現行法或新法之適用，併予敘明。

(三) 末按新法第 20 條第 1 項規定：「非公務機關對個人資料之利用，除第 6 條第 1 項所規定資料外，應於蒐集之特定目的必要範圍內為之。但有下列情形之一者，得為特定目的外之利用：一、法律明文規定。二、為增進公共利益。三、為免除當事人之生命、身體、自由或財產上之危險。四、為防止他人權益之重大危害。五、公務機關或學術研究機構基於公共利益為統計或學術研究而有必要，且資料經過提供者處理後或蒐集者依其揭露方式無從識別特定之當事人。六、經當事人書面同意。」準此，本件投信事業若將涉有個人資料之基金持股明細及投資組合提供予所屬金控與集團公司，如投信事業與其所屬金控與集團公司非為同一法人組織，則該提供行為即屬本法所規範之利用行為（參照新法第 2 條第 5 款之立法說明，例如：母公司將資料提供給子公司或他公司）；且因係為風險管理之用而提供，與原蒐集之特定目的不同，故應符合新法第 20 條第 1 項但書所定情形之一，始得將該等資料為特定目的外之利用。

◎法務部 101 年 8 月 1 日法律決字第 10100112580 號函

(一) 按有關行政院勞工委員會（下稱勞委會）**為協助青年就業，向各大專院校取得大專畢業生之個人資料建立資料庫乙案**，前經本部 100 年 12 月 9 日法律字第 1000019039 號函釋在案，略以：勞委會為個人資料之蒐集及電腦處理，應符合電腦處理個人資料保護法（以下簡稱本法）第 7 條規定；大專院校提供學生個人資料予勞委會，如符合本法第 8 條或第 23 條但書各款情形之一，**即得為特定目的外之利用**，合先敘明。

(二) 次按本法第 8 條規定：「公務機關對個人資料之利用，應於法令職掌必要範圍內為之，並與蒐集之特定目的相符。但有左列情形之一者，得為特定目的外之利用：一、法令明文規定者。二、有正當理由而僅供內部使用者。三、為維護國家安全者。四、為增進公共利益者。五、為免除當事人之生命、身體、自由或財產上之急迫危險者。六、為防止他人權益之重大危害而有必要者。七、為學術研究而有必要且無害於當事人之重大利益者。八、有利於當事人權益者。九、當事人書面同意者。」查本件貴部自 95 年起建置「大專校院畢業生流向資訊平台」所為個人資料之蒐集及電腦處理，係為瞭解國內大專校院畢業生畢業流向，似以「053 教育行政」及「079 學生資料管理」為特定目的，而與「061 就業安置、規劃與管理」之特定目的無涉，準此，勞委會請求貴部將「大專校院畢業生流向資訊平台」之學生資料匯入該會建置之「大專畢業生就業追蹤系統」，就貴部而言，即屬特定目的外之利用，如符合本法第 8 條但書「法令明文規定」、「為增進公共利益」、「有利於當事人權益」或「當事人書面同意」（同意為特定目的外之利用）等要件之一，則得合法為之，並應注意不得逾越勞委會為提供畢業生就業服務所需之必要範圍（個資法第 6 條規定參照）。

◎ **法務部 101 年 5 月 24 日法律字第 10100070540 號函**

(一) 個人資料保護法第 6 條等規定參照，縣（市）政府為辦理社會救助法所規定照顧低收入戶、中低收入戶職務，為特種個人資料蒐集、處理或利用，應符合「公務機關執行法定職務」情形，**惟如個人資料為「持股資料」，尚非屬特種個人資料。**

(二) 次按本法第 20 條第 1 項規定：「非公務機關對個人資料之利用，除第 6 條第 1 項所規定資料外，應於蒐集之特定目的必要範圍內為之。但有下列情形之一者，得為特定目的外之利用：一、法律明文規定。二、為增進公共利益。……六、經當事人書面同意。……」**○○集中保管結算所股份有限公司（簡稱○○公司）就保有之投資人持股資料，提供縣（市）政府作為審查低收戶及中低收作戶資格認定之用，屬特定目的外之利用，必須符合上開但書各款所定情形之一，始得為之。**

◎ **法務部 101 年 1 月 4 日法律字第 1000024207 號函**

個人資料保護法第 20 條等規定參照，集保結算所因檢察機關追查犯罪所得個案，於必要範圍內提供特定投資人個人資料，符合「為增進公共利益」情形，又檢察機關依刑事訴訟法第 133 條請求集保結算所提供，亦符合「法律明文規定」之情形。

◎ **法務部 100 年 6 月 15 日法律字第 1000012630 號函**

參照新修正之個人資料保護法第 15 條、第 20 條、精神衛生法第 33 條、電信法第 7 條等規定，電信業者對法律規定之查詢機關提供通信紀錄，且提供係為協助自殺個案危機處置，符合個人資料保護法規定之情形，而得為特定目的外之利用。

◎ **法務部 96 年 1 月 5 日法律決字第 0950046221 號函**

依電腦處理個人資料保護法（以下簡稱本法）第 23 條規定，非公務機關對個人資料之利用，應於蒐集之特定目的必要範圍內為之。除有但書之情形外，不得為特定目的外之利用。準此，如依貴管法令相關規定

及來函說明二、三所述，認為體格檢查或健康檢查係法律強制規定雇主須為勞工辦理之項目，且雇主應負擔健康檢查費用（勞工安全衛生法第12條第2項後段參照），並須將檢查結果發給受檢勞工（勞工健康保護規則第20條第1項第2款規定參照），則醫療機構將蒐集之受檢勞工個人資料提供雇主依法辦理相關事項，應屬「特定目的」內之利用而符合本法第23條本文規定。

◎ 法務部95年6月28日法律決字第0950022777號函

(一) 按鄉鎮市調解條例第19條第3項規定：「調解委員、列席協同調解人及經辦調解事務之人，對於調解事件，除已公開之事項外，應保守祕密。」乃因調解事件常涉及他人隱私或其他在調解會中斡旋不宜公開之事項，為保全當事人之名譽或其他權益，爰明定調解委員、列席協同調解人及經辦調解事務之人之保密義務。準此，除已公開之事件外，其保密義務之對象自應包括警察機關在內，惟法規另有規定者，則不在此限。

(二) 次查旨揭疑義，依貴縣大林鎮公所及貴縣警察局民雄分局函文所示，警察機關函請提供之資料，雖基於刑案數據資料需要，惟因涉及特定案件當事人之姓名、年籍、事件概略等，已屬電腦處理個人資料保護法（以下簡稱個資法）第3條第1款之「個人資料」，調解委員會對於上開資料之蒐集或電腦處理，依個資法第7條規定須有特定目的，始得為之。經查該特定目的應為「電腦處理個人資料保護法之特定目的」中編號012「民政」項下之調解業務。又依同法第8條規定，公務機關對個人資料之利用，應於法令職掌必要範圍內為之，並與蒐集之特定目的相符，惟如符合同條但書所列九款情形之一者，得為特定目的外之利用。本件調解委員會如將當事人資料提供給警察機關，與資料蒐集之特定目的（編號012「民政」項下之調解業務）有所不符。至於是否符合上開但書規定得為特定目的外利用之情形，仍請貴府參酌上述意旨本於權責衡酌之。

◎法務部 86 年 5 月 8 法律字第 12894 號函

(一) 按電腦處理個人資料保護法規定公務機關或非公務機關對個人資料之利用，除依特定目的之利用外，依同法第 8 條但書及第 23 條但書規定，尚包括「特定目的外」之利用。

(二) 故於有各該但書規定各款情形之一時，即應允許為特定目的外之利用，俾符合該法第 1 條規定「合理利用個人資料」之宗旨。查檢察或司法警察機關依刑事訴訟法規定偵查犯罪，符合電腦處理個人資料保護法第 8 條但書第 1 款之「法令明文規定者」、第 4 款「為增進公共利益者」及同法第 23 條但書第 1 款「為增進公共利益者」及第 3 款「為防止他人權益之重大危害而有必要者」之情形，各醫療院所應可援引上揭規定提供個人資料，不得藉詞拒絕。

相關條文

（比例原則）行政程序法 7。（命第三人提出文書之裁定）民訴法 347。（執行事件之調查）強制執行法 19，金融控股公司法 43，金融控股公司子公司間共同行銷管理辦法 10。（基本原則）個資法 5。（特種資料）個資法 6。（刑事責任）個資法 41。（罰則）個資法 47、48、50。（告知義務）個資法 54。（授權明確性）個資法施行細則 9。（無從識別個人）個資法施行細則 17。

第 21 條 （國際傳輸）

非公務機關為國際傳輸個人資料，而有下列情形之一者，中央目的事業主管機關得限制之：

一、涉及國家重大利益。

二、國際條約或協定有特別規定。

三、接受國對於個人資料之保護未有完善之法規，致有損當事人權益之虞。

四、以迂迴方法向第三國（地區）傳輸個人資料規避本法。

修正理由

1. 「傳遞」二字,究指內部之傳送(處理行為),亦或提供給外部第三人(利用行為),易滋疑義。爰將「國際傳遞及利用」修正為「國際傳輸」,並將「國際傳輸」於第 2 條第 6 款明定其定義,包括資料之處理與利用,以資明確。

2. 鑑於違反本條限制規定,將受第 41 條規定之刑罰與第 47 條規定之行政罰,本條所定國際傳輸之限制,宜由中央目的事業主管機關為之,較為妥適,爰作修正。

3. 中央目的事業主管機關發現有本條所列各款情形之一,應限制非公務機關國際傳輸個人資料者,視事實狀況,以命令或個別之行政處分限制之,併予敘明。

4. 第 4 款文字配合修正,增列(地區)二字。

名詞解釋

1. **國際傳輸:** 參個資法 2 ⑥。
2. **國際條約或協定:** 國際法主體間所締結而以國際法為準的書面協定,其除構成國際法的主要法源外,更重要的意義在於,其創設締約國的權利與義務。(《維也納條約法公約第 2 條第 1 項》,1969);抑或是指一個或更多個國家和一個或更多個國際組織間,國際組織相互間,以書面締結並受國際法支配的國際協定,不論其載於一項單獨的文書,或兩項或更多有關的文書內,也無論其特定名稱為何。(《關於國家和國際組織間或國際組織相互間條約法的維也納公約》,1986)

條文釋義

1. 按資料之傳遞有屬於處理行為者,亦有屬於利用行為者,但無論是資料的處理或利用,只要將個人資料為跨國之傳遞者,即屬「國際

傳輸」;有關非公務機關國際傳輸個人資料部分,原則上是允許的,但中央主管機關得針對某些情形或資料,為限制國際傳輸之處分,諸如「涉及國家重大利益、國際條約或協定有特別規定、接受國對於個人資料之保護未有完善之法規,致有損當事人權益之虞及以迂迴方法向第三國(地區)傳輸個人資料規避本法」等情形,即可依據其法定職權予以限制之。

2. 有關國際傳輸在歐盟在 1985 年實行之《保護自動化處理個人資料公約》即正式禁止將個人資料傳送至保護個人資料不足的國家或地區。其中包括美國在內等未設有個資保護專責機構之國家。因而為了避免美國與歐盟個資保護規範差異,使個人資料資訊流通遭受阻礙,導致美國企業與歐盟的商業往來因資料受中斷。美國商務部與歐盟委員會協商,並於 2000 年 7 月 21 日提出一份讓業界遵守藉以達成自律的原則建議,即《安全港隱私原則》(Safe Harbor Privacy Principles)以滿足個人資料保護指令的「充足」(adequacy)的規定。美國公司遵守註冊安全港原則有「安全港計劃」(Safe Harbor Scheme)的認證,被允許從歐盟數據傳輸到美國。換言之,所謂《安全港隱私原則》是將由國家立法模式和以機關主體之自律模式相互結合之保護模式,亦即將各自行業之個人資訊自律約定納入相關法令規範,因此相關事業主體、機關行號,只要實行該國家之相關目的事業主管機關所查核允許通過的相關行業自律或自治標準準則,就被認為是遵守該國相關的法律,使用個人資訊行為就是會被推定為合法的,避免訟累,故稱謂之安全港。安全港模式具體要求目的事業主管機關與個資使用機關根據本身的具體情況,擬定適宜妥當的個人資訊的保護機制,並經由法定主管單位機關查驗,經查驗無誤通過後即可產生如同類似法律般的強制效力,而個資使用或保管機關遵守了該行業所擬定之自律規則即推定其為遵守法律規定要求。美國安全港模式個資保障機制同時兼採行業自律自治模式和立法審核監督模式的保護規定,其一方面既有法規的強制效果和平

等性，另一方面又保有彈性，使公務機關和行業因應特殊需求或實際情況，調整妥適之自治規章，屬個人資訊實行立法與自律的雙重保護[5]。

3. 美國在實施《安全港隱私原則》後，獲得不錯成果，許多跨國企業均以此做為將個人資料傳回美國本土之運作依據。然而在 Maximillian Schrems V. Data Protection Commissioner 案 中，施 倫 斯（Maximillian Schrems）控訴位於愛爾蘭之分公司於蒐集他的個人資料後，非法傳輸至 Facebook 在美國的伺服器，歐洲法院於 2015 年 10 月 6 日對此判決宣告《安全港隱私原則》無效。該判決聲明可歸納為以下三點[6]：（1）歐洲各國現在可以針對美國企業，自行設下相關法令來規範如何處理本國國民的資料。（2）歐洲各國可以選擇禁止將資料傳送到美國去，規定公司只能把該國資料存取留存在該國中。（3）愛爾蘭的資料管理官員會開始檢查臉書是否為歐洲用戶提供適當的資料保護措施，如果有必要，他們也可以要求臉書禁止把資料傳回美國。顯然可見，該判決對已經存在多年的《安全港隱私原則》的效力帶來重大挑戰。歐盟參加國之個資主管機關可以依法禁止外國公司在美國或歐盟以外地區蒐集、儲存其國民的個人資料，即使該外國公司通過了安全港認證。在此之前，美國跨國公司可以依據《安全港隱私原則》，以確保他們可以合法地從歐洲轉移對歐洲人的數據到美國。現在，個別國家的數據監管機構可能會修改這個轉移規定 —— 這意味著像 Google、Facebook 等國際跨國公司可能在歐洲面臨著數十種不同的監管環境。國家甚至可能要求自己的公民的數據由自己國家內部存儲。如俄羅斯制定要求俄羅斯公民的數據在俄羅斯存儲的新法律[7]。因此，為減少美國與歐盟之間跨

---

5 參齊愛民，個人資訊保護法研究，河北法學，2008 年 4 月，頁 25。

6 參 http://www.businessinsider.com/european-court-of-justice-safe-harbor-ruling-2015-10?op=1，最後瀏覽日期：2015/11/21。

7 http://www.businessinsider.com/european-court-of-justice-safe-harbor-ruling-2015-10?op=1，最後瀏覽日期：2015/11/21。

國個資傳輸所產生的不確定性和複雜性，美國和歐盟間經多次談判後，在 2016 年 7 月產生《隱私盾協議》（EU-US Privacy Shield），取代《安全港隱私原則》。《隱私盾協議》除吸收《安全港隱私原則》外，更加強處理個資者的義務，使得個資利用更加透明、更具可救濟性。

🔍 實務見解

◎臺灣高等法院 97 年度消上字第 8 號民事判決

「惟按被上訴人為該法第 3 條第 7 款第 2 目所指非公務機關之金融業，其依財政部（自 93 年 7 月 1 日起以行政院金融監督管理委員會為主管機關）指示而設置全國信用卡、現金卡、授信等信用資料庫，各金融機構將徵信資料檢送聯徵中心建檔，以提供銀行公會會員間交換徵信資料；核屬該法第 18 條第 5 款「依本法第 3 條第 7 款第 2 目有關之法規所列依法令實施個人資料蒐集或以電腦處理之行為，並未違反電腦處理個人資料保護法；至於通報內容是否錯誤，尚與該法無涉，則上訴人依該法第 28 條第 1、2 項、第 27 條第 2、3 項請求 10 萬元之信用損害，尚屬無據。」

◎法務部 102 年 5 月 13 日法律決字第 10203503330 號函

（一）按個人資料保護法（下稱本法）第 19 條規定：「非公務機關對個人資料之蒐集或處理，除第 6 條第 1 項所規定資料外，應有特定目的，並符合下列情形之一者：⋯⋯二、與當事人有契約或類似契約之關係。⋯⋯。五、經當事人書面同意。⋯⋯」第 20 條規定：「非公務機關對個人資料之利用，除第 6 條第 1 項所規定資料外，應於蒐集之特定目的必要範圍內為之。但有下列情形之一者，得為特定目的外之利用：一、⋯⋯。六、經當事人書面同意。」非公務機關對於個人資料之蒐集、處理或利用應符合上開規定，始得為之。本件關於西班牙服飾商 M ○○擬委請在臺加盟商代為蒐集客戶資

料，並將資料傳送至西班牙公司，涉及非公務機關（加盟商）對個人資料之蒐集與國際傳輸【將個人資料作跨國（境）之處理或利用，本法第 2 條第 6 款規定參照】，應符合上開有關規定，例如加盟商與客戶間有契約或類似契約之關係，或經客戶書面同意。

(二) 另本法第 21 條規定：「非公務機關為國際傳輸個人資料，而有下列情形之一者，中央目的事業主管機關得限制之：一、…。三、接受國對於個人資料之保護未有完善之法規，致有損當事人權益之虞。四、以迂迴方法向第三國（地區）傳輸個人資料規避本法。」係法律賦予中央目的事業主管機關，遇有該條所定各款情事之一時，對於人民自由權利限制之依據及裁量權。至於具體個案中央目的事業主管機關是否限制，仍應由主管機關本於權責審認。又倘中央目的事業主管機關認非公務機關有違反本法規定之情事者，尚可依本法第 25 條規定禁止蒐集、處理或利用個人資料，或命令刪除個人資料檔案等處置，附為敘明。

◎國家通訊傳播委員會 101 年 9 月 25 日通傳通訊字第 10141050780 號函

「限制通訊傳播事業經營者將所屬用戶之個人資料傳遞至大陸地區」衡酌大陸地區之個人資料保護法令尚未完備，通訊傳播事業於國際傳遞及利用個人資料時，應考量接受國家或地區對個人資料有完善之保護法令，爰依「電腦處理個人資料保護法」第 24 條第 3 款規定，限制通訊傳播事業經營者將所屬用戶之個人資料傳遞至大陸地區。

◎法務部 100 年 11 月 23 日法律字第 1000027792 號函

另本法第 9 條規定：「公務機關對個人資料之國際傳遞及利用，應依相關法令為之。」上揭所稱「法令」，解釋上可包含我國與其他國家簽訂之條約、協定在內。至備忘錄之性質，如其內容直接涉及國家重要事項或人民之權利義務且具有法律上效力，除經法律授權或事先經立法院簽訂，或其內容與國內法律相同者外，應送立法院審議，則具有條約

之效力（本部 85 年 9 月 2 日（85）法律司字第 242 號函參照）。是以，貴部如依相關規定，據以將旨揭資料傳送加拿大政府，似無不可，併予敘明。

◎ **法務部 94 年 8 月 26 日法律字第 0940029553 號函**

至本法有關「國際傳遞」之規定，其立法目的係為落實個人資料保障之落實，避免跨境個人資料流通失控，故就我政府法權未及地域之跨境傳遞予以規範管理。準此，機關（公務或非公務）將個人資料傳輸至我國法權未及之地域，即屬本法所稱之「國際傳遞」，**從而向大陸地區傳輸個人資料，自為本法所定之「國際傳遞」**。至本件是否違反本法第 20 條及第 24 條相關規定，請貴局就具體個案事實本於職權審認之。

相關條文

（用詞定義）個資法 2 ⑥。（刑事責任）個資法 41。（罰則）個資法 47。（國際條約）維也納條約法公約 2 Ⅰ、關於國家和國際組織間或國際組織相互間條約法的維也納公約。

第 22 條 （行政檢查）

中央目的事業主管機關或直轄市、縣（市）政府為執行資料檔案安全維護、業務終止資料處理方法、國際傳輸限制或其他例行性業務檢查而認有必要或有違反本法規定之虞時，得派員攜帶執行職務證明文件，進入檢查，並得命相關人員為必要之說明、配合措施或提供相關證明資料。

中央目的事業主管機關或直轄市、縣（市）政府為前項檢查時，對於得沒入或可為證據之個人資料或其檔案，得扣留或複製之。對於應扣留或複製之物，得要求其所有人、持有人或保管人提出或交付；無正當理由拒絕提出、交付或抗拒扣留或複製者，得採取對該非公務機關權益損害最少之方法強制為之。

中央目的事業主管機關或直轄市、縣（市）政府為第一項檢查時，得率同資訊、電信或法律等專業人員共同為之。

對於第一項及第二項之進入、檢查或處分，非公務機關及其相關人員不得規避、妨礙或拒絕。

參與檢查之人員，因檢查而知悉他人資料者，負保密義務。

修正理由

1. 第 1 項修正理由如次：

   （1）按適用本法之非公務機關，業已取消行業別之限制，亦即任何自然人、法人或團體均有本法之適用。基於落實保護個人資料隱私權益之立法意旨，自宜設立專責機關為主管機關，但在未設立專責機關之前，由何機關為本法之主管機關，在認定與權責劃分上，實有窒礙之處。查現今社會中，個人資料已為各個行業不可或缺之資訊，上至銀行、電信公司，下至私人診所、錄影帶店，均會蒐集顧客之個人資料並建立檔案，成為經營該業務重要之一環。由於各個行業均有其目的事業主管機關，有屬中央者，有屬地方者，而個人資料之蒐集、處理或利用，與該事業之經營關係密切，應屬該事業之附屬業務，自宜由原各該主管機關，一併監督管理與其業務相關之個人資料保護事項，較為妥適。因此，本修正條文不作有關「本法之主管機關」定義性規定，至於原條文規定「目的事業主管機關」應辦理之事項，於各條文中，直接修正由「中央目的事業主管機關或直轄市政府、縣（市）政府」辦理，以資明確，避免爭議。

   （2）為落實個人資料之保護，應賦予監督機關有命令、檢查及處分權，爰修正第 1 項，規定中央目的事業主管機關或直轄市、縣（市）政府為執行資料檔案安全維護、業務終止資料處理方法、

國際傳輸限制或其他例行性業務檢查而認有必要，或有違反本法規定之虞時，得派員攜帶執行職務證明文件，進入該非公務機關檢查，或要求說明、提供相關證明資料，以強化監督機關之權責。

2. 檢查人員發現非公務機關違反本法規定，如將所有儲存媒介物設備予以查扣，恐有違比例原則，爰於第 2 項規定，檢查時依行政罰法相關規定，發現得沒入或可為證據之個人資料或檔案，而有扣留或複製之必要者，得予扣留或複製之。此外，以電腦儲存之資料檔案，其消磁、刪除或移轉非常快速，如檢查時未能即時扣留或複製，該違法資料或證據極易被湮滅或消除，檢查機關亦得依行政罰法相關規定，要求應扣留或複製物之所有人、持有人或保管人提出或交付，且遇有無正當理由拒絕提出、交付或抗拒扣留或複製者，得強制為之，但應採取對該非公務機關權益損害最少之方法，以避免違反比例原則，例如：得複製檔案時，即無需予以扣留。

3. 被檢查之個人資料檔案，有可能以不同方式儲存於各種類型媒介物，如未具有相當專業知識，勢必無法達成檢查目的，爰於第 3 項規定檢查機關得率同資訊、電信或法律等專業人員共同進行檢查。

4. 為確保個人資料之隱私性，避免資料當事人二度受到傷害，增訂第 5 項，明定因檢查而知悉他人資料者，應負保密義務，不得洩漏。

名詞解釋

1. **扣留**：得沒入或可得為證據之物。（行政罰法 36 I）
2. **行政檢查**：係指行政機關為達成行政上目的，基於個別法令規定內容，對人、處所或物件所為之訪視、查詢、查察或檢驗等行為，或作為督促人民遵守法令之手段[8]的總稱，學說上有稱之為「資訊取

---

[8] 參法治斌、劉宗德、董保城、洪文玲合著，行政檢查之研究，行政院研考會編印，1996年 6 月，提要。

得」（Acquisition of Information），或稱「行政調查」（Administrative Investigation）或「行政檢查」（Administrative Inspection）[9]，其作用態樣繁多，不一而足，其中有預防違法行為或狀態發生者，例如防治水污染之查證，勞動場所、礦場安全之檢查等；而行政檢查既為事實行為之一種，則其救濟自應受事實行為行政救濟法則之支配。

🔍 條文釋義

1. 行政檢查行為，不同於行政處分、行政契約、法規命令、行政規則，其用語變化多端，適用領域、種類及內容十分廣泛，不過無論使用何種用語，概念上均係對人民進行蒐集資訊的活動。行政檢查行為對人民私權有時會產生重大影響，因此，如何在遵守法治國原則的情況下，合理的限制行政機關發動行政檢查行為，而不至於恣意侵害人民權利，則是探討行政檢查的重要課題。

2. 本條主要係規範主管機關本於其公權力之行使，得檢查個人資料蒐集者，是否均依據個資法相關規定辦理相關事項，以及檢查時所得採取的措施及應行注意事項。

3. 本條文之檢查主體為中央目的事業主管機關或直轄市、縣（市）政府，惟由於各行業均有其目的事業主管機關，有屬中央者，亦有屬地方者；而個人資料之蒐集、處理或利用與事業之經營關係密切，斷難自絕於該事業主管機關之監督管理，故應由各該事業主管機關為該行政監督權責之主體，是為較妥適之做法。

4. 另行政檢查對受檢查人名譽之侵害不亞於刑事程序中拘提、逮捕或搜索程序，尤應特別注意保守祕密及注意被檢查者之名譽[10]，遵守比例原則，不得逾越必要程度，並盡量避免造成財物損失、或干擾

9　參法治斌、劉宗德、董保城、洪文玲合著，行政檢查之研究，行政院研考會編印，1996年 6 月，頁 14、46。
10　個資法施行細則 29。

　　受檢查人之正當營業及生活作息。就檢查過程中所牽涉到之專業性、技術性、細節性的問題時，則依據本條文第2、3、4項規定辦理。

5. 扣留或複製得沒入或可為證據之個人資料或其檔案時，應製給收據，載明其名稱、數量、所有人、地點及時間。實施檢查後，應作成紀錄。紀錄當場作成者，應使被檢查者閱覽及簽名，並即將副本交付被檢查者；其拒絕簽名者，應記明其事由。紀錄於事後作成者，應送達被檢查者，並告知得於一定期限內陳述意見[11]。

🔎 實務見解

◎臺灣臺北地方法院95年度國字第9號民事判決

　　按行政行為，應依下列原則為之：（1）採取之方法應有助於目的之達成。（2）有多種同樣能達成目的之方法時，應選擇對人民權益損害最小者。（3）採取之方法所造成之損害不得與欲達成目的之利益顯失均衡，行政程序法第7條定有明文。行政檢查對受檢查人名譽之侵害不亞於刑事拘提、逮捕或搜索程序，尤應特別注意受檢查人之名譽，遵守比例原則，不得逾越必要程度，儘量避免造成財物損失、干擾正當營業及生活作息。又「有關臨檢之規定，並無授權警察人員得不顧時間、地點及對象任意臨檢、取締或隨機檢查、盤查之立法本意」業經大法官釋字第535號解釋文闡示在案。綜上所述，被告所屬公務員○○○之稽查行為尚難認為符合醫療法第26條之規定，且執行程序亦認逾越必要程度，惟被告辯稱其內部釋示僅需持有身分證件即可執行稽查，則應認被告所屬公務員○○○並非故意，而係對法令之誤解，且於執行稽查行為時未注意選擇損害最小之方式，因過失而不法侵害原告之權利，原告自得向被告機關求償。

11　個資法施行細則30。

◎最高行政法院 87 年度判字第 2793 號判決 [12]

又公平交易法第 27 條規定：「公平交易委員會依本法為調查時，得依左列程序進行：一、通知當事人及關係人到場陳述意見。二、通知有關機關、團體、事業或個人提出帳冊、文件及其他必要之資料或證物。三、派員前往有關團體或事業之事務所、營業所或其他場所為必要之調查。**執行調查之人員依法執行公務時，應出示有關執行職務之證明文件；其未出示者，受調查者得拒絕之。」即是在要求檢查人員執行公務時，出示有關執行職務之證明文件，未出示時受調查人得拒絕接受調查或檢查。**

◎法務部 105 年 4 月 7 日法律字第 10503503350 號函

關於「網際網路零售商品之公司行號個資保護行政檢查小組辦理情形及結果」等資料公告予民眾知悉之適法性：按中央目的事業主管機關發現非公務機關蒐集、處理或利用個人資料有違反個人資料保護法規定，除依法裁處罰鍰外，並得公布非公務機關之違法情形及其姓名或名稱與負責人；如中央目的事業主管機關依個資法第 22 條規定檢查後，未發現有違反個資法規定之情事者，經非公務機關同意後，得公布檢查結果，個資法第 25 條第 1 項第 4 款及第 26 條規定參照。是**所詢經濟部「網際網路零售商品之公司行號個資保護行政檢查小組」辦理情形及結果之公告，得依前揭個資法規定辦理外，另非公務機關經檢查為未違法且不同意公布檢查結果者，自不得依前揭規定公布其名稱及相關檢查結果詳細資訊。至於其他不牴觸個資法第 26 條規定意旨而為前揭檢查小**

---

12 原告新第股份有限公司推出了「新第加冕曲」的房地產商品，後來被檢舉其為 3 米 6、5 米 4、6 米等夾層挑高設計及繪有 A、B 棟建物夾層設計的房屋銷售廣告，而違反公平交易法第 21 條規定。本件被告公平交易委員會發現後，命原告立即停止該房屋銷售廣告，但是原告並不遵守。原告再被檢舉繼續使用前開不實廣告。被告遂於 85 年 10 月間派其行政官員前往原告樣品屋銷售地點進行實地調查。於調查過程中，被告的所屬人員並沒有表明其為公平交易委員會調查人員之身分，而是以一般消費者的身分蒐集資料。後來被告根據其調查所得的資料，作成課處罰鍰 30 萬並立即停止上開廣告的行政處分。

組所持有之資訊，如無政府資訊公開法第 18 條第 1 項限制不予公開情形者，仍得依該法規定公開之。

◎ 法務部 101 年 5 月 7 日法律字第 10103103480 號函

(一) 電腦處理個人資料保護法第 3、25 條規定參照，為落實個人資料保護，目的事業主管機關自得本於權責對於所監督管理非公務機關行使命令、檢查及扣押權，又具體個案是否符合上述規定要件而有採行命令、檢查及扣押必要，應視個案情形判斷。

(二) 查現行個資法第 19 條至第 22 條及第 43 條之刪除，係為配合新法取消非公務機關行業別之限制，而使任何自然人、法人、機構或其他團體均納入個人資料保護法之適用範圍（個資法第 19 條修正理由參照）。另為因應及銜接未來新法之施行，並求便民及行政效率之促進，前揭規定之刪除，明定自公布日施行（個資法第 56 條第 2 項修正理由第 2 點參照）。是以，**自 99 年 5 月 26 日個人資料保護法修正公布後，非公務機關為個人資料之蒐集、電腦處理或國際傳遞及利用，自無須先向目的事業主管機關辦理登記及取得執照。惟依現行個資法第 4 條、第 18 條、第 23 條、第 24 條與第 26 條第 1 項準用第 12 條、第 13 條、第 15 條、第 16 條第 1 項及第 17 條之規定，現行個資法第 3 條第 7 款所定之非公務機關為個人資料之蒐集、電腦處理、國際傳遞、利用及保管維護時，仍應符合現行個資法上開規定之要求；目的事業主管機關於必要時，並得派員攜帶證明文件，命其提供有關資料或為其他必要之配合措施，並得進入場所檢查及扣押相關違法資料（現行個資法第 25 條第 1 項規定參照）；如發現違反情事，目的事業主管機關並得視具體情形命其限期改正、處以罰鍰或移送檢察機關偵查（現行個資法第 32 條至第 34 條及第 38 條至第 40 條規定參照）。**

(三) 現行個資法雖已刪除非公務機關應經登記及取得執照之規定，惟現行個資法第 3 條第 7 款所定之非公務機關為個人資料之蒐集、電腦

處理、國際傳遞、利用及保管維護時，仍應符合現行個資法之相關規定。為落實個人資料之保護，目的事業主管機關自得本於權責依現行個資法第25條第1項規定，對於所監督管理之非公務機關行使命令、檢查及扣押之權；至於具體個案是否符合該條項所定要件而有採行命令、檢查及扣押之必要，自應視個案情形分別判斷之，並應注意行政程序法第7條比例原則之規定。

◎ **法務部 100 年 7 月 25 日法律字第 1000015497 號函**

(一) 本件貴會擬廢止職權命令之「走私進口農產品處理辦法」，並另定「走私進口農產品處理要點草案」（下稱本草案），該草案屬行政程序法第159條行政規則，係規範機關內部秩序及運作，若對人民之權利加以限制，必須以法律或法律明確授權之法規命令為之（司法院釋字第443號解釋理由書參照），合先敘明。

(二) 按行政罰法（以下簡稱本法）第1條規定：「違反行政法上義務而受罰鍰、沒入或其他種類行政罰之處罰時，適用本法。但其他法律有特別規定者，從其規定。」第36條規定：「得沒入或可為證據之物，得扣留之。（第1項）前項可為證據之物之扣留範圍及期間，以供檢查、檢驗、鑑定或其他為保全證據之目的所必要者為限。（第2項）」及第39條規定：「扣留物……其不便搬運或保管者，得命人看守或交由所有人或其他適當之人保管。得沒入之物，有毀損之虞或不便保管者，得拍賣或變賣而保管其價金。（第1項）易生危險之扣留物，得毀棄之。（第2項）」準此，走私進口農產品如業經沒入處分，查緝機關將其移送予貴會，貴會自得依權限或職權訂定業務處理方式之行政規則。倘尚未為沒入處分，除走私進口農產品之處理於其他行政法規另有規定，依其規定辦理外（例如：植物防疫檢疫法第16條之1及第24條、動物傳染病防治條例第38條之1規定），如未有其他法規規定時，**依本法上開規定，因屬得沒入或可為證據之物，於裁處沒入處分前，而予以扣留**

者，須於有毀損之虞、不便保管或易生危險之扣留物，方得拍賣、變賣而保管其價金或予以毀棄，並應依本法第 36 條至第 41 條規定辦理（本部 94 年 9 月 6 日法律字第 0940033309 號函、95 年 10 月 14 日法律字第 0950037871 號函參照）。

◎ 法務部 94 年 10 月 17 日法律字第 0940034386 號函

按行政罰法第 26 條第 1 項本文規定：「一行為同時觸犯刑事法律及違反行政法上義務規定者，依刑事法律處罰之。」又依同法第 36 條第 1 項規定：「得沒入或可為證據之物，得扣留之。」另刑事訴訟法第 140 條亦規定：「扣押物，因防其喪失或毀損，應為適當之處置。（第 1 項）不便搬運或保管之扣押物，得命人看守，或命所有人或其他適當之人保管。（第 2 項）（下略）」準此，未來行政罰法第 26 條施行後，一行為同時觸犯商標法刑罰規定及菸酒管理法行政罰規定者，應依刑事法律處罰之。惟扣留係屬事實行為，如屬行政罰法第 36 條之得沒入或可為證據之物，即得扣留，並非須裁處沒入始得扣留。故仿冒商標之私菸酒得由刑事偵查機關扣押，亦得由菸酒管理法主管機關之縣市政府扣留。至於由縣市政府先行扣留之扣留物如何處置，宜由上開二機關經協調聯繫後妥適安排之。

🔍 相關條文

（國際傳輸）個資法 21。（安管措施）個資法 27。（公權力委託）個資法 52，行政程序法 16。（行政檢查）個資法施行細則 29，公務人員財產申報法 11。（扣押後處置）個資法施行細則 30，行政罰法 36 Ⅰ，刑事訴訟法 140，公平交易法 27。

> **第 23 條** （扣留、複製物處理）
>
> 對於前條第二項扣留物或複製物，應加封緘或其他標識，並為適當之處置；其不便搬運或保管者，得命人看守或交由所有人或其他適當之人保管。
>
> 扣留物或複製物已無留存之必要，或決定不予處罰或未為沒入之裁處者，應發還之。但應沒入或為調查他案應留存者，不在此限。

修正理由

1. 第 1 項明定扣留物或複製物應加具識別之標示，並為適當之處理，以確保其安全。

2. 扣留物或複製物除應沒入或因調查他案而有留存之必要者，應繼續扣留外，如無必要留存，或決定不予處罰或未為沒入之裁處者，應即發還，以保障民眾權益，爰為第 2 項規定。

名詞解釋

封緘：防止信函、文書、圖畫之內容為人所知悉而設之一定裝置，其方法如何，在所不問。

條文釋義

1. 檢查人員在依據個資法第 22 條行政檢查之規定進行檢查業務執行時，如有發現違法之個人資料檔案或可得為證據之資料時，在依法予以扣留或複製後得為之規範行為。諸如應貼上封緘或其他標識，以禁止任何人接觸、拆封處理。如該扣留物或複製物過於龐大或複雜精密，致不便搬運或保管者，檢查人員亦得命他人看守或交由該所有人或其他適當之人保管。

2. 調查程序暫告一段落後，如檢查人員認為該扣留物或複製物以無留

存之必要，或決定不予處罰或未為沒入之裁處者，應立即將該扣留物或複製物發還予該所有人，以保障其權益。但如該檔案資料經證實係違法蒐集或該檔案資料因事涉其他案件而有留存之必要時，當然得不予發還。

實務見解

◎法務部 97 年 1 月 22 日法律字第 0960048231 號函

(一) 按行政罰法（以下簡稱本法）第 26 條規定：「一行為同時觸犯刑事法律及違反行政法上義務規定者，依刑事法律處罰之。但其行為應處以其他種類行政罰或得沒入之物而未經法院宣告沒收者，亦得裁處之。（第 1 項）前項行為如經不起訴處分或為無罪、免訴、不受理、不付審理之裁判確定者，得依違反行政法上義務規定裁處之。（第 2 項）」其立法意旨係認一行為同時觸犯刑事法律及違反行政法上義務規定者，由於刑罰與行政罰同屬對不法行為之制裁，而刑罰之懲罰作用較強，故依刑事法律處罰，即足資警惕時，實無再處行政罰之必要，且刑事法律處罰，由法院依法定程序為之，較符合正當法律程序，故應予優先適用。準此，除依本法第 1 條但書規定而為本法之特別規定者外，依法得沒入之物須未經法院宣告沒收者，行政機關始得裁處沒入，惟為保全證據或為便利將來沒入之執行，如有將物先行扣留之必要，依本法第 36 條規定，得先予扣留，合先敘明。

(二) 有關取締違法製造爆竹煙火案件所查獲之爆竹煙火成品、半成品、原料及機具，是否應逕予沒入銷毀或僅能先行扣留移交檢察官扣押一節，按爆竹煙火管理條例第 20 條「應逕予沒入」之規定，其性質究為「行政罰」或「其他不利處分」？應視沒入物之危險性程度而定，宜由貴部依職權加以審酌。如認屬行政罰之性質者，得沒入之物涉及得否依刑事法律為沒收者，於不起訴處分或為無罪、免

訴、不受理、不付審理之裁判確定前，雖不得裁處沒入，但得先行依本法第 39 條規定，就該等扣留物為適當保管、拍賣、變賣或予以毀棄，惟因涉及刑事犯罪，為免將來本案無證據可資證明犯罪，建請於依行政程序毀棄前，先行聯繫該案承辦檢察官，並以拍照、攝影或對扣留物取樣等方式保存證據。如認屬其他不利處分之性質者，自得依法逕予沒入。

◎ 法務部 95 年 10 月 14 日法律字第 0950037871 號函

(一) 按行政罰法（以下簡稱本法）第 40 條第 1 項規定：「**扣留物於案件終結前無留存之必要，或案件為不予處罰或未為沒入之裁處者，應發還之；其經依前條規定拍賣或變賣而保管其價金或毀棄者，發還或償還其價金。但應沒入或為調查他案應留存者，不在此限。**」上開規定所稱「**扣留物**」依同法第 36 條規定，**係指得沒入之物或是可為證據之物**。是以，本條第 1 項本文之扣留物，如為「得沒入之物」時，係指主管機關於尚未經裁處沒入前，因有毀損之虞或不便保管而可得沒入之物。倘已經裁處沒入之物，即非屬上開條文所欲規範之列。如主管機關已為沒入之裁處，嗣後於救濟程序經撤銷原處分確定時，法律上主管機關已失其保有管領該原沒入處分標的物之法律基礎，雖應返還，惟此情形仍與本法第 40 條第 1 項規範之情形有別，應予辦明。

(二) 另主管機關已為沒入之裁處，嗣後於救濟程序經撤銷原處分確定時，該裁處沒入之行政處分溯及失其效力，**主管機關因失其法律基礎而保有管領該原沒入處分標的物，為公法上之不當得利，主管機關應予返還原沒入處分之標的物。至於沒入處分之標的物不存在，如構成國家賠償責任時，即應予賠償**；反之，國家賠償責任不成立時，是否發還價金乙節，如各該相關法規有特別規定時，依其規定辦理，未設特別規定者，宜由主管機關按行政法相關法理就個案本於權責審酌之。

🔍 相關條文

（行政檢查）個資法 22。（公權力委託）個資法 52。（扣押後處置）
行政罰法 36 Ⅰ。

第 24 條 （聲明異議）

非公務機關、物之所有人、持有人、保管人或利害關係人對前二條
之要求、強制、扣留或複製行為不服者，得向中央目的事業主管機
關或直轄市、縣（市）政府聲明異議。

前項聲明異議，中央目的事業主管機關或直轄市、縣（市）政府認
為有理由者，應立即停止或變更其行為；認為無理由者，得繼續執
行。經該聲明異議之人請求時，應將聲明異議之理由製作紀錄交付
之。

對於中央目的事業主管機關或直轄市、縣（市）政府前項決定不服
者，僅得於對該案件之實體決定聲明不服時一併聲明之。但第一項
之人依法不得對該案件之實體決定聲明不服時，得單獨對第一項之
行為逕行提起行政訴訟。

🔍 修正理由

1. 當事人或物之所有人、持有人、保管人、利害關係人，對檢查或扣
   留、複製資料檔案行為認有違法或不當時，應有表示不服聲明異議
   之權利，以為救濟，爰增訂第 1 項。

2. 第 2 項明定對於當事人等聲明之異議，執行檢查之機關認有理由
   者，應立即停止或變更其行為；認無理由者，得繼續執行。但因當
   事人等得於日後對此檢查或其他強制、扣留或複製行為，提起救
   濟，是以經其請求時，應將聲明異議之理由製作紀錄交付之，不得
   拒絕。

3. 第 3 項明定當事人等對於聲明異議之決定不服時，僅得於對該案件之實體決定聲明不服時一併聲明之，不得單獨提起救濟；至於當事人等依法不得對該案件之實體決定聲明不服時，則可單獨對第 1 項之檢查、扣留、複製或其他強制行為，逕行提起行政訴訟，以保障其權利。

🔍 名詞解釋

聲明異議： 係指當事人或利害關係人對於執行機關於執行程序中所為之不當或違法執行行為，請求執行機關除去該執行行為之要求，為一種程序上緊急的權利保護措施 [13]，亦屬行政救濟方法之一。（行政執行法 9）

🔍 條文釋義

1. 對於程序事項不服，得聲明異議救濟之；對實體事項不服，得提起異議之訴救濟之。本條係指檢查人員在依本法第 22 條規定進行檢查時，得以強制力措施及對違法或得為證據之物予以扣留或複製，如當事人或物之所有人、持有人、保管人、利害關係人，對檢查或扣留、複製資料檔案行為認有違法或不當時，自應有其救濟措施，以保護該等當事人之權益。

2. 前項當事人或物之所有人、持有人、保管人、利害關係人，對檢查或扣留、複製資料檔案行為認有違法或不當時，得向該管機關聲明異議，如該管機關認為聲明異議有理由者，應立即停止或變更其行為；反之，如認為其聲明異議為無理由時，得繼續執行。為使前述當事人得於日後對該檢查或其他強制、扣留或複製行為得提起行政救濟，在經其請求時，該管機關應將否定其聲明異議之理由，製作成紀錄交付之，且不得拒絕之。

---

13 陳淑芳，對行政執行行為不服之救濟，月旦法學教室，第 87 期，2010 年 1 月，頁 10。

3. 執行措施性質上多屬事實行為，以聲明異議為救濟方式固無疑問，但對於某些當事人（例如：檔案保管人、利害關係人）無法對該行政程序之實體決定聲明不服時，究應適用一般行政爭訟途徑，經訴願而行政訴訟呢？還是仍以適用第 24 條之異議程序為限，此部分在學說上多有爭議。有認為基於保障人民權益之理由，且執行措施尚有涉及第三人（利害關係人）之可能，自以許其循行政處分之一般爭訟程序為宜；另有一說認為，若考慮執行程序貴在迅速終結，法律既明定異議為其個別救濟途徑，則只要屬於執行程序中之執行命令、方法等有關措施，不問其性質是否為行政處分之一種，均應一體適用特別救濟途徑。本條立法目的應是採後說，故特於本條第 3 項但書作例外規定，讓該當事人得單獨對該聲明異議被否決之行政行為逕行提起行政訴訟，以維其權利 [14]。

🔍 實務見解

◎ 最高行政法院 97 年 12 月 26 日第 3 次庭長法官聯席會議（三）

(一) 不服執行機關所為行政執行措施實，仍得依法提起行政爭訟。

(二) 法律問題：義務人或利害關係人不服執行機關所為行政執行措施時，是否因行政執行法第 9 條聲明異議程序之規定，而不得提起行政爭訟？

(三) 決議：行政執行法第 9 條規定：「義務人或利害關係人對執行命令、執行方法、應遵守之程序或其他侵害利益之情事，得於執行程序終結前，向執行機關聲明異議。前項聲明異議，執行機關認其有理由者，應即停止執行，並撤銷或更正已為之執行行為；認其無理由者，應於十日內加具意見，送直接上級主管機關於三十日內決定之。行政執行，除法律另有規定外，不因聲明異議而停止執行。但執行機關因必要情形，得依職權或申請停止之。」旨在明定義務人

---

[14] 吳庚，行政爭訟法論，自版，2008 年 9 月，頁 140-146。

或利害關係人對於執行命令、執行方法、應遵守之程序或其他侵害利益之情事，如何向執行機關聲明異議，以及執行機關如何處理異議案件之程序，**並無禁止義務人或利害關係人於聲明異議而未獲救濟後向法院聲明不服之明文規定，自不得以該條規定作為限制義務人或利害關係人訴訟權之法律依據，是在法律明定行政執行行為之特別司法救濟程序之前，義務人或利害關係人如不服該直接上級主管機關所為異議決定者，仍得依法提起行政訴訟，至何種執行行為可以提起行政訴訟或提起何種類型之行政訴訟，應依執行行為之性質及行政訴訟法相關規定，個案認定。** 其具行政處分之性質者，應依法踐行訴願程序，自不待言。

◎ 最高行政法院 94 年裁字第 1228 號裁定

行政執行如依行政機關作成之行政處分或法院裁定為之者，其聲明異議係對上述行政執行程序有關的事項有所不服請求救濟，與義務人對行政機關作成之行政處分不服應循訴願、行政訴訟程序請求救濟，或對法院裁定不服，應提抗告者，迥然不同。故處理本條聲明異議之機關，最高層次祇到執行機關之直接上級主管機關為止。**行政執行貴在迅速有效，始能提高行政效率，故其救濟程序宜採簡易之聲明異議方式。** 除執行機關認其聲明異議有理由，應即停止執行，並撤銷或更正已為之執行行為外，如認其無理由者，應於十日內加具意見，送直接上級主管機關於三十日內決定之，異議人對之不得再聲明不服。

◎ 法務部 101 年 9 月 17 日法律字第 10100500430 號函

(一) 貴署旨揭法律疑義，擬於聲明異議決定書之末，加註教示條款：「異議人如不服本決定依法提起訴願者，得於本決定書送達之次日起三十日內，繕具訴願書經由本署向法務部提起訴願。」理由略以：

1. 依最高行政法院 97 年 12 月份第 3 次庭長法官聯席會議（三）之決議，義務人或利害關係人如不服貴署聲明異議決定，是否可逕提起

行政訴訟及其訴訟種類，應依執行行為之性質及行政訴訟法相關規定定之，而行政訴訟法對於各類型行政訴訟之提起要件及提起之時間規定不一。有無行政程序法第 174 條：「當事人或利害關係人不服行政機關於行政程序中所為之決定或處置，僅得於對實體決定聲明不服時一併聲明之。但行政機關之決定或處置得強制執行或本法或其他法規另有規定者，不在此限。」規定之適用？亦不無疑義。

2. 公法上金錢給付義務行政執行事件，行政執行分署所為之執行行為（或執行措施），何者有行政處分性質，何者無？實務見解未盡一致。

3. 貴署聲明異議決定書是否可視為類似訴願決定性質而逕行提起行政訴訟，法無明文規定。

(二) 按行政執行所為之執行行為（或執行措施）其具行政處分之性質者，應依法踐行訴願程序後，始得提起行政訴訟。故在大多數情形下，義務人或利害關係人如不服貴署所為之聲明異議決定者，應於依法向本部提起訴願後，再有不服，始得提起行政訴訟，貴署所擬上開教示條款，固無不合；惟仍應由貴署就來函附件一所列執行行為（或執行措施）種類，區分何者可提起行政救濟後，再加以註記該條款（本部 100 年 2 月 11 日法律字第 1000001794 號函參照），以避免漏未記載或記載錯誤衍生之法律效果（行政程序法第 98 條、第 99 條參照）。另不得貿然就所有聲明異議決定案件，均附加前揭教示條款，以免滋生爾後處理爭議，併予指明。

🔍 相關條文

（對程序中決定或處置不服時之聲明）行政程序法 174。（扣留物之聲明異議）行政罰法 41。（執行之聲明異議）行政執行法 9。（聲請及聲明異議）強制執行法 12。（異議）警察職權行使法 29。（行政檢查）個資法 22。（扣留、複製物處理）個資法 23。（公權力委託）個資法 52。

第25條 （負擔處分）

非公務機關有違反本法規定之情事者，中央目的事業主管機關或直轄市、縣（市）政府除依本法規定裁處罰鍰外，並得為下列處分：

一、 禁止蒐集、處理或利用個人資料。

二、 命令刪除經處理之個人資料檔案。

三、 沒入或命銷燬違法蒐集之個人資料。

四、 公布非公務機關之違法情形，及其姓名或名稱與負責人。

中央目的事業主管機關或直轄市、縣（市）政府為前項處分時，應於防制違反本法規定情事之必要範圍內，採取對該非公務機關權益損害最少之方法為之。

修正理由

1. 中央目的事業主管機關或直轄市、縣（市）政府，發現非公務機關蒐集、處理或利用個人資料有違反本法規定之情形者，除依法裁處罰鍰外，自應採取必要之處分，以保護當事人之權益不被繼續侵害。為期處分種類明確起見，爰於第1項規定得為之處分包括：禁止蒐集、處理或利用個人資料；命令刪除該違法蒐集處理之個人資料檔案；對違法蒐集或處理之個人資料予以沒入或命銷毀；公布姓名、名稱與負責人及違法情形等。

2. 中央目的事業主管機關或直轄市、縣（市）政府在作前項之處分時，應注意該非公務機關之權益，採取對其損害最少之方式為之，不得逾越必要範圍，以符合比例原則，爰為第2項之規定。

名詞解釋

1. **比例原則**：又稱「禁止過度原則」，旨在強調國家行政目的之達成與限制人民基本權利之手段間，必須適當並不得過度。可分為三個

子原則：

(1) **適當性原則**：即該行為之實施，須能達到所欲追求之目的。

(2) **必要性原則**：該行政行為不得逾越法律規定之必要範圍，若有數種相同效果之手段可供使用者，則應選擇對人民損害最小手段為之。

(3) **狹義比例原則**：行政之手段與行政目的間需符合比例，及人民因此受損之私益需與所追求之公益相當。

2. **行政處分**：行政機關就公法上具體事件所為之決定或其他公權力措施，而對外直接發生法律上效果之單方行政行為。而判斷是否為行政處分之六大要件：行政機關、公法行為或公權力行為、具體事件、外部行為、單方行為及直接發生法律效果之行為。（行政程序法 92 Ⅰ）

3. **負擔處分** [15]：又稱侵益處分，係指對當事人權利造成侵害。其與授益處分係一相對性概念，實體上：行政機關如欲撤銷或廢止原處分，於負擔處分限制較少；授益處分則需考慮信賴利益之保障，故不得任意為之。

4. **罰金**：其與罰鍰均是指受公的制裁而負有繳納金錢的義務。罰金為刑罰（主刑）之一種，屬於財產刑，在刑罰中係屬最輕者，最低刑為一元。（刑法 33）

5. **罰鍰**：為政府或公共團體對於國民所科處之財產罰，但非刑罰，而係屬於行政處分之一種。（社會秩序維護法 19）

條文釋義

1. 實施檢查之主管機關，在執行過程中發現受檢查者有違反個資法規

---

[15] 程序上：行政機關作成負擔處分須遵守之正當程序較為嚴謹。訴訟法上：不服負擔處分者，應提起撤銷訴訟；如請求作成受益處分遭拒，則須提起課予義務之訴。

定之情形時,除得依個資法相關規定裁處罰鍰外,另為保護資料當事人之權益不再被繼續侵害,得採取相關處分處理之。諸如禁止蒐集、處理或利用個人資料、命令刪除經處理之個人資料檔案、沒入或命銷毀違法蒐集之個人資料或公布非公務機關之違法情形,及其姓名或名稱與負責人等舉措。

2. 主管機關在為前述該項處分時,亦應注意受處分人之權益,以採取對其權益損害最少的方式為之,並不得逾越必要範圍,以符合比例原則之精神。

🔍 實務見解

◎ 法務部 106 年 8 月 16 日法律字第 10603510930 號函

查本件「○○網路書局」(○○教育科技股份有限公司)網站主要在販賣各類科公職、證照等考試書籍,並提供相關考試資訊,另查與該公司相關之網頁介紹,該公司之服務項目主要包括各類科公職、師資、證照等國家考試輔考、研究所升學及進修輔考、相關視訊教學服務、遠距學習等專業輔導服務、相關出版品服務、函授及數位教材服務、其他升學及進修服務。是以,該公司所營事業應屬於「個人資料保護法非公務機關之中央目的事業主管機關」列表代碼857「其他教育服務業」,即從事正規教育體制外各種專業領域之教育服務之行業,而以升學、公職考試、專業執照及證照考試為目的之補習教育服務之行業【參考行政院主計處編印「中華民國行業標準分類」(第 10 次修訂)細類 8595,2016 年 1 月,頁 117 至 118 參照】,故該公司個人資料保護法之中央目的事業主管機關應為教育部。

◎ 法務部 106 年 2 月 3 日法律字第 10603500560 號函

手機周邊配件專賣店網站主要係販售電子產品週邊商品,若其純屬無店面網路零售業,則屬上開列表代碼:487 其他無店面零售業【以網際網路及型錄方式零售商品之公司行號】;若其仍有實體店面而為非電

信管制器材之資訊及通訊設備零售或其他專賣零售業，則屬上開列表代碼：483 資訊及通訊設備零售業【非屬電信管制射頻器材之通訊設備零售業】或 485 其他專賣零售業。另「超能量」網站經營行動上網分享器租賃及國外商品代購服務，則分屬上開列表代碼：773 個人及家庭用品租賃業及 451 商品經紀業，上述行業皆以經濟部為其個資法中央目的事業主管機關。

◎ 法務部 105 年 9 月 7 日法律字第 10503511140 號函

欲判斷非公務機關之目的事業主管機關，仍應就該非公務機關之所營業務，依行政程序法第 36 條以下規定調查，就具體個案中蒐集、處理或利用個人資料之非公務機關所營業務為事實之認定後，再就該特定業務研判其目的事業主管機關（本部 102 年 7 月 29 日法律字第 10203508330 號函意旨參照）。本件所詢問題，涉及事實認定，參考個資法第 22 條之立法意旨，若同一法人主體所經營購物網業務與電信事業係不同「目的事業」，則「一併監督管理與其業務相關之個人資料保護事項」，宜由原各該主管機關為之。

◎ 法務部 101 年 8 月 17 日法律字第 10100118530 號函

(一) 個人資料保護法第 2、5、16 條等規定參照，土地登記第二類謄本所涉個人資料利用是否逾越特定目的及執行法定職務「必要範圍」，而有違反比例原則之虞，涉及個人資料隱私權與交易安全公共利益間比較衡量判斷，及土地登記規則等地政法規解釋適用，宜由內政部本於職權參酌上述規定意旨妥為處理。

(二) 按本法第 5 條規定：「個人資料之蒐集、處理或利用，應尊重當事人之權益，依誠實及信用方法為之，不得逾越特定目的之必要範圍，並應與蒐集之目的具有正當合理之關聯。」第 16 條規定：「公務機關對個人資料之利用……，應於執行法定職務必要範圍內為之，並與蒐集之特定目的相符。但有下列情形之一者，得為特定目的外之利用：一、法律（包括法律及法律具體明確授權之法規命

令）明文規定者。……」行政程序法第 7 條規定：「行政行為，應
依下列原則為之：一、採取之方法應有助於目的之達成。二、有多
種同樣能達成目的之方法時，應選擇對人民權益損害最少者。三、
採取之方法所造成之損害不得與欲達成目的之利益顯失均衡。」查
地政機關提供（即利用）土地登記之個人資料，係依土地登記規
則第 24 條之 1 規定：「申請提供土地登記及地價資料，其資料分
類、內容及申請人資格如下：一、第一類：顯示登記名義人全部登
記資料；應由登記名義人、代理人或其他依法令得申請者提出申
請。二、第二類：隱匿登記名義人之統一編號、出生日期及其他依
法令規定需隱匿之資料；任何人均得申請。」為之，**惟上開第二類
謄本所涉個人資料之利用，是否逾越特定目的及執行法定職務之
「必要範圍」而有違反比例原則之虞，因涉及個人資料隱私權與交
易安全之公共利益間之比較衡量判斷，及土地登記規則等相關地政
法規之解釋適用，仍宜由內政部本於職權參酌本法上開規定意旨，
審慎權衡「避免人格權受侵害」與「促進個人資料之合理利用」（本
法第 1 條）**，考量公開或提供登記謄本之方式及所涉個人資料之內
容與範圍並妥為處理。

相關條文

（比例原則）行政程序法 7。（本條罰則）個資法 47。（公權力委託）
個資法 52。（行政罰種類）行政罰法 2。

第 26 條 （檢查結果）
中央目的事業主管機關或直轄市、縣（市）政府依第二十二條規定
檢查後，未發現有違反本法規定之情事者，經該非公務機關同意
後，得公布檢查結果。

修正理由

　　檢查結果雖未發現有違法情事，中央目的事業主管機關或直轄市、縣（市）政府（檢查機關），經徵得被檢查之非公務機關同意，仍得公布檢查結果，以昭公信，爰為本條規定。

條文釋義

1. 公布檢查結果，乃貫徹人民知的權利，有時法律雖未課予行政機關公布檢查結果之義務，但亦有部分領域可能公告周知，如衛生檢查之結果即是。公布檢查結果，無非旨在確保公共利益與人民健康安全，故公布行為並不可歸責，但程序上應更加小心、謹慎處理，且應給予被檢查者陳述意見之機會。

2. 本條規範實施檢查之主管機關，認為有必要或懷疑資料蒐集處理者有違反個資法規定之虞時，因而發動檢查，就被檢查者之權益角度而言，其聲譽已然受到相當程度的損害或影響。反之，如在檢查後若然未發現有違法之處，對受檢查者而言不失為一種肯定，自宜公布該檢查結果，以昭公信。故如能獲其同意而公布該相關檢查結果者，對受檢者而言應具有一定的正面意義。

實務見解

◎法務部 105 年 4 月 7 日法律字第 10503503350 號函

(一) 關於「網際網路零售商品之公司行號個資保護行政檢查小組辦理情形及結果」等資料公告予民眾知悉之適法性：按中央目的事業主管機關發現非公務機關蒐集、處理或利用個人資料有違反個人資料保護法（下稱個資法）規定，除依法裁處罰鍰外，並得公布非公務機關之違法情形及其姓名或名稱與負責人；如中央目的事業主管機關依個資法第 22 條規定檢查後，未發現有違反個資法規定之情事者，經非公務機關同意後，得公布檢查結果，個資法第 25 條第 1

項第 4 款及第 26 條規定參照。是所詢經濟部「網際網路零售商品之公司行號個資保護行政檢查小組」辦理情形及結果之公告，得依前揭個資法規定辦理外，另非公務機關經檢查為未違法且不同意公布檢查結果者，自不得依前揭規定公布其名稱及相關檢查結果詳細資訊。至於其他不牴觸個資法第 26 條規定意旨而為前揭檢查小組所持有之資訊，如無政府資訊公開法（下稱政資法）第 18 條第 1 項限制不予公開情形者，仍得依該法規定公開之。

(二) 關於「網路詐欺發生所在之電子商務平台及相關發生件數等數據資料」等資料公告予民眾知悉之適法性：按個資法第 2 條所稱之個人資料，係指「自然人」之姓名、社會活動及其他得以直接或間接方式識別該個人之資料。是前開「網路詐欺發生所在之電子商務平台及相關發生件數等數據資料」，如僅係公布「電子商務平台」業者名稱及發生件數等資料，而未涉及「現生存」之自然人（個資法施行細則第 2 條規定參照）之個人資料，則非屬個資法之保護範圍；惟應注意，該等資料仍屬政府資訊（政資法第 3 條規定參照），如欲主動公開，仍應檢視是否具有政資法第 18 條第 1 項各款所定限制不予公開情形。

◎ 法務部 96 年 1 月 5 日法律決字第 0950046221 號函

(一) 依電腦處理個人資料保護法（以下簡稱本法）第 23 條規定，非公務機關對個人資料之利用，應於蒐集之特定目的必要範圍內為之。除有但書之情形外，不得為特定目的外之利用。準此，如依貴管法令相關規定及來函說明二、三所述，**認為體格檢查或健康檢查係法律強制規定雇主須為勞工辦理之項目，且雇主應負擔健康檢查費用（勞工安全衛生法第 12 條第 2 項後段參照），並須將檢查結果發給受檢勞工（勞工健康保護規則第 20 條第 1 項第 2 款規定參照），則醫療機構將蒐集之受檢勞工個人資料提供雇主依法辦理相關事項，應屬「特定目的」內之利用而符合本法第 23 條本文規定。**

（二）另依本法第 3 條第 3 款規定，所謂電腦處理係指使用電腦或自動化機器為資料之輸入、儲存、編輯、更正、檢索、刪除、輸出、傳遞或其他處理，是本案體檢或健康檢查資料未經電腦處理者（數位化處理），即無本法之適用，併予敘明。

相關條文

（行政檢查）個資法 22。（公權力委託）個資法 52。

第 27 條 （安管措施）

非公務機關保有個人資料檔案者，應採行適當之安全措施，防止個人資料被竊取、竄改、毀損、滅失或洩漏。

中央目的事業主管機關得指定非公務機關訂定個人資料檔案安全維護計畫或業務終止後個人資料處理方法。

前項計畫及處理方法之標準等相關事項之辦法，由中央目的事業主管機關定之。

修正理由

1. 第 1 項修正理由如次：

（1）非公務機關準用原條文第 12 條、第 13 條、第 15 條、第 16 條第 1 項規定，已分別於修正條文第 10 條、第 11 條、第 13 條及第 14 條明定之，爰刪除原條文第 1 項有關上開規定之準用及第 2 項規定。

（2）非公務機關雖不再準用公務機關「指定專人依相關法令辦理安全維護事項」之規定，惟對於所保有之個人資料檔案，仍應負安全保管責任，爰參考丹麥個人資料處理法第 41 條，規定非公務機關應採行適當之安全維護措施，防止個人資料被竊取、竄改、毀損、滅失或洩漏。

2. 由於非公務機關行業別限制取消，原條文第 20 條第 5 項業已刪除。
    然某些行業如銀行、電信、醫院、保險等，因保有大量且重要之個
    人資料檔案，其所負之安全保管責任應較一般行業為重，爰增訂第 2
    項規定，授權中央目的事業主管機關得指定特定之非公務機關，要
    求其訂定個人資料檔案安全維護計畫或業務終止後個人資料處理方
    法，以加強管理，確保個人資料之安全維護。
3. 前項規定非公務機關訂定個人資料檔案安全維護計畫或業務終止後
    個人資料處理方法，宜有相關規範，以為依循，爰增訂第 3 項規
    定，授權由中央目的事業主管機關訂定辦法。

🔍 條文釋義

1. 個人資料檔案對於個人而言係屬重要之權益，故為確保資料當事人
    之權益，資料蒐集處理者對其所蒐集持有之個人資料，應負有安全
    維護之責任，且為避免個人資料檔案因該蒐集者之過失而導致個人
    資料檔案被竊取、竄改、毀損、滅失或洩漏之結果，因此提高資料
    蒐集處理者對當事人個人資料檔案的「注意義務存在」，使其能善
    盡其注意能力，以防免可預見之損害結果發生，故將該注意義務之
    責任提升至「善良管理人」[16] 之要求水準；本條規定非公務機關對
    其保有之個人資料檔案應採行適當的安全措施，以防止個人資料被
    竊取、竄改、毀損、滅失或洩漏，此部分除考量前開個人權益之重
    要性外，並就該損害發生之可能性、損害結果之嚴重性、個人資料
    檔案蒐集持有者防範損害發生之成本及損害發生對於社會之影響性
    等因素為綜合評估。

---

16 「善良管理人之注意乃通常合理人之注意，屬於一種客觀化或類型化的過失標準，即
    行為人應其所屬之職業」（如醫師、建築師、律師、藥品製造者），某種社會活動
    的成員（如汽車駕駛人）或某年齡層（老年或未成年人）通常所具的智識能力。」參
    照王澤鑑，侵權行為法：基本理論之一般侵權行為，自版，2003 年 10 月，頁 296。

2. 中央目的事業主管機關對於保有大量且重要之個人資料檔案的行業，得基於其主管機關之行政職權，指定特定的非公務機關，要求其訂定個人資料檔案安全維護計畫，或業務終止後個人資料處理方法，以加強管理，確保個人資料之安全維護。

3. 有關個人資料安全維護制度國內現行運作上主要有日本個人資料管理制度 JIS Q 15001、英國個人資料保護管理制度 BS 10012、中華民國國家標準技術－安全技術－隱私權框架 CNS 29100、臺灣個人資料保護與管理制度規範 TPIPAS 幾種標準，分述如下。

（1）日本個人資料管理制度 JIS Q 15001：

　　日本政府為保護個人資訊免遭不當使用，委由日本情報處理開發協會（Japan Information Processing Evelopment Corporation，以下簡稱 JIPDEC）在經濟產業省指導下，依據日本「工業標準化法」之規定，於 1999 年 3 月訂定了「個人資料保護實踐計畫之要求事項」，而「JIS Q 15001」即為其編號，其中的 JIS，為「日本工業規格」（Japanese Industrial Standards）一詞的縮寫。Q 是指「日本工業規格」分類中「標準物質／管理體系」（標準物質／管理）專案之代碼，15001 則是代表大分類「1」及中分類「5」下的 001 號規格[17]。而 JIS Q 15001 並經經濟產業省大臣公告為國家標準[18]，成為現階段日本相關組織能否取得「隱私標章」（Privacy Mark, P-Mark）之審查指標。現行日本企業普遍以取得 P-Mark 來作為提高企業商譽及消費者對企業保護個人資料信賴的指標，藉此彰顯企業對個資管理與保護較上軌道，增加客戶信賴而獲得更多商機。於日本則積極推動「隱私權標章制度」同時，中國大連市大連軟

---

[17] 郭戎晉，日本「個人資料保護管理體系」與「隱私標章」制度之初探，科技法律透析，2008 年 12 月，頁 5。

[18] 參經濟部，「電子商務個人資料管理制度建置計畫」跨部會考察日本個資保護管理與隱私標章制度參訪團出國報告，頁 3。

體行業協會亦發行「個人資訊保護評價」（Personal Information Protection Assessment，簡稱 PIPA）認證，並與日本「隱私標章」（P-Mark）交互認證 [19]。

就現行日本個人資料保護管理體系 JIS Q 15001：2006 而言，包括了二部分：第一部分為「個人情報保護マネジメントシステム作成指針」規範個人資訊保護管理體系建立指南，第二部分為「JIS Q 15001 各要求事項についてのプライバシーマーク付與適格性審の基準」，其又分為 A. 適用範圍；B. 用語及定義；及 C. 要求事項等三個部分；其中，又以 C.「要求事項」最為重要。為有效落實個人資料保護工作，JIS Q 15001：2006 實行 ISO Guide 72：2001（Guidelines for the Justification and Development of Management System Standards）有關「管理系統」建立的標準，並導入戴明博士提出的 PDCA 循環（PDCA cycle）概念。所謂的 PDCA，分別指 Plan（計畫）、Do（執行）、Check（查核）及 Act（改善）等四者，而 JIS Q 15001：2006「要求事項」即以 PDCA 為基礎進行設計，透過不斷地進行「計畫→執行→查核→改善」此一循環，期使導入之企業得以持續精進其個人資料保護管理體系 [20]。

（2）英國個人資料保護管理制度— BS 10012：

英國標準協會（BSI）成立於 1901 年，剛開始設立目的是規範鋼鐵部分標準，之後逐漸發展訂定各類相關標準，並在 1920 年代將標準化傳播到加拿大、澳大利亞、南非等地。於 1942 年經英國政府認定成為頒發國家標準的唯一組織。又於1946 年倫敦舉行之聯邦銀行標準會議，協同建立國際標準組織（ISO），而成為國際標準組織（ISO）的創始會員 [21]。

---

[19] http://www.pipa.gov.cn/NewsDetail.asp?ID=273，最後瀏覽日期：2015/12/9。

[20] 參郭戎晉，日本「個人資料保護管理體系」與「隱私標章」制度之初探，科技法律透析，2008 年 12 月，頁 6。

[21] 參 http://www.bsigroup.com/en-GB/about-bsi/our-history/，最後瀏覽日期：2014/10/6。

　　BSI 英國標準協會於 2009 年正式發布 BS 10012 個人資訊管理制度，而此標準的管理框架，被公認較 ISO 27001 適合運用於個人資訊之保護，此標準具體說明對於個人資訊管理制度的各項要求，提供一套 PDCA（Plan-Do-Check-Act）管理架構，確保與其他管理系統有一定程度的一致性標準[22]，讓組織能維持和改善對資料保護及法律優良實務的遵循[23]。

　　BS 10012：2009 內容共有七章，第○～二章為準簡介、適用範圍與名詞定義。其中 0.2 即揭示，BS 10012 制度有八大資料保護原則：A. 受到公正合法的處理；B. 僅適用於特定用途，不得牴觸特定目的；C. 適當、相關且不過度；D. 準確和最新；E. 不能保存超過所需的時間；F. 處理方式符合法律賦予當事人的權利，包括資料存取權；G. 保障安全；H. 不在未受到適當保護的情況下被移轉到國境以外的國家。第三章規劃（Plan），規範個人資訊管理系統的實施；第四章執行（Do），規範個人資訊管理制度實施和操作的具體要求，也是標準中內容最多的部分。第五章監督與審查（Check），此章要求個人資訊管理制度須受到監督和審查。第六章改善（Act），此章目標為實施矯正措施，以改善個人資訊管理制度的有效性和效率。而為配合 2018 年 5 月 25 日施行之歐盟一般資料保護原則（GDPR），BS 10012 於 2017 年改版成 BS 10012：2017。改版後共分為十章，依 PDCA 方式來建立個資管理系統。

　　目前臺灣金融業、證券業有許多公司均取得 BS 10012 認

---

[22] 如 BS EN ISO 9001 (Quality Management Systems); BS EN ISO 14001 (Environmental Management Systems); BS ISO/IEC 27001 (Information Security Management Systems); BS ISO/IEC 20000 (IT Service Management)，參 BS 10012 附錄 A。

[23] 法務部原於 2011 年 10 月 27 日預告之「電腦處理個人資料保護法施行細則修正草案第9 條中之修正理由說明及記載為與國際接軌，乃仿效英國 BS 10012：2009 及日本 JIS Q 15001：2006 等個人資料管理系統之規範。然於 2012 年 9 月 26 日公布個資法施行細則第 12 條之修正理由便刪除上開記載。

證。而臺灣證券交易所於 2012 年 11 月 9 日取得 BS 10012 認
證 [24]、證券櫃檯買賣中心於 2013 年 8 月 23 日取得 BS 10012
認證 [25]、臺灣期貨交易所於 2013 年 10 月 16 日取得 BS 10012
認證 [26]。

（3）中華民國國家標準技術—安全技術—隱私權框架— CNS
29100：

　　CNS 29100 中華民國國家標準，係依據 ISO 於 2011 年
發行之第一版 ISO/IEC 29100 標準，在未變更技術內容下，
依據標準法之規定，經國家標準審查委員會審定，由經濟部
標準檢驗局制定《技術—安全技術—隱私權框架》。在 CNS
29100 中並未建議所有安全事項，因此採用 CNS 29100 尚應
適當建立相關維護安全與健康作業，並且遵守相關法規之規
定。CNS 29100 制定目的在提供資通訊技術（Information and
Communication Technology, ICT）系統內保護個人可識別資訊
（Personally Identifiable Information, PII）之高階框架，以期組
織將技術及程序各層面全面適用於整體隱私權框架中。另依標
準法第 4 條之規定，國家標準採自願性方式實施，而非強制規
定 [27]。但經各該目的事業主管機關引用全部或部分內容為法規
者，則從其規定。

　　CNS 29100 藉由規定共同之隱私權專門用語、定義處理個
人可識別資訊之行為者及其角色、描述隱私保全要求事項及參
引已知之隱私權原則，以協助組織於組織環境中，達成與個人
可識別資訊有關隱私保全之要求事項。CNS 29100 所參引之隱

---

[24] 參 http://www.twse.com.tw/ch/about/press_room/tsec_news_detail.php?id=10966，最後瀏覽
日期：2015/12/9。

[25] 參證券櫃檯，第 167 期，2013 年 2 月，頁 98。

[26] https://www.taifex.com.tw/chinese/11/NewsDetails.asp?thetype=2&idx=5017，最後瀏覽日
期：2015/12/10。

[27] 參 CNS 29100 前言。

私保全要求事項可被視為保護個人資料之法律要求的補充。藉由使用 CNS 29100 可幫助組織於處理及保護個人可識別資訊之資通訊技術系統的設計、實作、運作及維護、改善組織之隱私權計畫 [28]。CNS 29100 共有五章。第一章適用範圍：主要說明 CNS 29100 提供隱私權框架包括在處理個人可識別資訊時，須有隱私控制措施的自然人及組織規定專門用語，亦定義處理個人可識別資訊之行為者與其角色。第二章為 CNS 29100 之用語及定義：規範下列名詞定義及要件匿名（anonymity）、匿名化（anonymization）、匿名資料（anonymized data）、同意（consent）、可識別性（identifiability）、識別（identify）、身分／識別／特性（identity）、選擇加入（opt-in）、個人可識別資訊（personally identifiable information, PII）、PII 控制者（PII controller）、PII 當事人（PII principal）、PII 處理者（PII processor）、隱私權違反（privacy breach）、隱私控制措施（privacy controls）、隱私加強技術（privacy enhancing technology, PET）、隱私權政策（privacy policy）、隱私取捨（privacy preference）、隱私權原則（privacy principle）、隱私風險（privacy risk）、隱私風險評鑑（privacy risk assessment）、隱私保全要求事項（privacy safe guarding requirements）、隱私權利害相關者（privacy stakeholder）、PII 之處理（processing of PII）、擬匿名化（pseudonymization）、次利用（secondary use）、敏感 PII（sensitive PII）、第三方（third party）。第三章為 CNS 29100 之符號及縮寫：ICT 資通訊技術（information and communication technology）、PET 隱私加強技術（privacy enhancing technology）、PII 個人可識別資訊（personally identifiable information）。第四章為規範隱私權

---

[28] 參 CNS 29100 簡介。

框架之基本元件，也是 CNS 29100 最重要的一章，其中規範隱私權框架概觀、行為者及角色（包括 PII 當事人、PII 控制者、PII 處理者、第三方）、行為者間互動、如何辨識 PII、隱私保全要求事項、隱私權政策、隱私控制措施。第五章為規範 CNS 29100 之隱私權原則包括：同意及選擇原則、目的適法性及規定原則、蒐集限制原則、資料極小化原則、利用、持有及揭露限制原則、準確性及品質原則、公開、透明及告知原則、個人參與及存取原則、可歸責性原則、資訊安全原則、隱私遵循原則。

（4）臺灣個人資料保護與管理制度規範— TPIPAS：

「臺灣個人資料保護與管理制度」（Taiwan Personal Information Protection and Administration System, TPIPAS）（以下稱 TPIPAS）為經濟部委託財團法人資訊工業策進會科技法律研究所制定並推動，該制度以我國個資法制為基礎，並參考國際上隱私權保護標章認證機制，協助事業建置內部個人資料管理機制，因應個人資料保護相關法規要求，並於 2013 年起擴大適用至所有行業別，亦適用於公務機關[29]。

依 2012 年 9 月 4 日公告施行之 2012 年版「TPIPAS」[30] 內容分為十部分，分述如次：0. 前言：主要在概述「TPIPAS」訂定目的、用途 及所用方法論。1. 適用範圍：說明「TPIPAS」係針對蒐集、處理、利用及國際傳輸個人資料之事業，訂定相關規範事項，以建立個人資料管理制度，確保個人資料之安全。2. 版本標示：事業引用「TPIPAS」，應註明所引用版本。若未註明者，則指使用最新版本。3. 用語與定義：規範「TPIPAS」

---

29 參電子商務個人資料管理制度推動計畫— 102 年臺灣個人資料保護與管理制度說明會說明。
30 參 http://www.tpipas.org.tw/model.aspx?no=159，最後瀏覽日期：2014/10/5。

用詞定義。4. 要求事項：規範「TPIPAS」相關要求及規模事項。5. 管理責任：規範「TPIPAS」相關管理人員之權限及責任。6. 有效性量測：規範「TPIPAS」應建立分析量測機制，以確保制度之持續有效運作。7. 文件及紀錄之控管：規範如何建立相關文件及具體規則。8. 內部評量：規範事業每年應依其特性規劃執行內部評量，以瞭解是否符合相關要求。9. 改善：應每年定期召開檢視會議並提出檢視報告，並據以調整與修正個人資料管理制度。

目前臺灣導入此一機制，並完成審核，取得資料隱私保護標章。有統一超商股份有限公司、全家便利商店股份有限公司、康迅數位整合股份有限公司、博客來數位科技股份有限公司、臺灣樂天市場股份有限公司、特力屋股份有限公司、特力屋室內裝修設計股份有限公司、香港商雅虎資訊股份有限公司臺灣分公司、臺灣集中保管結算所股份有限公司[31]。

實務見解

◎ 法務部 105 年 4 月 20 日法制字第 10502506140 號函

各中央目的事業主管機關應針對轄下所有特許行業，依個人資料保護法第 27 條規定訂定相關個資檔案安全維護計畫及辦法；**上開相關辦法就業者對於當事人之通知義務事項，應明定其通知內容包含「個資外洩之事實、業者所採取之因應措施及所提供之諮詢服務專線」。**

◎ 法務部 105 年 1 月 27 日法律字第 10503501810 號函

本法第 27 條第 2 項及第 3 項規定：「中央目的事業主管機關得指定非公務機關訂定個人資料檔案安全維護計畫或業務終止後個人資料處理方法。（第 2 項）前項計畫及處理方法之標準等相關事項之辦法，由中

---

31 參 http://www.tpipas.org.tw/system_list2.aspx?no=130，最後瀏覽日期：2014/10/5。

央目的事業主管機關定之。（第3項）」該條第3項之立法目的係為使同條第2項非公務機關訂定個人資料檔案安全維護計畫或業務終止後個人資料處理方法，具有相關規範，以為依循，爰授權由中央目的事業主管機關訂定辦法。**又中央目的事業主管機關在指定應訂定個人資料檔案安全維護計畫等之非公務機關並訂定相關規範時，宜審酌「非公務機關之規模、特性」及「非公務機關保有個人資料之性質及數量」等事項，本於權責依實際需要訂定之**（本部「中央目的事業主管機關依個人資料保護法第27條第3項規定訂定辦法之參考事項」第1點參照）。

◎金融監督管理委員會104年4月30日金管法字第10400545650號函

　　電子支付機構為個人資料保護法第27條第2項所定應訂定個人資料檔案安全維護計畫或業務終止後個人資料處理方法之非公務機關，並適用「金融監督管理委員會指定非公務機關個人資料檔案安全維護辦法」。

◎法務部103年10月21日法律字第10303512310號函

　　非公務機關之代表人、管理人或其他有代表權人，監督義務之範圍，並不僅以訂定本法第27條第2項規定之個人資料檔案安全維護計畫或業務終止後個人資料處理方法，即為已足。尚須就具體個案，視非公務機關之規模大小與組織、所違反本法規定條文之內容與意義、個人資料數量多寡、機敏性之風險程度、監督可能性等因素而定。一般而言，必要之監督措施，例如：是否選任適當之人員、適當之組織分工、訓練、說明、指示、查看、對於不當行為之糾正改進、依法規改善設施……等，惟以客觀上有必要且有期待可能性者為限；如有特殊情況（發現營運有不正常現象、選任之人員不能勝任……等）亦當提高其要求標準。有關組織上之欠缺，包括分工未周而無人負責、責任重疊致相互推諉、權責過度下放等，亦可能構成違反監督義務。綜上所述，代表權人所應盡之防止義務，應考量組織規模與保有個人資料之數量或內容，依比例原則建立技術上與組織上之措施，並視具體個案情形判斷之。

◎ 法務部 100 年 6 月 5 日法律字第 1000008403 號函

(一) 按 99 年 5 月 26 日修正公布之個人資料保護法（尚未施行，以下簡稱個資法）第 19 條第 1 項規定：「非公務機關對個人資料之蒐集或處理，除第 6 條第 1 項所規定資料外，應有特定目的，並符合下列情形之一者：一、法律明文規定。二、與當事人有契約或類似契約之關係。三、當事人自行公開或其他已合法公開之個人資料。……五、經當事人書面同意。六、與公共利益有關。七、個人資料取自於一般可得之來源。……」準此，會計師執行查核簽證業務而有蒐集個人資料之行為，如係依相關法律規定（如公司法、證券交易法等）須由會計師查核簽證者，其蒐集行為應屬上開第 19 條第 1 項第 1 款之情形。**倘非屬上開法律明文規定之情形，亦與公共利益無關者，則須經當事人書面同意，始得為之。**

(二) 次按個資法第 8 條及第 9 條規定，非公務機關依第 19 條規定向當事人蒐集個人資料時，或非由當事人提供之個人資料而於處理或利用前，除有第 8 條第 2 項各款或第 9 條第 2 項各款規定情形之一始得免為告知義務外，均應向當事人為告知。是以，會計師執行查核簽證而為蒐集行為，如有符合「依法律規定得免告知」、「個人資料之蒐集係非公務機關履行法定義務所必要」、「當事人明知應告知之內容」、「當事人自行公開或其他已合法公開之個人資料」等情形之一，始得免除告知義務，否則應於蒐集時或處理利用前，向當事人告知個資法所定應告知之事項。至於來函所詢會計師為執行查核簽證而向個人進行函證，個人可否拒絕乙節，因所指尚有未明，故未便表示意見。

(三) 又按個資法第 29 條規定：「**非公務機關違反本法規定，致個人資料遭不法蒐集、處理、利用或其他侵害當事人權利者，負損害賠償責任。但能證明其無故意或過失者，不在此限。**」是以，非公務機關如有違反個資法之相關規定，致個資遭不法侵害，受損害之當事人自得依法請求損害賠償。來函所詢問題，仍須視具體個案情形有

無違反個資法之規定，以及當事人是否受有損害而定，尚難概論。

(四) 末按個資法第 27 條規定：「非公務機關保有個人資料檔案者，應採行適當之安全措施，防止個人資料被竊取、竄改、毀損、滅失或洩漏。（第 1 項）中央目的事業主管機關得指定非公務機關訂定個人資料檔案安全維護計畫或業務終止後個人資料處理方法。（第 2 項）前項計畫及處理方法之標準等相關事項之辦法，由中央目的事業主管機關定之。（第 3 項）」故有關非公務機關訂定個人資料檔案安全維護計畫及處理方法之標準等相關事項之辦法，依法應由中央目的事業主管機關制訂之。又上開個人資料檔案安全維護計畫應包含資料（含電子資料及紙本）之處理流程、資料保存、維護、稽核、風險管理等事項，應非僅限人員之保密事項，併此敘明。

相關條文

（請求權限制）個資法 10。（更正刪除權）個資法 11。（請求處理期限）個資法 13。（費用收取）個資法 14。（安全維護管理措施）個資法施行細則 12。（安管人員之能力及資格）個資法施行細則 25。

| 第四章 |

損害賠償及團體訴訟

修正理由

　　原條文第 31 條、第 32 條有關請求監督機關為適當處理之規定，業已刪除，回歸一般行政救濟或民法規定辦理。另增訂相關團體訴訟之規定，爰將章名修正為「損害賠償及團體訴訟」。

> **第 28 條** （公務機關損害賠償）
> 公務機關違反本法規定，致個人資料遭不法蒐集、處理、利用或其他侵害當事人權利者，負損害賠償責任。但損害因天災、事變或其他不可抗力所致者，不在此限。
> 被害人雖非財產上之損害，亦得請求賠償相當之金額；其名譽被侵害者，並得請求為回復名譽之適當處分。
> 依前二項情形，如被害人不易或不能證明其實際損害額時，得請求法院依侵害情節，以每人每一事件新臺幣五百元以上二萬元以下計算。
> 對於同一原因事實造成多數當事人權利受侵害之事件，經當事人請求損害賠償者，其合計最高總額以新臺幣二億元為限。但因該原因事實所涉利益超過新臺幣二億元者，以該所涉利益為限。
> 同一原因事實造成之損害總額逾前項金額時，被害人所受賠償金額，不受第三項所定每人每一事件最低賠償金額新臺幣五百元之限制。

第二項請求權，不得讓與或繼承。但以金額賠償之請求權已依契約承諾或已起訴者，不在此限。

🔍 修正理由

1. 第 1 項將原條文「致當事人權益受損害者」等文字，修正為「致個人資料遭不法蒐集、處理、利用或其他侵害當事人權利者」，使其與國家賠償法第 2 條第 2 項及民法第 184 條第 1 項規定用語一致。

2. 基於有損害始有賠償之法理，當事人能證明之損害均得請求賠償，且本法規範有不足者，亦得依民法相關規定為之。例外於當事人不易或不能證明其實際損害額之情形時，始有規範每人每一事件賠償金額上、下限之必要。另考量個人資料之價值性及當事人行使請求權、出庭作證之意願，擬參酌法院辦理民事事件證人鑑定人日費旅費及鑑定費支給標準第 3 點「證人、鑑定人到場之日費，每次依新臺幣 500 元支給」之規定，並兼顧法院在個案之裁量權限及防止有心人士興訟，將賠償金額下限往下修正為 500 元，以便法院為個案審理及判決。又上限部分亦配合下限降低。

3. 違法侵害個人資料事件，可能一個行為有眾多被害人或造成損害過於鉅大，為避免賠償額過鉅無法負擔並為風險預估與控管，原條文第 4 項遂規定合計賠償最高總額以新臺幣 2,000 萬元為限。惟現今公務機關或非公務機關蒐集、處理、利用或國際傳輸個人資料之情形日漸普遍，為加重個人資料蒐集者或持有者之責任，促其重視維護個人資料檔案安全之措施，並使被害人能受到較高額度之賠償，且總額限制之金額過低時，恐將產生實務操作之困難，爰修正第 4 項規定，將賠償總額新臺幣 2,000 萬元之限制，提高為新臺幣 2 億元。另基於同一原因事實違法侵害個人資料事件，如其所涉利益超過新臺幣 2 億元者，自不宜再以該金額限制之，而以該所涉利益為限。

4. 同一原因事實造成之被害人數過多或部分被害人實際損害嚴重，致
損害總額超過第4項所定總額限制之新臺幣2億元或所涉利益時，
為避免第3項規定之賠償下限與第4項規定之賠償總額限制產生矛
盾，爰增訂第5項規定，使其不受第3項所定每人每一事件最低賠
償金額新臺幣500元之限制，以配合第4項對於單一原因事實賠償
總額限制之規定。

🔍 名詞解釋

非財產上之損害：通說係指精神上痛苦而言，其賠償須有法律明文
規定為限。（民法18 Ⅱ）

🔍 條文釋義

1. 本條文係就公務機關違反個資法規定，而致個人資料遭到蒐集、處
理、利用或其他侵害當事人權利時，所得主張之損害賠償請求權。
但如該損害係因天災、事變或其他不可抗力等事由所致者，則不在
該損害賠償請求之範圍內。再者，本條文之規範主體係公務機關，
為使國家侵權行為責任能確實落實，以保障人民之權益，故採所謂
的「無過失賠償責任」[1]；亦即是只要是公務機關違反個人資料保護
法的規定，不論其主觀上之意思為何，一旦致生損害於當事人權利
者，即需負該損害賠償責任；從民事之觀念而論，此項無過失責任
亦是最重的民事責任[2]。

---

[1] 德國聯邦個人資料保護法第8條第1款：「負責之公務單位以自動化處理，為本法或
其他資料保護法令所不准許或不正確之個人資料之蒐集、處理或利用，致當事人受損
害者，不論有無過失，其代表人應對當適人負損害賠償責任。」

[2] 無過失責任主義，指在損害發生的情況下，即使不存在故意或者過失，也需要承擔損
害賠償責任。在民法上，該原則與過失責任主義相對立。近代民法為了保障個人活動
的自由，原則上採用過失責任主義。但是，鐵路、汽車、飛機等高速交通工具的發展
以及礦業、電力產業、石油化工等擁有危險設備或者排放有害物質的大企業的出現，
產生了大量的受害者群體，同時，由於企業使用高度複雜的技術進行生產，所以要認
定企業的過失存在技術上的難度。在這種情況下，如果堅持過失責任原則，事實上就

2. 按「不法侵害他人之身體、健康、名譽、自由、信用、隱私、貞操，或不法侵害其他人格法益而情節重大者，被害人雖非財產上之損害，亦得請求賠償相當之金額。其名譽被侵害者，並得請求回復名譽之適當處分[3]。」民法第 195 條第 1 項所明定。故本條文第 2 項即援引民法第 195 條之立法例，規定當事人如有被侵害者，該被害人如有非財產上之損害，亦得請求賠償相當之金額；如其名譽被侵害者，亦得請求為回復名譽之適當處分。

3. 為避免個人資料受到不當蒐集、處理或利用時，當事人難以舉證或確認其所遭受之具體損害範圍，導致敗訴之不利益，故參照其他特別法律之規定[4]，將該損害賠償金額予以明文規定。

4. 實務上因公務機關或非公務機關（個資法 29）所蒐集之民眾個人資料眾多，一不小心即會造成成千上萬的個資遭到侵害，而使（非）公務機關面臨鉅額的損害賠償，因此特於本條文第 4 項中規範如有對同一原因事實而造成多數當事人權利受害者，經當事人請求損害

是放棄了對受害者的救濟。因此，超越過失責任主義，承認無過失責任主義的立法在逐漸增加。作為無過失責任論的根據，學者主張「報償責任」及「危險責任」的說法。前者指在獲取利益的過程中給他人帶來損害的人，必須從其利益中取出部分用以賠償損失的觀點，後者是指，製造某種危險的人必須賠償由此帶來的損失。但是，普遍認為，上述任何一種說法都不能全面說明使用無過失責任主義的所有情況。

在特別法領域中，如僱傭者的事故補償責任、礦難賠償責任、核事故責任等方面適用無過失責任原則。另外，機動車駕駛責任雖然接近無過失責任，但實質上屬於一種中間責任。此外，在公害方面，無過失責任主義的適用尚在探討過程之中。江順雄，醫療意外侵權責任歸責原則之探討與分析，國立成功大學法律研究所碩士論文，2003年，頁 53 以下。

3 回復名譽之適當處分：查系爭規定旨在維護被害人名譽，以保障被害人之人格權。鑑於名譽權遭侵害之個案情狀不一，金錢賠償未必能填補或回復，因而授權法院決定適當處分，目的洵屬正當。而法院在原告聲明之範圍內，權衡侵害名譽情節之輕重、當事人身分及加害人之經濟狀況等情形，認為諸如在合理範圍內由加害人負擔費用刊載澄清事實之聲明、登載被害人判決勝訴之啟事或將判決書全部或一部登報等手段，仍不足以回復被害人之名譽者，法院以判決命加害人公開道歉，作為回復名譽之適當處分，尚未逾越必要之程度。惟如要求加害人公開道歉，涉及加害人自我羞辱等損及人性尊嚴之情事者，即屬逾越回復名譽之必要程度，而過度限制人民之不表意自由。依據上開解釋意旨，系爭規定即與憲法維護人性尊嚴與尊重人格自由發展之意旨無違（大法官會議釋字第 656 號解釋）。

4 著作權法第 8 條第 3 項、商標法第 71 條第 1 項第 3 款、專利法第 85 條。

賠償時，其合計最高總額以 2 億元為限。但如因該不法蒐集、處理或利用個人資料所獲得之利益超過 2 億者，則以該獲得之利益為限，以避免公務機關無法承受該龐大的求償金額。

5. 因人格權受有侵害而獲得之損害賠償請求權，該請求權依據民法相關理論，原則上係不得讓與或繼承，亦即是一專屬於該請求權人之權利。但為求該請求權得以充分的實行，故例外規定如該請求權已依契約承諾或已起訴者，則可為讓與或繼承。

實務見解

◎臺灣高等法院臺南分院 100 年度上字第 149 號民事判決

(一) 按所有個人資料之蒐集必須符合特定目的，被上訴人基於報導目的蒐集與利用，業違反此特定目的。**其為達此前揭建立個人資料檔案目的而取得個人資料行，自屬蒐集行為，與是否進行系統化之蒐集無關。**

(二) 姑且不論被上訴人違反特定目的而為資料之蒐集與利用，亦違反個人資料保護法第 23 條之規定。退萬步言之，被上訴人對上訴人於法定時間提出之補充說明亦不停止電腦利用，亦違反個人資料保護法第 26 條之規定。

◎法務部 101 年 2 月 17 日法律字第 10100518090 號函

電腦處理個人資料保護法第 27 條、個人資料保護法第 28 條等規定參照，基於法律不溯及既往原則，個人資料保護法自以違法行為發生於修正施行後者為限，個人資料外洩違法行為及所生損害結果均須在個人資料保護法修正施行後，始有該法適用。

◎法務部 95 年 5 月 8 日法律決字第 0950015813 號函

(一) 查政府資訊公開法（下簡稱政資法）制定之目的係為保障人民知的權利，以便利人民公平利用政府依職權所作成或取得之資訊，增進人民對公共事務之瞭解、信賴及監督，並促進民主之參與。

依該法第 9 條第 1 項規定，得申請政府機關提供政府資訊者為具有中華民國國籍並在中華民國設籍之國民及其所設立之本國法人、團體，或持有中華民國護照僑居國外之國民。縣議會非上開規定適用之對象，自無政資法適用之問題（本部 91 年 10 月 15 日法律字第 0910035503 號函同此意旨）。

(二) 按電腦處理個人資料保護法（以下簡稱個資法）第 3 條第 6 款所稱「公務機關」，係指依法行使公權力之中央或地方機關。準此，縣議會屬於該法規定之「公務機關」，並無疑義。因此，縣議會函請提供戶長名冊，應符合個資法第 7 條規定，始得為之。

(三) 次按個資法第 8 條對公務機關就個人資料為特定目的外之利用者，定有嚴格之限制規定。依該條規定，戶政機關基於戶政及戶口管理之特定目的所蒐集之個人資料，如擬提供其他第三人作特定目的外利用者，須符合該條但書所列九款情形之一，始得為之。縣議會即使符合個資法第 7 條規定就議案涉及事項得蒐集民眾戶籍資料，但如不符合上揭個資法第 8 條所定得特定目的外利用個人資料情形之一者，戶政機關即不得提供。另本件來函說明四所述「議案涉及事項」，究何所指？語意不明，非無探究之餘地。該「議案涉及事項」究與個資法第 8 條但書所定九款情形中之何款相符，宜由受理請求提供個人資料之戶政機關本於權責判斷之。再者，個資法第 6 條規定：「個人資料之蒐集或利用，應尊重當事人之權益，依誠實及信用方法為之，不得逾越特定目的之必要範圍。」準此，戶政機關就所蒐集之個人資料為特定目的外利用時，自應符合上揭法條所定之比例原則。此外，**個資法第 27 條及第 30 條有關公務機關如違反該法規定，致當事人權益受損害者，應負國家損害賠償責任**，亦應一併注意，併此敘明。

🔍 相關條文

（安管措施）個資法 27。（時效）個資法 30。（一般侵權行為）民

法 184。（公務員侵權行為）民法 186。（侵害人格權及重大身分法益之財產賠償及限制）民法 195，大法官釋字 656[5]。（得申請政府提供資訊之主體）政資法 9。（公務員違法有責行為之國賠責任）國家賠償法 2 Ⅱ。

> **第 29 條**　（非公務機關損害賠償）
> 非公務機關違反本法規定，致個人資料遭不法蒐集、處理、利用或其他侵害當事人權利者，負損害賠償責任。但能證明其無故意或過失者，不在此限。
> 依前項規定請求賠償者，適用前條第二項至第六項規定。

修正理由

1. 將原條文第 1 項「致當事人權益受損害者」等文字修正為「侵害當事人權利者」，修正理由同前條理由 1.。
2. 原條文第 1 項配合前條款次修正而調整文字。

條文釋義

1. 本條文係就非公務機關違反本法規定時，所應負之損害賠償責任，其與前條公務機關所負之無過失責任主義不同者，係其採所謂的「推定過失責任主義」，此蓋因當非公務機關違法的蒐集、處理或利用個人資料而侵害當事人之權益者，若然要求當事人依民法相關法律程序進行求償時，勢必將陷於冗長的訴訟程序，且因個人能力有限，亦不易成功獲得求償，故為保護當事人權益起見，以該推定過

---

[5] 解釋文：「民法第 195 條第 1 項後段規定：『其名譽被侵害者，並得請求回復名譽之適當處分。』所謂回復名譽之適當處分，如屬以判決命加害人公開道歉，而未涉及加害人自我羞辱等損及人性尊嚴之情事者，即未違背憲法第 23 條比例原則，而不抵觸憲法對不表意自由之保障。」

失責任主義來論斷雙方之法律責任。

2. 再者，為充分落實人格權保護之意旨，對該非公務機關應負之過失責任，輔以「舉證責任之倒置」，將該舉證責任之不利益歸屬至該非公務機關。

3. 另為使該請求得以具體規範，故比照公務機關之規定，就非財產上之損害額部分適用前條第2至6項之規定，以確實保護受害當事人之法律上權益，並兼顧非公務機關所需面臨的鉅額賠償風險。

實務見解

◎臺灣高等法院臺中分院100年度上易字第405號民事判決

次按，非公務機關對個人資料之蒐集之一者，不得為之：一、經當事人書面同意者。二、與當事人有契約或類似契約之關係而對當事人權益無侵害之虞者。……。現尚有效之電腦處理個人資料保護法第18條定有明文。本件被上訴人係為評估借款人及上訴人申請展期清償應否准許之目的，而向財團法人金融聯合徵信中心查詢上訴人信用資料，且經上訴人以書面同意，業經認定如前述，自與首揭條文規定相符。上訴人所執被上訴人違反電腦處理個人資料保護法第18條第1款規定為由，依同法第28條第1項、第3項、第27條第2項規定請求被上訴人連帶給付非財產上損害100萬元及自95年11月8日起至清償日止，按週年利率百分之五計算之利息，為無理由，或電腦處理，非有特定目的，並符合左列情形應予駁回。

◎法務部101年3月2日法律字第10000628060號函

個人資料保護法第16、19、20、29條等規定參照，宗教團個人資料蒐集處理或利用行為應符合上述規定，又為辦理冬令救濟、急難救助活動而蒐集個人資料與「為統計或學術研究之目的」不同，不得免告知。

◎法務部100年6月2日法律字第1000008403號函

(一) 按99年5月26日修正公布之個人資料保護法（尚未施行，以下簡

稱個資法）第19條第1項規定：「非公務機關對個人資料之蒐集
或處理，除第6條第1項所規定資料外，應有特定目的，並符合
下列情形之一者：一、法律明文規定。二、與當事人有契約或類
似契約之關係。三、當事人自行公開或其他已合法公開之個人資
料。……五、經當事人書面同意。六、與公共利益有關。七、個人
資料取自於一般可得之來源。……」準此，會計師執行查核簽證業
務而有蒐集個人資料之行為，如係依相關法律規定（如公司法、證
券交易法等）須由會計師查核簽證者，其蒐集行為應屬上開第19
條第1項第1款之情形。倘非屬上開法律明文規定之情形，亦與公
共利益無關者，則須經當事人書面同意，始得為之。

(二) 次按個資法第8條及第9條規定，非公務機關依第19條規定向當
事人蒐集個人資料時，或非由當事人提供之個人資料而於處理或利
用前，除有第8條第2項各款或第9條第2項各款規定情形之一始
得免為告知義務外，均應向當事人為告知。是以，會計師執行查核
簽證而為蒐集行為，如有符合「依法律規定得免告知」、「個人資
料之蒐集係非公務機關履行法定義務所必要」、「當事人明知應告
知之內容」、「當事人自行公開或其他已合法公開之個人資料」等
情形之一，始得免除告知義務，否則應於蒐集時或處理利用前，向
當事人告知個資法所定應告知之事項。至於來函所詢會計師為執
行查核簽證而向個人進行函證，個人可否拒絕乙節，因所指尚有未
明，故未便表示意見。

(三) 又按個資法第29條規定：「非公務機關違反本法規定，致個人資
料遭不法蒐集、處理、利用或其他侵害當事人權利者，負損害賠償
責任。但能證明其無故意或過失者，不在此限。」是以，非公務機
關如有違反個資法之相關規定，致個資遭不法侵害，受損害之當事
人自得依法請求損害賠償。來函所詢問題，仍須視具體個案情形有
無違反個資法之規定，以及當事人是否受有損害而定，尚難概論。

(四) 末按個資法第27條規定：「非公務機關保有個人資料檔案者，應

採行適當之安全措施，防止個人資料被竊取、竄改、毀損、滅失或洩漏。（第1項）中央目的事業主管機關得指定非公務機關訂定個人資料檔案安全維護計畫或業務終止後個人資料處理方法。（第2項）前項計畫及處理方法之標準等相關事項之辦法，由中央目的事業主管機關定之。（第3項）」故有關非公務機關訂定個人資料檔案安全維護計畫及處理方法之標準等相關事項之辦法，依法應由中央目的事業主管機關制訂之。**又上開個人資料檔案安全維護計畫應包含資料（含電子資料及紙本）之處理流程、資料保存、維護、稽核、風險管理等事項，應非僅限人員之保密事項**，併此敘明。

相關條文

（安管措施）個資法 27。（公務機關損害賠償）個資法 28。（時效）個資法 30。（刑事責任）個資法 41。（告訴乃論）個資法 45。（罰則）個資法 48。

第 30 條 （時效）

損害賠償請求權，自請求權人知有損害及賠償義務人時起，因二年間不行使而消滅；自損害發生時起，逾五年者，亦同。

修正理由

條次變更，內容未修正。

名詞解釋

時效：可分為取得時效及消滅時效；取得時效為因依訂時間經過而取得權利之制度（民法 768 ～ 772）；而所謂的消滅時效則係指因一定期間之經過，不行使其權利，致其請求權消滅之法律事實。

條文釋義

民法第 197 條規定：「因侵權行為所生之損害賠償請求權，自請求權人知有損害及賠償義務人時起，二年間不行使而消滅。自有侵權行為時起，逾十年者亦同。」其消滅時效分別為二年及十年。因違反個資法致侵害當事人權利者，其性質亦屬於侵權行為之一種，故條文規定損害賠償請求權，自請求權人知有損害及賠償義務人時起，因二年間不行使而消滅。再者，因不法蒐集處理個人資料檔案者，如該請求權時效所規定之期間過長者，將不易調查該不法蒐集處理個人資料檔案之真相，因此規定，自損害發生時起逾五年者，除有時效不完成[6]之事由外，該損害賠償請求權亦自然消滅。

實務見解

◎法務部 101 年 2 月 17 日法律字第 10100518090 號函

(一) 電腦處理個人資料保護法第 7 條、個人資料保護法第 28 條等規定參照，基於法律不溯及既往原則，個人資料保護法自以違法行為發生於修正施行後者為限，個人資料外洩違法行為及所生損害結果均須在個人資料保護法修正施行後，始有該法適用。

(二) 按電腦處理個人資料保護法（下稱現行法）第 29 條規定：「損害賠償請求權，自請求權人知有損害及賠償義務人時起，因二年間不行使而消滅；自損害發生時起，逾五年者，亦同。」（按：個人資料保護法第 30 條，內容亦未修正），又尚未施行之個人資料保護法（下稱新法）第四章雖新增有關團體訴訟規定，因該法尚未施行，如於現行法有效施行期間發生個資外洩而造成損害事件，目前

6　時效不完成：係指於時效期間將終止之際，因有難於行使權利之事實發生，暫使其完成延期，俾因時效完成而受不利益之當事人，得利用不完成之期間行使其權利，以中斷時效之制度，又稱時效之停止。權利人因特定事由之障礙，致無法或甚難在時效期間內行使其權利，因非出於懈怠，法律自不應使之蒙受時效之不利益，此乃消滅時效之不完成之所由設。

尚無個人資料保護法團體訴訟之適用，當事人於修正施行後得依新法團體訴訟之規定主張權利，但仍須注意有無罹於時效之問題。現行法雖無得提起團體訴訟之相關規定，惟如符合民事訴訟法第44條之1至第44條之3之規定得提起團體訴訟；如涉及消費爭議部分，得依消費者保護法第50條至第55條規定提起團體訴訟，併此敘明。另因個人資料保護法尚未施行，就上開議題目前尚無相關之函釋或判例。

🔍 相關條文

（公務機關之損害賠償）個資法28。（非公務機關之損害賠償）個資法29。（任意訴訟擔當團體訴訟）民訴法44-1。（追加選定當事人制度）民訴法44-2。（法定訴訟擔當團體訴訟）民訴法44-3。（損害賠償請求權消滅時效與不當得利之返還）民法197。

第31條 （損害賠償請求依據）
損害賠償，除依本法規定外，公務機關適用國家賠償法之規定，非公務機關適用民法之規定。

🔍 修正理由

條次變更，內容未修正。

🔍 條文釋義

依照國家賠償法第2條第2項規定：「公務員於執行職務行使公權力時，因故意或過失不法侵害人民自由或權利者，國家應負擔損害賠償責任。公務員怠於執行職務，致人民自由或權利遭受損害者亦同。」故公務機關蒐集、處理或利用個人資料時，係屬行使公權力，亦即是在執

行法定職務（個資法 15、16），自屬前述國家應負損害賠償責任之情形，應適用國家賠償法之規定。至於其他非公務機關，因不具公務機關的身分，因此如有違反本法規定致侵害當事人權利者，性質上係屬民法的侵權行為，應適用民法相關規定（討論公物造成之國賠問題）。

🔍 實務見解

◎ 最高法院 94 年台上字第 2327 號民事判例

凡供公共使用或供公務使用之設施，事實上處於國家或地方自治團體管理狀態者，均有國家賠償法第 3 條之適用，並不以國家或地方自治團體所有為限，以符合國家賠償法之立法本旨。

◎ 最高行政法院 94 年判字第 494 號判例

人民因國家之行政處分而受有損害，請求損害賠償時，現行法制，得依國家賠償法規定向民事法院訴請賠償外，亦得依行政訴訟法第 7 條規定，於提起其他行政訴訟時合併請求。二者為不同之救濟途徑，各有其程序規定。人民若選擇依國家賠償法請求損害賠償時，應依國家賠償法規定程序為之。若選擇依行政訴訟法第 7 條規定請求損害賠償時，自僅依行政訴訟法規定程序辦理即可。行政訴訟法既未規定依該法第 7 條規定合併請求損害賠償時，應準用國家賠償法規定，自無須踐行國家賠償法第 10 條規定以書面向賠償義務機關請求賠償及協議之程序。

◎ 最高法院 85 年台上字 2776 號民事判例

國家賠償法第 3 條所定之國家賠償責任，係採無過失主義，即以該公共設施之設置或管理有欠缺，並因此欠缺致人民受有損害為其構成要件，非以管理或設置機關有過失為必要。

◎ 法務部 91 年 7 月 15 日法律字第 0910024855 號函

次按電腦處理個人資料保護法第 17 條規定：「公務機關保有個人資料檔案者，應指定專人依相關法令辦理安全維護事項，防止個人資料被

竊取、竄改、毀損、滅失或洩漏。」第 27 條第 1 項規定：「公務機關違反本法規定，致當事人權益受損害者，應負損害賠償責任。但損害因天災、事變或其他不可抗力所致者，不在此限。」第 30 條前段規定：「損害賠償，除依本法規定外，公務機關適用國家賠償法之規定……。」本件倘保有納稅義務人個人資料檔案之稽徵機關已依上揭規定，指定專人依相關法令辦理安全維護事項，則應不負損害賠償責任。惟如稽徵機關未依該法規定辦理安全維護事項，致當事人權益受損害時，納稅義務人得依前揭規定請求損害賠償。

相關條文

（公務員違法有責行為之國賠責任）國家賠償法 2。（公有公共設施設置或管理有欠缺之國賠責任）國家賠償法 3。（一般侵權行為之要件及效果）民法 184、185、188、189。

第 32 條 （團體訴訟）

依本章規定提起訴訟之財團法人或公益社團法人，應符合下列要件：

一、財團法人之登記財產總額達新臺幣一千萬元或社團法人之社員人數達一百人。

二、保護個人資料事項於其章程所定目的範圍內。

三、許可設立三年以上。

修正理由

1. 為鼓勵民間公益團體能參與個人資料之保護並方便被害民眾行使本法規定之損害賠償請求權，爰於本章增訂團體訴訟相關規定，期能發揮民間團體力量，共同推動個人資料保護工作。

2. 目前社會上公益性民間團體甚多，良莠不齊，如均可以為被害民眾

提起團體訴訟，恐會發生濫訟情形，或衍生其他弊端。對於得依本法規定提起團體訴訟之財團法人或公益社團法人，須符合本條所定要件，始得為之。

名詞解釋

1. **團體訴訟**：係指有權利能力之公益團體及合格機構（組織），依法律之規定就他人違反特定禁止或無效之行為，得向法院請求命令他人中止或撤回其行為的民事訴訟。

2. **法人**：相對於自然人的觀念，由法律所創設，得為權利義務的團體。包括：公法人及私法人。私法人下又可分財團法人及社團法人，其中財團法人係指以財產集合為中心的擬制權利義務主體。財團法人係財產的集合體，其成立基礎為財產，所以需有一筆可供特定目的使用的財產，才能組成一個財團法人。

3. **財團法人**：指因為特定且繼續之目的，由其使用財產集合而成之法人。至於其目的，可以為公共目的，亦可以為特定多數人之利益；惟無論如何，因財團成立之基礎，在於財產，不得將其利益分配於財團之構成分子，故必為公益法人。

4. **公益社團法人**：即以公益為目的事業之社團，公益社團之成立，依民法第 46 條之規定，於設立登記前，應先經目的事業主管機關許可。

5. **章程**：即法人之組織法。章程為法人之設立要件之一，且必須以書面為之始可；凡有關法人內部之事項，除強制規定外，均得以章程規定之。

條文釋義

1. 為鼓勵民眾均能參與個人資料安全與維權事宜，以期發揮全民力量，共同監督政府落實把關人民個資的各項工作，同時在發生侵害當事人權益事件時，能將弱勢民眾團結起來，共同對抗濫用資訊的

公務、非公務機關，故特別規定民間團體得參與個人資料的維權事項，以期作好民眾個資的保護與維權工作。

2. 另為避免發生濫訟之情形，故就前述民間團體（含財團法人、公益社團法人）之資格作明確之規範，以提升效率，避免浮濫，確保被害人權益。

🔎 實務見解

◎ 法務部 101 年 2 月 17 日法律字第 10100518090 號函

（一）電腦處理個人資料保護法第 27 條、個人資料保護法第 28 條等規定參照，基於法律不溯及既往原則，個人資料保護法自以違法行為發生於修正施行後者為限，個人資料外洩違法行為及所生損害結果均須在個人資料保護法修正施行後，始有該法適用。

（二）按電腦處理個人資料保護法（下稱現行法）第 29 條規定：「損害賠償請求權，自請求權人知有損害及賠償義務人時起，因二年間不行使而消滅；自損害發生時起，逾五年者，亦同。」（按：個人資料保護法第 30 條，內容亦未修正），又尚未施行之個人資料保護法（下稱新法）第四章雖新增有關團體訴訟規定，因該法尚未施行，如於現行法有效施行期間發生個資外洩而造成損害事件，**目前尚無個人資料保護法團體訴訟之適用，當事人於修正施行後得依新法團體訴訟之規定主張權利，但仍須注意有無罹於時效之問題。現行法雖無得提起團體訴訟之相關規定，惟如符合民事訴訟法第 44 條之 1 至第 44 條之 3 之規定得提起團體訴訟；如涉及消費爭議部分，得依消費者保護法第 50 條至第 55 條規定提起團體訴訟，併此敘明。另因個人資料保護法尚未施行，就上開議題目前尚無相關之函釋或判例。**

🔎 相關條文

（公益團體）個資法施行細則 31。（任意訴訟擔當團體訴訟）民訴

法 44-1。（追加選定當事人制度）民訴法 44-2。（法定訴訟擔當團體訴訟）民訴法 44-3。（公務機關損害賠償）個資法 28。

第 33 條 （管轄權）

依本法規定對於公務機關提起損害賠償訴訟者，專屬該機關所在地之地方法院管轄。對於非公務機關提起者，專屬其主事務所、主營業所或住所地之地方法院管轄。

前項非公務機關為自然人，而其在中華民國現無住所或住所不明者，以其在中華民國之居所，視為其住所；無居所或居所不明者，以其在中華民國最後之住所，視為其住所；無最後住所者，專屬中央政府所在地之地方法院管轄。

第一項非公務機關為自然人以外之法人或其他團體，而其在中華民國現無主事務所、主營業所或主事務所、主營業所不明者，專屬中央政府所在地之地方法院管轄。

修正理由

有關侵害個人資料之損害賠償訴訟，不論單一事件單一受害人，或同一原因事實造成多數當事人權利受侵害，亦不論其請求權依據，皆採專屬管轄，爰參考民事訴訟法第 1 條及非訟事件法第 2 條規定增訂本條，以利實務操作。

名詞解釋

專屬管轄：因涉及公益，故法律規定某些訴訟事件專屬某法院管轄，原告僅得向該法院起訴，不容許法院或當事人任意加以變更。其違反效果，如判決未確定：民訴法第 452 條第 1 項但書、第 469 條上訴第三審；判決已確定：消極不適用法規如對判決顯無影響者，即非屬再審

事由[7]。

🔍 條文釋義

1. 對於某紛爭事件，我國法院即司法機關有無加以審判的權限，即稱為「審判權」，詳言之，也就是法院審判民事、刑事及行政訴訟之權限與範圍。而將審判權之行使依法律規定分配於各法院，稱之為法院之「管轄權」[8]。換言之，審判權係指劃歸法院審判的範圍，管轄權則為劃定各個法院可得行使審判權之權限。故各法院對於案件必須先有審判權，而後始生管轄權有無的問題。因此，有稱審判權，為抽象管轄權；稱管轄權，為具體審判權。

2. 本條係採專屬管轄之立法意旨，其主要目的係為使法院能儘速審理該違法蒐集、處理或利用個人資料致侵害當事人權益而提起之民事訴訟案件，以利實務之操作；專屬管轄之法院，在公務機關部分係專屬於該機關所在地之地方法院管轄；在非公務機關部分，如為自然人者，而其在國內現無住所或住所不明者，則依本條第2項之規定，以其在我國之居所，視為其住所；無居所或居所不明者，以其

---

[7] 大法官釋字第177號解釋：「確定判決消極的不適用法規，顯然影響裁判者，自屬民事訴訟法第496條第1項第1款所定適用法規顯有錯誤之範圍，應許當事人對之提起再審之訴，以貫徹憲法保障人民權益之本旨。最高法院60年度台再字第170號判例，與上述見解未洽部分，應不予援用。惟確定判決消極的不適用法規，對於裁判顯無影響者，不得遽為再審理由，就此而言，該判例與憲法並無牴觸。」

[8] 大法官釋字第689號解釋陳新民大法官協同意見書：「……本院一貫解釋之立場，認為關於訴訟制度，包括訴訟種類、法院管轄權限劃分、審級制度，包括以訴訟標的金額決定救濟之審級……，皆屬於立法的裁量範圍（如本院釋字第639號、第574號、第540號解釋）。立法者既然在系爭規定中，對於跟追處罰，採行政罰之方式，且可由被處罰人提起異議，而由法院審查其合法性的救濟途徑，即屬立法者的形成自由。至於應由哪個機關負責法律的執行，恆涉及機關功能的設計。按國家機關的組織，必須依法設置（中央法規標準法第5條）。舉凡國家機關組織的編制、預算及職權，皆由立法者所掌控（立法保留），故機關的功能及其執行能力，也唯有立法機關知悉。所謂的機關『功能最適原則』，涉及到哪種公權力交由哪個機關來執掌，方是『功能最適』（funktionsgerechte），即屬於『合目的性』的裁量與預測。無疑的這是立法者的長項，合非釋憲機關所能勝任，釋憲機關即應採取低度介入的『司法自制』。」

在國內最後之住所，視為其住所；無最後住所者，則專屬中央政府所在地之地方法院。

3. 另非公務機關為法人或其他團體，而其於國內現無主事務所、主營業所，或主事務所、主營業所不明者，依本條第3項規定專屬於中央政府所在地之地方法院管轄。

相關條文

（普通審判籍）民訴法1。（土地管轄）非訟事件法2。

第34條 （裁判費暫免）

對於同一原因事實造成多數當事人權利受侵害之事件，財團法人或公益社團法人經受有損害之當事人二十人以上以書面授與訴訟實施權者，得以自己之名義，提起損害賠償訴訟。當事人得於言詞辯論終結前以書面撤回訴訟實施權之授與，並通知法院。

前項訴訟，法院得依聲請或依職權公告曉示其他因同一原因事實受有損害之當事人，得於一定期間內向前項起訴之財團法人或公益社團法人授與訴訟實施權，由該財團法人或公益社團法人於第一審言詞辯論終結前，擴張應受判決事項之聲明。

其他因同一原因事實受有損害之當事人未依前項規定授與訴訟實施權者，亦得於法院公告曉示之一定期間內起訴，由法院併案審理。其他因同一原因事實受有損害之當事人，亦得聲請法院為前項之公告。

前二項公告，應揭示於法院公告處、資訊網路及其他適當處所；法院認為必要時，並得命登載於公報或新聞紙，或用其他方法公告之，其費用由國庫墊付。

依第一項規定提起訴訟之財團法人或公益社團法人，其標的價額超過新臺幣六十萬元者，超過部分暫免徵裁判費。

🔍 修正理由

1. 第 1 項至第 2 項係參考證券投資人及期貨交易人保護法第 28 條第 1 項至第 3 項之規定，及民事訴訟法擴大選定當事人法理，明定財團法人或公益社團法人須由二十人以上受有損害之當事人授與訴訟實施權後，得以自己之名義提起損害賠償訴訟，及在訴訟程序中，有關撤回訴訟實施權之授與、擴張應受判決事項之聲明與授與等事項之規定。

2. 為使團體訴訟制度能確實發揮其應有之功能，並利於法院審理，宜一併建立公告曉示及併案審理機制，爰修正第 2 項並增訂第 3 項規定。

3. 其他因同一原因事實受有損害之當事人，宜使其亦得聲請法院為公告曉示，俾維護其權益，爰增訂第 4 項。

4. 公告方式及其費用負擔，宜有明文，俾免爭議，且為避免法院公告處不敷使用，爰仿消費者債務清理條例第 14 條第 1 項規定，增訂第 5 項。

5. 第 6 項規定係為鼓勵民眾能多利用本條規定之團體訴訟機制，請求損害賠償，並落實保護當事人之立法意旨，爰參考民事訴訟法第 77 條之 22 第 1 項規定，明定提起團體訴訟裁判費之暫免徵收方式。

🔍 名詞解釋

1. **告知訴訟**：當事人在訴訟繫屬中，將訴訟告知可能因自己敗訴而有法律上利害關係之第三人，使其有機會參加訴訟之影響判決機會，若其不參加或逾時參加，視為於得行參加時，已參加訴訟。

2. **同一原因事實**：實務及學說上有不同見解：
   （1）社會事實同一說：係指先後兩請求之主要爭點共通，而就原請求之訴訟資料及證據資料，得期待於後請求之審理予以利用，且各請求之利益主張在社會生活上可以認為同一關聯之紛爭（實務採此說）。

（2）判決基礎事實同一說：係指程序進行中，隨著當事人陳述範圍之擴大，而可能涉及之所有基礎事實資料[9]。

🔍 條文釋義

1. 符合本法第 32 條所規定資格之財團法人或公益社團法人，在接受二十名以上因同一原因事實造成之被害人所為之書面授權，而欲實施訴訟程序者，其得以自己之名義提起損害賠償之訴；惟為尊重訴訟當事人之訴訟主體權，當事人得於言詞辯論終結前，以書面撤回該授權，並通知法院該撤回事項。

2. 為使因同一原因事實所造成之眾多被害人均能即時參與訴訟，故本條第 2 項規定，法院得依聲請或依職權，公告曉示本案其他受害者，得於一定期間內，向法院提起團體訴訟之財團法人或公益社團法人，授與訴訟實施權，以參加訴訟。

3. 為訴訟之財團法人或公益社團法人在經其他受害人授與訴訟實施權並參加訴訟後，應於第一審言詞辯論終結前，為擴張應受判決事項之聲明（條文本文）；參與前述團體訴訟並非被害當事人本人之唯一選項，其亦可自行單獨提起訴訟，並得於法院前開公告曉示之一定期間內起訴，由法院併案審理之。

4. 若法院未依本條第 3 項之規定，適時的公告曉示者，其他基於同一原因事實而受有損害之人，如係經由其他管道得知該團體訴訟之訊息者，亦可聲請法院為該公告曉示，以確保受害人之權益，避免個人資料遭受侵害之當事人因不知前開團體訴訟之訊息，而使其無法受到合理之賠償。

5. 本條所為之公告曉示，原則上應揭示於法院公告處、資訊網路及其他適當處所，如有必要時，法院亦得命登載於公報或新聞紙，或以

9　邱聯恭，最高法院學術研究會主辦，中華民國法官協會協辦「民事訴訟法修正施行後之審判實務—以集中審理為中心」學術研討會之發言，法官協會雜誌，第 2 卷第 1 期。許士宦，請求之基礎事實、原因事實與訴之變更追加，台灣本土法學雜誌，第 33 期。

其他方式公告之。該相關公告費用由國庫墊付，以避免致生爭議。

6. 為鼓勵團體訴訟之使用機制，以為請求損害賠償，並保全本身之權益，該訴訟標的價額如超過新臺幣（下同）60 萬元者，則超過部分暫免徵裁判費。

實務見解

◎最高法院 76 年台上字第 781 號民事判例

刑事法院依刑事訴訟法第 504 條第 1 項以裁定將附帶民事訴訟移送同院民事庭，依同條第 2 項規定，固應免納裁判費。然所應免納裁判費之範圍，以移送前之附帶民事訴訟為限，一經移送同院民事庭，即應適用民事訴訟法之規定。如原告於移送民事庭後，為訴之變更、追加或擴張應受判決事項之聲明，超過移送前所請求之範圍者，就超過移送前所請求之範圍部分，仍有繳納裁判費之義務。

相關條文

（公益團體）個資法施行細則 31。（訴訟實施權之授與）證券投資人及期貨交易人保護法 28。（裁判費免徵）民訴法 77-22。（追加選定當事人）民訴法 44-2。（訴訟權限）個資法 37。（公權力委託）個資法 52。

第 35 條 （訴訟續行）

當事人依前條第一項規定撤回訴訟實施權者，該部分訴訟程序當然停止，該當事人應即聲明承受訴訟，法院亦得依職權命該當事人承受訴訟。

財團法人或公益社團法人依前條規定起訴後，因部分當事人撤回訴訟實施權之授與，致其餘部分不足二十人者，仍得就其餘部分繼續進行訴訟。

修正理由

1. 第 1 項明定當事人撤回訴訟實施權，法院應停止該部分之訴訟程序，當事人應即聲明承受訴訟，法院亦得命當事人承受訴訟，以兼顧當事人原已起訴之權益（如中斷時效）。
2. 基於訴訟安定及誠信原則，爰於第 2 項明定財團法人或公益社團法人提起本條訴訟後，縱因部分當事人撤回訴訟實施權，致其人數未達二十人，仍得就其餘部分繼續進行訴訟。

名詞解釋

1. **訴訟程序之停止：**訴訟程序因法定事實之發生，而停止進行者，謂訴訟程序之停止。因停止原因是否係當然停止或應由法院裁定，或應由當事人之合意，分為當然停止、裁定停止及合意停止。
2. **當然停止：**訴訟程序因法定事實發生，不待當事人之聲請，當然致該訴訟程序停止進行，非有得續行訴訟之人承受訴訟，不得續行。（民訴法 168 ～ 172、174）
3. **承受訴訟：**有資格續行訴訟之人，以承繼前當事人為目的，為繼續該當然停止之訴訟程序所為之聲明。

條文釋義

1. 個人資料檔案遭不法侵害之當事人，依本法相關規定以書面方式授與財團法人或公益社團法人為團體訴訟之提起後，於該訴訟程序言詞辯論終結前，可基於個人或其他情事之考量而以書面撤回該訴訟實施權之授與，並通知法院後，該部分訴訟程序即當然停止，先前委託之當事人應立即承受訴訟，法院亦得依據職權命該當事人承受訴訟，以確保當事人原已提起訴訟之權益（例如：中斷時效）。
2. 財團法人或公益社團法人於接受二十名以上個人資料被侵害之當事人的書面授權，在提起團體訴訟後，如於該訴訟程序之言詞辯論終

結前，有部分之當事人因個人或其他因素撤回該訴訟實施權之授與，以致原授權人數不足二十人者，受訴法院仍得就其餘部分續行訴訟，不影響未撤回訴訟實施權授與之其他當事人之法律上權益，以避免該團體訴訟在提起後，因少數人之影響而妨礙該團體訴訟之進行，以符合訴訟經濟性、安定性及誠信原則。

實務見解

◎最高法院 80 年台抗字第 71 號民事判例

訴訟程序於裁判送達後當然停止者，依民事訴訟法第 177 條第 3 項規定，其承受訴訟之聲明，固由為裁判之原法院裁定之。若當事人提起上訴後，始發生訴訟程序當然停止之原因者，其承受訴訟之聲明，則應由上訴審法院裁定之。

相關條文

（公益團體）個資法施行細則 31。（訴訟實施權授與之撤回）個資法 34 I。（訴訟程序之停止）民訴法 168 ～ 172、174。

第 36 條　（請求權時效）

各當事人於第三十四條第一項及第二項之損害賠償請求權，其時效應分別計算。

修正理由

眾多之個人資料遭受侵害，各當事人之損害賠償請求權時效，不盡相同。爰參考證券投資人及期貨交易人保護法第 30 條及消費者保護法第 50 條第 4 項，明定其時效應分別計算，以期公平並免爭議。

🔍 條文釋義

按請求權係指權利人得請求義務人為一定行為或不行為之權利。至於權利人是否有請求權者，端視其有無請求權基礎，即足以支援某項特定請求權之法律規範而言。請求權在法律體系中居於樞紐之地位，因為任何權利，不論其為相對權或絕對權，凡欲發揮其功能，或回復不受侵害之圓滿狀態者，均需藉助請求權之行使方可為之。請求權人於行使其權利時，其相對人原則上即有為一定行為或不行為之義務，除非該一定行為或不行為之義務人具有抗辯權，方能拒絕其請求。我國立法例係以請求權作為消滅時效之客體[10]。因此如有眾多個人資料檔案遭侵害之被害人，其依本法第 34 條規定提起團體訴訟後，因各該當事人雖基於同一原因事實受有損害而有損害賠償請求之權利，但因知悉時點可能不盡相同，而使其損害賠償請求權之消滅時效起算時點亦有不同[11]，為避免損及各該當事人之權益或引起不必要的爭議，本條款遂規定各該當事人之損害賠償請求權的消滅時效，應分別計算之，以為周全。

🔍 實務見解

◎臺灣高等法院 96 年重上字第 428 號民事判決

被上訴人則以：上訴人係於 93 年 3 月 24 日為臺南市警察局第二分局函報為警示帳戶，則農民銀行於 93 年 4 月 13 日依上開通報要點之相關規定，向聯合徵信中心查詢上訴人被通報詐騙案件資料，以作為轉知所屬各分支機構防範之依據，俾建立內部通報機制，符合個人資料保護法第 18 條第 5 款之規定，自不構成侵權行為。上訴人空言其人格權、

---

10 王澤鑑，民法總則，2008 年 10 月修訂版，頁 561。
11 最高法院 101 年台上字第 723 號民事判決：民法第 184 條第 1 項前段、第 197 條因故意或過失不法侵害他人權利者，負損害賠償責任；因侵權行為所生之損害賠償請求權，自請求權人知有損害及賠償義務人時起，2 年間不行使而消滅。可知，**侵權行為損害賠償請求權消滅時效之起算點，應以權利受侵害之被害人知有損害及賠償義務人時起算**，縱被害人將其損害賠償請求權任意或依法律規定讓與第三人，然非自第三人知有損害及賠償義務人時起算。

信用權、名譽權、隱私權及自由權因農民銀行向聯合徵信中心查詢資料而受有損害，卻未舉證證明其因而受有何種損害，自與侵權行為構成要件未盡相符；縱上訴人確係受有損害亦與農民銀行向聯合徵信中心查詢資料之行為無因果關係，亦不構成侵權行為。縱認農民銀行查詢上訴人資料之行為構成侵權行為，**上訴人自 93 年間起曾以其他金融機構未徵得其書面同意逕向聯合徵信中心查詢其個人信用資料，違反個人資料保護法規定，致其受有損害為由，起訴請求損害賠償**，顯見其當時業已知悉農民銀行於 93 年 4 月 13 日向聯合徵信中心查詢其資料之事實，則**上訴人迄至 95 年 11 月間始寄發存證信函予被上訴人，請求損害賠償者，已罹於個人資料保護法第 29 條規定之二年消滅時效期間，且上訴人不因其在監服刑而喪失訴訟能力，亦無民法第 141 條時效不完成規定之適用**。另上訴人請求被上訴人賠償損害之金額顯不合理等語置辯。

◎ **臺灣高等法院 96 年重上字第 285 號民事判決**

(一) 上訴人縱在監服刑，仍得依法親自或委託他人行使其損害賠償請求權，且在監服刑並非時效中斷或不完成之法定事由。再者個資保護法第 29 條規定：「自損害發生時起，逾五年者，亦同。」係指自損害發生時起，上訴人雖不知有損害或賠償義務人時，如時效已逾五年者，亦不得請求之謂。本件上訴人已知有損害及賠償義務人，自無個資保護法第 29 條後段規定之適用。

(二) 姑不論上訴人所述是否屬實，上訴人早在 92 年 10 月 18 日或 93 年 3 月 9 日即已知悉被上訴人本件侵權行為事實，上訴人遲至 95 年 11 月 14 日才向原審聲請支付命令已如前述，**則上訴人行使損害賠償請求權時顯已超過個資保護法第 29 條上開規定，其損害賠償請求權已因二年間未行使而罹於時效，被上訴人抗辯縱認其有侵害上訴人權利，上訴人請求權業已罹於時效，洵屬有據，上訴人之請求應予駁回**。上訴人雖主張其因入監服刑失去自由應可排除上開時效之規定及本件自損害發生時起，請求權未逾五年云云。惟查：**上訴**

人縱在監服刑，仍得依法親自或委託他人行使其損害賠償請求權，且在監服刑並非時效中斷或不完成之法定事由。再者個資保護法第29條規定「自損害發生時起，逾五年者，亦同。」係指自損害發生時起，上訴人雖不知有損害或賠償義務人時，如時效已逾五年者，亦不得請求之謂。本件上訴人已知有損害及賠償義務人，自無個資保護法第29條後段規定之適用，上訴人上開主張，殊無可取。

(三) 綜上所述，上訴人主張縱然屬實，其請求權已罹於時效，被上訴人抗辯，尚屬可信。從而，上訴人依個資保護法第18條第1、2項、第19條第1項，請求被上訴人給付2,000萬元為無理由，不應准許。其假執行之聲請亦失所附麗，應併予駁回。原審為上訴人敗訴之判決，並無不合。上訴意旨指摘原判決不當，求予廢棄改判，為無理由，應予駁回。

◎法務部法律事務司82年12月13日法律司字第287號函

按國家賠償法施行細則第2條規定：「依本法第2條第2項、第3條第1項之規定。請求國家賠償者，以公務員之不法行為、公有公共設施設置或管理之欠缺及其所生損害均在本法施行後者為限。」故以公務員執行職務違法請求國家賠償者，須公務員之不法行為及其所生之損害，均在70年7月1日以後者，始有國家賠償法之適用，如不法行為或其所生之損害在70年7月1日以前發生者，而符合土地法第68條之要件時，其消滅時效之計算應適用民法第197條之規定；至國家賠償請求權之消滅時效，依國家賠償法第8條第1項規定：「賠償請求權，自請求權人知有損害時起，因二年間不行使而消滅；自損害發生時起，逾五年者亦同。」至不法行為與損害間有無因果關係，應依個案具體事實認定。本件究有無國家賠償法之適用，其消滅時效如何計算及因果關係之認定等，宜依上開法律規定，本於職權審認之。

相關條文

（裁判費暫免）個資法 34。（時效）個資法 30，民法 125～147，國家賠償法 8。（損害賠償請求依據）個資法 31。

> **第 37 條** （訴訟權限）
>
> 財團法人或公益社團法人就當事人授與訴訟實施權之事件，有為一切訴訟行為之權。但當事人得限制其為捨棄、撤回或和解。
>
> 前項當事人中一人所為之限制，其效力不及於其他當事人。
>
> 第一項之限制，應於第三十四條第一項之文書內表明，或以書狀提出於法院。

修正理由

財團法人或公益社團法人為當事人提起團體訴訟時，原則上有為一切訴訟行為之權。但有關捨棄、撤回或和解事項，影響當事人權益甚鉅，當事人自得限制之。另當事人中一人所為之限制效力及其方式，亦有規範必要，以資明確。爰參考證券投資人及期貨交易人保護法第 31 條，增訂本條規定。

名詞解釋

1. **撤回：**乃是對於未生效力之行為，阻止其效力發生之意思表示。其與撤銷之不同，在於撤銷是消滅已生效力之行為，而撤回係對未生效力之行為所為，如非對話意思表示之撤回（民法 95）、限制行為能力人所訂立之契約，相對人於法定代理人未承認前之撤回（民法 82）、訴訟行為之撤回（民訴法 262、459）。

2. **和解：**乃當事人互相讓步，以終止爭執或防止爭執發生之謂，其使用於多種場合。

3. **民法上之和解：**乃是當事人約定，互相讓步，以終止爭執或防止爭執發生之契約（民法 736），其為審判外之和解。

4. **訴訟上之和解：**為當事人在訴訟繫屬中，在受訴法院或受命法官或受託法官前，約定互相讓步以終止爭執，同時以終結訴訟之全部或一部為目的之契約，其須於審判上為之，故稱審判上之和解（民訴法 377）。其與民法上之和解為實體上之和解不同。其與確定判決有同一之效力（民訴法 380 Ⅰ），且和解筆錄得成為執行名義（強制執行法 4 Ⅰ③）。

5. **破產上之和解：**其乃是債務人於不能清償債務時，以預防破產為目的，而與債權人團體間所訂立之清償債務之強制契約，經法院認可或商業會處理後，發生效力（破產法 6、41）。其訂立係由債權人團體之意思機關之債權人會議與債務人為之，發生拘束全體債權人之效力（破產法 36、49）。

條文釋義

1. 財團法人或公益社團法人為當事人提起團體訴訟時，因係以自己名義為之，故原則上當然有為一切訴訟行為之權，惟因捨棄、撤回或和解等事宜對於當事人之權益影響甚鉅，自不得讓該訴訟代理人擅斷為之，因此當事人可加以限制，以確保其法律上之權益不被侵害。

2. 再者，因團體訴訟之當事人眾多，如僅其中少數人限制該起訴之財團法人或公益社團法人不得任意捨棄、撤回或和解時，其效力當然不及於其他當事人。

3. 另為避免爭議及舉證上的考量，特於本條第 3 項規定，在限制財團法人或公益社團法人不得為捨棄、撤回或和解時，應就該限制事項確實載明於該授與其訴訟實施權之文書中，或以其他書狀提出於法院。

相關條文

（公益團體）個資法施行細則 31。（團體訴訟）個資法 32。（裁判費暫免）個資法 34。（訴之撤回要件及程序）民訴法 262、459。

第 38 條 （上訴權益）

當事人對於第三十四條訴訟之判決不服者，得於財團法人或公益社團法人上訴期間屆滿前，撤回訴訟實施權之授與，依法提起上訴。

財團法人或公益社團法人於收受判決書正本後，應即將其結果通知當事人，並應於七日內將是否提起上訴之意旨以書面通知當事人。

修正理由

1. 第 1 項明定當事人得自行提起上訴之要件及時期。
2. 第 2 項明定財團法人或公益社團法人應將訴訟結果及是否提起上訴之意旨，儘速以書面方式通知當事人，俾當事人及早採行因應措施，以保障其權益。

條文釋義

1. 個人資料檔案遭到不法侵害之當事人，在依本法規定授與訴訟實施權與財團法人或公益社團法人提起團體訴訟，案經法院審理判決後，如對判決不服者，得依本條第 1 項規定，在該財團法人或公益社團法人上訴期間屆滿前，撤回該訴訟實施權之授與，另以當事人本身之名義依法提起上訴。
2. 按提起上訴係指當事人對於下級法院不利於己、未確定之終局判決，於送達後二十日之不變期間內向上級法院聲明不服，請求廢棄

或變更該判決之行為稱之，此為民事訴訟法第 440 [12]、481 條所明定。故團體訴訟所提之訴訟案件經法院審理完畢並為依法判決後，為使當事人能及早採行相關因應措施，以保障其訴訟權益，財團法人或公益社團法人，於收受法院判決書正本後，應立即將該判決結果通知當事人；顧及前開上訴期間之規定，特於本條文中規定財團法人或公益社團法人應於七日內將該判決結果通知當事人知悉。

🔍 相關條文

（公益團體）個資法施行細則 31。（團體訴訟）個資法 32。（裁判費暫免）個資法 34。（上訴期間）民訴法 440、481。

第 39 條 （報酬禁止）

財團法人或公益社團法人應將第三十四條訴訟結果所得之賠償，扣除訴訟必要費用後，分別交付授與訴訟實施權之當事人。

提起第三十四條第一項訴訟之財團法人或公益社團法人，均不得請求報酬。

🔍 修正理由

財團法人或公益社團法人為當事人提起團體訴訟，係為了多數受害人之利益，而非為其自身利益。是以，該訴訟如勝訴而得到賠償，扣除訴訟必要費用後，自應分別交付授與訴訟實施權之當事人，且不得請求報酬，以避免有趁機圖利之情事。爰參考證券投資人及期貨交易人保護

---

[12] 最高法院 50 年台抗字第 311 號判例謂：「民事訴訟法第 437 條（現行法 440）載：『提起上訴，應於第一審判決送達後二十日之不變期間為之。』所謂訴訟行為者，係指在法院為之，當事人在家中或在他處所所為之準備行為，當然不能認為已為訴訟行為，抗告人之上訴書狀，係 8 月 20 日送達法院，即應以是日為上訴書狀提出於法院期日，其何時付託郵局代遞書狀，自不可問。」

法第 33 條及消費者保護法第 50 條，增訂本條。

名詞解釋

訴訟必要費用 [13]：「訴訟費用指裁判費及其他訴訟進行之必要費用，由敗訴之當事人負擔。」為行政訴訟法第 98 條所明定。故訴訟必要費用係指訴訟費用扣除裁判費後之其餘費用，包含郵資等費用。

條文釋義

1. 當事人授權財團法人或公益社團法人以自己名義為多數被害人實施訴訟，該團體訴訟案經法院審理並為依法判決後，如因勝訴判決而獲得之賠償金，在扣除訴訟必要費用後，應分別交付與訴訟實施權之當事人。
2. 因財團法人及公益社團法人均係以推動公益為事業目的之法人，故本條第 2 項規定，就財團法人或公益社團法人為多數被害人利益所提起之團體訴訟，無論其勝訴與否，均不得向當事人或其他利害關係人請求任何報酬，以避免有趁機圖利之情事。

相關條文

（公益團體）個資法施行細則 31。（團體訴訟）個資法 32。（裁判費暫免）個資法 34。

第 40 條 （訴訟代理）

依本章規定提起訴訟之財團法人或公益社團法人，應委任律師代理訴訟。

---

[13] 司法院 90 年 4 月 16 日（90）院台廳行一字第 09439 號函。

🔍 修正理由

財團法人或公益社團法人依第 34 條第 1 項規定提起團體訴訟者，應委任律師代理訴訟，除期能加強該訴訟品質外，並符合民事訴訟法第 68 條第 1 項本文，有關訴訟代理人應委任律師之規定。爰參考消費者保護法第 49 條第 2 項前段，增訂本條規定。

🔍 名詞解釋

律師強制代理： 為避免訴訟當事人囿於專業法律知識之不足，或因智能不足無法為完全之陳述等不可歸責於己之事由，致被剝奪其訴訟上之權利，故要求訴訟之提起需委由律師為之，以保障當事人權益。（民訴法 466-1）

🔍 條文釋義

因民事訴訟程序具有高度的法律專業性，為使訴訟程序得以順利進行，並保障當事人權益，提高訴訟品質，故於本條規定，依本法所提起團體訴訟之財團法人或公益社團法人，均必須委任律師代理訴訟，此亦稱律師強制代理。

🔍 實務見解

◎ 最高法院 90 年台抗字第 162 號民事判例

第三審上訴係採律師強制代理制度，除有民事訴訟法第 466 條之 1 第 1 項但書及第 2 項之情形外，對於第二審判決上訴，上訴人應委任律師為訴訟代理人，如未委任律師為訴訟代理人，第二審法院應定期先命補正；於上訴人自行委任或經法院為其選任律師為訴訟代理人之前，上訴人尚不具表明上訴理由之能力，自不得以其未於同法第 471 條第 1 項所定期間內提出上訴理由書，即認其上訴為不合法，以裁定予以駁回。

相關條文

（公益團體）個資法施行細則 31。（團體訴訟）個資法 32。（裁判費暫免）個資法 34。（選任代理人、律師）民訴法 51、69、70-1、77-25、110、374、466-1、466-3、535、585 Ⅰ。

｜第五章｜

罰　則

第 41 條 （刑事責任）

意圖為自己或第三人不法之利益或損害他人之利益，而違反第六條第一項、第十五條、第十六條、第十九條、第二十條第一項規定，或中央目的事業主管機關依第二十一條限制國際傳輸之命令或處分，足生損害於他人者，處五年以下有期徒刑，得併科新臺幣一百萬元以下罰金。

🔍 修正理由

行為人非意圖為自己或第三人不法之利益或損害他人之利益，而違反本法相關規定者，因其可受非難性之程度較低，原則以民事損害賠償、處以行政罰為已足。惟行為人如有意圖為自己或第三人不法之利益或損害他人之利益而違反本法相關規定，因其可受非難性之程度較高，仍有以刑罰處罰之必要，爰為本條之修正。

🔍 名詞解釋

1. **意圖：**指期望。指行為人在主觀上必須具備法定之特定心意趨向，亦即是具有行為之目的。
2. **足生損害於他人：**所謂足生損害者係指他人有可受法律保護之利益，該利益固不以實際上已發生損害為必要，然亦必須有足以生損害之虞者，始足當之。（刑法 210）

條文釋義

1. 何種情形係屬「足生損害於他人者」，學說上容有爭議，惟揆其修法理由係「鑒於刑法妨害名譽及信用罪章係保護人格權法益，不要求有實際損害發生，本章處罰……亦重在保護個人之人格權，故上開違法行為，如足生損害於他人之虞為已足，無需致生實質損害始能論罪，故將『致生損害於他人者』改為以『足生損害於他人者』，以符合本法立法目的。」綜上所述，行為人若有客觀上不法蒐集、處理或利用個人資料檔案之行為，而足生損害於當事人權益之虞者即為已足，無需發生實質上損害，即可構成本條文所規定之犯罪構成要件，進而論罪科刑。

2. 再者，因本條所科處者係刑事責任，基於「刑罰最後手段性」及「刑法之謙抑思想」，對於相關罪刑之規範均需有法律明文規定方可為之，此即為「罪刑法定主義」之內涵，亦即是「無法律、無犯罪」。犯罪行為之成立與其法律效果，均以行為時有相關刑事法規定為前提，此即刑法之保障功能（刑法1）；因本條文所違反之法律規範，除第1項明定之各條款外，尚包括「中央目的事業主管機關依第21條限制國際傳輸之命令或處分」，此種規定即屬刑事法學中之「空白刑法」規定，亦即是指在刑法的犯罪構成要件上，對於禁止之行為要件有待其他行政命令或其他法規加以補充者。

實務見解

◎法務部87年12月14日（87）法律字第045456號函

按「電腦處理個人資料保護法」第18條規定，非公務機關對個人資料之蒐集或電腦處理，非有特定目的，並符合該條所定五款情形之一者，不得為之。如意圖營利違反上開規定，致生損害於他人者，依同法第33條之規定，應科以刑事責任。另為保障個人之隱私權，維護社會善良風氣，本次刑法部分條文再修正草案（院一讀審議中），有關妨害

祕密罪章部分，增訂無故窺視、竊聽或以錄音、照相、錄影等方式竊錄他人非公開之活動、言論或談話者予以處罰之規定（修正草案條文第315 條之 1 參照），為保障人民祕密通訊自由不受非法侵害，「通訊監察法草案」（立法院二讀審議中）規定於特定條件下，始得聲請核發通訊監察書（草案條文第 5 條、第 6 條及第 7 條參照），違法監察他人祕密通訊者，除科以刑事處罰外並負損害賠償責任（同草案第 22 條、第17 條參照）。

相關條文

（特種資料）個資法 6。（公務蒐集處理）個資法 15。（公務利用）16。（非公務蒐集處理）個資法 19。（非公務利用）個資法 20。（國際傳輸）個資法 21。（故意）刑法 12、13。

第 42 條　（刑事責任）

意圖為自己或第三人不法之利益或損害他人之利益，而對於個人資料檔案為非法變更、刪除或以其他非法方法，致妨害個人資料檔案之正確而足生損害於他人者，處五年以下有期徒刑、拘役或科或併科新臺幣一百萬元以下罰金。

修正理由

1. 本條立法意旨在於處罰以非法方式妨害個人資料檔案正確性之行為。原條文之「輸出」二字，易誤解為傳輸個人資料檔案，即使未妨害該個人資料檔案之正確性亦得處罰，爰予刪除「輸出」二字。另將致生損害結果文字略作修正，以資明確。

2. 為期本條刑責與偽造文書罪及妨害電腦使用罪平衡起見，爰將刑度修正提高為「五年以下有期徒刑、拘役或科或併科新臺幣 100 萬元以下罰金」。

名詞解釋

不法之利益：謂財產犯罪中侵害他人之財產利益，因而不法取得之利益。（刑法 328、339、341、346）

條文釋義

本條之犯罪構成要件，主觀上需行為人具有意圖為自己或第三人不法之利益或損害他人之利益，客觀上則不論以任何方法，對於個人資料檔案為非法之變更、刪除或以其他非法方式，致妨害個人資料檔案之正確性，而足生損害於他人者均屬之，此部分因其惡性比不法蒐集、處理或利用個人檔案資料更為重大，故在參酌刑法之偽造文書（刑法第 210條）與妨害電腦使用罪（刑法第 359 條）之相關規定後，訂立本條文之刑度。

實務見解

◎法務部 91 年 7 月 15 日法律字第 0910024855 號函

又按電腦處理個人資料保護法第 34 條規定：「**意圖為自己或第三人不法之利益或損害他人之利益，而對於個人資料檔案為非法輸出、干擾、變更、刪除或以其他非法方法妨害個人資料檔案之正確，致生損害於他人者，處三年以下有期徒刑、拘役或科新臺幣 5 萬元以下罰金。**」本件來函所述情形，如該當於上開規定之犯罪構成要件時，公務機關應予告發；權益受侵害之納稅義務人亦得提出告訴，並得依民法規定向侵害其權益之人請求賠償。

相關條文

（偽造變造私文書）刑法 210。（未經允許取得、刪除、變更他人電磁紀錄）刑法 339-3、359。

第 43 條　（犯罪之適用）

中華民國人民在中華民國領域外對中華民國人民犯前二條之罪者，亦適用之。

修正理由

1. 違法侵害個人資料之行為，並不限於在我國境內始足為之，為強化對個人資料之保護，爰增訂本條規定。
2. 參考日本行政機關保有個人資訊保護法第 56 條、獨立行政法人等保有個人資訊保護法第 53 條規定。

條文釋義

　　本條文之規範係採保護主義。所謂保護主義係指，為保護本國及本國人民法益，對於部分在國外對國內犯罪者，雖不屬我國領域，仍須處罰之。我國刑法雖採屬地主義為原則[1]，屬人主義或保護主義為例外，但有鑑於資訊科技的發達，即使犯罪行為人非在國內亦可輕易不法蒐集、處理、利用或竄改個人資料，故以本條特別規定，如我國人民在中華民國領域外者，對中華民國人民犯本法第 41 條、第 42 條之罪者，亦得適用之。

相關條文

　　（刑事責任）個資法 41、42。（屬地原則）刑法 3。（隔地犯）刑法 4。

---

[1] 按屬地原則係以刑罰權為主權之象徵，因此原則上刑法之效力以主權範圍所及之地為限（刑法 3）。

> **第 44 條** （刑事責任）
>
> 公務員假借職務上之權力、機會或方法，犯本章之罪者，加重其刑至二分之一。

修正理由

條次變更，文字酌作修正。

名詞解釋

1. **公務員**：依法令服務於國家、地方自治團體所屬機關而具有法定職務權限，以及其他依法令從事於公共事務，而具有法定職務權限者。受國家、地方自治團體所屬機關依法委託，從事與委託機關權限有關之公共事務者。（刑法 10 II）

2. **職務上**：指屬於公務員權限範圍內之事，亦即依據法律、行政規章或服務規章所規定屬於公務員職務範圍內所應為或得為之行為（刑法 121）。包括合法執行職務行為、違法執行職務行為及逾越職務權限行為。（刑法 134 本文）

條文釋義

依據美國身分竊盜資源中心（ITSC，2009 年）的統計資料顯示，每年從政府單位或軍方機構所洩漏的個人資料，約占全部案件的百分之十七；所以相對而言，公務機關可視為個人資料洩漏的最大來源之一，且因本國戶政、地政系統等相關行政體系的特殊性，公務機關可以說是個人資料的最大蒐集者，公務員依法執行公權力時，對於因執行職務上所持有之民眾個人資料部分，本即有義務作好把關工作，如因假借該職務上之權力、機會或方法而洩漏民眾個人資料者，其惡性更為重大，故本條規定，加重其刑至二分之一。

🔍 相關條文

（公務員）刑法 10 Ⅱ。（瀆職罪章）刑法 121 ～ 134。（刑事責任）個資法 41、42。

第 45 條　（告訴乃論）

本章之罪，須告訴乃論。但犯第四十一條之罪者，或對公務機關犯第四十二條之罪者，不在此限。

🔍 修正理由

配合第 41 條之修正，酌修本條但書規定。

🔍 名詞解釋

告訴乃論：謂犯罪之被害人或與被害人有某種關係之人，向犯罪偵查機關申報犯罪之事實，請求訴追之意思表示。（刑事訴訟法 232 ～ 239）

🔍 條文釋義

因個人資料係屬個人權益之一，而受侵害者為當事人之人格權，故自應尊重被害人之意願，來決定是否要追究犯罪行為人之刑事責任。故本條規定對於本章之罪，須告訴乃論。惟對於意圖營利而違法蒐集、處理或利用個人資料，或意圖營利違反限制國際傳輸之命令或處分，將資料傳遞至國外者，其惡性較為重大，且侵害個人權益情節較重，更甚者，會影響到國家安全或其他重大利益，是本條規定，對於犯本法第 41 條第 2 項，則排除須告訴乃論，即使無被害人提出告訴，國家亦得主動訴追犯罪者之刑事責任。

相關條文

（公務機關）個資法 2。（妨害公務機關之電腦加重罪）刑法 361。（告訴乃論）刑法 363。（刑事責任）個資法 41、42。（告訴）刑事訴訟法 232 ～ 239。

第 46 條　（刑事責任）

犯本章之罪，其他法律有較重處罰規定者，從其規定。

修正理由

條次變更，內容未修正。

條文釋義

本法相較於其他法律（如醫療法等）其性質為普通法，故如其他法律有特別規定者，自應依該特別法之規定辦理。由於個人資料包羅萬象，有些個人資料係屬較為特殊或敏感，故需另以特別法規範之。例如：金融保險資料、病歷資料、個人財務資料等，此均需由該相關專業法規予以特別規範。為使個人資料得以充分獲得保障，因此如犯本章之罪，而其他法律有較重之處罰時，應依該特別法規定處罰之。

相關條文

（妨害祕密）刑法 315-1。（圖利為妨害祕密）刑法 315-2。

第 47 條　（罰則）

非公務機關有下列情事之一者，由中央目的事業主管機關或直轄市、縣（市）政府處新臺幣五萬元以上五十萬元以下罰鍰，並令限期改正，屆期未改正者，按次處罰之：

一、違反第六條第一項規定。

二、違反第十九條規定。

三、違反第二十條第一項規定。

四、違反中央目的事業主管機關依第二十一條規定限制國際傳輸之命令或處分。

🔍 修正理由

1. 本條係針對非公務機關違反本法規定時，所得科處之行政罰。為期明確，爰於本條序文明定處罰範疇為「非公務機關」。

2. 明定處罰機關為中央目的事業主管機關或直轄市、縣（市）政府，修正理由參照本法第 22 條。

3. 本法適用對象並無行業別限制，故非公務機關不再以法人或團體為限，為達處罰效果，爰將原法處罰對象為非公務機關之負責人修正為該非公務機關。至於該非公務機關有代表人、管理人或其他有代表權人，而未盡防止義務者，則並受同一罰鍰之處罰，另於本法第 50 條規定之。

4. 為避免罰鍰數額上限及下限偏低，無法收處罰之效，爰提高本條罰鍰數額為新臺幣 5 萬元以上 50 萬元以下。

5. 增列第 1 款明定違反第 6 條規定者應予處罰，並將原條文第 1 款移列為第 2 款；第 3 款、第 4 款規定之條次配合修正。

6. 本法已廢除非公務機關應經許可或登記制度，爰刪除第 1 項第 2 款與第 2 項規定。

🔍 條文釋義

1. 本條係規定有關非公務機關違反本法相關規定時，所應課處的行政裁罰，配合本法之其他規定，可得知如有違法蒐集、處理或利用個

人資料或違背其他相關法令規範者，除民、刑事責任外，更負有行政責任。

2. 本法更授權中央目的事業主管機關或直轄市、縣（市）政府，容許其在特定情事之下科處一定金額之罰鍰（5萬元以上50萬元以下），並限令相當期限完成改正，屆期如未改正者，將得以依據上開規定予以按次連續處罰之。本條文並列舉四種規範情狀以為裁罰之依據。

實務見解

◎**法務部 105 年 5 月 25 日法律決字第 10503507880 號函**

個資法第 47 條規定，非公務機關違反第 19 條規定者，應處罰鍰，倘該協會違反上開規定，是否因其係公益社團法人，適用其他罰則規定乙節，**查上開罰則規定，對公益法人或非公益法人一體適用，個資法並未針對公益組織之法人或團體另設處罰或免予處罰規定。**

相關條文

（非公務機關）個資法 2。（特種資料）個資法 6。（非公務蒐集）個資法 19。（非公務利用）個資法 20。（國際傳輸）個資法 21。

第 48 條 （罰則）

非公務機關有下列情事之一者，由中央目的事業主管機關或直轄市、縣（市）政府限期改正，屆期未改正者，按次處新臺幣二萬元以上二十萬元以下罰鍰：

一、違反第八條或第九條規定。

二、違反第十條、第十一條、第十二條或第十三條規定。

三、違反第二十條第二項或第三項規定。

四、違反第二十七條第一項或未依第二項訂定個人資料檔案安全維護計畫或業務終止後個人資料處理方法。

🔍 修正理由

1. 本條序文增訂「非公務機關」等字，修正理由同前條理由。

2. 處罰對象修正為「非公務機關」，修正理由同前條理由。

3. 將「目的事業主管機關」修正為「中央目的事業主管機關或直轄市、縣（市）政府」，修正理由參照本法第 22 條。

4. 為避免罰鍰數額上限及下限偏低，無法收行政處罰之效，爰提高本條罰鍰數額為新臺幣 2 萬元以上 20 萬元以下。

5. 增訂第 1 款明定違反第 8 條或第 9 條規定應告知義務，經限期改正屆期仍未改正者，應予處罰。

6. 原條文第 20 條至第 22 條業經刪除，原條文第 1 項第 1 款至第 3 款亦配合刪除。

7. 原條文第 1 項第 4 款配合修正條文，移列為第 2 款，另增列違反本法第 12 條規定者，亦得依第 2 款處罰。

8. 增訂第 3 款規定，對於非公務機關違反本法第 20 條第 2 項或第 3 項規定，當事人已拒絕接受行銷，仍未停止利用其個人資料行銷者，或於首次行銷時未免費提供當事人表示拒絕方式者，得限期改正，屆期仍未改正者，得按次處罰。

9. 為落實非公務機關對個人資料檔案安全維護之義務，明定違反第 27 條第 1 項未採行適當之安全措施，或中央目的事業主管機關依第 2 項規定指定之非公務機關，未訂定個人資料檔案安全維護計畫或業務終止後個人資料處理方法者，得限期改正，屆期仍未改正者，則予以處罰，爰為第 4 款規定。

10. 原條文第 26 條第 2 項業經刪除，原條文第 5 款配合併予刪除。

11. 原條文第 20 條至第 22 條業經刪除，非公務機關應經許可或登記制度亦併予廢除，爰刪除原條文第 2 項規定。

條文釋義

　　在合法蒐集、處理或利用個人資料過程中，如僅是程序上有所瑕疵，且其違反之情節並非過重，就當事人而言實尚未達到所謂的侵害權益之程度，故如當下命其立即改正應可發揮保護個人資料不被侵害之效果者，就此部分是否有必要課處其行政裁罰，實容有討論之處。本條文規定：非公務機關如有下列情事之一者，綜其違反之內容以論，考慮其違法之情節輕微，且未足以造成當事人權益上之損害時，得由中央目的事業主管機關或直轄市、縣（市）政府命其限期改正，屆期如未改正者，將按次處新臺幣 2 萬元以上 20 萬元以下罰鍰，以收罪刑相當之效。

1. 直接對當事人蒐集資料時，未盡告知義務（個資法 8）；間接蒐集之情狀下，未對當事人告知資料來源及其他應行告知事項（個資法 9）。

2. 未依當事人之請求，就其所蒐集、處理或利用之個人資料，答覆查詢、提供閱覽或製給複製本（個資法 10）。未主動或依當事人請求，更正或補充該當事人資料；蒐集個人資料的特定目的已消失或期限屆滿時，未主動或依當事人的請求，刪除、停止處理或利用（個資法 11）；亦或是所蒐集之個人資料被竊取、洩漏、竄改或發生其他侵害時，未即時查明並以適當方式通知當事人，使其得以盡早採取防範措施避免損害之擴大（個資法 12）；或未於法定期限內就當事人所請求查詢、閱覽資料、製給複製本，或請求更正補充、刪除、停止處理或利用個人資料時，為是否允許之決定（個資法 13）。

3. 利用個人資料對當事人進行行銷而當事人已表示拒絕時，未立即停止；首次行銷時未提供當事人免費表示拒絕接受行銷之方式（個資法 20 Ⅱ、Ⅲ）。

4. 未為適當的安全措施；或未遵照中央目的事業主管機關之指導，訂定個人資料的安全維護計畫或業務終止後個人資料處理的方法（個資法 27 Ⅰ、Ⅱ）。

🔍 實務見解

◎ 法務部 105 年 2 月 5 日法律決字第 10503502290 號函

按個人資料保護法（以下簡稱個資法）第 48 條第 1 款規定：「非公務機關有下列情事之一者，由中央目的事業主管機關或直轄市、縣（市）政府限期改正，屆期未改正者，按次處新臺幣 2 萬元以上 20 萬元以下罰鍰：一、違反第 8 條或第 9 條規定。」本條所定裁處之機關為「中央目的事業主管機關或直轄市、縣（市）政府」，核其立法理由，乃個資法對於非公務機關個人資料保護之監管，係採分散式管理，由非公務機關（包括自然人、法人或其他團體）之中央目的事業主管機關執行。由於各行業均有其目的事業主管機關，而個人資料之蒐集、處理或利用，與該事業之經營關係密切，應屬該事業之附屬業務，自宜由原各該主管機關一併監督管理與其業務相關之個人資料保護事項，較為妥適（個資法第 22 條立法說明第 2 點及本部 104 年 1 月 23 日法律字第 10403501100 號函參照）。

◎ 法務部 104 年 3 月 30 日法律字第 10403503590 號函

中央目的事業主管機關訂定安全維護標準辦法如規定非公務機關就個人資料外洩應予通報，因該通報並非法定義務，非公務機關如發生個人資料外洩事件時，其目的事業主管機關仍應就該非公務機關有無違反個人資料保護法（以下簡稱個資法）第 27 條第 1 項或未依第 27 條第 2 項訂定安全維護計畫或處理方法，依個案具體情形審酌是否符合個資法第 48 條第 4 款之處罰構成要件，目的事業主管機關不得僅因非公務機關未依安全維護標準辦法所定通報機制向目的事業主管機關為通報，即逕予裁罰。

◎ 法務部 102 年 11 月 28 日法律字第 10203513210 號函

按個人資料保護法（以下簡稱本法）第 48 條第 2 款及第 3 款規定：「非公務機關有下列情事之一者，由中央目的事業主管機關或直轄市、

縣（市）政府限期改正，屆期未改正者，按次處新臺幣 2 萬元以上 20 萬元以下罰鍰：二、違反第 20 第 2 項或第 3 項規定。三、違反第 20 條第 2 項或第 3 項規定。」地方制度法第 2 條第 2 款規定：「二、自治事項：指地方自治團體……，或法律規定應由該團體辦理之事務，而負其……行政執行責任之事務。」地方制度法第 18 條第 13 款規定：「下列各款為直轄市自治事項：十三、其他依法律賦予之事項。」準此，貴府對於貴轄範圍內之自然人違反本法規定時，貴府仍屬其目的事業主管機關，具有依本法規定監督、裁處權責。又本法所稱之非公務機關，未區別自然人、法人或其他團體而有不同規範，故非公務機關（包括自然人、法人或其他團體）之本法上目的事業主管機關，其認定標準並無不同。

相關條文

（非公務機關）個資法 2。（直接蒐集告知）個資法 8。（間接蒐集告知）個資法 9。（請求權限制）個資法 10。（更正刪除權）個資法 11。（侵害通知義務）個資法 12。（請求處理期限）個資法 13。（非公務利用）個資法 20。（安管措施）個資法 27。

第 49 條 （罰則）

非公務機關無正當理由違反第二十二條第四項規定者，由中央目的事業主管機關或直轄市、縣（市）政府處新臺幣二萬元以上二十萬元以下罰鍰。

修正理由

1. 本條序文增訂「非公務機關」等字，修正理由同第 47 條。
2. 參考公平交易法第 43 條規定，增加「無正當理由」，以排除具有阻卻違法正當事由情況下拒絕檢查行為之可罰性。
3. 將「目的事業主管機關」修正為「中央目的事業主管機關或直轄市、

縣（市）政府」，修正理由參照本法第 22 條。

4. 處罰對象修正為「非公務機關」，理由同第 47 條。

5. 原條文第 20 條業經刪除，另第 32 條第 2 項亦予刪除限期改正之規定，爰將第 1 項第 1 款及第 3 款配合刪除，第 1 項第 2 款配合條次修正後，移列於本文規定。

6. 為避免罰鍰數額上限及下限偏低，無法收行政處罰之效，爰提高本條罰鍰數額為新臺幣 2 萬元以上 20 萬元以下。另本條之處罰，已僅限對規避、妨害或拒絕檢查之行為，依本法第 22 條第 2 項規定，該等情形得使用強制力進行檢查，已無按次處罰之必要，爰將原條文「按次」二字，予以刪除。

7. 本法已廢除非公務機關應經許可或登記制度，爰刪除第 2 項規定。

🔍 條文釋義

個資法第 22 條第 4 項規定：中央目的事業主管機關或直轄市、縣（市）政府認為有必要或有為本法相關規定之虞時，得派員進行檢查，如有發現得沒入或可為證據之物可為沒入或予以扣留、複製，非公務機關及其相關人員不得規避、妨礙或拒絕。如有違反上開規定者，中央目的事業主管機關或直轄市、縣（市）政府得科處新臺幣 2 萬元以上 20 萬元以下罰鍰，且得視情狀採取對受檢查人權益侵害最小方式，以強制力進行所欲為之檢查。

🔍 相關條文

（非公務機關）個資法 2。（行政檢查）個資法 22。

第 50 條 （罰則）

非公務機關之代表人、管理人或其他有代表權人，因該非公務機關依前三條規定受罰鍰處罰時，除能證明已盡防止義務者外，應並受同一額度罰鍰之處罰。

修正理由

非公務機關之代表人、管理人或其他有代表權人，對於該公務機關，本有指揮監督之責，故非公務機關依第 47 條至第 49 條規定受罰鍰之處罰時，該非公務機關之代表人、管理人或其他有代表權人，對該違反本法行為，應視為疏於職責，未盡其防止之義務（包含個人資料應採取適當安全措施之義務），而為指揮監督之疏失，除能證明其已盡防止義務者外，應並受同一額度罰鍰之處罰。

名詞解釋

1. **兩罰制**：又稱併罰制，係指法律或自治條例規定處罰行政罰之對象，除行為義務人（如法人）外，尚一併處罰實際行為人（如法人之代表人）等其他人或組織者，因具有擴大處罰對象之意義，故仍應有故意或過失為必要（行政罰法 15 Ⅰ）。學理上稱之為行政罰之「兩罰制」，即不僅裁處私法人罰鍰，亦裁處其代表人罰鍰。

2. **代表人、管理人或其他有代表權人**：代表人係存在於公務機關或非公務機關之組織中，為必備常設組織，代表人與機關為同一權利主體代表之行為即為法人行為；管理人則係管理機關內部一切事務之人稱之；其他有代表權人則包括法定代理權人及意定代理權人，前者如清算人、重整人；後者如經授權代表法人之經理或廠長、被委託代表私法人之律師、會計師等，凡實際上於行為時享有私法人之代表權者，均屬之。

條文釋義

1. 按代表人、管理人或其他有代表權人係指對內執行該非公務機關之一切事務，對外代表非公務機關之主體稱之；非公務機關之代表人、管理人或其他有代表權人，就該非公務機關本即有指揮監督的權利與責任，故如該非公務機關有違反本法明文所定之相關規範行為，而依本法第 47 至 49 條之規定受有罰鍰之處罰時，對該違反規範行為，應視為該代表人、管理人或其他有代表權人有疏於職責、未盡防止之義務，並有指揮監督疏失之嫌。除該代表人、管理人或其他有代表權人能證明自己已盡防止之義務外，應與該非公務機關並受同一額度罰鍰之處罰，以為儆尤。

2. 再者，「私法人之董事或其他有代表權之人，因執行其職務或為私法人之利益為行為，致使私法人違反行政法上義務應受處罰者，該行為人如有故意或重大過失時，除法律或自治條例另有規定外，應並受同一規定罰鍰之處罰。」「前條之規定，於設有代表人或管理人之非法人團體，或法人以外之其他私法組織，違反行政法上義務者，準用之。」為行政罰法第 15 條第 1 項、第 16 條所明定，前開條款與本條款之規範似有異曲同工之處；均係在說明私法人亦得為行政罰上之義務主體，故如發生義務違反之情形時，自得成為行政罰之處罰對象，且行政罰係以罰鍰、沒入或其他種類之行政罰為制裁手段，性質上亦得對私法人為類似之裁處，故在理論及實務運作上殆無疑義。

實務見解

◎法務部 97 年 5 月 30 日法律決字第 0970017829 號函

按電腦處理個人資料保護法（以下簡稱本法）第 38 條第 1 項規定：「有左列情事之一者，由目的事業主管機關處負責人新臺幣 2 萬元以上 10 萬元以下罰鍰，並令限期改正，逾期未改正者，按次處罰之：一、違

反第18條規定者。二、違反第19條第1項或第2項規定者。三、違反第23條規定者。四、違反依第24條所發布之限制命令者。」查上開各款係對非公務機關（本法第3條第7款參照）所為之規範，**故本條第1項本文規定所處罰之負責人係指違反上開各款規定時之非公務機關之負責人**，是以違章行為後縱負責人有變更，仍不影響原負責人所應受之處罰。

相關條文

（非公務機關）個資法2。（罰則）個資法47～49，行政罰法15、16。

| 第六章 |

附　則

第 51 條　（排除適用）

有下列情形之一者，不適用本法規定：

一、自然人為單純個人或家庭活動之目的，而蒐集、處理或利用個人資料。

二、於公開場所或公開活動中所蒐集、處理或利用之未與其他個人資料結合之影音資料。

公務機關及非公務機關，在中華民國領域外對中華民國人民個人資料蒐集、處理或利用者，亦適用本法。

修正理由

1. 依本法第 2 條第 8 款規定，本法所稱非公務機關包括自然人，惟有關自然人為單純個人（例如：社交活動等）或家庭活動（例如：建立親友通訊錄等）而蒐集、處理或利用個人資料，因係屬私生活目的所為，與其職業或業務職掌無關，如納入本法之適用，恐造成民眾之不便亦無必要，爰增訂第 1 項第 1 款規定，予以排除。

2. 由於資訊科技及網際網路之發達，個人資料之蒐集、處理或利用甚為普遍，尤其在網際網路上張貼之影音個人資料，亦屬表現自由之一部分。為解決合照或其他在合理範圍內之影音資料須經其他當事人之書面同意始得為蒐集、處理或利用個人資料之不便，且合照當事人彼此間均有同意之表示，其本身共同使用之合法目的亦相當清

楚，爰對於在公開場所或公開活動中所蒐集、處理或利用之未與其他個人資料結合之影音資料，不適用本法之規定，回歸民法適用，增訂如第 1 項第 2 款之規定。

3. 由於科技之進步與網際網路使用普遍，即使在我國領域外蒐集、處理或利用國人之個人資料，亦非常容易。為防範公務機關或非公務機關在我國領域外違法侵害國人個人資料之隱私權益，以規避法律責任，爰增訂第 2 項，明定在我國領域外，亦有本法之適用。

4. 參考 1995 年歐盟資料保護指令（95/46/EC）第 3 條、德國聯邦個人資料保護法第 1 條第 2 項第 3 款、日本個人資訊保護法第 50 條等。

🔍 名詞解釋

公開場所：謂不特定多數人集合所在之場所，如廣場、道路、公園或電影院均是。

🔍 條文釋義

1. 自然人為社交、家庭活動私生活目的所為蒐集、處理或利用之個人資料，若都納入個資法之適用，於蒐集個資時均依法需告知個資本人時，恐造成民眾日常生活不便且有違個資法促進個人資料合理利用之精神，因而排除個資法之適用。又自然人既然於得共聞共見之公開場所或公開活動中出現，對其肖像權原無期待保護之可能，如未與其個人資料結合做其他目的之利用，自無侵害當事人資訊自主權，因此本條文第 1 項特別規定二種個人性質明顯的行為排除個資法適用。例如：個人於一般社交活動中互相交換名片而為蒐集、處理或利用，即屬單純個人活動之目的，故無本法適用 [1]。

---

[1] 參法務部個人資料保護專區個資法問與答 http://pipa.moj.gov.tw/cp.asp?xItem=1261&ctNode=408&mp=1，最後瀏覽日期：2012/12/7。

2. 另為貫徹個資法保護人民個人隱私權益精神，兼採屬人原則之立法，特於本條第 2 項規定，不論公務機關或是非公務機關，在中華民國領域外對我國人民個人資料，為蒐集、處理或利用者，亦適用個資法。

🔍 實務見解

◎法務部 101 年 9 月 3 日法律字第 10100626710 號函

(一) 按個人資料保護法（下稱本法）第 15 條規定：「公務機關對個人資料之蒐集或處理，除第 6 條第 1 項所規定資料外，應有特定目的，並符合下列情形之一者：一、執行法定職務必要範圍內。……」及同法第 16 條規定：「公務機關對個人資料之利用，除第 6 條第 1 項所規定資料外，應於執行法定職務必要範圍內為之，並與蒐集之特定目的相符。……」查依「中華民國總統府處務規程」第 12 條規定，貴室負責「關於總統、副總統致賀國內外人士新歲及受賀新歲、華誕、就職案之處理事項」是以，貴室如基於執行上開規定「總統致賀國內外人士新歲」之職務與特定目的（例如：代號 006 公共關係或 093 其他中央政府），即得蒐集相關國內外人士之名單資料，並得於上開蒐集之特定目的內利用（如寄發賀卡）。

(二) **次按本法第 51 條第 1 項第 1 款規定：「有下列情形之一者，不適用本法規定：一、自然人為單純個人或家庭活動之目的，而蒐集、處理或利用個人資料。……」關於貴室蒐集、處理或利用相關國內外人士之名單資料，並非基於單純個人或家庭活動之目的，故無第 51 條第 1 項第 1 款規定之適用。**

(三) 又貴室如基於執行法定職務必要範圍內而蒐集、處理或利用相關國內外人士之名單資料，依本法第 8 條第 2 項第 2 款「……有下列情形之一者，得免為前項之告知：……二、個人資料之蒐集係公務機關執行法定職務……」及第 9 條第 2 項第 1 款「……有下列情形

之一者，得免為前項之告知：一、有前條第 2 項所列各款情形之
一。……」規定，得免踐行告知義務。至關於特定目的之認定，按
85 年 8 月 7 日發布之「電腦處理個人資料保護法之特定目的」（刻
正配合新法研修中）定有 101 項之特定目的項目（如附件），是鈞
府宜對照上開特定目的項目以確定所蒐集個人資料，屬何種特定
目的（例如：鈞府人事處依鈞府處務規程第 15 條第 1 款第 4 目規
定，辦理鈞府公務人員人事資料管理而蒐集該等人員個人資料，即
屬上開特定目的項目代號 002「人事行政管理」）。

(四) 至如相關名單原蒐集之目的係為訪賓入府晉見總統時辦理管制查核
及接待之用，而將該名單用於寄發賀卡者，係屬特定目的外利用，
惟揆諸一般社會通念，於通常情形下當事人將不致拒絕收受賀卡，
是以寄發賀卡傳達祝福，似可認屬有利於當事人權益，而得依本法
第 16 條第 6 款規定為目的外之利用。

相關條文

（用詞定義）個資法 2。

第 52 條　（公權力委託）

第二十二條至第二十六條規定由中央目的事業主管機關或直轄市、
縣（市）政府執行之權限，得委任所屬機關、委託其他機關或公益
團體辦理；其成員因執行委任或委託事務所知悉之資訊，負保密義
務。

前項之公益團體，不得依第三十四條第一項規定接受當事人授與訴
訟實施權，以自己之名義提起損害賠償訴訟。

修正理由

1. 中央目的事業主管機關或直轄市、縣（市）政府依第 22 條至第 26

條規定執行檢查、扣留或複製等之權限，應可委任所屬機關、委託其他機關或公益團體辦理，以期能充分發揮執行效率，爰增訂第 1 項規定之。另接受委任或委託執行事務而知悉他人之資訊者，自應負保密義務不得洩漏，爰於同項後段併予規定。

2. 本法第 34 條規定財團法人或公益社團法人得接受當事人訴訟實施權之授與後，以自己名義提起團體訴訟，代為請求損害賠償，惟本條又授權中央目的事業主管機關或直轄市、縣（市）政府得委託公益團體代為執行其權限。為避免發生角色混淆、利益衝突之情形，爰增訂第 2 項，明定接受委託執行主管機關權限之公益團體，不得再依第 34 條規定，接受當事人訴訟實施權之授與，以自己名義，提起損害賠償之團體訴訟。

名詞解釋

1. **委任：** 將一定之事物委託他人處理之謂（參照民法 528）。常見之委任者，如訴訟代理人之委任（民訴法 68 以下）、辯護人之委任（刑事訴訟法 27 以下）。

2. **委託：** 為較常用之一般性用語，除於私法上之關係使用外，在公法上之關係亦使用之。而公法上管轄權限變動，則可因機關間有無隸屬關係而分為權限委任與權限委託。「稱委任者，謂當事人約定，一方委託他方處理事務，他方允為處理之契約（民法 528）。」「檢驗工作除由檢驗機構執行外，主管機關得將有關檢驗之技術工作，委託有關業務之政府機關或法人、團體代為實施（商業檢驗法 26 Ⅰ）。」「行政機關得依法規將其權限之一部分，委任所屬下級機關執行之。行政機關因業務上之需要，得依法規將其權限之一部分，委託不相隸屬之行政機關執行之。（行政程序法 15 Ⅰ、Ⅱ）」

3. **公益團體：** 指依民法或其他法律設立並具備個人資料保護專業能力之公益社團法人、財團法人及行政法人。（個資法施行細則 31）

條文釋義

1. 按「中央目的事業主管機關或直轄市、縣（市）政府為執行資料檔案安全維護、業務終止資料處理方法、國際傳輸限制或其他例行性業務檢查而認有必要或有違反本法規定之虞時，得派員攜帶執行職務證明文件，進入檢查，並得命相關人員為必要之說明、配合措施或提供相關證明資料。」「中央目的事業主管機關或直轄市、縣（市）政府為前項檢查時，對於得沒入或可為證據之個人資料或其檔案，得扣留或複製之。」為個資法第 22 條第 1 項、第 2 項所明定，蓋個人資料之蒐集、處理或利用行為，涉及到專業性，為期能落實檢查功能，充分發揮執行效率，故於本條規定，該中央目的事業主管機關或直轄市、縣（市）政府可以委任所屬機關或委託其他不相隸屬機關或公益團體，辦理相關檢查等事宜。另參與執行檢查事務之人員，對所知悉之訊息或有關資料，應負保密義務，如有無故洩漏者，得依刑法妨害祕密罪等相關規定論究其刑事責任。

2. 為求善用民間團體之力量，以保護弱勢族群、人民之個人資料隱私權，並協助遭受侵害之當事人，得以順利進行損害賠償訴訟，對於符合要件之財團法人或公益社團法人，得接受當事人訴訟實施權之授與後，以自己本身名義提起團體訴訟，向加害者代為請求損害賠償。

3. 如上所述，因條文中規定中央目的事業主管機關或直轄市、縣（市）政府，得授權委託公益團體代為執行檢查等權限，為避免角色混淆、利益衝突之情事發生者，本條文第 2 項規定，接受主管機關授權委託，執行第 22 條規定檢查等權限之公益團體，不再以第 34 條規定，接受當事人訴訟實施權之授與，以公益團體名義代被害人提起損害賠償之團體訴訟。

相關條文

（行政檢查）個資法 22。（扣留、複製物處理）個資法 23。（聲明

異議）個資法 24。（負擔處分）個資法 25。（檢查結果）個資法 26。（裁判費暫免）個資法 34。（公益團體）個資法施行細則 31。

> **第 53 條**　（資料類別定義）
> 法務部應會同中央目的事業主管機關訂定特定目的及個人資料類別，提供公務機關及非公務機關參考使用。

🔍 修正理由

　　法務部會同中央目的事業主管機關依原條文所訂定之「個人資料保護法之特定目的及個人資料之類別」雖列有 182 項之特定目的，惟上開法規命令之總說明略以：例示或概括之特定目的及個人資料類別，並非可包含所有可能之活動，公務機關或非公務機關於參考本規定，選擇特定目的及個人資料類別時，仍宜提出詳盡之業務活動說明，列入證據文件或個人資料檔案公開事項作業內，以補充澄清特定目的及個人資料類別實質內涵。故只要可以表明其合法蒐集、處理及利用之特定目的及個人資料類別即可，故依本條所訂之特定目的及個人資料類別係供公務機關及非公務機關參考使用，爰修正本條規定，以資明確。

🔍 條文釋義

1. 按「個人資料之蒐集、處理或利用，應尊重當事人之權益，依誠實及信用方法為之，不得逾越特定目的之必要範圍，並應與蒐集之目的具有正當合理之關聯。」為個資法第 5 條所明定，故在蒐集、處理或利用個人資料時均須有特定目的，且須與其目的具有正當合理關聯性，更重要的是不得逾越其必要範圍。惟在實務上蒐集、處理或利用個人資料之目的種類繁多，如無一可遵循之範圍者，將易生爭議，易入人於罪之嫌；故本條規定就該特定目的及個人資料類別部分，法務部應會同中央目的事業主管機關訂定特定目的及個人資

料類別，提供公務機關及非公務機關參考使用，以避免在適用個資法時，因認知上的落差發生歧異，引發不必要的困擾與爭議。

2. 本條意旨並非表示非屬特定目的或資料類別的個人資料，即不得蒐集、處理或利用，如該蒐集之個人資料確非屬法務部或中央目的事業主管機關所指定者，該蒐集資料者應另行向當事人及主管機關予以具體說明，使其得以明瞭蒐集者所蒐集之個人資料類別為何。

3. 雖個資法已廢除非公務機關向主管機關申請登記取得執照後始得蒐集、處理及利用個人資料之制度（個資法第 56 條第 2 項規定），故已無需再申請登記及公告相關事項，惟公務機關及非公務機關為確保個人資料檔案之合法且正當蒐集、處理或利用，宜保存相關之證據文件（個資法施行細則第 12 條第 2 項第 11 款規定意旨），包含蒐集、處理或利用之「特定目的」內涵，此係屬安全維護之適當措施之一部分；另外公務機關於辦理個人資料檔案公開事項作業，尚須說明特定目的及個人資料之類別。故參考歐盟個人資料保護指令第 29 條工作小組於 2006 年有關成員國「申報登記要求事項手冊」（Vademecum on Notification Requirements）調查報告，臚列有提供特定目的及個人資料類別清單文件之國家（例如：英國、比例時、西班牙等），而採例示兼概括並得自由敘述補充之立法例；同時參酌各機關函復法務部有關特定目的及個人資料類別之修正意見，適度修正項目與類別，並避免過度繁瑣，以免掛一漏萬。另前述之例示或概括之特定目的及個人資料類別，並非可包含所有可能之活動，公務機關或非公務機關於參考本規定，選擇特定目的及個人資料類別時，仍宜提出詳盡之業務活動說明，列入證據文件或個人資料檔案公開事項作業內，以補充澄清特定目的及個人資料類別實質內涵。爰擬具「電腦處理個人資料保護法之特定目的及個人資料之類別」修正草案，並將法規名稱修正為「個人資料保護法之特定目

的及個人資料之類別」[2]。

🔍 實務見解

◎ 法務部 101 年 8 月 14 日法律決字第 10100122870 號函

　　按現行電腦處理個人資料保護法（以下簡稱本法）所規範之主體為公務機關及非公務機關，非公務機關係指：（1）徵信業及以蒐集或電腦處理個人資料為主要業務之團體或個人；（2）醫院、學校、電信業、金融業、證券業、保險業及大眾播業；**（3）其他經本部會同中央目的事業主管機關指定之事業、團體或個人（本法第 3 條第 7 款規定參照）**，來函所詢之○○股份有限公司如非屬本法規範之「非公務機關」，就其個人資料之蒐集、電腦處理及利用，尚無本法規定之適用。又本法所定個人資料，係指足資識別特定個人之資料，本件所指情形是否足資識別特定個人，請貴府就具體個案事實予以審認。如非得足資識別特定個人者，則亦無本法之適用。惟若有侵害民眾人格權或隱私權者，受害人仍得根據民法第 18 條、第 184 條及第 195 條等規定，請求損害賠償（本部 100 年 10 月 3 日法律字第 1000019245 號函參照）。

🔍 相關條文

　　（公務蒐集處理）個資法 15。（公務利用）個資法 16。（非公務機關蒐集處理）個資法 19。（非公務利用）個資法 20。

第 54 條　（告知義務）

本法中華民國九十九年五月二十六日修正公布之條文施行前，非由當事人提供之個人資料，於本法一百零四年十二月十五日修正之條文施行後為處理或利用者，應於處理或利用前，依第九條規定向當事人告知。

2　參行政院公報，第 18 卷第 188 期，2012 年 10 月 1 日。

前項之告知，得於本法中華民國一百零四年十二月十五日修正之條
文施行後首次利用時併同為之。

未依前二項規定告知而利用者，以違反第九條規定論處。

🔍 修正理由

1. 本法於 99 年 5 月 26 日修正公布時擴大適用範圍，原本不受本法規
   範從事個人資料蒐集、處理或利用者，修法後均將適用本法，惟在
   99 年 5 月 26 日修正公布之條文施行前已蒐集完成之個人資料（該
   等資料大多屬於間接蒐集之情形），雖非違法，惟因當事人均不知
   資料被蒐集情形，如未予以規範而繼續利用，恐損害當事人權益，
   是以自宜訂定過渡條款，明定應向當事人完成告知，如未告知當事
   人而於本法 104 年 12 月 15 日修正之條文施行後處理或利用該資料
   者，則以違反第 9 條規定論處，為期兼顧當事人與資料蒐集者雙方
   權益。惟考量要求蒐集者於修法後即須告知，實務執行有其困難，
   且依第 9 條第 3 項規定，亦僅課予間接蒐集者於利用前為告知，故
   99 年 5 月 26 日修正公布之條文施行前已蒐集之個人資料，應無課予
   更重責任之必要，爰參酌第 9 條規定之立法精神，將第 1 項所定一
   年內完成告知之期限規定，修正為蒐集者於 104 年 12 月 15 日修正
   之條文施行後為處理或利用者，應於處理或利用前，依第 9 條規定
   向當事人告知。又蒐集者如符合第 9 條第 2 項免為告知之情形，自
   得適用該項規定免為告知，乃屬當然。

2. 又 99 年 5 月 26 日修正公布之條文施行前非由當事人提供之個人資
   料，於 99 年 5 月 26 日修正公布之條文施行後至 104 年 12 月 15 日
   修正之條文施行前為處理或利用者，則不在本條規範範圍，併予敘
   明。

3. 參照第 9 條第 3 項規定，增訂第 2 項，明定第 1 項之告知得於 104

年 12 月 15 日修正之條文施行後首次對當事人為利用時併同為之。

4. 原條文後段「逾期未告知而處理或利用者，以違反第 9 條規定論處」
移至第 3 項，並酌作文字修正；同時配合第 2 項之增訂，修正為未
依第 1 項、第 2 項告知而利用者，以違反第 9 條規定論處，以期明
確。

🔍 條文釋義

　　本條文規定在 99 年 5 月 26 日個資法修正施行前，非由當事人提供
之個人資料，如資料持有人於 104 年 12 月 15 日修後擬繼續處理或利
用，應依第 9 條向個人資料當事人告知。故就個資法施行前已蒐集完程
之個人資料，其雖非違法，但因個人資料當事人均不知資料被蒐集、處
理或利用的情形，若未給予適切的規範而繼續利用者，將會損及個人資
料當事人之權益，故而為本條之規定。因此，如未告知而繼續處理或利
用該資料者，將以違反第 9 條之規定論處，主管機關亦得依第 48 條之
規定，限期改正，屆期仍未改正者，得再按次科處罰緩。

🔍 實務見解

◎ 法務部 101 年 6 月 13 日法律字第 10100095390 號函

(一) 個人資料保護法（以下簡稱新法）迄未實施，並無涉及怠忽職守或
藐視國會情形：

1. 因新法擴大施行規範，將規範主體擴及至所有產業、團體及個人，
修正幅度及影響範圍極大，業者需相當時間調整與準備，且相關法
規亦需配合增修，故本法為避免因倉促施行而造成民眾不便或發生
困擾，爰明定施行日期由鈞院訂定新法之施行日期（新法第 56 條
定之立法歷程及說明參照）。

2. 又新法之修法過程中，歷經各階段討論，惟未有反應新法窒礙難行
之意見，故本部於新法修正通過時並未建議鈞院提出覆議。嗣於新
法修正通過後，各界始逐一反應本法部分條文較具爭議性，貿然施

行對民眾及社會衝擊太大，建議須修正新法。

3. 本部為從速進行新法施行及相關措施，同時減輕新法施行後對於各界之衝擊，經審慎研議及評估後，爰針對本法爭議性較高之條文，提出具體修法措施，並建議鈞院分階段實施新法，將上開爭議性較高條文中未涉及刑事責任之部分條文（第6條、第54條），列為第二階段施行範圍。上開「分階段施行」之處理方式，因非全面暫緩實施，且現階段仍有電腦處理個人資料保護法可資適用，尚無侵害立法權之虞。另「分階段施行」之處理方式於其他法案亦有前例可循。

(二) 又為從速施行新法，自新法公布至今，本部已積極辦理研議修正新法施行細則、協助各機關研訂相關個人資料保護措施、推動機關間協調聯繫事項、利用各種方式廣為宣導法令、舉辦教育訓練課程等各項作為。

(三) 後續建議因應作為：建議依鈞院101年4月30日會議結論，於101年10月1日施行新法，並積極推動本法部分條文修正草案完成立法。本部於新法施行後，將持續彙整各界意見，並參酌歐盟2012年最新個人資料保護修法趨勢等外國立法例，審慎研議修正國內個人資料保護法制。

(四) 綜上，新法之修法過程中，歷經各階段討論，惟未有反應新法窒礙難行之意見，故本部於新法修正通過時並未建議鈞院提出覆議，並積極推動新法施行之各項準備工作。嗣因新法影響範圍極大，各界紛而表示意見且多認為新法有修正之必要。因此，本部為從速施行新法，所為分階段施行之建議，實為兼顧人格權保障與個人資料合理蒐集、處理及利用之前提下，回應現今民意及社會需求，而為之必要積極作為，並無侵害立法權、藐視國會及行政怠惰之情事。

相關條文

（間接蒐集告知）個資法9。（罰則）個資法48。（知悉方式）個

資法施行細則 16。（修法前直接蒐集）個資法施行細則 32。

第 55 條　（施行細則）

本法施行細則，由法務部定之。

修正理由

條次變更，內容未修正。

名詞解釋

施行細則：係指法律條文於施行時，所應注意的相關規定；按「各機關發布之命令，得依其性質，稱規程、規則、細則、辦法、綱要、標準或準則」為中央法規標準法第 3 條所明定，故施行細則亦為行政命令 [3] 之一種。

條文釋義

本條文係授權法務部制定個資法的施行細則，以利本法在實務操作上能順利運作，避免在認清事實，使用法律用法上產生困擾或疑慮。

---

[3] 我國現行相關法律對「行政命令」並沒有清楚而完整的定義。憲法有關行政命令的規定，僅出現在憲法第 172 條所稱的「命令」，該條規定，命令與憲法或法律牴觸者無效。其所稱「命令」，應指行政機關所訂定的行政命令。除了憲法以外，中央法規標準法於第 7 條規定，各機關依其法定職權、或基於法律授權訂定之命令，應視其性質分別下達或發布，間接地將行政命令區分為授權命令與職權命令兩種。行政程序法則進一步在第四章定下「法規命令及行政規則」專章，正式將行政命令分為法規命令與行政規則兩種。有關法規命令的定義，規定於行政程序法第 150 條第 1 項：「本法所稱法規命令，係指行政機關基於法律授權，對多數不特定人民就一般事項所作抽象之對外發生法律效果之規定。」至於行政規則的定義，則規定於同法第 159 條第 1 項：「本法所稱行政規則，係指上級機關對下級機關，或長官對部屬，依其權限或職權為規範機關內部秩序及運作，所為非直接對外發生法規範效力之一般、抽象之規定。」然而，整體而言，不論中央法規標準法或行政程序法仍未就「行政命令」之定義作出整體性的定義。葉俊榮，違法行政命令審查的積極趨勢，葛克昌、林明鏘主編，行政法實務與理論（一），元照，2003 年，頁 39-76。

實務見解

◎大法官釋字第 380 號解釋

　　憲法第 11 條關於講學自由之規定，係對學術自由之制度性保障；就大學教育而言，應包含研究自由、教學自由及學習自由等事項。大學法第 1 條第 2 項規定：「大學應受學術自由之保障，並在法律規定範圍內，享有自治權」，其自治權之範圍，應包含直接涉及研究與教學之學術重要事項。大學課程如何訂定，大學法未定有明文，然因直接與教學、學習自由相關，亦屬學術之重要事項，為大學自治之範圍。憲法第 162 條固規定：「全國公私立之教育文化機關，依法律受國家監督。」則國家對於大學自治之監督，應於法律規定範圍內為之，並須符合憲法第 23 條規定之法律保留原則。大學之必修課程，除法律有明文規定外，其訂定應符合上開大學自治之原則，**大學法施行細則第 22 條第 3 項規定：「各大學共同必修科目，由教育部邀集各大學相關人員共同研訂之。」惟大學法並未授權教育部邀集各大學共同研訂共同必修科目，大學法施行細則所定內容即不得增加大學法所未規定限制。又同條第 1 項後段「各大學共同必修科目不及格者不得畢業」之規定，涉及對畢業條件之限制，致使各大學共同必修科目之訂定實質上發生限制畢業之效果，而依大學法第 23 條、第 25 條及學位授予法第 2 條、第 3 條規定，畢業之條件係大學自治權範疇。是大學法施行細則第 22 條第 1 項後段逾越大學法規定，同條第 3 項未經大學法授權，均與上開憲意旨不符，**應自本釋公布之日起，至遲於屆滿一年時，失其效力。

相關條文

　　（訂定依據）個資法施行細則 1。

第 56 條 （施行日）

本法施行日期，由行政院定之。

原條文第十九條至第二十二條及第四十三條之刪除，自公布日施行。

前項公布日於原條文第四十三條第二項指定之事業、團體或個人應於指定之日起六個月內辦理登記或許可之期間內者，該指定之事業、團體或個人得申請終止辦理，目的事業主管機關於終止辦理時，應退還已繳規費。已辦理完成者，亦得申請退費。

前項退費，應自繳費義務人繳納之日起，至目的事業主管機關終止辦理之日止，按退費額，依繳費之日郵政儲金之一年期定期存款利率，按日加計利息，一併退還。已辦理完成者，其退費，應自繳費義務人繳納之日起，至目的事業主管機關核准申請之日止，亦同。

修正理由

1. 條次變更，第 1 項內容未修正。

2. 本次修正，擴大適用範圍，慮及本法尚需宣導，民間業者需相當時間調整與準備，相關法規亦需配合增修，爰參考日本個人資訊保護法附則第 1 條，規定施行日期，由行政院定之，不致因倉促施行而造成民眾不便或發生困擾。

3. 又廢除非公務機關取得執照後始得蒐集、電腦處理及利用個人資料之制度，自無需再申請登記及公告相關事項，為求便民及促進行政效率，相關原條文第 19 條至第 22 條及第 43 條之刪除，爰新增第 2 項規定，自修正公布日施行。

4. 自修正公布日廢除申請登記及執照制度，如該公布日於登記或許可之辦理期間者，該指定之事業、團體或個人得申請終止辦理，目的事業主管機關於終止辦理時，應退還已繳規費。已辦理完成者，亦

得申請退費。退費應定期間,退費額依繳費之日郵政儲金之一年期
定期存款利率,按日加計利息,一併退還,爰規定如第 3 項及第 4
項。

🔍 條文釋義

1. 本次個資法之修正內容,已擴大其適用範圍,包含各行各業或團體
   個人,故所牽涉之層面甚廣,同時亦增加許多舊個資法未有之行為
   規範,考慮到政府對民眾仍須相當之時間來加以宣導,各目的事業
   主管機關需制定增修相關配套之法規或措施,民間業者亦需較多的
   時間來調整與準備,為避免因倉促施行而造成人民之不便與困擾,
   故將本法之施行日期授權由行政院定之。

2. 舊個資法第 19 條原係規定:非公務機關未經目的事業主管機關依
   本法登記並發給執照者,不得為個人資料之蒐集,電腦處理或國際
   傳遞及利用。徵信業及以蒐集或電腦處理個人資料為主要業務之團
   體或個人,應經目的事業主管機關許可並經登記及發給執照後方得
   為前述個人資料之蒐集、處理或利用。前述申請登記及執照發放之
   行政程序部分在個資法修正後,因已無繼續之必要,故自得申請終
   止辦理並就先前因申請辦理登記及執照發放而所繳納之行政規費部
   分,請求該目的事業主管機關予以核退。本條文第 3 項與第 4 項即
   為規範該申請終止辦理及相關退費標準之規定,以期符合公平原則
   及避免發生爭議。

🔍 實務見解

◎ 法務部 101 年 11 月 7 日法律字第 10103108950 號函

(一) 有關立法委員所詢個人資料保護法分階段施行原因及企業分 2 次配
    合法令而有無擾民情形乙案。

(二) 個人資料保護法(以下簡稱個資)分階段施行係為兼顧人格權保
    障及回應民意需求:

1. 個資法施行細則無法處理個資法爭議條文，只能修正個資法。緣稱個資法於 99 年 5 月 26 日修正公布後，法務部積極辦理個資法施行準備事宜，邀集專家學者及相關機關代表，召開研議修正個資法施行細則公聽會及相關會議，會議期間各界始針對相關爭議條文，陸續提出關切性意見（其中多數反應最大者例如：第 6 條特種個人資料蒐集處理利用要件過於嚴苛、第 41 條非意圖營利刑事政策涵蓋範圍過廣、第 54 條規定告知義務溯及完成之一年時限不合理等）。本部為審慎因應上開爭議條文，除持續瞭解、彙整各界對於個資法及其施行細則修正草案表達困難之處，並邀集專家學者及機關代表召開多次研商會議，如能納入施行細則中解決者，已盡可能予以處理，然施行細則僅能規定技術性、細節性事項，無法處理母法中涉及人民權利義務之事項，有不少專家學者及機關團體代表亦建議應修正個資法，而在完成修法以前，如貿然使爭議過高之條文施行，將造成更大爭議與耗費社會資源與成本。

2. 法律修正條文「分階段施行」之處理方式於其他法案亦有前例可循，並非全然不宜。例如：行政執行法於 99 年 2 月 3 日修正公布第 17 條限制住居事由之規定，並增訂第 17 條之 1 積欠大戶之禁奢條款，因該二條規定分別有不同之立法目的及準備工作，故於 99 年 5 月 10 日發布行政執行法第 17 條自 99 年 5 月 10 日施行，而同法第 17 條之 1 規定自 99 年 6 月 3 日施行。又例如：國家通訊傳播委員會組織法於 100 年 12 月 28 日修正公布，為因應目前本屆委員之任期於 101 年 7 月 31 日屆滿卸任，新任委員上任前之提名作業時程所需，爰於 101 年 1 月 20 日發布國家通訊傳播委員會組織法第 4 條及第 7 條有關該會委員之資格條件規定、第 9 條有關委員會之決議事項規定，自 101 年 3 月 1 日施行，其餘條文自 101 年 8 月 1 日施行。

3. 個資法爭議性較高之條文已另提修正草案陳報行政院，僅就再修正條文部分暫未施行，即其中二條文未施行，以免造成社會爭議。本部為從速進行個資法施行及相關措施，同時減輕個資法施行後對於

民眾及業者之衝擊，經審慎研議及評估後，爰針對個資法爭議性較高之條文（例如：第 6 條、第 41 條、第 54 條，另第 45 條配合第 41 條項次變動酌作文字修正），提出具體修法措施，將上開爭議性較高條文中未涉及刑事責任之部分條文（第 6 條、第 54 條），列為再修法後施行，以免造成社會爭議及影響民眾權益。

(三) 個資法中二條文暫緩施行，不會有企業分兩次配合法令致生擾民等問題。本部所為分階段施行之建議，實際上目前尚未施行者僅第 6 條、第 54 條二條文（此部分已提出修法草案，經行政院院會於 101 年 8 月 30 日通過，同年 9 月 6 日函送大院審議）。其中第 6 條雖未施行，惟仍依現行法第 2 條一般個資管理；第 54 條在未修正前，僅就修正施行前非由當事人提供之個人資料，暫無須先向當事人為告知（否則有處罰規定），惟其在處理、利用個資方面，仍應符合現行個資法規定。故行政院於 101 年 9 月 21 日指定個資法除第 6 條、第 54 條規定外，其餘條文於 101 年 10 月 1 日開始施行，此實為兼顧人格權保障與個人資料合理蒐集、處理及利用之前提下，回應現今民意及社會需求，所為之必要積極作為，不會有企業分二次配合法令致生擾民等問題。

◎ **行政院 101 年 9 月 21 日院台法字第 1010056845 號令**

「個人資料保護法」，除第 6 條、第 54 條外，其餘條文定自 2012 年 10 月 1 日施行。

◎ **法務部 101 年 5 月 7 日法律字第 10103103480 號函**

按 99 年 5 月 26 日公布之個人資料保護法（以下簡稱新法）第 56 條第 1 項及第 2 項規定：「本法施行日期，由行政院定之。（第 1 項）原條文第 19 條至第 22 條及第 43 條之刪除，自公布日施行。（第 2 項）」準此，除刪除電腦處理個人資料保護法（以下簡稱現行個資）第 19 條至第 22 條及第 43 條有關非公務機關應經登記及取得執照之部分，自公布日施行外，目前仍應適用現行個資法，合先敘明。

◎法務部 99 年 10 月 14 日法律決字第 0999032441 號函

(一) 查 99 年 5 月 26 日修正公布之個人資料保護法第 56 條第 2 項規定:「原條文第 19 條至第 22 條及第 43 條之刪除,自公布日施行。」及中央法規標準法第 13 條規定:「法規明定自公布或發布日施行者,自公布或發布之日起算至第三日起發生效力。」職故,現行電腦處理個人資料保護法第 19 條至第 22 條及第 43 條有關登記及執照等相關規定之刪除,應於 99 年 5 月 28 日起即已生效,亦即,於是日起,短期補習班業者即毋需依上開規定申請或變更登記及執照。另查短期補習班電腦處理個人資料管理辦法第 1 條規定:「本辦法依電腦處理個人資料保護法第 19 條第 3 項、第 20 條第 5 項及第 26 條第 2 項規定訂定之。」此辦法雖尚未修正,然因電腦處理個人資料保護法第 19 條、第 20 條已刪除,上開辦法有關登記、執照之相關條文已失授權依據,應不再適用。

(二) 另查個人資料保護法第 56 條第 3 項規定:「前項公布日於原條文第 43 條第 2 項指定之事業、團體或個人應於指定之日起六個月內辦理登記或許可之期間內者,該指定之事業、團體或個人得申請終止辦理,目的事業主管機關於終止辦理時,應退還已繳規費。已辦理完成者,亦得申請退費。」此項規定係適用於現行電腦處理個人資料保護法第 3 條第 7 款第 3 目指定之事業、團體或個人,依同法第 43 條第 2 項規定,應於指定之日起六個月內,辦理登記或許可,而個人資料保護法之公布日正於此指定適用之日起六個月內之情形,始有依上開退費規定之適用,而文理類補習班(除語文類科外)係指定自 98 年 1 月 1 日開始適用電腦處理個人資料保護法,並應於 98 年 6 月 30 日以前辦理完成,故尚無上開規定之適用。

相關條文

(非公務機關蒐集處理)個資法 19。(特定目的外利用)個資法 20。(國際傳輸)個資法 21。(行政檢查)個資法 22。(國外犯罪之適用)個資法 43。

附　錄

附錄一　法務部對個人資料保護法部分條文修正說明[1]

修正條文	現行條文
第六條　有關病歷、醫療、基因、性生活、健康檢查及犯罪前科之個人資料，不得蒐集、處理或利用。但有下列情形之一者，不在此限： 一、法律明文規定。 二、公務機關執行法定職務或非公務機關履行法定義務必要範圍內，且事前或事後有適當安全維護措施。 三、當事人自行公開或其他已合法公開之個人資料。 四、公務機關或學術研究機構基於醫療、衛生或犯罪預防之目的，為統計或學術研究而有必要，且資料經過提供者處理後或經蒐集者依其揭露方式無從識別特定之當事人。 五、為協助公務機關執行法定職務或非公務機關履行法定義務必要範圍內，且事前或事後有適當安全維護措施。 六、經當事人書面同意。但逾越特定目的之必要範圍或其他法律另有限制不得僅依當事人書面同意蒐集、處理或利用，或其同意違反其意願者，不在此限。	第六條　有關醫療、基因、性生活、健康檢查及犯罪前科之個人資料，不得蒐集、處理或利用。但有下列情形之一者，不在此限： 一、法律明文規定。 二、公務機關執行法定職務或非公務機關履行法定義務所必要，且有適當安全維護措施。 三、當事人自行公開或其他已合法公開之個人資料。 四、公務機關或學術研究機構基於醫療、衛生或犯罪預防之目的，為統計或學術研究而有必要，且經一定程序所為蒐集、處理或利用之個人資料。 前項第四款個人資料蒐集、處理或利用之範圍、程序及其他應遵行事項之辦法，由中央目的事業主管機關會同法務部定之。

---

[1]　參 https://www.moj.gov.tw/ct.asp?xItem=439036&ctNode=28007&mp=001。

| 依前項規定蒐集、處理或利用個人資料，準用第八條、第九條規定；其中前項第六款之書面同意，準用第七條第一項、第二項及第四項規定，並以書面為之。 | |

法務部修正說明：

一、按「醫療」係現行條文所列舉五種特種個人資料之一，惟第二條例示之個人資料包含「病歷」及「醫療」，病歷乃屬醫療個人資料內涵之一，為免爭議，爰增列如第一項本文。

二、第一項但書第二款配合同項但書第五款規定，酌作文字修正。

三、公務機關或學術研究機構基於醫療、衛生或犯罪預防之目的，為統計或學術研究必要，常有蒐集、處理或利用本條所定特種個人資料之情形，如依其統計或研究計畫，當事人資料經過提供者匿名化處理，或由蒐集者依其公布揭露方式無從再識別特定當事人者，應無侵害個人隱私權益之虞，基於資料之合理利用，促進統計及學術研究發展，自得允許之，爰修正第一項但書第四款規定。又該款蒐集、處理或利用特種個人資料之程序，公務機關得以行政規則訂定；學術研究機構得由其中央目的事業主管機關依第二十七條第二項規定，指定非公務機關訂定個人資料檔案安全維護計畫或業務終止後個人資料處理方法，故無另行授權訂定規範蒐集、處理、利用該等資料之範圍及程序等辦法之必要，爰刪除現行條文第二項。

四、公務機關於執行法定職務時常須請求其他機關協助提供個人資料（行政程序法第十九條第二項第四款參照），而他機關提供個人資料行為係個人資料之利用行為，然往往並非該提供機關之法定職務，故無法依本條第一項但書第二款規定提供之，為使他機關提供個人資料有所依據，俾協助請求機關執行法定職務；又協助公務機關執行法定職務或非公務機關履行法定義務應於必要範圍內為之，以符比例原則，乃理所當然，爰增列第一項第五款前段規定。公務機關或非公務機關蒐集、處理或利用個人資料本即應依第十八條或第二十七條第一項規定於事前或事後有適當安全維護措施，惟為明確計，爰於本條但書第五款後段再為提示性規定。

五、按司法院釋字第六〇三號解釋揭示憲法保障「個人自主控制個人資料之資訊隱私權」，無論一般或特種個人資料，個人資料當事人同意權本屬憲法所保障之基本權。若完全摒除經當事人同意之情形，係嚴重限制憲法所保障之基本權，恐不符憲法第二十三條之比例原則，故增列為蒐集、處理或利用特種個人資料要件之一；且相對於一般個人資料，特種個人資料之性

質更具敏感性，故規定當事人對於其特種個人資料蒐集、處理及利用之同意，須以書面為之，以求慎重。惟超過當事人書面同意範圍之蒐集、處理及利用，或其他法律另有限制不得僅依當事人書面同意蒐集、處理或利用者，或違反其意願者，例如公務機關或非公務機關利用權勢、強暴、脅迫等違反其意願之方法取得當事人書面同意，不在此限，爰於第一項但書增列第六款。

六、又依第一項但書規定而得蒐集、處理或利用特種個人資料時，雖第八條、第九條規定未區別一般個人資料與特種個人資料而僅明列第十五條及第十九條規定，惟為免誤解蒐集特種個人資料時無須向當事人告知，爰增訂第二項定明特種個人資料關於告知之規定，應準用第八條、第九條規定。另第一項但書第六款之書面同意，應準用第七條第一項、第二項及第四項規定，並以書面為之，以免爭議。

第七條　第十五條第二款及第十九條第一項第五款所稱同意，指當事人經蒐集者告知本法所定應告知事項後，所為允許之意思表示。 第十六條第七款、第二十條第一項第六款所稱同意，指當事人經蒐集者明確告知特定目的外之其他利用目的、範圍及同意與否對其權益之影響後，單獨所為之意思表示。 公務機關或非公務機關明確告知當事人第八條第一項各款應告知事項時，當事人如未表示拒絕，並已提供其個人資料者，推定當事人已依第十五條第二款、第十九條第一項第五款之規定表示同意。 蒐集者就本法所稱經當事人同意之事實，應負舉證責任。	第七條　第十五條第二款及第十九條第五款所稱書面同意，指當事人經蒐集者告知本法所定應告知事項後，所為允許之書面意思表示。 第十六條第七款、第二十條第一項第六款所稱書面同意，指當事人經蒐集者明確告知特定目的外之其他利用目的、範圍及同意與否對其權益之影響後，單獨所為之書面意思表示。

法務部修正說明：

一、配合第十五條第二款、第十九條第一項第五款、第十六條但書第七款、第二十條第一項但書第六款對於當事人「同意」之方式放寬，不限於書面同意，爰予修正第一項及第二項規定，並酌作項次文字修正。

二、公務機關或非公務機關倘已明確告知當事人法定應告知事項，而當事人未明示拒絕蒐集其個人資料，並已提供其個人資料予該公務機關或非公務機關時，應推定當事人已依第十五條第二款、第十九條第一項第五款之規定表示同意，亦能減輕現行實務上仍須另行取得當事人同意之行政作業，爰增訂第三項。

三、為保障當事人權利，並配合當事人「同意」之方式放寬不限於書面同意，於當事人是否同意之事實認定發生爭執時，因未同意提供係消極事項，無從負舉證責任，自應由主張提供之蒐集、處理或利用之公務機關或非公務機關就此同意之積極事項負擔舉證責任，始符公平，爰依歐盟二〇一二年「一般資料保護規則（General Data Protection Regulation）」草案第七條第一點之規定，增訂第四項。

第八條　公務機關或非公務機關依第十五條或第十九條規定向當事人蒐集個人資料時，應明確告知當事人下列事項：	第八條　公務機關或非公務機關依第十五條或第十九條規定向當事人蒐集個人資料時，應明確告知當事人下列事項：
一、公務機關或非公務機關名稱。	一、公務機關或非公務機關名稱。
二、蒐集之目的。	二、蒐集之目的。
三、個人資料之類別。	三、個人資料之類別。
四、個人資料利用之期間、地區、對象及方式。	四、個人資料利用之期間、地區、對象及方式。
五、當事人依第三條規定得行使之權利及方式。	五、當事人依第三條規定得行使之權利及方式。
六、當事人得自由選擇提供個人資料時，不提供將對其權益之影響。	六、當事人得自由選擇提供個人資料時，不提供將對其權益之影響。
有下列情形之一者，得免為前項之告知：	有下列情形之一者，得免為前項之告知：
一、依法律規定得免告知。	一、依法律規定得免告知。
二、個人資料之蒐集係公務機關執行法定職務或非公務機關履行法定義務所必要。	二、個人資料之蒐集係公務機關執行法定職務或非公務機關履行法定義務所必要。
三、告知將妨害公務機關執行法定職務。	三、告知將妨害公務機關執行法定職務。
四、告知將妨害公共利益。	四、告知將妨害第三人之重大利益。
五、當事人明知應告知之內容。	五、當事人明知應告知之內容。

六、個人資料之蒐集非基於營利之目 　　的，且對當事人顯無不利之影響。	
法務部修正說明： 一、修正第二項第四款得免為告知之情形為「告知將妨害公共利益」，以符公 　　益。 二、由於個人資料範圍甚廣，公務機關或非公務機關合法蒐集當事人之個人資 　　料時，若其蒐集非基於營利之目的，且對當事人顯無不利之影響，此時應 　　得免除蒐集者之告知義務，是為免增加蒐集者合法蒐集行為過多之成本， 　　爰增訂第二項第六款得免為告知之規定。	
第十一條　公務機關或非公務機關應 維護個人資料之正確，並應主動或依 當事人之請求更正或補充之。 個人資料正確性有爭議者，應主動或 依當事人之請求停止處理或利用。但 因執行職務或業務所必須，或經當事 人書面同意，並經註明其爭議者，不 在此限。 個人資料蒐集之特定目的消失或期限 屆滿時，應主動或依當事人之請求， 刪除、停止處理或利用該個人資料。 但因執行職務或業務所必須或經當事 人書面同意者，不在此限。 違反本法規定蒐集、處理或利用個人 資料者，應主動或依當事人之請求， 刪除、停止蒐集、處理或利用該個人 資料。 因可歸責於公務機關或非公務機關之 事由，未為更正或補充之個人資料， 應於更正或補充後，通知曾提供利用 之對象。	第十一條　公務機關或非公務機關應 維護個人資料之正確，並應主動或依 當事人之請求更正或補充之。 個人資料正確性有爭議者，應主動或 依當事人之請求停止處理或利用。但 因執行職務或業務所必須並註明其爭 議或經當事人書面同意者，不在此限。 個人資料蒐集之特定目的消失或期限 屆滿時，應主動或依當事人之請求， 刪除、停止處理或利用該個人資料。 但因執行職務或業務所必須或經當事 人書面同意者，不在此限。 違反本法規定蒐集、處理或利用個人 資料者，應主動或依當事人之請求， 刪除、停止蒐集、處理或利用該個人 資料。 因可歸責於公務機關或非公務機關之 事由，未為更正或補充之個人資料， 應於更正或補充後，通知曾提供利用 之對象。
法務部修正說明： 當事人對其個人資料正確性有爭議時，得請求公務機關或非公務機關停止處理 或利用；惟如該個人資料為公務機關或非公務機關執行職務或業務所必須，或 經當事人書面同意時，倘若已同時註明其爭議，應可允許公務機關或非公務機 關繼續處理或利用該個人資料，爰酌予修正第二項但書。至於爭議釐清後，自 應依第一項規定予以更正，如實記載。	

第十五條　公務機關對個人資料之蒐集或處理，除第六條第一項所規定資料外，應有特定目的，並符合下列情形之一者： 一、執行法定職務必要範圍內。 二、經當事人同意。 三、對當事人權益無侵害。	第十五條　公務機關對個人資料之蒐集或處理，除第六條第一項所規定資料外，應有特定目的，並符合下列情形之一者： 一、執行法定職務必要範圍內。 二、經當事人書面同意。 三、對當事人權益無侵害。
法務部修正說明： 放寬當事人「同意」之方式，不以書面同意為限，爰修正第二款。	
第十六條　公務機關對個人資料之利用，除第六條第一項所規定資料外，應於執行法定職務必要範圍內為之，並與蒐集之特定目的相符。但有下列情形之一者，得為特定目的外之利用： 一、法律明文規定。 二、為維護國家安全或增進公共利益所必要。 三、為免除當事人之生命、身體、自由或財產上之危險。 四、為防止他人權益之重大危害。 五、公務機關或學術研究機構基於公共利益為統計或學術研究而有必要，且資料經過提供者處理後或經蒐集者依其揭露方式無從識別特定之當事人。 六、有利於當事人權益。 七、經當事人同意。	第十六條　公務機關對個人資料之利用，除第六條第一項所規定資料外，應於執行法定職務必要範圍內為之，並與蒐集之特定目的相符。但有下列情形之一者，得為特定目的外之利用： 一、法律明文規定。 二、為維護國家安全或增進公共利益。 三、為免除當事人之生命、身體、自由或財產上之危險。 四、為防止他人權益之重大危害。 五、公務機關或學術研究機構基於公共利益為統計或學術研究而有必要，且資料經過提供者處理後或蒐集者依其揭露方式無從識別特定之當事人。 六、有利於當事人權益。 七、經當事人書面同意。
法務部修正說明： 一、本條但書第二款及第五款文字酌作修正。 二、放寬當事人「同意」之方式，不以書面同意為限，爰修正本條但書第七款。	
第十九條　非公務機關對個人資料之蒐集或處理，除第六條第一項所規定資料外，應有特定目的，並符合下列情形之一者：	第十九條　非公務機關對個人資料之蒐集或處理，除第六條第一項所規定資料外，應有特定目的，並符合下列情形之一者：

一、法律明文規定。	一、法律明文規定。
二、與當事人有契約或類似契約之關係，且已採取適當之安全措施。	二、與當事人有契約或類似契約之關係。
三、當事人自行公開或其他已合法公開之個人資料。	三、當事人自行公開或其他已合法公開之個人資料。
四、學術研究機構基於公共利益為統計或學術研究而有必要，且資料經過提供者處理後或經蒐集者依其揭露方式無從識別特定之當事人。	四、學術研究機構基於公共利益為統計或學術研究而有必要，且資料經過提供者處理後或蒐集者依其揭露方式無從識別特定之當事人。
五、經當事人同意。	五、經當事人書面同意。
六、為增進公共利益所必要。	六、與公共利益有關。
七、個人資料取自於一般可得之來源。但當事人對該資料之禁止處理或利用，顯有更值得保護之重大利益者，不在此限。	七、個人資料取自於一般可得之來源。但當事人對該資料之禁止處理或利用，顯有更值得保護之重大利益者，不在此限。
八、對當事人權益無侵害。	
蒐集或處理者知悉或經當事人通知依前項第七款但書規定禁止對該資料之處理或利用時，應主動或依當事人之請求，刪除、停止處理或利用該個人資料。	蒐集或處理者知悉或經當事人通知依前項第七款但書規定禁止對該資料之處理或利用時，應主動或依當事人之請求，刪除、停止處理或利用該個人資料。

法務部修正說明：

一、非公務機關基於「與當事人有契約或類似契約之關係」蒐集或處理個人資料時，非公務機關本即應依第二十七條第一項規定採取適當之安全措施，防止個人資料被竊取、竄改、毀損、滅失或洩漏，惟為明確計，爰修正第一項第二款。

二、第一項第四款及第六款文字酌作修正。

三、放寬當事人「同意」之方式，不以書面同意為限，爰修正第一項第五款。

四、查現行公務機關依第十五條第三款規定，於蒐集或處理當事人之個人資料時，得於特定目的及「對當事人權益無侵害」之情形下，合法蒐集、處理當事人之個人資料。惟非公務機關卻無相同規定可資適用，致實務上非公務機關於特定情形下欲蒐集個人資料反而窒礙難行，例如：請新任職員工或公司客戶填寫緊急聯絡人資料，上述情況對於緊急聯絡人權益並無侵害，目前實務常以另行取得緊急聯絡人當事人書面同意之方式為之，不僅造成困擾，亦增加作業成本負擔，爰增訂第一項第八款。

第二十條　非公務機關對個人資料之利用，除第六條第一項所規定資料外，應於蒐集之特定目的必要範圍內為之。但有下列情形之一者，得為特定目的外之利用： 一、法律明文規定。 二、為增進公共利益所必要。 三、為免除當事人之生命、身體、自由或財產上之危險。 四、為防止他人權益之重大危害。 五、公務機關或學術研究機構基於公共利益為統計或學術研究而有必要，且資料經過提供者處理後或經蒐集者依其揭露方式無從識別特定之當事人。 六、經當事人同意。 七、有利於當事人權益。 非公務機關依前項規定利用個人資料行銷者，當事人表示拒絕接受行銷時，應即停止利用其個人資料行銷。 非公務機關於首次行銷時，應提供當事人表示拒絕接受行銷之方式，並支付所需費用。	第二十條　非公務機關對個人資料之利用，除第六條第一項所規定資料外，應於蒐集之特定目的必要範圍內為之。但有下列情形之一者，得為特定目的之利用： 一、法律明文規定。 二、為增進公共利益。 三、為免除當事人之生命、身體、自由或財產上之危險。 四、為防止他人權益之重大危害。 五、公務機關或學術研究機構基於公共利益為統計或學術研究而有必要，且資料經過提供者處理後或蒐集者依其揭露方式無從識別特定之當事人。 六、經當事人書面同意。 非公務機關依前項規定利用個人資料行銷者，當事人表示拒絕接受行銷時，應即停止利用其個人資料行銷。 非公務機關於首次行銷時，應提供當事人表示拒絕接受行銷之方式，並支付所需費用。
法務部修正說明： 一、第一項但書第二款及第五款文字酌作修正。 二、放寬當事人「同意」之方式，不以書面同意為限，爰修正第一項但書第六款。 三、非公務機關對於個人資料為特定目的外利用時，若客觀上有具體特定情況能證明係有利於當事人權益者，應可允許之，爰增訂第一項但書第七款。	
第四十一條　意圖為自己或第三人不法之利益或損害他人之利益，而違反第六條第一項、第十五條、第十六條、第十九條、第二十條第一項規定，或中央目的事業主管機關依第	第四十一條　違反第六條第一項、第十五條、第十六條、第十九條、第二十條第一項規定，或中央目的事業主管機關依第二十一條限制國際傳輸之命令或處分，足生損害於他人者，

二十一條限制國際傳輸之命令或處分，足生損害於他人者，處五年以下有期徒刑，得併科新臺幣一百萬元以下罰金。	處二年以下有期徒刑、拘役或科或併科新臺幣二十萬元以下罰金。 意圖營利犯前項之罪者，處五年以下有期徒刑，得併科新臺幣一百萬元以下罰金。
法務部修正說明： 行為人非意圖為自己或第三人不法之利益或損害他人之利益，而違反本法相關規定者，因其可受非難性之程度較低，原則以民事損害賠償、處以行政罰為已足。惟行為人如有意圖為自己或第三人不法之利益或損害他人之利益而違反本法相關規定，因其可受非難性之程度較高，仍有以刑罰處罰之必要，爰為本條之修正。	
第四十五條　本章之罪，須告訴乃論。但犯第四十一條之罪者，或對公務機關犯第四十二條之罪者，不在此限。	第四十五條　本章之罪，須告訴乃論。但犯第四十一條第二項之罪者，或對公務機關犯第四十二條之罪者，不在此限。
法務部修正說明： 配合第四十一條之修正，酌修本條但書規定。	
第五十三條　法務部應會同中央目的事業主管機關訂定特定目的及個人資料類別，提供公務機關及非公務機關參考使用。	第五十三條　本法所定特定目的及個人資料類別，由法務部會同中央目的事業主管機關指定之。
法務部修正說明： 法務部會同中央目的事業主管機關依現行條文所訂定之「個人資料保護法之特定目的及個人資料之類別」雖列有一八二項之特定目的，惟上開法規命令之總說明略以：例示或概括之特定目的及個人資料類別，並非可包含所有可能之活動，公務機關或非公務機關於參考本規定，選擇特定目的及個人資料類別時，仍宜提出詳盡之業務活動說明，列入證據文件或個人資料檔案公開事項作業內，以補充澄清特定目的及個人資料類別實質內涵。故只要可以表明其合法蒐集、處理及利用之特定目的及個人資料類別即可，故依本條所訂之特定目的及個人資料類別係供公務機關及非公務機關參考使用，爰修正本條規定，以資明確。	
第五十四條　本法中華民國九十九年五月二十六日修正公布之條文施行前，非由當事人提供之個人資料，	第五十四條　本法修正施行前非由當事人提供之個人資料，依第九條規定應於處理或利用前向當事人為告知

本法一百零四年十二月十五日修正之條文施行後為處理或利用者，應於處理或利用前，依第九條規定向當事人告知。

前項之告知，得於本法中華民國一百零四年十二月十五日修正之條文施行後首次利用時併同為之。

未依前二項規定告知而利用者，以違反第九條規定論處。

者，應自本法修正施行之日起一年內完成告知，逾期未告知而處理或利用者，以違反第九條規定論處。

法務部修正說明：

一、本法於九十九年五月二十六日修正公布時擴大適用範圍，原本不受本法規範從事個人資料蒐集、處理或利用者，修法後均將適用本法，惟在九十九年五月二十六日修正公布之條文施行前已蒐集完成之個人資料（該等資料大多屬於間接蒐集之情形），雖非違法，惟因當事人均不知資料被蒐集情形，如未予以規範而繼續利用，恐損害當事人權益，是以自宜訂定過渡條款，明定應向當事人完成告知，如未告知當事人而於本法一百零四年十二月十五日修正之條文施行後處理或利用該資料者，則以違反第九條規定論處，為期兼顧當事人與資料蒐集者雙方權益。惟考量要求蒐集者於修法後即須告知，實務執行有其困難，且依第九條第三項規定，亦僅課予間接蒐集者於利用前為告知，故九十九年五月二十六日修正公布之條文施行前已蒐集之個人資料，應無課予更重責任之必要，爰參酌第九條規定之立法精神，將第一項所定一年內完成告知之期限規定，修正為蒐集者於一百零四年十二月十五日修正之條文施行後為處理或利用者，應於處理或利用前，依第九條規定向當事人告知。又蒐集者如符合第九條第二項免為告知之情形，自得適用該項規定免為告知，乃屬當然。

二、又九十九年五月二十六日修正公布之條文施行前非由當事人提供之個人資料，於九十九年五月二十六日修正公布之條文施行後至一百零四年十二月十五日修正之條文施行前為處理或利用者，則不在本條規範範圍，併予敘明。

三、參照第九條第三項規定，增訂第二項，明定第一項之告知得於一百零四年十二月十五日修正之條文施行後首次對當事人為利用時併同為之。

四、現行條文後段「逾期未告知而處理或利用者，以違反第九條規定論處」移至第三項，並酌作文字修正；同時配合第二項之增訂，修正為未依第一項、第二項告知而利用者，以違反第九條規定論處，以期明確。

附錄二　個人資料保護法施行細則部分條文修正草案總說明

　　原電腦處理個人資料保護法施行細則於八十五年五月一日由法務部以（八十五）法令字第一○二五九號令訂定發布全文四十六條。一百零一年九月二十六日法務部法令字第一○一○三一○七三六○號令修正發布個人資料保護法施行細則（以下簡稱本細則）及全文三十三條；並自一百零一年十月一日施行。個人資料保護法（以下簡稱本法）部分條文於一百零四年十二月三十日修正公布，本次修正本法第六條至第八條、第十一條、第十五條、第十六條、第十九條、第二十條、第四十一條、第四十五條、第五十三條及第五十四條規定，為配合上開本法修正條文內容，爰擬具本細則部分條文修正草案，其修正要點如下：

一、酌作文字修正，並統一法條用語。（修正條文第九條至第十三條、第十七條、第十八條）

二、本法第十五條第二款、第十九條第一項第五款、第十六條但書第七款、第二十條第一項但書第六款規定之「書面同意」已修正為「同意」，並配合本法第七條之修正，修正本細則規定。（修正條文第十四條、第十五條）

個人資料保護法施行細則部分條文修正條文對照表

修正條文	現行條文	說明
第九條　本法第六條第一項但書第一款、第八條第二項第一款、第十六條但書第一款、第十九條第一項第一款、第二十條第一項但書第一款所稱法律，指法律或法律具體明確授權之法規命令。	第九條　本法第六條第一項第一款、第八條第二項第一款、第十六條第一項第一款、第十九條第一項第一款、第二十條第一項第一款所稱法律，指法律或法律具體明確授權之法規命令。	一、本法第十六條僅有一項規定，無規定項次之必要，爰刪除「第一項」贅字。 二、於「本法第六條第一項」、「第十六條」、「第二十條第一項」之後增加「但書」二字，以統一法條用語。
第十條　本法第六條第一項但書第二款及第五款、第八條第二項第二款及第三款、第十條但書第二款、第十五條第一款、第十六條所稱法定職務，指於下列法規	第十條　法第六條第一項第二款、第八條第二項第二款及第三款、第十條第二款、第十五條第一款、第十六條所稱法定職務，指於下列法規中所定公務機關之職	一、配合本法第六條第一項增訂「第五款」規定，酌修序文。 二、於「本法第六條第一項」、「第十條」後增加「但書」二字，以統一法條用語。

中所定公務機關之職務： 一、法律、法律授權之命令。 二、自治條例。 三、法律或自治條例授權之自治規則。 四、法律或中央法規授權之委辦規則。	務： 一、法律、法律授權之命令。 二、自治條例。 三、法律或自治條例授權之自治規則。 四、法律或中央法規授權之委辦規則。	
第十一條　本法第六條第一項但書第二款及第五款、第八條第二項第二款所稱法定義務，指非公務機關依法律或法律具體明確授權之法規命令所定之義務。	第十一條　本法第六條第一項第二款、第八條第二項第二款所稱法定義務，指非公務機關依法律或法律具體明確授權之法規命令所定之義務。	一、配合本法第六條第一項增訂「第五款」規定，酌作文字修正。 二、於「本法第六條第一項」後增加「但書」二字，以統一法條用語。
第十二條　本法第六條第一項但書第二款及第五款所稱適當安全維護措施、第十八條所稱安全維護事項、第十九條第一項第二款及第二十七條第一項所稱適當之安全措施，指公務機關或非公務機關為防止個人資料被竊取、竄改、毀損、滅失或洩漏，採取技術上及組織上之措施。 前項措施，得包括下列事項，並以與所欲達成之個人資料保護目的間，具有適當比例為原則：	第十二條　本法第六條第一項第二款所稱適當安全維護措施、第十八條所稱安全維護事項、第二十七條第一項所稱適當之安全措施，指公務機關或非公務機關為防止個人資料被竊取、竄改、毀損、滅失或洩漏，採取技術上及組織上之措施。 前項措施，得包括下列事項，並以與所欲達成之個人資料保護目的間，具有適當比例為原則： 一、配置管理之人員及相當資源。	一、配合本法第六條第一項增訂「第五款」及第十九條第一項第二款增訂「且已採取適當之安全措施」，酌作文字修正。 二、於第一項規定之「本法第六條第一項」後增加「但書」二字，以統一法條用語。

一、配置管理之人員及相當資源。 二、界定個人資料之範圍。 三、個人資料之風險評估及管理機制。 四、事故之預防、通報及應變機制。 五、個人資料蒐集、處理及利用之內部管理程序。 六、資料安全管理及人員管理。 七、認知宣導及教育訓練。 八、設備安全管理。 九、資料安全稽核機制。 十、使用紀錄、軌跡資料及證據保存。 十一、個人資料安全維護之整體持續改善。	二、界定個人資料之範圍。 三、個人資料之風險評估及管理機制。 四、事故之預防、通報及應變機制。 五、個人資料蒐集、處理及利用之內部管理程序。 六、資料安全管理及人員管理。 七、認知宣導及教育訓練。 八、設備安全管理。 九、資料安全稽核機制。 十、使用紀錄、軌跡資料及證據保存。 十一、個人資料安全維護之整體持續改善。	
第十三條　本法第六條第一項但書第三款、第九條第二項第二款、第十九條第一項第三款所稱當事人自行公開之個人資料，指當事人自行對不特定人或特定多數人揭露其個人資料。本法第六條第一項但書第三款、第九條第二項第二款、第十九條第一項第三款所稱已合法公	第十三條　本法第六條第一項第三款、第九條第二項第二款、第十九條第一項第三款所稱當事人自行公開之個人資料，指當事人自行對不特定人或特定多數人揭露其個人資料。本法第六條第一項第三款、第九條第二項第二款、第十九條第一項第三款所稱已合法公開之	於第一項及第二項規定之「本法第六條第一項」後增加「但書」二字，以統一法條用語。

開之個人資料，指依法律或法律具體明確授權之法規命令所公示、公告或以其他合法方式公開之個人資料。	個人資料，指依法律或法律具體明確授權之法規命令所公示、公告或以其他合法方式公開之個人資料。	
第十四條　本法第六條第一項但書第六款、第十一條第二項及第三項但書所定當事人書面同意之方式，依電子簽章法之規定，得以電子文件為之。	第十四條　本法第七條所定書面意思表示之方式，依電子簽章法之規定，得以電子文件為之。	本法第十五條第二款、第十九條第一項第五款、第十六條但書第七款、第二十條第一項但書第六款規定之「書面同意」已修正為「同意」，並配合本法第七條之修正，修正本條規定。又有關本法所定之「當事人書面同意」分別規定於第六條第一項但書第六款、第十一條第二項及第三項但書，爰修正本條，定明當事人書面同意之方式，依電子簽章法之規定，得以電子文件為之。
第十五條　本法第七條第二項所定單獨所為之意思表示，如係與其他意思表示於同一書面為之者，蒐集者應於適當位置使當事人得以知悉其內容並確認同意。	第十五條　本法第七條第二項所定單獨所為之書面意思表示，如係與其他意思表示於同一書面為之者，蒐集者應於適當位置使當事人得以知悉其內容並確認同意。	配合本法第七條第二項規定之修正，刪除「書面」二字。
第十七條　本法第六條第一項但書第四款、第九條第二項第四款、第十六條但書第五款、第十九條第一項第四款及第二十條第一項但書第五款所稱無從識別特定	第十七條　本法第九條第二項第四款、第十六條但書第五款、第十九條第一項第四款及第二十條第一項但書第五款所稱資料經過處理後或依其揭露方式無從識	一、配合本法第六條第一項但書第四款規定修正，於本條增列「第六條第一項但書第四款」。 二、本條係明定何謂「無從識別特定當事人」，至於究為何者所為並無差

| 當事人，指個人資料以代碼、匿名、隱藏部分資料或其他方式，無從辨識該特定個人者。 | 別特定當事人，指個人資料以代碼、匿名、隱藏部分資料或其他方式，無從辨識該特定個人。 | 別，爰將「資料經過處理後或依其揭露方式」等語刪除。 |
| 第十八條　本法第十條但書第三款所稱妨害第三人之重大利益，指有害於第三人個人之生命、身體、自由、財產或其他重大利益。 | 第十八條　本法第十條第三款所稱妨害第三人之重大利益，指有害於第三人個人之生命、身體、自由、財產或其他重大利益。 | 於「本法第十條」後增加「但書」二字，以統一法條用語。 |

附錄三　個人資料保護法之特定目的及個人資料之類別

代號	修正特定目的項目
○○一	人身保險
○○二	人事管理（包含甄選、離職及所屬員工基本資訊、現職、學經歷、考試分發、終身學習訓練進修、考績獎懲、銓審、薪資待遇、差勤、福利措施、褫奪公權、特殊查核或其他人事措施）
○○三	入出國及移民
○○四	土地行政
○○五	工程技術服務業之管理
○○六	工業行政
○○七	不動產服務
○○八	中小企業及其他產業之輔導
○○九	中央銀行監理業務
○一○	公立與私立慈善機構管理
○一一	公共造產業務
○一二	公共衛生或傳染病防治
○一三	公共關係
○一四	公職人員財產申報、利益衝突迴避及政治獻金業務
○一五	戶政
○一六	文化行政
○一七	文化資產管理
○一八	水利、農田水利行政
○一九	火災預防與控制、消防行政
○二○	代理與仲介業務
○二一	外交及領事事務
○二二	外匯業務
○二三	民政
○二四	民意調查
○二五	犯罪預防、刑事偵查、執行、矯正、保護處分、犯罪被害人保護或更生保護事務

○二六	生態保育
○二七	立法或立法諮詢
○二八	交通及公共建設行政
○二九	公民營（辦）交通運輸、公共運輸及公共建設
○三○	仲裁
○三一	全民健康保險、勞工保險、農民保險、國民年金保險或其他社會保險
○三二	刑案資料管理
○三三	多層次傳銷經營
○三四	多層次傳銷監管
○三五	存款保險
○三六	存款與匯款
○三七	有價證券與有價證券持有人登記
○三八	行政執行
○三九	行政裁罰、行政調查
○四○	行銷（包含金控共同行銷業務）
○四一	住宅行政
○四二	兵役、替代役行政
○四三	志工管理
○四四	投資管理
○四五	災害防救行政
○四六	供水與排水服務
○四七	兩岸暨港澳事務
○四八	券幣行政
○四九	宗教、非營利組織業務
○五○	放射性物料管理
○五一	林業、農業、動植物防疫檢疫、農村再生及土石流防災管理
○五二	法人或團體對股東、會員（含股東、會員指派之代表）、董事、監察人、理事、監事或其他成員名冊之內部管理
○五三	法制行政
○五四	法律服務
○五五	法院執行業務

〇五六	法院審判業務
〇五七	社會行政
〇五八	社會服務或社會工作
〇五九	金融服務業依法令規定及金融監理需要,所為之蒐集處理及利用
〇六〇	金融爭議處理
〇六一	金融監督、管理與檢查
〇六二	青年發展行政
〇六三	非公務機關依法定義務所進行個人資料之蒐集處理及利用
〇六四	保健醫療服務
〇六五	保險經紀、代理、公證業務
〇六六	保險監理
〇六七	信用卡、現金卡、轉帳卡或電子票證業務
〇六八	信託業務
〇六九	契約、類似契約或其他法律關係事務
〇七〇	客家行政
〇七一	建築管理、都市更新、國民住宅事務
〇七二	政令宣導
〇七三	政府資訊公開、檔案管理及應用
〇七四	政府福利金或救濟金給付行政
〇七五	科技行政
〇七六	科學工業園區、農業科技園區、文化創業園區、生物科技園區或其他園區管理行政
〇七七	訂位、住宿登記與購票業務
〇七八	計畫、管制考核與其他研考管理
〇七九	飛航事故調查
〇八〇	食品、藥政管理
〇八一	個人資料之合法交易業務
〇八二	借款戶與存款戶存借作業綜合管理
〇八三	原住民行政
〇八四	捐供血服務
〇八五	旅外國人急難救助

〇八六	核子事故應變
〇八七	核能安全管理
〇八八	核貸與授信業務
〇八九	海洋行政
〇九〇	消費者、客戶管理與服務
〇九一	消費者保護
〇九二	畜牧行政
〇九三	財產保險
〇九四	財產管理
〇九五	財稅行政
〇九六	退除役官兵輔導管理及其眷屬服務照顧
〇九七	退撫基金或退休金管理
〇九八	商業與技術資訊
〇九九	國內外交流業務
一〇〇	國家安全行政、安全查核、反情報調查
一〇一	國家經濟發展業務
一〇二	國家賠償行政
一〇三	專門職業及技術人員之管理、懲戒與救濟
一〇四	帳務管理及債權交易業務
一〇五	彩券業務
一〇六	授信業務
一〇七	採購與供應管理
一〇八	救護車服務
一〇九	教育或訓練行政
一一〇	產學合作
一一一	票券業務
一一二	票據交換業務
一一三	陳情、請願、檢舉案件處理
一一四	勞工行政
一一五	博物館、美術館、紀念館或其他公、私營造物業務
一一六	場所進出安全管理

一一七	就業安置、規劃與管理
一一八	智慧財產權、光碟管理及其他相關行政
一一九	發照與登記
一二〇	稅務行政
一二一	華僑資料管理
一二二	訴願及行政救濟
一二三	貿易推廣及管理
一二四	鄉鎮市調解
一二五	傳播行政與管理
一二六	債權整貼現及收買業務
一二七	募款（包含公益勸募）
一二八	廉政行政
一二九	會計與相關服務
一三〇	會議管理
一三一	經營郵政業務郵政儲匯保險業務
一三二	經營傳播業務
一三三	經營電信業務與電信加值網路業務
一三四	試務、銓敘、保訓行政
一三五	資（通）訊服務
一三六	資（通）訊與資料庫管理
一三七	資通安全與管理
一三八	農產品交易
一三九	農產品推廣資訊
一四〇	農糧行政
一四一	遊說業務行政
一四二	運動、競技活動
一四三	運動休閒業務
一四四	電信及傳播監理
一四五	僱用與服務管理
一四六	圖書館、出版品管理
一四七	漁業行政

一四八	網路購物及其他電子商務服務
一四九	蒙藏行政
一五〇	輔助性與後勤支援管理
一五一	審計、監察調查及其他監察業務
一五二	廣告或商業行為管理
一五三	影視、音樂與媒體管理
一五四	徵信
一五五	標準、檢驗、度量衡行政
一五六	衛生行政
一五七	調查、統計與研究分析
一五八	學生（員）（含畢、結業生）資料管理
一五九	學術研究
一六〇	憑證業務管理
一六一	輻射防護
一六二	選民服務管理
一六三	選舉、罷免及公民投票行政
一六四	營建業之行政管理
一六五	環境保護
一六六	證券、期貨、證券投資信託及顧問相關業務
一六七	警政
一六八	護照、簽證及文件證明處理
一六九	體育行政
一七〇	觀光行政、觀光旅館業、旅館業、旅行業、觀光遊樂業及民宿經營管理業務
一七一	其他中央政府機關暨所屬機關構內部單位管理、公共事務監督、行政協助及相關業務
一七二	其他公共部門（包括行政法人、政府捐助財團法人及其他公法人）執行相關業務
一七三	其他公務機關對目的事業之監督管理
一七四	其他司法行政

一七五	其他地方政府機關暨所屬機關構內部單位管理、公共事務監督、行政協助及相關業務
一七六	其他自然人基於正當性目的所進行個人資料之蒐集處理及利用
一七七	其他金融管理業務
一七八	其他財政收入
一七九	其他財政服務
一八〇	其他經營公共事業（例如：自來水、瓦斯等）業務
一八一	其他經營合於營業登記項目或組織章程所定之業務
一八二	其他諮詢與顧問服務

代　號	識別類
C〇〇一	辨識個人者。 例如：姓名、職稱、住址、工作地址、以前地址、住家電話號碼、行動電話、即時通帳號、網路平臺申請之帳號、通訊及戶籍地址、相片、指紋、電子郵遞地址、電子簽章、憑證卡序號、憑證序號、提供網路身分認證或申辦查詢服務之紀錄及其他任何可辨識資料本人者等。
C〇〇二	辨識財務者。 例如：金融機構帳戶之號碼與姓名、信用卡或簽帳卡之號碼、保險單號碼、個人之其他號碼或帳戶等。
C〇〇三	政府資料中之辨識者。 例如：身分證統一編號、統一證號、稅籍編號、保險憑證號碼、殘障手冊號碼、退休證之號碼、證照號碼、護照號碼等。

代　號	特徵類
C〇一一	個人描述。 例如：年齡、性別、出生年月日、出生地、國籍、聲音等。
C〇一二	身體描述。 例如：身高、體重、血型等。
C〇一三	習慣。 例如：抽煙、喝酒等。
C〇一四	個性。 例如：個性等之評述意見。

代　號	家庭情形
C〇二一	家庭情形。 例如：結婚有無、配偶或同居人之姓名、前配偶或同居人之姓名、結婚之日期、子女之人數等。
C〇二二	婚姻之歷史。 例如：前次婚姻或同居、離婚或分居等細節及相關人之姓名等。
C〇二三	家庭其他成員之細節。 例如：子女、受扶養人、家庭其他成員或親屬、父母、同居人及旅居國外及大陸人民親屬等。
C〇二四	其他社會關係。 例如：朋友、同事及其他除家庭以外之關係等。

代　號	社會情況
C〇三一	住家及設施。 例如：住所地址、設備之種類、所有或承租、住用之期間、租金或稅率及其他花費在房屋上之支出、房屋之種類、價值及所有人之姓名等。
C〇三二	財產。 例如：所有或具有其他權利之動產或不動產等。
C〇三三	移民情形。 例如：護照、工作許可文件、居留證明文件、住居或旅行限制、入境之條件及其他相關細節等。
C〇三四	旅行及其他遷徙細節。 例如：過去之遷徙、旅行細節、外國護照、居留證明文件及工作證照及工作證等相關細節等。
C〇三五	休閒活動及興趣。 例如：嗜好、運動及其他興趣等。
C〇三六	生活格調。 例如：使用消費品之種類及服務之細節、個人或家庭之消費模式等。
C〇三七	慈善機構或其他團體之會員資格。 例如：俱樂部或其他志願團體或持有參與者紀錄之單位等。

Ｃ〇三八	職業。 例如：學校校長、民意代表或其他各種職業等。
Ｃ〇三九	執照或其他許可。 例如：駕駛執照、行車執照、自衛槍枝使用執照、釣魚執照等。
Ｃ〇四〇	意外或其他事故及有關情形。 例如：意外事件之主體、損害或傷害之性質、當事人及證人等。
Ｃ〇四一	法院、檢察署或其他審判機關或其他程序。 例如：關於資料主體之訴訟及民事或刑事等相關資料等。

代　號	教育、考選、技術或其他專業
Ｃ〇五一	學校紀錄。 例如：大學、專科或其他學校等。
Ｃ〇五二	資格或技術。 例如：學歷資格、專業技術、特別執照（如飛機駕駛執照等）、政府職訓機構學習過程、國家考試、考試成績或其他訓練紀錄等。
Ｃ〇五三	職業團體會員資格。 例如：會員資格類別、會員資格紀錄、參加之紀錄等。
Ｃ〇五四	職業專長。 例如：專家、學者、顧問等。
Ｃ〇五五	委員會之會員資格。 例如：委員會之詳細情形、工作小組及會員資格因專業技術而產生之情形等。
Ｃ〇五六	著作。 例如：書籍、文章、報告、視聽出版品及其他著作等。
Ｃ〇五七	學生（員）、應考人紀錄。 例如：學習過程、相關資格、考試訓練考核及成績、評分評語或其他學習或考試紀錄等。
Ｃ〇五八	委員工作紀錄。 例如：委員參加命題、閱卷、審查、口試及其他試務工作情形記錄。

代　號	受僱情形
C○六一	現行之受僱情形。 例如：僱主、工作職稱、工作描述、等級、受僱日期、工時、工作地點、產業特性、受僱之條件及期間、與現行僱主有關之以前責任與經驗等。
C○六二	僱用經過。 例如：日期、受僱方式、介紹、僱用期間等。
C○六三	離職經過。 例如：離職之日期、離職之原因、離職之通知及條件等。
C○六四	工作經驗。 例如：以前之僱主、以前之工作、失業之期間及軍中服役情形等。
C○六五	工作、差勤紀錄。 例如：上、下班時間及事假、病假、休假、娩假各項請假紀錄在職紀錄或未上班之理由、考績紀錄、獎懲紀錄、褫奪公權資料等。
C○六六	健康與安全紀錄。 例如：職業疾病、安全、意外紀錄、急救資格、旅外急難救助資訊等。
C○六七	工會及員工之會員資格。 例如：會員資格之詳情、在工會之職務等。
C○六八	薪資與預扣款。 例如：薪水、工資、佣金、紅利、費用、零用金、福利、借款、繳稅情形、年金之扣繳、工會之會費、工作之基本工資或工資付款之方式、加薪之日期等。
C○六九	受僱人所持有之財產。 例如：交付予受僱人之汽車、工具、書籍或其他設備等。
C○七○	工作管理之細節。 例如：現行義務與責任、工作計畫、成本、用人費率、工作分配與期間、工作或特定工作所花費之時間等。
C○七一	工作之評估細節。例如：工作表現與潛力之評估等。
C○七二	受訓紀錄。例如：工作必須之訓練與已接受之訓練，已具有之資格或技術等。
C○七三	安全細節。例如：密碼、安全號碼與授權等級等。

代　號	財務細節
C○八一	收入、所得、資產與投資。 例如：總收入、總所得、賺得之收入、賺得之所得、資產、儲蓄、開始日期與到期日、投資收入、投資所得、資產費用等。
C○八二	負債與支出。 例如：支出總額、租金支出、貸款支出、本票等信用工具支出等。
C○八三	信用評等。 例如：信用等級、財務狀況與等級、收入狀況與等級等。
C○八四	貸款。 例如：貸款類別、貸款契約金額、貸款餘額、初貸日、到期日、應付利息、付款紀錄、擔保之細節等。
C○八五	外匯交易紀錄。
C○八六	票據信用。 例如：支票存款、基本資料、退票資料、拒絕往來資料等。
C○八七	津貼、福利、贈款。
C○八八	保險細節。 例如：保險種類、保險範圍、保險金額、保險期間、到期日、保險費、保險給付等。
C○八九	社會保險給付、就養給付及其他退休給付。 例如：生效日期、付出與收入之金額、受益人等。
C○九一	資料主體所取得之財貨或服務。 例如：貨物或服務之有關細節、資料主體之貸款或僱用等有關細節等。
C○九二	資料主體提供之財貨或服務。 例如：貨物或服務之有關細節等。
C○九三	財務交易。 例如：收付金額、信用額度、保證人、支付方式、往來紀錄、保證金或其他擔保等。
C○九四	賠償。 例如：受請求賠償之細節、數額等。

代　號	商業資訊
C一○一	資料主體之商業活動。 例如：商業種類、提供或使用之財貨或服務、商業契約等。
C一○二	約定或契約。 例如：關於交易、商業、法律或其他契約、代理等。
C一○三	與營業有關之執照。 例如：執照之有無、市場交易者之執照、貨車駕駛之執照等。

代　號	健康與其他
C一一一	健康紀錄。 例如：醫療報告、治療與診斷紀錄、檢驗結果、身心障礙種類、等級、有效期間、身心障礙手冊證號及聯絡人等。
C一一二	性生活。
C一一三	種族或血統來源。 例如：去氧核糖核酸資料等。
C一一四	交通違規之確定裁判及行政處分。 例如：裁判及行政處分之內容、其他與肇事有關之事項等。
C一一五	其他裁判及行政處分。 例如：裁判及行政處分之內容、其他相關事項等。
C一一六	犯罪嫌疑資料。
C一一七	政治意見。 例如：政治上見解、選舉政見等。
C一一八	政治團體之成員。 例如：政黨黨員或擔任之工作等。
C一一九	對利益團體之支持。 例如：係利益團體或其他組織之會員、支持者等。
C一二○	宗教信仰。
C一二一	其他信仰。

代　號	其他各類資訊
C一三一	書面文件之檢索。 例如：未經自動化機器處理之書面文件之索引或代號等。
C一三二	未分類之資料。 例如：無法歸類之信件、檔案、報告或電子郵件等。
C一三三	輻射劑量資料。 例如：人員或建築之輻射劑量資料等。
C一三四	國家情報工作資料。 例如：國家情報工作法、國家情報人員安全查核辦法等有關資料。

國家圖書館出版品預行編目資料

個人資料保護法／林鴻文編著. -- 二版.
-- 臺北市：書泉, 2018.07
　　面；　公分. --（新白話六法系列；18）
ISBN 978-986-451-137-2（平裝）

1.資訊法規　2.資訊安全

584.111　　　　　　　　　107008622

490B 新白話六法系列 018

個人資料保護法

作　　者 ― 林鴻文（117.7）

發 行 人 ― 楊榮川

總 經 理 ― 楊士清

總 編 輯 ― 楊秀麗

副總編輯 ― 劉靜芬

責任編輯 ― 蔡琇雀　呂伊真　李孝怡

封面設計 ― P.Design視覺企劃　王麗娟

出 版 者 ― 書泉出版社

地　　址：106台北市大安區和平東路二段339號4樓

電　　話：(02)2705-5066　　傳　真：(02)2706-6100

網　　址：http://www.wunan.com.tw

電子郵件：shuchuan@shuchuan.com.tw

劃撥帳號：01303853

戶　　名：書泉出版社

總 經 銷：貿騰發賣股份有限公司

地　　址：23586新北市中和區中正路880號14樓

電　　話：(02)8227-5988　　傳　真：(02)8227-5989

網　　址：http://www.namode.com

法律顧問　林勝安律師事務所　林勝安律師

出版日期　2013年 5 月初版一刷
　　　　　2018年 7 月二版一刷
　　　　　2020年10月二版三刷

定　　價　新臺幣420元